U0896958

唐浩明谈曾国藩修身之道

唐浩明◎著

中国文联出版社
http://www.clapnet.cn

图书在版编目（CIP）数据

唐浩明谈曾国藩修身之道 / 唐浩明著. -- 北京 :
中国文联出版社，2019.2
ISBN 978-7-5190-3156-5

Ⅰ. ①唐… Ⅱ. ①唐… Ⅲ. ①曾国藩（1811-1872）
—人物研究 Ⅳ. ① K827=52

中国版本图书馆 CIP 数据核字（2018）第 248055 号

唐浩明谈曾国藩修身之道

作　　者：唐浩明
出 版 人：朱　庆
终 审 人：奚耀华　　　　复 审 人：胡　笋
责任编辑：蒋爱民　　　　责任校对：章淦钎
封面设计：王　鑫　　　　责任印制：陈　晨
出版发行：中国文联出版社
地　　址：北京市朝阳区农展馆南里 10 号，100125
电　　话：010-85923066（咨询）85923000（编务）85923020（邮购）
传　　真：010-85923000（总编室），010-85923020（发行部）
网　　址：http://www.clapnet.cn　http://www.claplus.cn
E - mail：clap@clapnet.cn　　jiangam@clapnet.cn
印　　刷：河北华商印刷有限公司
装　　订：河北华商印刷有限公司
法律顾问：北京市德鸿律师事务所王振勇律师
本书如有破损、缺页、装订错误，请与本社联系调换
开　　本：710×1000　　　1/16
字　　数：422 千字　　　　印张：21
版　　次：2019 年 2 月第 1 版　　印次：2019 年 2 月第 1 次印刷
书　　号：ISBN 978-7-5190-3156-5
定　　价：59.00 元

自序：修圣贤之身，悟日用之道

学界有晚清四大著名日记的说法。这四部日记分别为曾国藩的《求阙斋日记》、李慈铭的《越缦堂日记》、王闿运的《湘绮楼日记》、翁同龢的《翁文恭公日记》。其中影响最大的当推曾国藩的日记。

现存的曾氏日记，起自道光十九年（1839年）正月初一日，终止于其去世的当天，即同治十一年（1872年）二月初四日，时间跨度长达三十四年。或许是早期的曾氏恒心不够，因宦务繁杂而有所间隔，也或许是因迁徙而遗失、因战火而焚毁等缘故，三十四年的日记有所缺失，流传至今的文字约一百三十万言。宣统元年，中国图书公司将其手稿印行。此手稿在二十世纪四十年代末被其第四代嫡孙宝荪、约农姐弟带到中国台湾，后被捐赠，珍藏于台北故宫博物院。二十世纪六十年代中期，台湾学生书局以《曾文正公手写日记》为书名影印出版。

曾氏日记究竟因为什么而受到后世的重视呢？笔者以为，其原因可能有以下四个方面：

第一，曾氏是一个对中国近代历史有很大影响的人物，无论是学术界还是社会民众，对其一生的行事都很感兴趣。他的日记，尤其是其咸丰八年六月再次出山之后逐日记录的日记，对研究他本人及其所处的那个时代，有任何其他史料所不可替代的作用。

第二，曾氏出身于偏僻乡村的世代农家，后来成为扶危定倾的国家干臣。一百多年来，他是所有平民子弟的励志榜样，人们对他的成长史格外关注。曾氏的日记，尤其是早年在京师翰苑刻苦自励的那一段心路历程，堪称一切有志向、有抱负的年轻人的最佳教科书。梁启超当年就是这样学曾氏的。他对人说："近设日记，以曾文正之法，凡身过、口过、意过皆记之。"

曾氏的修身有一个突出的特点，那就是自觉认真。他以圣贤为榜样，以慎独为准则，以血战之勇气，以截断后路之决心，从严要求，切实践行。常言说人非圣贤，但曾氏偏要以圣贤为目标，宣称"不为圣贤，便为禽兽"，他为何要如此为难自己？原来，曾氏采取的是取法上上的策略。古人认为取法乎上仅得其中，若想得其上，便只有取法上上了。正因为目标定得甚高，所以尽管曾氏终其一生并未成为圣贤，但在道德自我完善这方面，古今政治家罕有其匹。尤其于克己自律上，在一塌糊涂的晚清官场，他应属凤毛麟角。

第三，今人读曾国藩，更多的是看重他的人生智慧与处世谋虑。他的日记，恰恰记录了不少关于这方面的领悟。因为是私人的随手所录，曾氏的这些悟道过程，便会以最初始、最本色、最随意的状况保留下来，因而也便更具有真实性与借鉴性。

曾氏不是原创型的思想家，也不是对理学有重大贡献的学问家，实事求是地说，曾氏只是一个将中国传统文化履行于人生事业中的经世致用者。他对道的思索与领悟，更多地体现在世俗庸常中。他信奉“绝大学问皆在家庭日用之中”的理学真谛。他勤于思考，善于归纳，将家庭日用间的绝大学问，通过自身的体验，以自己的语言表述出来，真实亲切，晓畅易行。读他的日记，就如同听一位阅历丰富、喜欢琢磨的智者在谈心。

第四，我们常说历史要细读，真正的历史之细，不存在于官方史册，更不存在于学者专著，而是散落在各种不经意的文字中，那里往往会透露出大风大浪初的细微涟漪、大变大故前的蛛丝马迹。曾氏的日记，偶尔会留下一些大历史里的小细节，故而显得弥足珍贵。比如同治元年（1862 年）正月初十日，曾氏在日记中说，朝廷颁发下来的代表王命的旗帜，居然偷窳得如同小儿玩具。朝廷再穷，也不会穷到连制作几面小王旗的银子都没有。这个细节所传达的信息是：爱新觉罗王朝气数已尽。

正因为曾氏的日记内涵丰厚、容量广博，“评点曾国藩”系列不能没有日记的评点。笔者从传世的曾氏日记中挑选出三百来篇，分为修身、悟道、读书、国事、家事、写字、品鉴、梦境八大类。为保持一天日记的完整性，所挑选的日记整篇照录，不再删节。原文之后的评点，仍旧像过去一样，尽笔者之所能，给读者提供一些帮助，以便对该篇日记有更好的理解。在每一大类之前，笔者会有一篇总评，意在为读者充当引导。

当年，王闿运在宣统版曾氏日记的序言中说：“惜其记事简略，非同时人莫能知其崖涘。故闿运观之而了然，不能喻之人也。时历四纪，欲学裴松之以注辅志，则同时记录文字不备，无从搜求证明。此轮扁所以叹糟粕与！”连曾氏的好朋友一代宿学王闿运都感叹不能将曾氏日记喻之人，在曾氏去世一百四十年后，笔者以浅陋之学来评点其日记，自知离其崖涘相差甚远。好在有湘绮老人的感叹在前，想必读者会给予宽容。

唐浩明
癸巳冬月于长沙静远楼

修　身 /001

悟　道 /091

读　书 /144

国　事 /163

家　事 /234

写　字 /254

品　鉴 /277

梦　境 /311

修　身

曾国藩是个有大志的人，这从他考上进士后将名字由过去的“子城”改为“国藩”一事上足以为证。对于一个深受儒家学说熏陶的人来说，所谓大志，就是治国平天下。然而儒学的治国平天下并不是平地建高楼，它得有基础，其基础即建立在修身齐家之上。《大学》开宗明义说的就是这个：“古之欲明明德于天下者，先治其国；欲治其国者，先齐其家；欲齐其家者，先修其身。”“身修而后家齐，家齐而后国治，国治而后天下平。”又说：“自天子以至于庶人，壹是皆以修身为本。”

什么是修身？按照《大学》的解释，即格物致知，诚意正心。用我们今天通常的语境来表述，修身至少包括两个方面的内容：一是素质方面的提高，即去掉自身的毛病，学习别人的长处；二是精神境界的提升，即把自己的心态理念价值观从世俗的境界上提高一步。在儒家学说看来，修身是为人处世的根本，即便不能治国平天下，也要把身修好，因为它也是整治家庭的先决条件；至于家庭，那当然是每个正常人都会拥有的一块领地。

据曾氏说，他在辛卯那年就给自己取了个字号曰涤生。所谓涤生，即涤旧生新，这就是修身。可见早在二十一岁时，他就已经认同儒家的修身之说。由于没有文字资料，我们今天无从知道当时曾氏是如何涤去旧习、生发新意的了。道光二十年，曾氏进京做翰林院检讨，身份地位的改变，促使他对自己的期许更大、要求更高，加之京师有一批志同道合的朋友和德高望重的老师，于是在“师友挟持”之下，曾氏开始了一段极不平常的修身岁月。

那时京师士人的修身，重在以日课为监督。日课即日记。课者，考核督促也。每天以文字来反省这一天的所思所想、所言所行，检查失误，督促自己向圣贤靠拢，同时也借以获得师友的帮助。曾氏早期写于京师的日记，很醒目地展示了这一特色。

通过这些日记，我们看到一个身上有不少毛病的青年翰林。这些毛病主要体现在如下几个方面：褊急、躁动、虚假、自以为是、好名、好利、好表现、有不良嗜好、缺乏恒心。

通过这些日记，我们也看到一个真诚、不留退路、发誓要跟自身毛病血战到底的志士：他敢于亮出灵魂深处的阴暗，他不惜痛骂自己卑鄙下流，他的自新态度是破釜沉舟式的——不为圣贤，即为禽兽。

通过这些日记，我们更看到一个努力将高远目标一步步落实到日常言行中去的踏实践履者：他知错后主动向朋友认错，他戒掉抽烟的陋习，他坚持夜不出门，他立志不以做官发财为人生目的，他要求自己有效法前贤澄清天下的宏伟抱负。

后人谈论曾氏，多认为他前期的官运亨通得力于人脉的畅达，后期的功业显赫则受惠于时代的机遇，其实这些都不是决定的因素。对曾氏而言，决定的因素恰恰是翰苑期间的诚正修身。这种人格的锤炼，才是他日后克难成功的关键。

要说曾氏经过早期的修身完全做到了脱胎换骨，那显然是不实之言。青年曾氏身上的一些主要毛病，如褊急、躁动、自以为是等，在他后来的事功生涯中也屡屡重犯。早期修身带给他终生的受益，则是因此养成的一种自觉的思维方式与行为方式，这种方式即自律克己。正是因为自觉的律己克己，使得曾氏在日后的日子里，不论顺境还是逆境都能对自身保持着克制、低调、冷静、审慎的心态。这既是曾氏本人独具的特色，亦是中华文化的本质底色。笔者真诚地希望，有志献身于公众事业的读者诸君，能从所选的曾氏部分有关修身的日记中，通过一个活生生的人物之可触可摸的言语行为与思想活动，来领悟中华文化这一精髓要义，从而更好地构筑自己的人生与事业。

检身之要与读书之法

□曾国藩原文

晏起。饭后走梅世兄处，明日渠扶榇南归，今日走去探问一切。旋至许世叔处送行。又至周华甫之母处拜寿。又至胡润芝处，问伊扶榇归葬事宜。胡送余《陶文毅公全集》二部。又至唐镜海先生处，问检身之要、读书之法。先生言当以《朱子全书》为宗。时余新买此书，问及，因道此书最宜熟读，即以为课程，身体力行，不宜视为浏览之书。又言治经宜专一经，一经果能通，则诸经可旁及。若遽求兼精，则万不能通一经。先生自言生平最喜读《易》。又言为学只有三门：曰义理，曰考核，曰文章。考核之学，多求粗而遗精，管窥而蠡测。文章之学，非精于义理者不能至。经济之学，即在义理内。又问：经济宜何如审端致力？答曰：经济不外看史，古人已然之迹，法戒昭然；历代典章，不外乎此。又言近时河南倭艮峰仁前辈用功最笃实，每日自朝至寝，一言一动，坐作饮食，皆有札记。或心有私欲不克，外有不及检者皆记出。先生尝教之曰：不是将此心别借他心来把捉才提醒，便是闲邪存诚。又言检摄于外，只有"整齐严肃"四字；持守于内，只有"主一无适"四字。又言诗、文、词、曲，皆可不必用功，诚能用力于义理之学，彼小技亦非所难。又言第一要戒欺，万不可掩着云云。听之，昭然若发蒙也。（道光二十一年七月十四日）

□唐浩明评点

道光二十年，三十岁的曾国藩再次来到北京，参加翰林院的散馆考试。两年前，经过二十三年的寒窗苦读，七次考秀才、一次考举人、三次考进士的坎坷经历，曾氏终于考上进士，并点了翰林，成为那个时代最令人羡慕的幸运儿，并因此彻底改变他本人以至他那个"五六百年载，曾无人与于科目秀才之列"的曾氏家族。

曾氏顺利通过散馆考试，被分发在翰林院做一个从七品的检讨。从七品固然衔小，检讨也固然位卑，但翰林院可是个"储才养望"的大好之地，朝廷中的大学士、尚书、侍郎，地方上的巡抚、藩司、臬台，绝大部分从这里走出。瞻望前程，真个是美好无限。何况翰林素有"天子文学侍从"的美誉，有机会近距离地接近皇帝。一个生在偏僻乡村、世代务农的草根野民，能有如此出息，这是何等的不容易！

科举的胜利，也让这个素有大志不甘平庸的青年，平添一股强烈的自信与自许的情怀，以做国家栋梁为期待，并"遂然有效法前贤澄清天下之志"（黎庶昌：《曾国藩年谱》）。

这"澄清天下"，就是儒家信徒的最高目标——平天下。要实现这个目标，得有一个完整的程序。这个程序即《大学》所说的修身、齐家、治国、平天下。在儒家圣贤看来，一个人先得把自身修炼好，然后再把家整治好。古代家庭一般三代同堂，许多人家第二代兄弟数人，即便娶妻生子亦不分家，十多二十口人在一起生活，要治好家亦不易。治好家后再把所从事的公务办好，最后才谈得上澄清天下。修炼身心，充实才干，这是曾氏进入翰苑之后为远大理想的实现，而自我规划的两大任务。曾氏因此而面临人生的一个重大转折点。

帮助他完成这个人生大转变的，是他的一班子志同道合的朋友。曾氏在道光二十二年十二月二十日给诸弟的信中说："现在朋友愈多。讲躬行心得者，则有镜海先生、艮峰前辈、吴竹如、窦兰泉、冯树堂；穷经知道者，则有吴子序、邵蕙西；讲诗文字而艺通于道者，则有何子贞；才气奔放，则有汤海秋；英气逼人，志大神静，则有黄子寿。又有王少鹤、朱廉甫、吴莘畬、庞作文。此四君者，皆闻予名而先来拜，虽所造有浅深，要皆有志之士，不甘居于庸碌者也。京师为人文渊薮，不求则无之，愈求则愈出。"

曾氏所开的这一长串名单中，打头的"镜海先生"，其实不是他们的同辈人。

镜海先生姓唐名鉴，湖南善化人，翰林出身，历官地方二十年，道光二十年七月进京为太常寺卿。唐鉴学问渊懿，勤于著述，有《朱子年谱考异》《省身日课》《畿辅水利备览》《学案小识》等著作传世，名满天下。无论是年岁、官阶，还是学问、资望，都远在这批年轻人之上，毫无疑问，唐鉴是曾氏这一班子朋友的领袖与导师。

曾氏日记中最早出现唐鉴名字的是在道光二十年十一月初五日："唐镜海前辈来，继朱啸山来，同至琉璃厂买纸，又同至杨杏农处，又同至萧史楼处，请萧写寿屏。"可见，唐鉴进京后不久，曾氏便与他有往来了。唐鉴当时六十四岁，为正三品的朝廷大员，而此时曾氏只是三十一岁的从七品翰林院检讨。他能亲自来到曾家，一则可见唐对曾的器重，二则可见唐是个不摆架子的人。

黎庶昌编曾氏《年谱》，在"道光二十一年"中记载："善化唐公鉴由江宁藩司入官太常寺卿，公从讲求为学之方。时方详览前史，求经世之学，兼治诗古文词，分门纪录。唐公专以义理之学相勖，公遂以朱子之书为日课，始肆力于宋学矣。"《年谱》中的这一段话，其详细的文字印证，就是上面所录的这段日记原文。

道光二十一年七月十四日，吃过早饭后，曾氏离家先去看望同乡同年同官翰林院的好友梅钟澍的儿子。梅钟澍不久前去世，其子明天将护送灵柩回湘。一向热心公益事业的曾氏，此时还兼任管理长沙府会馆事。于公于私，曾氏都应该在灵柩离京前，对其遗属予以关心存问。接着又到一个姓许的长辈家为之送行，接下来又到周华甫的母亲家为之拜寿。然后再到胡林翼家，问六月份去世的胡父灵柩南归事。胡之父亲胡达源，二十三年前以探花身份留京任职，死时官居詹事府詹事。虽官位不高，但出身巍科，也算得上湖南的一代名宦。胡林翼将其岳父陶澍的全集两部送给曾氏。于此，我们可知这两位日后的中兴名臣，其私交基础之深厚。离开胡宅后，曾氏便去拜访唐鉴，并在当天夜里留下这段重要的日记。

曾氏这次向唐鉴请教两个问题：一是检身之要，即查检自身的要点，问的是修身之事；一是读书之法，问的是求学之事。唐鉴就此两个问题回答曾氏。他说，修身应当以《朱子全书》即朱熹的著作为宗旨。这部书应该熟读，以之作为日常功课，按着朱子的教导切切实实地履行，不宜将它当作泛泛而读的一般书籍对待。唐又告诉曾氏，研究经典，应当专精一部经。一部经典如果能够精通了，其他经典则可以触类旁通。若一下子就急于兼通所有经典，其结果是连一部经典都不能精通。唐鉴说他一生最喜欢读的书也只有《易经》一部。

谈到为学事，唐鉴说，学问只有三大门类：一为义理之学，即探求天地人生大道理的学问；一为考核之学，即追根寻源考证学问；一为文章之学，即诗文写作。考核之学方面的著作，大多数追求的只是粗浅，而将精粹遗漏了。文章之学，若不精于义理则不能达到高水平。至于经邦济世的学问，即包含在义理之学中。曾氏于是问，关于经邦济世这门学问，怎样才能入门深造。唐鉴回答：这方面的学问之获得，不外乎勤读史书。古人的作为，他们成败得失的经验教训，都清清楚楚地记录在史册上。历朝历代的典章制度，也都记在书中。

接下来，唐鉴特别表扬倭仁。倭仁是蒙古正红旗人，字艮峰，翰林出身，此时正任职翰林院侍读学士。倭仁是近代史上的名人，他以理学大师之名在士林中享有清望，又官运亨通，先后做过大理寺卿、工部尚书、同治帝师、文渊阁大学士。他比曾氏大七岁，应该算是唐鉴的第一号大弟子。唐鉴告诉曾氏，倭仁在检身方面用功最笃诚实在，每天从起床到就寝，其间的每句话、每个行动，读书、写作、饮食、起居，皆有记录。或是心里面有私欲没有克除，表现在外的检点不够之处，也都写在日记里。

曾氏写到这里，想起唐鉴曾经对他说过：若不是自己的本心已被其他欲念来捉弄时才想到要提醒，那就到达邪端已被禁闭、诚意已被保存的境界了。接着曾氏又记下唐鉴所说的话：对于自身表露在外的言行容止，只有用“整齐严肃”四个字来要求；持守于内心的信念把握，只有用“主一无适”四个字，即守定一个宗旨不分心。诗、文、词、曲这些方面，都可以不必太用功，倘若能致力于义理之学，那些小技能并不难于掌握。唐鉴特别强调要戒除欺瞒这个毛病，万万不可藏着掩着，等等。

听了唐鉴这些话，曾氏有蒙昧被启发、心里突然明亮似的感觉。究竟是什么东西，使得已经是学问满腹、才华洋溢的文学侍从有再次启蒙之感呢？

以笔者的体会，主要有两点：一是修身方面的“身体力行”，即在自我身上切切实实地践行圣贤教导，不应该说的是一套、做的又是一套，要求别人的是一套、自己做的又是一套，文章里写的是一套、现实中做的又是另一套。二是学问方面，要真正地弄通义理，也就是说要详究天地、宇宙、社会、人生、人性等方面的深刻道理。其他的学问，则在其次。

曾氏一直在读圣贤书，在做代圣贤立言的文章，但联系自身却想得少做得更少。曾氏过去醉心于诗文创作，对义理深究不够，没有将它们视为笼罩一切的学问。这两点，唐鉴的话都让他有茅塞顿开之感，如同再次发蒙。从那以后，研究义理之学，反省自身，便成为曾氏坚持一生的功课。

戒　烟

□曾国藩原文

黎明起，走会馆拈香。归，圈《汉书》《冯奉世传》《宣元六王传》《匡衡张禹孔光传》。下半天，走雨三处、寄云处、敬堂处。夜归，早睡。是日早起，吃烟，口苦舌干，甚觉烟之有损无益，而刻不能离，恶湿居下，深以为恨。誓从今永禁吃烟，将水烟袋捶碎。因念世之吸食烟瘾者，岂不自知其然？不能立地放下屠刀，则终不能自拔耳。（道光二十一年九月初一日）

□唐浩明评点

曾氏有吃烟的不良嗜好，甚至到了一刻都不能离开的地步，走到哪儿，都随身带烟管、佩烟袋，形象已属难看，更重要的是对身体戕害甚大。不只是他说到的“口苦舌干”，更严重的是影响他的肺部。曾氏三十岁时就患有肺病。《年谱》中说他道光二十年进京散馆，正月到的北京，“六月移寓果子巷万顺客店，病热危剧，几不救。同寓湘潭欧阳小岑先生兆熊经理扶持，六安吴公廷栋为之诊治”。

肺病重得几乎要夺去性命，幸亏靠了欧阳兆熊、吴廷栋二人的医治护理，才渡过那道难关。欧阳与吴，也便因此成为曾氏的挚友。曾氏晚年委托欧阳开办金陵书局，他一生最后见的旧友即吴廷栋，生死之交结下来的友谊维持终生。

曾氏以捶碎水烟袋的决绝态度立志戒烟，希望能改掉恶习。世间很多吸烟者，都曾经有过戒烟的经历，有的人后来戒掉了，也有人屡戒屡复，最终没有戒掉。曾氏戒掉了吗？道光二十二年十月初七日日记：“本日说话太多，吃烟太多，故致困乏。”他的日记为此一问作了回答：近一年时间了，他还没戒掉。

聪明日减，学业无成

□曾国藩原文

早起，温《诗经》《鼓钟》《楚茨》。饭后，走俪裳处拜寿。因走蔡春帆处、岺仙处、少鹤处。归，阅《汉书》《马官传》《王商史丹傅喜传》《薛宣朱博传》。下半天，小珊来，余走吴和甫处。

三十年为一世。吾生以辛未十月十一日，今一世矣。聪明日减，学业无成，可胜慨哉！语不云乎“往者不可谏，来者犹可追”。自今以始，吾其不得自逸矣。道光辛丑初度日识。（道光二十一年九月初二日）

□唐浩明评点

曾氏生于嘉庆十六年，岁次辛未，到了道光二十年，刚好三十岁整。孔子说三十而立，可见三十岁对于男人来说，是一个重要的节点。照世俗的眼光来看，三十岁的曾氏已是“立”得出类拔萃了。但他本人并不这样认为，他以“聪明日减，学业无成”来概括眼下的自我处境。对于一个三十岁的人来说，这种衡量标准有点过于苛严。可能曾氏鉴于记诵能力不如早几年，以及尚未有学术专著问世这两个方面来责备自己。这应该说是取法乎上了。古人曰：取法乎上，仅得乎中。说的是自我要求不妨高些。曾氏之用意亦在此，故而告诫不能“自逸”。

研几工夫最要紧

□曾国藩原文

丑初起，至午门外迎送圣驾，在朝房不能振刷出拜。杨朴庵论《四书》文有诞言。至会馆敬神，饭周华甫处，言不由中。拜倭艮峰前辈，先生言“研几”工夫最要紧，颜子之有不善，未尝不知，是研几也。周子曰：“几善恶。”《中庸》曰：“潜虽伏矣，亦孔之照。”刘念台先生曰：“卜动念以知几。”皆谓此也。失此不察，则心放而难收矣。又云：人心善恶之几，与国家治乱之几相通。又教予写日课，当即写，不宜再因循。出城拜客五家，酉正归寓。灯下临帖百字。（道光二十二年十月初一日）

□唐浩明评点

这一天的日记虽然短，但内容丰富。先是对自己本日的所作所为做了三次反省：一是在朝房内精神不振作，二是与人谈论文章时说了虚诞之语（细揣“杨朴庵论《四书》文有诞言”一句，“杨朴庵”前当缺一“与”字），在别人家吃饭时，说了假话。曾氏如此省身，真正做到了《论语》中所说的“吾日三省吾身”。接下来，简要记下倭仁的话。

倭仁对曾氏说的这番话，核心在“研几”二字。“几”是什么？“几”就是事物出现前或变化前的细微迹象。《易·系辞》说：“几者，动之微，吉之先见者也。”举动前之细微，吉凶前之征兆即“几”。对这种“几”细致地考察，详尽地研究，就是研几。倭仁对曾氏说，人心善与恶的几微，与国家治与乱的几微是相通的，道理是一样的。人在恶念初萌时不能遏制，则有可能酿成罪恶行为的发生；国家若不能在动荡征兆出现时予以制止，则有可能爆发大动乱、大灾难。涓涓细流，汇成江海。处在细流时毕竟好改变，一旦成为江海，则不能对付了。恶处于细流时，别人不知道，但自己有可能知道。此时如果能自我反省，就有可能将它堵塞。故而，一个时时反省的人，只要他是真诚的，便可以杜绝大恶大罪的出现。

最后，倭仁还告诉曾氏要赶紧写日课。所谓日课，即每天将自己这一天来的思想行为予以反思，并记录下来，随时督促。光绪二十六年，偶读曾氏文字后便大为震撼，决心以曾氏为人生榜样的梁启超，在写给朋友叶湘南、麦孺博的信中说：“弟日来颇自克厉，因偶读曾文正家书，猛然自省……弟近日以五事自课：一曰克己，二曰诚意，三曰立敬，四曰习劳，五曰有恒。盖此五者，皆与弟性质针对者也。时时刻刻以之自省，行之现已五日，欲矢之终身，未知能否……近设日记，以曾文正之法，凡身过、口过、意过皆记之。”梁启超这段话，足可以帮助我们理解日课的做法与意义。

静　坐

□曾国藩原文

辰初起，静坐片刻，读《易·咸卦》。饭后昏昧，默坐半刻，即已成寐。神浊不振，一至于此。读《咸卦》，卦象辞能解，《系传》释“九四爻”，不知其意，浮浅可恨。静坐，思心正气顺，必须到“天地位、万物育”田地方好。昏浊如此，何日能彻底变换也。午正，金竹虔来长谈。平日游言、巧言，一一未改，自新之意安在？饭后，走恽浚生处商公事。灯后，临帖二百字。读许文正公语录，涉猎无所得。记昨日、今日事。（道光二十二年十月初二日）

□唐浩明评点

日记说的是通过静坐来澄清昏浊事。静坐可以净虑去杂，让心安定下来，本是佛家、道家修行的重要途径。释迦牟尼静坐菩提树下参悟大道，达摩祖师面壁少林终日默然自修。庄子更认为静坐可以忘记一切，浑然物我是非，这便是著名的道家坐忘。三十二岁的曾氏正处于血气方刚的青春躁动期，外间的应酬繁忙，内心的欲望很多，要想安静的确不易。他的日记中常见的“嚣”“浊”“昏”“浮”等字眼，便是他日常心境的真实写照。他对此种景况非常不满意，然一旦坐下来，便又想打瞌睡，这很令他沮丧。如何让静坐达到净虑的目的？他总结出“天地位，万物育”的六字体会。

这六个字，初看颇为玄虚，其实恰到好处。所谓天地位，就是天地正位的意思，泛指大脑、四肢、五脏六腑各个器官都处于正常秩序之中。正常秩序就是自然状态，不必做作克制，更不要紧张霸蛮。所谓万物育，就是万物发育，也就是身体内的各种运行畅通无阻，生命处于一种蓬勃盎然的兴旺状态。如同朱熹所说“鱼跃于渊，活泼泼地”，又如曾氏后来所作的联语“养活一团春意思”，说的便都是“万物育”。这既是一种恒常境界，也是一种高尚境界。这样的静坐，方能起到应有的作用。

日记又反省自己今天的不当之处，与朋友谈话有游言、巧言，也就是有无根据、讨好乖滑一类的话，责备自己没有实实在在地改过自新。

诤友陈源兖

□曾国藩原文

一早，心嚣然不静。辰正出门拜何子敬，语不诚。至岱云处，会课一文一诗，誊真，灯初方完。仅能完卷，而心颇自得，何器小若是！与同人言多尖颖，故态全未改也。归，接家信。岱云来，久谈，彼此相劝以善。予言皆己所未能而责人者。岱云言余第一要戒“慢”字，谓我无处不着怠慢之气，真切中膏肓也。又言予于朋友，每相恃过深，不知量而后入，随处不留分寸，卒至小者龃龉，大者凶隙，不可不慎。又言我处事不患不精明，患太刻薄，须步步留心。此三言者皆药石也。天头：直哉，岱云克敦友谊。默坐，思此心须常有满腔生意；杂念憧憧，将何以极力扫却？勉之！复周明府乐清信。利心已萌。记本日事。（道光二十二年十月初三日）

□唐浩明评点

古人有诤友、畏友之说，意谓能直言规劝、令人敬畏的朋友。日记中提到的岱云就是这种诤友、畏友。岱云姓陈名源兖，湖南茶陵人，与曾氏为同科进士、翰林，关系密切，后又结为儿女亲家：曾氏次女纪耀嫁陈氏次子远济。陈源兖品学俱佳，然命运并不太好，咸丰三年死于安徽池州知府任上，年仅四十一岁。

陈源兖指出曾氏三个缺点：一是对人怠慢，二是恃才自负，三是处事刻薄。能如此直爽、如此不讲情面地批评人的朋友，现在已经不容易见到了，而像曾氏这样把别人的批评记在日记上，心悦诚服地接受，并称之为“药石”的朋友，现在可能更难找了。这三条批评，对曾氏震动不小，甚至可以说他一生都在以此为警戒。他后来为人处世的谦虚谨慎、大力提倡恕道，特别是晚年将书房命名为无慢室等，都可以看到陈源兖之诤在他身上所起的作用。

此篇还检查自己的“语不诚”“器小”“杂念憧憧”“利心已萌”等毛病。其中所说的“满腔生意”，又正可以帮助我们理解“万物育”的静坐田地。

倭仁读过曾氏的日记

□曾国藩原文

早起，读《咸卦》，较前日略入，心仍不静。饭后往何家拜寿，拜客五家。归，吴竹如来，长谈，彼此考验身心，真畏友也。艮峰先生来。对二君，心颇收摄。竹如言“敬”字最好，予谓须添一“和”字，则所谓敬者方不是勉强把持，即礼乐不可斯须去身之意。天头：敬自和乐，勉强固不是敬，能常勉强亦好。艮峰。躬行无一，而言之不怍，岂不愧煞！黎月乔前辈来，示以近作诗。赞叹有不由中语，谈诗妄作深语，己所不逮者万万。丁诵生来，应酬言太多。酉正走何子贞处，唱清音，若自收摄，犹甚驰放，幸少说话。酒后，与子贞谈字，亦言之不怍。一日之间，三犯此病，改过之意安在？归，作字一百，心愈拘迫，愈浮杂。记本日事。又酒时忽动名心，为人戒之。（道光二十二年十月初四日）

□唐浩明评点

吴竹如即吴廷栋，因为擅长医道，常常为曾氏家人把脉问诊，故在曾氏的众多朋友中，他又是往来更为频繁的朋友之一。吴氏与曾氏谈“敬”。何谓“敬”？孔子说“执事敬”“修己以敬”“行笃敬”，可知“敬”乃一种对人对事的恭肃态度。朱熹对“敬”大为推崇，说：“敬字工夫，乃圣门第一义。”“敬”的反面就是“慢”。看来，对人怠慢是曾氏一个很突出的缺点。他的朋友们都看出来了。继陈源兖直截批评他的怠慢后，好友吴竹如又来迂回地跟他谈“敬”。

曾氏深知“敬”的重要，他更提出一个“和”字来互补。曾氏的此种认识，基于对礼与乐之间互补的理解。近代著名学者马一浮说得好，“礼以敬为本”。礼以别上下尊卑，社会秩序得以建立，故而根本在“敬”；乐以调和差异，万物和谐得以共生，故而乐的根本在“和”。儒家以礼乐治国，外借礼来等级有序地予以节制，内借乐来陶镕心灵予以教化。

曾氏以“和”补“敬”是很有道理的。这个认识从此支配他的一生，成为他齐家治国的重要理念。同治七年七月初二日，他在日记中写道：“盖家道之兴，全在肃雍二字。肃者，敬也；雍者，和也。”晚年又亲笔书写“肃雍和鸣”四字，家人将他制成巨匾，悬挂于富厚堂内，世代奉为圭臬。

这篇日记值得我们重视的还有倭仁在天头上的一句批语：“敬自和乐，勉强固不是敬，能常勉强亦好。”先来说说倭仁的这句话。倭氏赞成“敬和”并举，但又明确表示，即使勉强把持也是好事。在倭氏看来，“敬”更重要，“敬”也难以自觉做到，需要一段时期的强力逼迫，然后才可以达到内和外敬的圆通境地。这是对曾氏的委婉开导。

我们还可以从倭仁的批语中看出，曾氏的日记是在朋友圈中被传阅的。既然曾氏的日记朋友们能看到，那么朋友们的日记，曾氏也可以看到。由此，我们可知，在曾氏当年那个朋友圈中，彼此的日记是互相看的，而且可以把自己阅后的意见直截写在别人的日记上。须知他们是倡导诚、倡导敬的，是要把自己的内心世界坦露出来的。这需要多大的勇气！这种自修行为是多么的真诚！可惜的是，如此古风，早已在中国官场士林中荡然绝迹了。

愿终身私淑孟子

□曾国藩原文

早起，高诵养气章，似有所会，愿终身私淑孟子。虽造次颠沛，皆有孟夫子在前，须臾不离，或到死之日可以仰希万一。昏浊如此，恐旋即背弃也，戒之！读《易》《恒卦》《遁卦》，无心得。会客三次。未正，走冯树堂处，看树堂日课，因与语收摄之方，无诸己而责诸人，可耻！且谈时心有骄气，总由心不虚故。归寓静坐，一时成寐，何不振也！饭后，岱云来，谈诗、字心得。语一经说破，胸中便无余味，所谓德之弃也。况无心得，而有掠影之谈乎？临帖二百字。记本日事。作字时，心颇活泼。（道光二十二年十月初五日）

□唐浩明评点

一早起来，曾氏高声朗读《孟子》中的养气篇章，感觉到有所领会。他表示愿意终身做孟子的私淑弟子，希望到死之日可以得到万分之一的孟子真谛。曾氏此心，甚是虔诚。

《孟子》中的养气章说的什么呢？让我们一起来温习这段著名的孟子语录：“我知言，我善养吾浩然之气。敢问何谓浩然之气？曰难言也。其为气也至大至刚，以直养而无害，则塞于天地之间。其为气也，配义与道；无是，馁也。是集义所生者，非义袭而取之也。行有不慊于心，则馁矣。”

“我善养吾浩然之气”，孟子的这句话，成为两千年来，无权无势无财富的中国知识分子的力量源泉和自强自尊自信的根基所在。依赖着心中的浩然之气，也就是道义正气，无数真正的中国士人能保持节操，守住底线，做到如孟子所说的“说大人则藐之”“富贵不能淫，贫贱不能移，威武不能屈”，成为一个人所仰慕的“大丈夫”。

作为一个贫寒家庭出身的翰林院低级官员，曾氏非常能认同这种浩然之气的重要性，所以他心悦诚服地拜倒在孟子的几下。除这点外，以笔者对曾氏的研究来看，还有曾氏对孟子的文风极为喜爱的一层原因在内。我们读《论语》，看到的是一位循循善诱的长者。我们读《孟子》，看到的是一位滔滔雄辩的强者。孟子的体内，有一股不可遏制的强大气流，发而为言，则气势雄浑，为长江大河，一泻千里，令人为之慑服。这种文风，后来为韩愈所发扬光大，一直成为中国文坛的主流派。我们细读曾氏的文章，可以看出曾氏是孟韩文风的卓越继承者。曾氏论文喜欢谈气，这种气即来源于孟子的浩然之气。心中有一股倔强之气，这是曾氏与天俱来的禀赋，这种天赋正与孟子的浩然之气合拍。应该说，这更是曾氏喜欢孟子的内在因素。

日记中说到“作字时，心颇活泼”。这句话为我们找到曾氏为什么一生爱好书法，最终能成为近代书坛大家的钥匙。原来，作字能给他的心灵带来乐趣！勉强力行毕竟有难度，内心喜悦才有持久不衰的动力。

我们在这篇日记中看到曾氏责骂自己“可耻”的字眼。在以后的日记里，我们还会经常看到曾氏呵斥自己的这些愤慨话。前人说曾氏修身是“痛自刻厉”，他本人则说要与自身毛病“血战一番”。由此可知修身是一件痛苦的事。人们说人的一生最大的敌人就是自己。此话确乎有几分道理。

力惩简慢

□曾国藩原文

早，读《晋卦》，颇融惬。“罔孚，裕，无咎。”裕，难矣。《中庸》“明善诚身”一节，其所谓裕者乎？饭后进城看房子，晤竹如，同谒唐先生，久坐。出城拜客六七家。力惩简慢之咎，已入于巧令矣。酉末归，作字一百。灯后，又作一百。走岱云处，商应酬事三端，言太多。归，作诗十六句，未成。精神要常令有余，于事则气充而心不散漫。本日说话太多，吃烟太多，故致困乏，都检点过不出来，自治之疏甚矣！记本日事。（道光二十二年十月初七日）

□唐浩明评点

我们终于知道曾氏“怠慢”的具体内容了，那就是不主动去走访朋友。曾氏在这一年十二月的一封给诸弟的家书中说："近来闻好友甚多，予不欲先去拜别人，恐徒标榜虚名。盖求友以匡己之不逮，此大益也；标榜以盗虚名，是大损也。"

明知对方是好友，却不愿先去拜访。曾氏自己认为这是因为不想标榜虚名，在别人看来，或许这就是曾氏的清高简慢。对于未见过面的朋友如此，对于熟悉的朋友，笔者揣测，曾氏大概也是主动去拜访的少。故而朋友圈中，大家都觉得曾氏待人不够敬。为了表示去慢主敬，曾氏在这一天里进城拜访吴竹如、唐鉴，出城又拜客六七家。那时只能靠骡马车代步，北京如此之大，一天拜客八九家，也够他累了。但这样一来，曾氏又感觉到自己已走进巧言令色一途，心里增添新的不安。这真是左右为难。

的确，世上每一个道理、每一件事物都有它的两面性，都有它的分界线，过了就走向反面，这就是孔子所说的"过犹不及"。其实，认识这一点并不难，难的在于把握。把握得体，拿捏适度，是最难的了。要说人生智慧，这就是极大的人生智慧。中国哲人早就看出了这一点，故而提出中庸之道："致广大而尽精微，极高明而道中庸。"中庸之道的精微，就在于"允执厥中"。

打破患得患失关

□曾国藩原文

早，诵养气章。读《易》，仅三页，即有俗事来扰，心亦随之而驰。会客二次。饭后，心不静，不能读《易》，因为何子贞题画梅卷子。果能据德依仁，即使游心于诗字杂艺，亦无在不可静心养气。无奈我作诗之时，只是要压倒他人，要取名誉，此岂复有为己之志？未正诗成。何丹溪来，久谈，语多不诚。午正，会客一次，语失之佞。酉正客散。是日，与人办公送礼，俗冗琐杂可厌，心亦逐之纷乱，尤可耻也。灯后，何子贞来，急欲谈诗，闻誉，心忡忡，几不自持，何可鄙一至于是！此岂复得为载道之器乎？凡喜誉恶毁之心，即鄙夫患得患失之心也。于此关打不破，则一切学问才智，适足以欺世盗名为已矣。谨记于此，使良友皆知吾病根所在。与子贞久谈，躬不百一，而言之不怍，又议人短，顷刻之间，过恶丛生，皆自好誉之念发出。习字一百，草率记本日事。（道光二十二年十月初八日）

□唐浩明评点

在诗文字画的创作过程中，力图技惊四座、艺压群芳，乃绝大部分文艺家所共有的心态。这也是推动文艺家上进的原始动力之一。它在客观上起到让文学艺术推陈出新，不断前进的作用。但此心若是把握不当，比如说非得要与别人争个高下，甚至非得要压倒别人不可，则有可能偏离文艺的正道。

曾氏本唐鉴研几之教，发现自己心中有“要压倒别人”的念头，便立即予以遏止，并进行深刻反思：压倒别人，是为了邀取名誉；而喜誉恶毁，就是患得患失；若不打破患得患失这一关，则一切学问才智，都不过为欺世盗名而已。曾氏的自我检查确实尖刻而不留情面，将邀取名誉与欺世盗名联系起来，有点上纲上线的味道。只不过是，这中间有一道患得患失的关口居中连接着，通过这一连接，也就不显得突兀了。

患得患失，是人类的一个普遍毛病：没有得到时，成天忧虑得不到；一旦得到后，又成天忧虑有可能失去。有这种毛病的人，成年累月都在忧虑之中，既得不到抵达目标实现理想的快乐，也毫无一点生命的趣味。既然“得”与“失”都需要忧虑，那么为解忧，获“得”可能不计后果，免“失”可能不计手段。如此，欺世盗名岂不应运而生？

与友有隙反躬自省

□曾国藩原文

大人寿辰。辰正陪客，至申初方散。酒食太菲，平日自奉不俭，至亲前反不致隆，何不加察也？客散后，料俗事数件。晡时，走小珊处。小珊前与予有隙，细思皆我之不是。苟我素以忠信待人，何至人不见信？苟我素能礼人以敬，何至人有慢言？且即令人有不是，何至肆口漫骂，忿戾不顾，几于忘身及亲若此！此事余有三大过：平日不信不敬，相恃太深，一也；比时一语不合，忿恨无礼，二也；龃龉之后，人反平易，我反悍然不近人情，三也。恶言不出于口，忿言不反于身，此之不知，遑问其他？谨记于此，以为切戒。天头：自反极是！与小珊、竺虔谈甚久，总是说话太多。两日全未看书，且处处不自检点，虽应酬稍繁，实由自新之志不痛切，故不觉放松耳。记本日事。（道光二十二年十月初九日）

□唐浩明评点

别人与自己有隔阂，人的本色思考是把责任推向别人，自己是无辜的。但圣贤的教导却是要多作自我检讨，要多从自身寻找原因。曾子曰“三省”，孟子曰“自反”，说的都是这层意思。曾氏的修身，其宗旨便是要在自身上切实践行圣贤的教导。他的好友郑小珊与自己有了隔阂，他不把过错推给郑，而是自我反省：假若我能一贯以忠信对待别人，别人又怎么会不相信我呢？假若我能一贯以尊敬对待别人，别人又怎么会以轻慢之言待我呢？即便是别人有不对处，又怎么能肆口漫骂，愤恨到不顾一切，以至于忘掉自身及亲人所受的恩惠（郑小珊通医道，常来曾家看病）到如此地步呢？

通过这件事，曾氏检查自己有三大过错：一是平日对朋友不信任不尊敬，自恃太过；二是当时一语不合，则愤怒不讲道理；三是争执之后，别人平和，自己反倒强悍而不近人情。经过这样的反思后，曾氏主动去拜访郑小珊，彼此的嫌隙消除了。

与人相交，若都有曾氏这种雅量，何嫌不化？何隙不弥？

天头上所批四字没有署名，看来应是倭仁所为。

言物行恒，诚身之道

□曾国藩原文

起晏。作《初度次日书怀》诗一首。饭后，读《易·家人卦》，心不潜入。言物行恒，诚身之道也，万化基于此矣。余病根在无恒，故家内琐事，今日立条例，明日仍散漫，下人无常规可循，将来莅众，必不能信，作事必不能成，戒之！未正，冯树堂来，阅予日课，云："说得已是，须切诚而致行之耳。"申初出门，拜客谢寿。晚归，作《忆弟》诗一首。数日心沾滞于诗，总由心不静，故不专一，当力求主一之法，诚能主一，养得心静气恬，到天机活泼之时，即作诗亦自无妨。我今尚未也，徒以浮躁之故，故一日之间，情志屡迁耳！查数，许久乃晰。记本日事。（道光二十二年十月十二日）

□唐浩明评点

曾氏在这篇日记里谈到两点体悟：一是要言之有物，二是要行之有恒。这两点说到人性中的两个通病，即人常常容易说空话说废话说无用话，人也常常容易不坚持不长久不信守。曾氏将"言物行恒"提到"万化基于此"的高度，也就是说一切成就都建立在这个基础上。

曾氏还在日记中说到"主一"。晚年，曾氏提出"天道三忌"的观念，其中之一为"天道忌贰"。一与贰相对应，可知"一"含有一心一意、表里一致、言行一致等内容，贰则意谓三心二意、虚情假意、言行不一等。由此可知，"一"即"诚"的一种体现。"诚"在心中，则可"主一"。曾氏认为，一个人能做到"主一"，则可以养得"心静气恬""天机活泼"。

人们都想心气恬静，都想天机活泼，但为什么却很难做到呢？细细琢磨，不恬静是因为情绪浮躁，不活泼是因为胸臆堵塞，但为什么浮躁、堵塞呢？最大的原因来自于欲望太多。《庄子·天地》上说："有机事者必有机心，机心存于胸中，则纯白不备。纯白不备，则神生不定。神生不定者，道之所不载也。"如何减少欲望，最好的办法就是"主一"。一心一意地做一件事，不去想别的，心思自然单纯。单纯则集中，集中则有成就。比如曾氏日记中所说的作诗一事。作诗就作诗，不要去想追赶前贤、压倒时彦的事，也不要想去博取富贵人的欢心，以此来谋取高位获得重利等。庄子说“用志不纷，乃凝于神”，其道理就在这里。

曾氏在本日内写了两首诗：一为昨天的生日而生发的感慨，一为怀念九弟国荃。借此机会，把这两首诗抄录如下，供读者欣赏。

《三十二初度次日书怀》：男儿三十殊非少，今我过之讵足欢！龌龊挈瓶嗟器小，酣歌鼓缶已春阑。眼中云物知何兆，镜里心情只独看。饱食甘眠无用处，多惭名字侣鹓鸾。

《忆弟》：无端绕室思茫茫，明月当天万瓦霜。可惜良宵空兀坐，遥怜诸弟在何方。纷纷书帙谁能展，艳艳灯花有底忙？出户独吟聊妄想，孤云断处是家乡。

相疑由于自矜

□曾国藩原文

早起，读《易•睽卦》。凡睽起于相疑，相疑由于自矜。明察我之于小珊，其如“上九”之于“六三”乎？吴氏谓合睽之道，在于推诚守正，委曲含宏，而无私意猜疑之弊，戒之勉之！此我之要药也。习字一百。未正，走岱云处，与渠同请客一席，至三更方散。是日，口过甚多，中有一言戏谑，非特过也，直大恶矣！同人射覆，有求胜心；夜深对客，有慢易之态。客去，与易莲舫论食色之非性。谈理时，心颇和平。（道光二十二年十月十三日）

□唐浩明评点

一早起来，曾氏读《易经》中的《睽卦》。《睽卦》说的是事物之间相互背离相互矛盾的现象。曾氏认为，出现背离与矛盾的原因是彼此怀疑、不信任，而怀疑与不信任又源于自以为是。联系到自己与郑小珊之间的背离，曾氏想起《睽卦》中的上九爻与六三爻。上九爻说的是看见猪身上沾满了泥，又看见一群鬼坐在车上。六三爻说看见一辆车在向后拉，而牛却在往前拖，拉车的人额头上刺着字，鼻子被削掉了。之所以看见这些怪事，是因为见者神志恍惚的缘故。见者为什么会恍惚呢？是因为与人睽违而处于孤独之中。曾氏感觉到自己眼下的处境与《睽卦》中所说的有些相似，于是检讨自己的自以为是，服膺吴廷栋所说的与人相交应该真诚正直、宽宏大量，而不要怀着私心去彼此猜疑。

日记中有“同人射覆”字样。有的读者可能不知道射覆是什么？射覆是古代的一种游戏，将一物件用东西覆盖，然后令人去猜，猜中者为射中即胜者。李商隐诗：“隔座送钩春酒暖，分曹射覆蜡灯红。”可见唐代官场士林中盛行这种游戏。到了晚清，京师文人集会中的射覆，射的却是诗文或掌故，比曾氏小二十多岁的张之洞为此中高手。他以白居易诗“老大嫁作商人妇”射《左传》“伯姬归于宋”一故事，广为传颂。

赞人言不由中

□曾国藩原文

起晏。心浮不能读书，翻《陈卧子年谱》，涉猎悠忽。饭后，读《易•蹇卦》。因心浮，故静坐，即已昏睡，何不自振刷也！未初，客来，示以时艺，赞叹语不由中。予此病甚深。孔子之所谓巧令，孟子之所谓铦，其我之谓乎？以为人情好誉，非是不足以悦其心，试思此求悦于人之念，君子乎？女子小人乎？且我诚能言必忠信，不欺人，不妄语，积久人自知之。不赞，人亦不怪。天头：不管人怪否，要忠信。艮峰。苟有试而誉人，人且引以为重。天头：重否？若日日誉人，人必不重我言矣！欺人自欺，灭忠信，丧廉耻，皆在于此，切戒切戒！接次客来，申正方散。写联二付。灯后，仍读《易》，心较静。作《忆弟》诗一首。誊本月诗。记昨日、今日事。（道光二十二年十月十四日）

□唐浩明评点

有客人来，向曾氏出示自己写的时艺。时艺即科场中的八股文，曾氏称赞他写得好。但在当天的日记中，曾氏却对自己的“赞叹”大加批判，且将它上升为“不忠信”的高度。倭仁赞赏曾氏的自我批判：不要管别人的看法，只问自己忠信与否。

示人以诗文著作这种事，在文人圈中司空见惯，今日更盛。今日的风气，示者多想以此博得别人的称赞，真心想要别人“批评指正”的人很少，想必古人也一样。所以看到别人的诗文后称赞几句，原也是人之常情，似乎并不需要如此苛责自己。笔者就常常收到别人送来的诗文著述，也常常这样称赞几句，心里也不觉得多么过意不去。但是若往深里想一想，看到别人的东西后，真的发现有什么差错，或是有什么对别人有帮助的想法，直截了当地说出来，要比空泛的称赞强得多；只要态度诚恳，作者也绝不会见怪的。只是说空泛话容易，说中肯话难。撇开道德层面不谈，仅从操作层面来看，表扬也比批评要简单容易，难怪世间表扬的多，批评的少。

今天，曾氏又写了一首怀念九弟的诗。笔者也将它抄下，供读者欣赏：“忽忆他时襄水上，恶风半夜撼春雷。舟人捩舵声同泣，客子扶床面已灰。仰荷皇天全薄命，信知浮世等轻埃。汝今归去复何似，回首世途诚险哉。”

为人好名可耻

□曾国藩原文

早起，作《忆九弟》五律二首。饭后，读《夬卦》《姤卦》。读书时，心外驰，总是不敬之咎，一早清明之气，乃以之汩溺于诗句之小技，至日间仍尔昏昧。文辞溺心最害事。朱子云，平淡自摄，岂不较胜思量诗句耶！艮峰。巳正会客一次。申初进城看房子，便拜客三家，灯时始归。车上有游思。归，乏甚。夜读《夬》《姤》二卦，颇入。记《茶余偶谈》一则。日内不敬不静，常致劳乏，以后须从“心正气顺”四字上体验。谨记谨记！又每日游思，多半是要人说好。为人好名，可耻！而好名之意，又自谓比他人高一层，此名心之症结于隐微者深也。何时能拔此根株？天头：此心断不可有。（道光二十二年十月二十日）

□唐浩明评点

在理学家看来，读圣贤书，穷理尽性，方为正务，而吟诗作赋乃末技。倭仁是个彻头彻尾的理学家，所以他要正告曾氏“文辞溺心最害事”。曾氏从骨髓深处里爱好诗词文章。以今天的语境来说，他的本色是个作家，是个文人。我们且来读读他给家人写的几段话：“余于诗亦有功夫，恨当世无韩昌黎及苏黄一辈人可与吾发狂言者。”

“惟古文与诗二者用力颇深，探索颇苦，而未能介然用之，独辟康庄，古文尤确有依据，若遽先朝露，则寸心所得遂成广陵之散。”“余所好者，尤在陶之五古、杜之五律、陆之七绝，以为人生具此高淡胸襟，虽南面王不以易其乐也。”这些话足以看出曾氏的心之所向，志之所在。于此我们便不难理解，何以曾氏被称为理学名家，而他却没有一篇专门研究理学的学术论文，更无论专著的缘故了。王闿运在挽曾氏联中说了直话：经学在纪河间阮仪征之上，致身何太早，龙蛇遗憾礼堂书。但王为他开脱，说曾氏是因为死得太早了，来不及写。其实，真正的原因不在这里。要说年寿，曾氏活过花甲，也不算太短；要说他长年忙于军务，那他为什么可以在军营中编《经史百家杂钞》《十八家诗钞》，写作如许多的文章呢？

在笔者看来，曾氏沉溺文辞是好事，不然，文学史上便没有湘乡文派了。但在当时修身养性的曾氏看来，一再督促自己要专心专意以《朱子全书》为功课，而又心有旁骛，这是不敬、不主一的体现，故而要不得，必须严加纠正。

日记中两次说到“游思”。游思，应是指脱离主旨的一些游移的思想活动。曾氏检讨自己游思中的主要内容，是想如何博取别人对他说好话，是想求得一个好名声。

一个人，若想求得权力，求得财产，求得地位，常常会被人认为是贪婪；若是想求得好名声，受到的指责是少些，说不定还会常常受到鼓励。其实，名与权、位、财是一样的东西，本质上并没有大的区别，贪权贪钱不好，贪名同样不好。再说，做事时老想得名，这本身就是不诚了，不主一了，事情也就会做不好，更难做到出神入化、精妙绝伦的地步。

这一天，曾氏作了两首忆九弟的五律诗。为什么四个弟弟，独忆九弟呢？原来九弟国荃，道光二十年随父亲、大嫂、侄儿来到北京后，便一直住在大哥家。三个月前，离京回湘，大哥亲送至卢沟桥，此刻或许还在归途中，故专门写诗来忆念他。这两首诗，其一为："别汝经三月，音书何太难！夜长魂梦苦，人少屋庐寒。骨肉成漂泊，云霄悔羽翰。朝朝乌鹊噪，物性固欺谩。"其二为："尚余词赋好，随众颂康哉。报国羌无力，擎天别有才。寒云迷雁影，远道望龙媒。百尺金台矗，看君蹲蹀来。"

对于四个弟弟，曾氏都有很深的骨肉情怀，但对这个九弟，其情似更深些，期望也似更大些，一句"擎天别有才"，足已表达大哥的此情此意。曾氏此时还是希望九弟能通过科第之路来到北京，他当然不可能料到日后老九的飞黄腾达，却是靠的另一条道路。

再次戒烟

□曾国藩原文

晨醒，贪睡晏起，一无所为，可耻。饭后，读《易》仅两页。竺虔来，久谈。接九弟信，喜已到省，而一路千辛万苦，读之深为骇悸。又接郭云仙信并诗。两信各一二千字，读之又读，兄弟友朋之情，一时凑集。未正出门，为办公礼事，拜客三家，归。饭后，岱云来，谈至三更。说话太多，神倦，心颇有骄气。斗筲之量，真可丑也。岱云每日工夫甚多而严，可谓惜分阴者，予则玩世不振。客去后，念每日昏锢，由于多吃烟，因立毁折烟袋，誓永不再吃烟。如再食言，明神殛之！（道光二十二年十月二十一日）

□唐浩明评点

我们还记得曾氏九月初一的决心："从今永禁吃烟，将水烟袋捶碎。"但十月初七日记又有"吃烟太多"的字样。可见曾氏的决绝态度并没有起到实际作用，真还不知道他戒了几天便又死灰复燃了！这次又"立毁折烟袋，誓永不再吃烟"，并且下毒誓，如果再翻戒，则让神明来严格处置。决心更大！

一个人若对某东西上了瘾，要戒掉它就很难。明知它不好，明知它对自己影响很大，甚至对健康对生命都有影响，但就是戒不掉。为了一时的快乐，可以不顾一生的祸患，正所谓饮鸩止渴。这或许也是人类的弱点之一。曾氏是一个有大志的人，也是一个有意志力的人，要戒烟尚且如此艰难，可见普通人更不容易了。

父亲的教导

□曾国藩原文

早起，读《萃卦》，心颇入，总有浮气。饭后，读《升卦》，未毕。走晏同甫处拜寿，便拜黎樾乔前辈。渠今日请客，因被留住谈诗。又是说话太多，举止亦绝无瑟僩之意。灯后归。接家信，大人教以保身三要：曰节欲、节劳、节饮食。又言凡人交友，只见得友不是而我是，所以今日管鲍，明日秦越，谓我与小珊有隙，是尽人欢、竭人忠之过，宜速改过。走小珊处，当面自认不是。又云使气亦非保身体之道。小子读之悚然。小子一喜一怒，劳逸疴痒，无刻不萦于大人之怀也。若不敬身，其禽兽矣。仍读《易》数刻。记昨日、今日事。翻阅杜诗，涉猎无所得。（道光二十二年十月二十二日）

□唐浩明评点

这一天，曾氏接到父亲的家信。父亲在信中对这个已为家族争得很大脸面的长子，提出三个方面的要求。一是要懂得节制。二是不要自以为是，与朋友不和时要主动承认不是。三是发脾气对身体有影响。曾氏将父亲的这些话写在日记上，意在要牢记这些教导，并切实去执行。我们看到在十一月十二日的日记中，有“走小珊、竺虔处闲谈”的记载，可知曾氏与小珊已和好如初了。

曾氏在日记中说人子的一举一动、喜怒哀乐都为父母所关怀，故而一个人若不爱惜自身，则与禽兽无异。这里说的是中国伦理中的一个重要内容：爱惜自身，不但是对自己负责，也是对父母负责，其本身就是孝道的体现。《礼记》中讲孝子“道而不径，舟而不游”。走大道而不走小路，坐船而不是泅渡过河，大大减少单身在外的生命风险，这就是孝顺父母的好孩子。儿女与父母血肉相连、休戚一体，可惜这一点，许多未为人之父母的年轻人难有切身的体会。

日记中的“瑟僩”二字，现在已不大多用。此二字出自《诗经》中的《淇澳》篇“瑟兮僩兮，赫兮咺兮”，意谓庄重严肃。

以日记修身可获好评

□曾国藩原文

早起。因昨诗未成，沾滞一辰。饭后，办公礼送穆世兄吉席。退文昌馆寿筵，摒挡一时。又作诗二首。未正走金竺虔处，不直，归。昨日今日，俱无事出门，如此大风，不能安坐，何浮躁至是！静坐工夫，须是习熟，不勉强苦习，更说甚？作书复筠仙，并诗，计千五六百字，更初乃毕。抄艮峰先生日课，将寄舍弟，共三页。记昨日、今日事。日来自治愈疏矣，绝无瑟僩之意，何贵有此日课之册！看来只是好名，好作诗，名心也。天头：既知名心为累，当如大敌克之。艮峰。写此册而不日日改过，则此册直盗名之具也。亦既不克痛湔旧习，则何必写此册？（道光二十二年十月二十五日）

□唐浩明评点

曾氏说，他写日记，其目的是借以每天改过自新。可惜，他没有很好做到，依然是心绪浮躁，举止不庄重。于是，他问自己，若不是意在改过，天天写日记做什么，岂不是为了“好名”“盗名”？我们读到这里有点费解：日记与名声怎么可以联系在一起？今天，人们记日记纯是个人的行为，记与不记，如何记，都不可能给本人带来什么名声上的利与弊。在曾氏时代，至少在京师官场士林中，一个人若严格按圣贤教导修身，并以日记这种方式来慎独，则有可能获得主流社会的好评。这篇日记透露了这个消息。

最是静字功夫要紧

□曾国藩原文

晏起。意欲节劳，而游思仍多，心动则神疲，静则神裕，不得徒以旷功坐废为敬身，所谓认贼作子也。饭后，临帖二百字。巳正出门会竺虔、道喜两处，城内拜艮峰前辈，谒唐先生，拜竹如、窦兰泉，灯初方归。艮峰前辈言：无间最难，圣人之纯亦不已，颜子之“三月不违”，此不易学，即“日月之至”，亦非诸贤不能，“至”字煞宜体会。我辈但宜继继续续求其时习而说。唐先生言，最是“静”字功夫要紧，大程夫子是三代后圣人，亦是“静”字功夫足。王文成亦是“静”字有功夫，所以他能不动心。若不静，省身也不密，见理也不明，都是浮的。总是要静。又曰：凡人皆有切身之病，刚恶柔恶，各有所偏，溺焉既深，动辄发见，须自己体察所溺之病，终身在此处克治。

天头：心静则体察精，克治亦省力。若一向东驰西骛，有溺焉而不知，知而无如何者矣！艮峰。余比告先生，谓素有忿很不顾气习，偏于刚恶，既而自究所病只是好动不好静。先生两言盖对症下药也。务当力求主静，如使神明如日之升，即此以求其继继续续者，即所谓缉熙也。知此而不行，真暴弃矣！真小人矣！夜，何子敬来，久谈，语多不诚，总是巧言，二更去。戏作《傲奴》诗。子敬讲字甚有益。（道光二十二年十月二十七日）

□唐浩明评点

这一天，曾氏进城拜会四位师友。其中吴廷栋（竹如）、窦垿（兰泉），曾氏以友视之；唐鉴，则以师视之；至于倭仁（艮峰），曾氏则以亦师亦友视之，故而日记中着重记下倭、唐的谈话。

倭仁说的是“无间”，即不间断，持之以恒。“三月不违”“日月之至”出于《论语·雍也》。原文为：子曰：“回也，其心三月不违仁，其余则日月至焉而已矣。”孔子在谈到他的弟子们对待“仁”的态度时说：颜回的心中长久地不离开仁德，而别的人则只是偶尔想起一下罢了。倭仁认为对待仁德不间断是一件难事，像颜回那样不容易学，即便是偶然想起，若不是七十二贤那些人，别人也做不到。曾氏郑重记下这番话，应当是提醒自己时时要想到仁德。

唐鉴说到两个话题。

一个是静。唐就“静”展开：程颢被认为是三代后的圣人，他也就是静字功夫做得很足够。王阳明也是在静字上有功夫，所以他能做到心不为外物所动。若是不静，则不会细密地反省自身，也不会明晰地悟得道理，一切都是浮躁的。总之一个字，就是要“静”。

另一个话题是要看到自己的毛病所在，对症下药。这种毛病，可能属于刚恶，即明显地剧烈地伤害别人或自身；也可能属于柔恶，即隐晦地慢慢地伤害别人或自身。于是曾氏告诉唐，自己平时有容易愤怒、发起脾气来不顾一切的毛病，偏向于刚恶；而细究自身的习性，则是好动而不好静。

曾氏认为，唐鉴所说的这两个话题恰恰是对他的症状所下的药，今后一定要以静主心，使精神如同旭日初升，朝气蓬勃，饱含生机。

这是曾氏一篇重要的修身日记，它的重点在一个“静”字上。“静”表现在哪些方面？心思纯洁、心绪安宁、心境澄明等，这些都是静的表现。但一个人年轻时血气方刚、精力充沛，很难做到静；一个江湖中人，欲望太多、防患太多，也难做到静；一个聪明的人，思虑重重、疑惑重重，同样也难以做到静。既要生存又求发达，如何做到静？笔者想，舍“主一”可能无他法。

曾氏一生，不断地提醒自己忌贰忌巧。其目的应是在时时修正前进道路上经常出现的偏离，确保朝着一心一意、绝不旁骛的既定大目标稳步走去。

戒烟后的痛苦

□曾国藩原文

早起，心不静。走邵蕙西处谈，有骄气。归，蕙西来，久不见，甚觉亲切，然彼此都不近里。读《鼎卦》，不入。会客三次，总是多言，且气浮嚣。晚饭后，会二客，心简慢而格外亲切，言不诚。灯后客去。余亦出门，走岱云处。不能静坐，只好出门。天头：心不耐闲，是病。自戒烟以来，心神彷徨，几若无主，遏欲之难，类如此矣！不挟破釜沉舟之势，讵有济哉？旁注：诚然。同岱云走晤何家兄弟，词气骄浮，多不检。归，已夜深。记本日事。（道光二十二年十月二十九日）

□唐浩明评点

八天前，曾氏捣毁烟袋再次戒烟。这八天来的情形如何呢？本日的日记有生动的记载："心神彷徨，几若无主。"心神恍恍惚惚，好像没有了主心骨一样。他因此感叹：遏止一种嗜欲的难度，就像这样啊！如果不以破釜沉舟之势来对待，怎么可能有成效呢？

日记中有两处记录颇有意思。

一是与邵蕙西一日两见面。早上曾氏去拜访邵。到家后，邵又来曾宅回访。邵懿辰字位西（蕙西即位西），浙江杭州人，是晚清著名经学家、目录学家，比曾氏大一岁，同为翰林院官员。曾邵二人关系密切，曾氏这段时期的家书中常常提到此人。这年九月十八日，他在给诸弟信中说："蕙西尝言与周公瑾交如饮醇醪，我两人颇有此风味，故每见辄长谈不舍。"这一天的两次见面，的确是"长谈不舍"，但"彼此都不近里"：亲切长谈，却没有深谈。曾氏说过"吴子序、邵蕙西之谈经，深思明辨"。可能这一天，两人没有就经学深思明辨。

一是与另外两位客人见面，心里不喜欢，表面上反而做得格外亲切。这种情形，社会上其实常有。曾氏检讨自己，说这样做是不诚。心里一套，表面一套，的确是不诚。但笔者有些疑惑。类似"二客"一样的人，许多人都会遇到，心里不喜欢，难道就一定要对他们冷淡吗？"格外亲切"，实际上也是对心里"简慢"的一种平衡。与人打交道，尊重对方，应该是一条基本的原则。笔者认为如此待"二客"，并非有多大的不妥之处，曾氏的反省过严了。曾氏在修身时，常常会犯诸如此类矫枉过正的毛病。

徇外为人无益

□曾国藩原文

早起。读《艮卦》，午正毕，心颇入。会客一次，甚久。旋窦兰泉来，言理见商，余实未能心领其语意，而妄有所陈，自欺欺人，莫此为甚。总由心有不诚，故词气虚憍，即与人谈理，亦是自文浅陋，徇外为人，果何益哉？可恨，可羞！申初，记《馈贫粮》半时。灯后，冯树堂来。渠近日养得好，静气迎人。谈半时，邀余同至岱云处久谈，论诗文之业亦可因以进德。天头：固是。然一味耽著诗文，恐于进德无益也。艮峰。彼此持论不合，反复辩诘。余内有矜气，自是特甚，反疑人不虚心，何明于责人而暗于责己也？归，已三更，点古文一卷，心不入，神疲故也。申正记昨日事。（道光二十二年十一月初五日）

□唐浩明评点

曾氏说自己好“徇外为人”，他对自己的这个毛病非常生气。他在这年十二月二十日给诸弟信中所开的“课程”里也提到此一毛病：“读书不二。一书未点完断不看他书。东翻西阅，都是徇外为人。”综合这两处来看，所谓徇外为人，大致有这样一些表征：好表现、自欺欺人、虚骄，趋时，等等。

细细揣摸，这种毛病的要害，在于为讨好外物而不知不觉地丧失了自我。这种毛病在热衷于社会交往的人身上，最容易发生。为了迎合群体，为了不被群体冷落排斥，只能不断地趋时跟风，不断地放弃自我，慢慢地就变成了一个圆滑的平庸的世俗人。这种人活得也许潇洒自在，但既无长技，也无真才实学，实际上一点价值都没有。

“徇外”的对立面是特立独行。但过于特立独行，又往往难为群体所接纳，其结果多半是不但抱负才学不得施展，甚至连生存都难堪。如何做到既不徇外，又不太独特，这就是中庸之学所追求的目标：致广大而尽精微，极高明而道中庸。

修身三件事：谨言、修容、静坐

□曾国藩原文

早起，读《易·渐卦》。饭后，读《归妹卦》。尚未看王弼本。邵蕙西来，久谈。旋贺麓樵来，与之谈艺，有巧言。此刻下手工夫，除谨言、修容、静坐三事，更从何处下手？每日全无切实处，尚哓哓与人说理，说他何益？吴子序约吃饭，未正去，席间谐语无节。散后，走何子贞家，观人围棋，跃跃然心与之驰。归，乏甚。日来心愈浮，则言愈繁，而神愈倦。记昨日、今日事。（道光二十二年十一月初六日）

□唐浩明评点

曾氏修身的主要内容在这篇日记中有所透露，那就是他所说的三件事：谨言、修容、静坐。

谨言即言语谨慎：不说大话空话假话，不说巧言，不传道听途说之语，等等。修容，即举止庄重，体现的是敬字功夫。关于静坐，曾氏在给诸弟的家信中曾有较详细的说明："每日不拘何时，静坐一会，体验静极生阳来复之仁心。正位凝命，如鼎之镇。"这几句话包括如下内容：一是每天都要静坐一会儿，不拘时间，早早晚晚都可以。一是要安静到极点，只有到了极点，才能体会到人性中最本源的仁爱之心。一是坐姿要端正稳重，如同青铜鼎似的，如此方能心思归于正位、精神处于凝聚。

以此检查一天的言行，曾氏认为本日说话既多又有不诚之处，心思也容易浮动，因而导致精神疲倦。

以冯树堂为镜

□曾国藩原文

早起。仍读《渐》《归妹》。饭后，客来。又买衣者耽阁一时许。读《丰卦》，意欲急读完《易经》，遂草草读过，全无所得，不知此心忙着甚么，可哑然一笑也。申初，读毕。灯时，树堂来谈。树堂昨日送日课册见示，余本日午刻细读一遍，妄加批语，树堂乃深采录，虚心固胜我十倍。又索观余此册，亦不甚规弹，何树堂但知责己，而我偏工责人也？对之愧煞！谈及家庭，树堂思及失恃，语次潸然。而予喜惧之思，不甚真切，尚得为人耶？二更客去，点古文二卷。（道光二十二年十一月初七日）

□唐浩明评点

这篇日记记录的重点在与冯树堂的交往。

冯树堂名卓怀，湖南长沙人，比曾氏小两岁。道光十九年，以解元身份中举人，但会试却不顺利，因此他长年只能在京师做"北漂"，以家教糊口。冯也曾做过曾氏长子纪泽的老师。冯为人耿介，后来做过曾氏幕僚，因不满曾氏的批评拂袖而去。

曾氏与冯交情颇深。在冯三十初度时，针对冯于功名艰难的苦恼，曾为他写过《反长歌行》："冯夫子，我歌君莫鄙。柏梁铜爵安在哉，盗跖唐尧俱朽矣……冯夫子，我歌君且起。君今三十胡皇皇，浮名驱君不自止。"曾氏出任四川乡试主考，在出差途中还写诗怀念冯与陈岱云："复嶂七盘相约束，清流九曲与周遭。日高旌旆鸟蛇乱，秋老爪牙鹰隼豪。北望幽燕天漠漠，东归岁月水滔滔。江山如此知交隔，独对菱花数二毛。"曾氏朋友很多，在离群孤处的日子里，独赋诗与冯、陈，可见二人在他心中的分量。

日记中谈到冯的两桩事。一件事：曾氏读冯的日记，妄加批语，冯虚心接受。而冯读曾氏的日记，却评论不多。另一件事：曾氏与冯聊及家庭，谈到去世的母亲，冯神情潸然。曾氏拿冯来与自己对照，看到自身的毛病：自以为是、亲情不够真切。古人说以人为镜，可以知得失。曾氏正是以好友冯树堂为镜子，照出自己的所失之处。

一日四省

□曾国藩原文

醒早，沾恋，明知大恶，而姑蹈之，平旦之气安在？真禽兽矣！要此日课册何用？无日课岂能堕坏更甚乎？尚腼颜与正人君子讲学，非掩著而何？辰正起，读《旅卦》。饭后，读《巽卦》，一无所得。白文都不能背诵，不知心忙甚么。丹黄几十叶书，如勉强当差相似，是何为者？平生只为不静，断送了几十年光阴。立志自新以来，又已月余，尚浮躁如此耶！

新买缪刻《太白集》，翻阅高吟数十章，甚畅，即此可见重外轻内矣。

未正，出门拜寿，拜客三家，晡时归。饭后，岱云来。余写联幅七纸，岱云欲观予《馈贫粮》本，予以雕虫琐琐深闭固拒，不欲与之观。一时掩著之情，自文固陋之情，巧言令色，种种丛集，皆从好名心发出，盖此中根株深矣。初更客去。复黄晓潭信，伪作亲厚语，意欲饵他馈问也。喻利之心鄙极丑极！即刻猛省痛惩，换写一封，作疏阔语。天头：迁改勇甚，可敬！

记昨日、今日事。昨日心境已记不清切，自治之疏极矣。三更，点古文一卷半。（道光二十二年十一月初八日）

□唐浩明评点

这是一篇有趣的日记——

一是因为恋床晚起而骂自己为禽兽。二是读《易经》读不进，读李白的诗则意气舒畅。三是陈岱云想看他本日随手记录的小册子《馈贫粮》，他藏着掖着，坚决不拿出来。四是给朋友写信，为求得馈赠而故作亲热，想想这个心思极为丑鄙，又改写一封情感平淡的信。

这四件事，让我们看到一个本色的曾氏，也看到一个强力塑造新我的曾氏。

曾氏有一副名联："不为圣贤，便为禽兽；莫问收获，但问耕耘。"在今人看来，这副联语，绝对是绝对化了。千千万万普通人都不是圣贤，难道就都是禽兽？若完全没有收获的希望，耕耘又是为了什么？显然这是说不通的。我们只能这样理解：曾氏这里所说的只是一种别无选择、一根筋到底的斩钉截铁般的态度。与自身的毛病做斗争，的确需要这种破釜沉舟的决心、这种过河卒子的志向，若瞻徇犹豫，则很难有所成绩。从这个角度来看，曾氏骂自己为禽兽就可以理解了。

曾氏说过："李杜韩苏之诗，韩欧曾王之文，非高声朗诵则不能得其雄伟之概，非密咏恬吟则不能探其深远之韵。"所以读李白的诗，他要高声吟诵，以便得其雄伟之概、探其深远之韵，于是乎在这个过程中他的意气得以舒畅，胸襟得以开拓，心情很快乐。这个细节再次让我们感受到诗人曾氏的激情，以及学者曾氏的欠缺。

最有趣的是给黄晓潭复信事。曾氏最初的做法实乃世之常见，但处于修身状态中的曾氏却不愿循世情。这让我们看到曾氏忸怩作态的一面。难能可贵的是，曾氏有这种敢于公开亮丑的勇气。天头上的六字批语应该也是倭仁所为。今日尘世，固然绝无如此作日记的曾国藩，大概也找不出第二个如此作批语的倭仁。是古风朴诚，还是今世率真，确乎难以评判！

在应酬游戏中过了一天

□曾国藩原文

早起，读《兑卦》。冯树堂来，邀同至岱云家拜年伯母寿，吃面。席间一语，使人不能答，知其不能无怨。言之不慎，尤悔丛集，可不戒哉！散后，宜速归，乃与竺虔同走何家。与人围棋一局，又看人一局，不觉耽阁一时。急抽身回家，仍读《兑卦》。

申刻，走岱云家晚饭，席前后气浮言多。与海秋谈诗文，多夸诞语，更初散。又与海秋同至何家，观子贞、海秋围棋，归已亥正。

凡往日游戏随和之处，不能遽立崖岸，惟当往还渐稀，相见必敬，渐改征逐之习；平日辨论夸诞之人，不能遽变聋哑，惟当谈论渐低卑，开口必诚，力去狂妄之习。此二习痼弊于吾心已深。天头：要紧要紧！前日云，除谨言静坐，无下手处，今忘之耶？以后戒多言如戒吃烟。如再妄语，明神殛之！并求不弃我者，时时以此相责。（道光二十二年十一月初九日）

□唐浩明评点

曾氏在应酬与游戏中度过这一天。

一早起，便应冯树堂之邀到陈源兖家，向陈之老母祝寿，并在陈家吃寿面。从陈家出来，曾氏又与金竺虔一道到何绍基家。在何家与人下了一局围棋，又观看别人下了一局，然后回家。下午四点来钟又去陈家吃晚饭。七点来钟散席后，又同汤海秋一道再到何绍基家，看何与汤下围棋，回到家时已深夜十二点了。

日记中所点到的这些人都是湖南人，可视为旅居京师的湘籍老乡们一次小聚会。这样的聚会，对于今天来说，大概是必不可少且司空见惯的活动，想必当时也常有，但曾氏对此仍有检讨。一是检讨自己参与的时间多了一些，决定今后“当往还渐稀”。一是检讨自己在活动中“气浮言多”，即情绪不安宁、话语太多而且狂妄，决心像戒烟一样地戒掉多言的毛病。

十多年后，身为军事统帅的曾氏，曾尖锐地批评知识分子：“近来书生侈口谈兵，动辄克城若干、拓地若干，此大言也；又好攻人之短，轻诋古贤，苛责时彦，此大言也。好谈兵事者，其阅历必浅；好攻人之短者，其自修必疏。”曾氏推己及人，把文人的这个弊病揭露得深透而生动。自古以来，文人都好说大话。这些大话，归结起来不出夸大自己、指责别人两个方面的内容。这个毛病生发在文人圈子中时，无非引起些不团结、彼此攻击等后果，不会给社会带来多大的危害，但若一旦生发在官场、军队之中，则对社会将会产生严重的恶果。所以曾氏提出“有操守而无官气，多条理而少大言”的用人原则，自己平时也尽量做到节制言语。曾氏在日后大事业中的这种所思所为，其基础应奠定在京师时期的修身。

可爱的文学青年，可丑的名心大动

□曾国藩原文

晏起。读《涣卦》。树堂来，渠本日三十初度。饭后，读《节卦》。倚壁寐半时。申刻，记《馈贫粮》。旋出门拜客五家，在树堂处看渠日课，多采刍言，躬行无一，真愧煞矣！

今早，名心大动，忽思构一巨篇以震炫举世之耳目，盗贼心术，可丑！灯初归，记昨日、今日事，点古文二卷半。今早，树堂教我戒下棋，谨当即从。（道光二十二年十一月初十日）

□唐浩明评点

今天一早，曾氏忽然冒出一个想法：要写一鸿篇巨制来轰动世界。曾氏真是一个可爱的热血沸腾的文学青年！这样的突发奇想，对酷爱文学创作的青年来说，几乎人人都会有过，差别只在于“震炫”即轰动的程度罢了：野心大的企望轰动全国，野心小的只不过想轰动身边左右而已。但曾氏将它上纲上线，视此奇想为“盗贼心术”，并骂自己“可丑”。

平心而论，若吟诗作文仅仅只是为了出名，那就难得有恋恋不舍的激情与持久不衰的动力。因为“恋恋不舍”与“持久不衰”，只能源于与生命相连的冲动，“名”毕竟是身外之物，可有可无。长时期的不出名，激情自然消退，动力自然削弱。故而真正的诗人作家，文学创作一定是他出于内心的真诚爱好，绝不是完全为了出名。从这个角度出发，批判“名心大动”是有道理的。但毕竟诗文是自己写的，与盗窃行为还是不同的。所以，将此心比作“盗贼心术”，以笔者看来是有点过了。

焚香静坐

□曾国藩原文

又晏起，真下流矣！

树堂来，与言养心养体之法。渠言舍静坐更无下手处，能静坐而天下之能事毕矣。因教我焚香静坐之法，所言皆阅历语，静中真味，煞能领取。言心与气总拆不开，心微浮则气浮矣，气散则心亦散矣。此即孟子所谓“志壹则动气，气壹则动志”也。与树堂同走岱云处早饭，席间一语欺树堂。

午初归。因昨日《李集》、《乐府题解》已抄一半，索性接抄。灯后，始抄完，共八叶。焚香静坐一时，心仍驰放，勉强支持，犹颓然欲睡，何也？记昨日、今日事。作《题塞外课经图》诗一首，凡笔墨应酬，须即日打发，既不失信于人，此心亦大清净。（道光二十二年十一月十三日）

□唐浩明评点

因为起床晚了，就痛骂自己“下流”，让我们再一次感受到曾氏“不为圣贤，即为禽兽”的决心，但如果我们联想到曾氏是一个出身于“五六百载曾无人与于科目秀才之列”的农家子弟，其心中的偶像祖父从懂事理之后便“终身未明而起”，便可知曾氏骂一句“下流”也并非就难以理解。晚睡晚起、日中酣眠，原本就是乡间所不能容忍的恶行恶习！

这篇日记中谈到焚香静坐，即静坐时，点燃一根香。静坐时为什么要焚香？是借香的上升烟气，将心灵与上苍连接在一起？还是借燃香来营造一种静谧的氛围，以便让心能收敛安宁？可能两者都有。可惜，曾氏的打坐功夫未到家，焚香静坐之后，仍不能将心收回来，勉力去做，居然又昏昏欲睡了。我们于此可知静坐之难，也于此知道曾氏的的确确是一个凡夫俗子。

本日曾氏为应酬作了一首诗，题为“题周小村前辈塞外课经图”。周为翰林院同寅。这种诗纯属文人之间的笔墨往来，因为缺乏本身的冲动，故而难写，也往往少佳作。这首五言诗长达四十二行，笔者认为在曾氏的诗词中只能称为平平，故不抄录。

感悟至静之境

□曾国藩原文

起亦不早。焚香静坐半时。饭后，誊诗送去，数月方报，不恕之至。王翰城来，谈半时去。剃发。仍静坐，不得力，枕肘睡去，醒来心甚清。点古文一卷。饭后，张楠皆、李笔峰来久坐，灯后去。点古文一卷，静坐小半时，颓然欲睡，可恨之至。

细思神明则如日之升，身静则如鼎之镇，此二语可守者也。惟心到静极时，所谓未发之中，寂然不动之体，毕竟未体验出真境来。意者只是闭藏之极，逗出一点生意来，如冬至一阳初动时乎?

贞之固也，乃所以为元也；蛰之坏也，乃所以为启也；谷之坚实也，乃所以为始播之种子也。然则不可以为种子者，不可谓之坚实之谷也。此中无满腔生意，若万物皆资始于我心者，不可谓之至静之境也。然则静极生阳，盖一点生物之仁心也。息息静极，仁心不息，其参天两地之至诚乎?

颜子三月不违，亦可谓洗心退藏，极静中之真乐者矣。我辈求静，欲异乎禅氏入定冥然罔觉之旨，其必验之此心，有所谓一阳初动，万物资始者，庶可谓之静极，可谓之未发之中，寂然不动之体也。不然，深闭固拒，心如死灰，自以为静，而生理或几乎息矣，况乎其并不能静也。有或扰之，不且憧憧往来乎? 深观道体，盖阴先于阳，信矣。然非实由体验得来，终掠影之谈也。始记于此，以俟异日。

记本日事。早寝。此所谓复其见天地之心也。次早又记。（道光二十二年十一月十四日）

□唐浩明评点

这篇日记，其实是一篇感悟至静之境的论文。

曾氏认为，静到极点时应该是这样的境界：满腔生意从极度的闭藏中发舒出来，就好像坚硬的谷壳里，新的生命正在酝酿中。谷壳越坚硬，即闭藏越紧密，也即静得越深沉，生命之真意也就越坚实，越蓬勃。

曾氏将这种至静之境，与禅家入定之后的“冥然罔觉”作了区分。这两者之间关键的差异在于有无生意，以及生意之强烈如何。曾氏认为，静时应当是“一阳初动万物资始”，正如同万物勃发的无限春光，只能在冰雪封冻的三九严寒之后一样。

遗憾的是，这种感悟并非曾氏本人从体验中得来。那么它是怎样得来的？来自想象，抑来自书本，或是来自朋友们的描述？所以曾氏说，这些“终掠影之谈也”。无论如何，这段文字能给我们一些启迪。

至虚即至诚

□曾国藩原文

早起，至会馆敬神，便拜客五家，巳正归。

在车中看《中孚卦》，思人必中虚，不著一物而后能真实无妄，盖实者不欺之谓也。人之所以欺人者，必心中别著一物，心中别有私见，不敢告人，而后造伪言以欺人。若心中不著私物，又何必欺人哉？其所以自欺者，亦以心中别著私物也。所知在好德，而所私在好色，不能去好色之私，则不能不欺其好德之知矣。是故诚者，不欺者也。不欺者，心无私著也。无私著者，至虚者也。是故天下之至虚，天下之至诚者也。当读书则读书，心无著于见客也；当见客则见客，心无著于读书也。一有著则私也。灵明无著，物来顺应，未来不迎，当时不杂，既过不恋，是之谓虚而已矣，是之谓诚而已矣。以此读《无妄》《咸》《中孚》三卦，盖扞格者鲜矣。

是日，女儿周岁，吃面，不觉已醉。出门拜客二家，皆说话太多。申正归。饭后，岱云来久谈，因同出步月，至田敬堂寓，有一言谐谑，太不检。归，作《琐琐行》诗，子初方成。（道光二十二年十一月十五日）

□唐浩明评点

因《中孚卦》的彖辞中有“乘木舟虚也”的话，曾氏便从一个“虚”字上联想了很多。

他想：人必须要心中虚空，也就是说心中不要存在另物，才能做到真实，而真实就是不欺蒙。人之所欺蒙别人，是心中存着另一个不能告人的私物，于是便以说假话来应对。如果心中不存有另物，又何必如此呢？

人之所以欺蒙自己，也是因为这个原因。比如说，在认知上应该是喜好道德，但心中实际上喜好的是美色，若不能去掉喜好美色的私心，则不能不对喜好道德的认知予以欺蒙。

所以诚实表现在不欺蒙；不欺蒙，是因为心中无私存另物。那么这种不存另物，就是最大的虚空。故而天下最大的虚空，也就是天下最大的诚实。当读书时则一心读书，不要又想与客人见面的事；当见客时则一心陪客人，不要又想读书的事。一有他念，则另存他物了。心灵上没有别的东西沾染着，事情来了，则依着它接应，没有来时不去想，接应时不着杂念，过去后也不再留恋。这就是所谓的虚，也就是所谓的诚。

认识到这一点后，再来读主张无虚妄的《无妄卦》，倡导“君子以虚受人”的《咸卦》以及提出“乘木舟虚也”的《中孚卦》，则障碍可以减去许多。

读这篇日记，可以看出曾氏的感悟，其基点仍建在主一的理念上。对事对人，心中只有一，不存二，这就是虚，这种虚也就是诚。若干年后，曾氏受命办团练，向全省官绅士人坚定表示“不要钱不怕死”、一心一意护卫桑梓的态度，就是至虚至诚的最大践行。

这天曾氏花了一个晚上创作一首题名“琐琐行戏简何子敬乞腌菜”。诗写得很风趣，现抄录于下：

琐琐复琐琐，谋道谋食无一可。
大人夭娇如神龙，细人局蜷如蜾蠃。
皇皇百计营齑盐，世间龌龊谁似我？
既不学虎头食肉飞将军，又不能驼峰犀箸醉红裙。
长将野蔬说奇错，春笋秋芋评纷纷。
拙妻嘲讪婢子笑，可怜先生了不闻。
苦思乡国千里月，梦想床头一瓮云。
君家腌菜天下知，忍不乞我赈朝饥？
丈夫岂当判畛域，仁者况可怀鄙私！
炯炯予心天所许，堂堂此理君莫疑。
忽忆条侯理入口，黄头铜山竟僵踣。
功高七国安如山，钱布九州浩如薮。
当时鼎烹会亲宾，后日饥肠作牛吼。
今我与子俱不材，怀抱倾筐倒箧开。
敢与廉惠两无猜，青天白日森昭回。
不醉不饱胡为哉？

何子敬名绍祺，乃著名书法家何绍基之弟。其父何凌汉出身探花，官至工部、户部尚书，何家应是名门望族。曾氏与何家兄弟都是好朋友，往来密切。向何家讨腌菜，竟然写了一篇这样长的古风！当然，乞腌菜不过是一个由头，赋诗才是正事。我们于此可见当时京师文人交往的风采。

作诗文须有真挚情感

□曾国藩原文

早起，思将昨夜三诗誊稿，了此一事，然后静心读书。乃方誊之时，意欲求工，展转不安，心愈迫，思愈棘，直至午正方誊好。因要发家信，又思作诗寄弟，千情缠绵，苦思不得一句。

凡作诗文，有情极真挚，不得不一倾吐之时。然必须平日积理既富，不假思索，左右逢源，其所言之理，足以达其胸中至真至正之情，作文时无镌刻字句之苦，文成后无郁塞不吐之情，皆平日读书积理之功也。若平日酝酿不深，则虽有真情欲吐，而理不足以适之，不得不临时寻思义理。义理非一时所可取办，则不得不求工于字句。至于雕饰字句，则巧言取悦，作伪日拙，所谓修词立诚者，荡然失其本旨矣！以后真情激发之时，则必视胸中义理何如，如取如携，倾而出之可也。不然，而须临时取办，则不如不作，作则必巧伪媚人矣。谨记谨记。

未正，竺虔来，久谈。背议人短，不能惩忿。送竺虔出门，不觉至渠寓，归已将晚。写家信呈堂上，仅一叶，寄弟信三千余字。（道光二十二年十一月十七日）

□唐浩明评点

曾氏今天很忙。改诗誊诗费去整整一个上午的时间。又想起要给弟弟写诗，苦苦思索，却又没有找到感觉。下午好友金竺虔来访，久坐不走。聊完天后，曾氏又把金送回家。返回自家已将近晚上，然后在油灯下分别给父母、诸弟各写一封家信，给诸弟信长达三千余字。这一天够辛苦了。

因与弟诗的构思艰难，曾氏想起作诗文必须先得有不吐不快的真挚情感，然后还得要把这种情感上升到义理层面上。如此，诗文才可以写得好。若义理不足，只在字句上下功夫，则是靠巧言取悦读者，好比作伪，与“修词立诚”的古训完全背离。与其这样，还不如不作。好在第二天便进入状态，写了四首给九弟国荃的律诗。这四首诗手足情深，义理文字都很好，现抄录于下：

其一

违离予季今三载，辛苦学诗绝可怜。
王粲辞家遘多患，陆云入洛正华年。
轮辕尘里鬓毛改，鼙鼓声中筋骨坚。
门内生涯何足道，要须尝胆报尧天。

其二

汉家八叶耀威弧，冬干春胶造作殊。
岂谓戈鋋照京口，翻然玉帛答倭奴。
故山岂识风尘事，旧德惟传嫁娶图。
长是太平依日月，杖藜零涕说康衢。

其三

杜韩不作苏黄逝，今我说诗将附谁？
手似五丁开石壁，心如六合一游丝。
神斤事业无凡赏，春草池塘有梦思。
何日联床对灯火，为君烂醉舞仙僛。

其四

辰君平正午君奇，屈指老沅真白眉。
入世巾袍各肮脏，闭门谐谑即支离。
中年例有妻孥役，识字由来教养衰。
家食等闲不经意，如今飘泊在天涯。

这四首诗中的第一首说诸弟求学求功名的不易，第二首说的是对战争将起的忧虑，第三首是对诗文有成的自我夸许，第四首是对已成年的三个兄弟的评价。最有趣的是第四首。曾氏对时年二十三岁、二十一岁、十九岁的三个弟弟的品鉴，居然与后来他们一生的行事基本吻合。

四弟国潢出生于庚辰年，被称为辰君。辰君一生的功名，只是一个大哥花钱买来的监生。战争年代，他未参与兵事，一直在老家照顾曾氏大家族，后来活了六十七岁，寿终正寝。用平正二字来概括其一生，大致是接近的。

六弟国华壬午年出生，被称为午君。午君的功名也是靠钱换来的监生。他一生眼高气大，我行我素。自身尚未独立，便不顾大家劝阻执意娶妾。功名未成，不检讨自己，却怨天尤人、牢骚满腹。后来领兵打仗，竟然屡屡得手，但最终还是将一支六七千人的军队引入全军覆没之地，本人也落得个身首异处的悲惨下场。一生行事，真正是奇特。

老沅即沅甫，也就是九弟国荃。三个弟弟中，大哥对他的评价最高、期望最大，称他为马良。他也确实没有辜负乃兄的期许，凭本身的才学考取秀才，又考上优贡，后来成为大哥最为得力的帮手，也为自己博得高位显爵荣华富贵。

曾氏素来被认为精于相人，从对自己三个弟弟的评价中，可知此语不虚。

惭愧令闻在外

□曾国藩原文

晏起。病已愈矣，尚尔沾恋，何也？阅书仅数叶。早饭。记前日、昨日事。走邵蕙西处谈。归，阅《山谷集》，涉猎无得，可恨！好光阴长是悠忽过了。又围棋一局，此事不戒，何以为人？日日说改过，日日悔前此虚度，毕竟从十月朔起，改得一分毫否？

未正，朱廉甫前辈偕蕙西来，二君皆直谅多闻者，廉甫前辈之枉过，盖欲引予为同志，谓可与适道也。岂知予绝无改过之实，徒有不怍之言，竟尔盗得令闻，非穿窬而何？贻父母羞辱，孰有大于此哉！二君久谈，廉甫自言，得力于师友为多。接次会客，至二更初方散。点诗二卷。（道光二十二年十一月二十二日）

□唐浩明评点

朱廉甫名琦字伯韩，广西桂林人，道光十五年进士，官居监察御史。朱琦以敢于直言上书闻名中外，是曾氏心里所钦敬的人物。朱在邵蕙西的陪同下来到曾氏家拜访，又引曾氏为同志。此事令曾氏感激。但曾氏觉得名不符实，深感惭愧。我们于此可知，曾氏这时已经在京城里颇有好名声了。

他来到北京不到三年，官位也不过是翰林院一名从七品的检讨，小京官而已。他凭什么会有如此“令闻”呢？笔者想，除工作勤勉称职、诗文写得好之外，大概主要得力于他的朋友圈的揄扬。唐鉴官居太常寺正卿，地位既显，又德高望重。倭仁官居詹事府詹事，是著名的理学大师。邵懿辰是有名的经学家，名垂儒苑。这些人在官场士林都有大的影响力。他们都赞许曾氏，帮助曾氏很快在京师朝野打开知名度，而且也为他日后青云直上的太平京官仕途搭建顺畅的阶梯。于是我们知道，曾氏刻苦自励的修身，不仅为他健全的人格的培植发挥良好作用，也给他带来实实在在的利益收获。

涤旧生新

□曾国藩原文

早，点诗一卷。至田敬堂处会课，写折子五开，申正归，饭。点诗三卷。古文尚未点完，忽迁而点诗，无恒不知戒耶？记昨日、今日事。

自立志自新以来，至今五十余日，未曾改得一过，所谓“三戒”“两如”及静坐之法，养气之方，都只能知，不能行，写记此册，欲谁欺乎？此后直须彻底荡涤，一丝不放松。从前种种譬如昨日死，以后种种譬如今日生。务求息息静极，使此生意不息，庶可补救万一。慎之，勉之！天头：力践斯言，方是实学。艮峰。无徒巧言如簧也。（道光二十二年十一月二十三日）

□唐浩明评点

我们从“从前种种譬如昨日死，以后种种譬如今日生”这两句摘自《了凡纲要》的话，可知曾氏自号“涤生”的出典。“死”意谓不能复生，也就是说老毛病绝对不能复发、老错误绝对不能再犯。但是真正要做到，却很难。我们看日记中所说的：立志改过自新以来五十天了，没有改掉一个坏毛病，自己提出来的“三戒”（戒吃大烟、戒妄语、戒房闼不敬）、“两如”（如日之升、如鼎之镇）等都没有真正实行。照这样说来，涤旧生新的修身就没有用了，常言说得好嘛：江山易改，本性难移。然而，话不能这样说。

在笔者看来，取得人生大成功的曾氏，其坚实的基础恰恰就是夯牢于这段时期。不要说经过长时期的坚持，曾氏还是慢慢戒掉了一些不好的习性，如吃烟、晏起、爱夸夸其谈等，即便什么毛病都没有去掉，修身的意义也不可低估。这体现在两个方面：一、长期修身的过程，让曾氏心里有了牢固的鲜明的好坏区分、是非标准。二、使得曾氏养成自律克己的思维习惯和行为方式。这两点，在日后曾氏身膺艰巨、手握重权的岁月里，发挥着重大的实际效应。

主动送日记请师友看

□曾国藩原文

晏起。点诗数页。饭后拜客，至申正止。晤朱廉甫前辈，看诗二首，是宗韩者，虽不多说，然尚有掠影之谈。晤竹如，走艮峰前辈处，送日课册，求其箴砭。见其整肃而和，知其日新不已也。而余内不甚愧愤，何麻木不仁至是！竟海先生处，惜不久谈。

申正，赴何子贞饮约。座间太随和，绝无严肃之意。酒后，观人围棋，几欲攘臂代谋，屡惩屡忘，直不是人！天头：我辈既知此学，便须努力向前，完养精神，将一切闲思维、闲应酬、闲言语扫除净尽，专心一意，钻进里面，安身立命，务要另换一个人出来，方是功夫进步，愿共勉之！艮峰。便至岱云处，与之谈诗，倾筐倒箧，言无不尽，至子初方归。比时自谓与人甚忠，殊不知已认贼作子矣。日日耽著诗文，不

从戒惧谨独上切实用功，已自误矣，更以之误人乎？且无论是非，总是说得太多。（道光二十二年十一月二十四日）

□唐浩明评点

从这篇日记中我们可得知，曾国藩是主动送日记给师友们看的，其中最认真读曾氏日记的应是倭仁。此人不仅仔细读，而且在日记的天头处写了不少批语。在这篇日记上，他更是写下六十多个字的长批。在倭仁眼里，除脚踏实地践行理学之外，其他一切都是虚无的；安身立命，只在圣贤教导中。在今人看来，这的确迂腐、古板至极。

顽固守旧是倭仁留在历史上最出名的形象。他反对建同文馆，反对洋务运动，他说的“立国之道，尚礼义不尚权谋；根本之图，在人心不在技艺”，曾被广受嘲弄。写在曾氏日记上的这段批语，与他的整个思想体系是完全一致的。其实，倭仁的那两句名言，若站在人类文化进展史的高度上来看，并无错误；其错，在不知应时与变通而已。

太在意别人的毁誉

□曾国藩原文

早起，读《中孚卦》，心颇入。饭后，走唐诗甫处拜其年伯冥寿，无礼之应酬，勉强从人，盖一半仍从毁誉心起，怕人说我不好也。艮峰前辈教我扫除闲应酬，殆谓此矣。

张雨农邀同至厂肆买书，又说话太多。黄茀卿兄弟到京，便去看。与岱云同至小珊处，渠留晚饭，有援止而止底意思。又说话太多，且议人短。

细思日日过恶，总是多言，其所以致多言者，都从毁誉心起。欲另换一个人，怕人说我假道学，此好名之根株也。尝与树堂说及，树堂已克去此心矣，我何不自克耶？

记廿四、五、六、七四日事。（道光二十二年十一月二十七日）

□唐浩明评点

同事为父亲做冥寿，曾氏内心并不想去，但还是去了。朋友的兄弟进京了，曾氏跑去看望。朋友邀他到琉璃厂去买书，他也跟着去了。所有这些活动，曾氏都是很不情愿参加的，但最后都去了。他检查动机：一半是“从毁誉心起”，也就是说，有一半的原因是出于怕别人说自己不懂礼貌、不讲交情等。这种行为，也就是他先前所说的“循外为人”。

这大概是曾氏为人处世的一大特色。他自己对这个特色不满意。受外界舆论左右，受别人好恶左右，原本是不好的事。这将耗费自己很大的精力与时间，而且费力又不讨自己的好。更可怕的是，长期如此，则容易迷失自我：变得纯粹为世俗而活，为他人而活。但是人类社会是个群体组织。群体生活追求的是公共利益，倡导的是互相理解、互相照顾、互相关爱，推崇的是为别人、为群体而牺牲个人的品德与行为。显然这两者之间存在着矛盾。曾氏眼下便处于这个纠结之中。

朋友前来为祖母拜寿

□曾国藩原文

祖母大人七十六寿辰。晏起。逢此庆节，不黎明而起，何神昏一至是耶？田敬堂来拜寿，一无预备。抱愧何已？敬诣前门神庙烧香，便拜客三家，归。

饭后，读《既济》《未济》，毫无所得。未正，黄茀卿来，接次会客。朱廉甫前辈来，谈甚久。予又病多言。昌黎云："默焉而其意已传。"哓哓胡为者，况其一无真知耶？廉甫言取人，但当求其长，与子序昨夜言同。又言济世以匡主德、结人心、求贤才为要，余皆末节耳。傍晚去。饭后，冯树堂、易莲舫来，谈良久。

予内有矜气，而语复浮，所见不合，仍尔自是。器小，可鄙。读《既济》《未济》注疏，粗涉了事。记昨日、今日事。（道光二十二年十一月二十九日）

□唐浩明评点

曾氏的朋友田敬堂前来为其七十六岁生日的祖母贺寿，曾氏自家反无准备，他为此自责。田敬堂名雨公，山西人，乃曾氏的进士同年。此人书生气息重，咸丰三年正当壮岁时，便辞官回籍去做书院山长。他爱读书，爱画画。一个月后，曾氏为他题了三首画兰诗，赞其"从容读书还煮茶"的书斋生涯，并借此倾吐自己的乡愁："有客对此三沅吟，一夜魂飞洞庭深，故乡蘅杜知我心。"

曾氏的祖母一不在京师，二不是整寿，三没有邀请，一个外省籍同年前来祝贺，这事搁在今天，大概不会发生。但一百多年前，在重视血缘血亲的传统文化浓郁的时代，田敬堂此举，也不会被人视为反常。不过，就在当时，这种情形或许也不多见，故而曾氏没有预备。是不是田敬堂借此而向曾氏求诗呢？他拿着自己的兰花图来到曾家，名为贺寿，实则请曾氏为其画作题诗。田以这种方式来求诗，曾氏怎能推辞？而这一定要事先知道曾氏祖母的生辰才行，难得田敬堂存着这份心！

短短一篇日记，多次检讨自己的读书不专心、多言、自以为是、气色浮躁、器量狭小。曾氏的修身，真正是求全责备、苛刻细微！

为浪得虚誉羞愧

□曾国藩原文

早起，读《易·系词》三章，至巳正。

客来，同出门拜寿。见人围棋，跃跃欲试，竟越俎而代，又何说自解耶？吃面，拜客二家。归，看书三页。走邵蕙西处，受朱廉甫前辈昨日之托也。谈次，邀同至海秋处，不获辞，因与俱往。座间，晤陈小铁浙江人、王少鹤广西人，皆英年妙才。海秋苦留四人上馆，至子初方归。渠四人皆博学能文，予虽留心缄默，而犹多自文固陋之言，此等处所谓虽十缄亦不妨者也。惟其平日重内轻外，故见有才者，辄欣羡耳。

是日，接耦庚先生信，浪得虚誉，愧极，丑极！（道光二十二年十一月三十日）

□唐浩明评点

耦庚先生即贺长龄，他是湖南近代的名宦。贺功名早达，官也做得顺遂，最高的职务做过云贵总督，但最终以革职结束仕途，抑郁而死。贺在历史上留下的最大业绩，是在江苏布政使任上安排魏源编辑的《皇朝经世文编》。此时贺出任贵州巡抚，是为数不多的湘籍封疆大吏。

贺长龄在信中夸奖曾氏，曾氏认为这是“浪得虚誉”，感到羞愧。对于曾氏来说，贺是长辈（十年后，曾氏父亲力主纪泽娶贺之女，曾氏曾以辈分不合为托辞），又身居疆寄，能得到这样的“虚誉”，他的心里毫无疑问是高兴的。这也说明曾氏当时在京师官场上已有出色的表现，以至于远在数千里外交通不发达的贵阳的贺长龄都耳有所闻。贺的这封信已不易找到，但曾氏全集中收有一封道光二十三年给贺长龄的复信，借此我们可略窥贺曾二人通信的大致内容。

曾氏在信中告诉贺，他追随唐鉴研习理学，由此才“粗识指归”。接着谈到他对当下学界仕途的“转相欺谩”“益尚虚文”的极大不满，并指出这种种弊病皆因不诚之故。信中还提到贺的楹帖上“道在存诚”的字样。综观全信，全是谈道说理，无一字言及日常事务。

从信中我们可知：一、据贺氏“道在存诚”四字来看，贺给曾的信大概也是布道之辞。二、据曾氏不满时风的语境来看，此时的曾正是一个血气方刚的愤青。三、据信的内容来看，贺曾之间只是文字交谊、道义相期而已，还没有到深交一层。

课程表

□曾国藩原文

晏起。看《浮邱子》五十叶。未初走蕙西处，谈片刻。归，剃头。申初海秋来久谈，言不诚。酉初出门拜客，饭岱云处。同走子贞处，商寿文。与子敬谈，多言。岱云之勤，子贞之直，对之有愧。归，读史十叶。寝不寐，有游思，殆夜气不足以存矣。何以遂至于是!

不圣则狂，不上达则下达，危矣哉！自十月朔立志自新以来，两月余渐渐疏散，不严肃，不谨言，不改过，仍故我矣。树堂于昨初一重立功课，新换一个人，何我遂甘堕落耶？从此谨立课程，新换为人，毋为禽兽。

课程

敬（整齐严肃。无时不惧。无事时心在腔子里，应事时专一不杂。清明在躬，如日之升。）

静坐（每日不拘何时，静坐半时。体验来复之仁心。正位凝命，如鼎之镇。）

早起（黎明即起，醒后勿粘恋。）

读书不二（一书未点完，断不看他书。东翻西阅。徒徇外为人。每日以十叶为率。）

读史（丙申购廿三史。大人曰：“尔借钱买书，吾不惮极力为尔弥缝。尔能圈点一遍，则不负我矣。”嗣后每日点十叶，间断不孝。）

谨言（刻刻留心，是功夫第一。）

养气（气藏丹田，无不可对人言之事。）

保身（十月廿二奉大人手谕曰：“节劳、节欲、节饮食。”时时当作养病。）

日知所亡（每日记《茶余偶谈》二则。有求深意是徇人。）

月无忘所能（每月作诗文数首，以验积理之多寡，养气之盛否。不可一味耽着，最易溺心丧志。）

作字（早饭后作字半时，凡笔墨应酬，当作自己课程。凡事不可待明日，愈积愈难清。）

夜不出门（旷功疲神，切戒切戒。）（道光二十二年十二月初七日）

□唐浩明评点

曾氏检查两个多月的修身，自认为收获甚微，遂严厉告诫自己：做一个改掉毛病的新人，不能做禽兽。他给自己开了一个课程表，共十二项，除“月无忘所能”外，其他皆为天天必做的功课。我们来逐项看看这些课程。

第一门功课：敬。在“敬”字课程中，曾氏安排如此内容：一、衣冠整齐，神情严肃；二、无时不存畏惧之意；三、没有事的时候，不能胡思乱想，心不安宁；四、有事的时候，专心专意办事，不去想别的；五、每天都要做到神清气朗，如同初升的朝阳。在《论语》中，孔子多次提到“敬”：“执事敬”“修己以敬”“行笃敬”。由此可知，“敬”是孔子所推崇的一种对人对己对事的态度。这种态度的主要表现，为严谨、认真、恭肃等。这种态度建筑在内心的“诚意”上，是“诚”的外化，所以朱熹说“敬字工夫乃圣门第一义”。

第二门功课：静坐。在“静坐”课程中，曾氏规定得很具体，即每天不拘泥于一个固定的时间，但一定要做到静坐一会儿。静坐的目的是为了体验本性中的仁心恢复。静坐的姿态应该如同鼎器一样的厚重稳当，体内各种脏器都归于正位，整个生命处于凝聚状态。

第三门功课：早起。古人依据“日出而作，日落而息”的训导，对于居家过日子，向来都是早睡早起的。所以《朱子家训》开宗明义就说：“黎明即起，洒扫庭除，要内外整洁；既昏便息，关锁门户，必亲自检点。”为什么要早睡早起呢？除顺应天道外，还有节俭一层意义在内，即尽量利用白天的阳光，而不在夜晚点灯废油。在能源缺乏的古代，日上三竿还在睡觉、深更半夜仍点灯，都属于浪费一类。

第四门功课：读书不二。曾氏告诫自己一本书没读完，绝对不看其他的书。东翻西翻地阅读，则徒然是为了别人而活着。每天以读十页书为进度。曾氏这种读书的方式，乍看起来有点拙而慢；不仅读书，曾氏一生的行事，基本上都是这样一种拙慢的风格，以至于李鸿章批评他“迂缓”。其实，在许多场合，拙与慢是值得称道的最佳方式。比如说，为学问打基础的阶段，就必须拙而慢；读经典，也需要拙而慢；办大事，前期的调查研究及可行性的讨论等，也宜拙而慢。但是在军事领域里，拙而慢的风格似乎不可取，故而后来左宗棠老是指责曾氏贻误时机，不是前线领兵打仗的指挥官料子。曾氏自己也承认非带兵之才。他对儿子说过：“行军本非余所长，兵贵奇而余太平，兵贵诈而余太直。”

第五门功课：读史。曾氏在这里回忆了一段往事。丙申（即道光十六年）再次落第后，曾氏离开北京，取道江南回家。湘乡人易作梅任睢宁知县，曾氏向易借了百两银子。路过南京时，全部用来买书，钱还不够，又典当衣服。回到家里，曾氏如实禀告父亲，并出示所买的《二十三史》。父亲没有责怪他，只是对他说：你借钱买书，我可以想办法来为你还这个钱，但你一定要用心把书全部读完，这样才不辜负我。曾氏谨记父亲的教导，日夜苦读，将近一年的时间足不出户。曾氏把父亲的这段教导恭恭敬敬地写出，借此将读史与孝敬父亲连在一起：今后每天读十页史书，如间断则是对父亲不孝。今天，哪家的父母不全力供养儿女读书，但又有几个儿女将读书与孝顺连接起来？

第六门功课：谨言。曾氏认为自己在说话这方面的毛病，一是喜欢说话，二是喜欢说显能的话，三是有时说虚伪话，四是有时说褊激话。故而曾氏要求自己于言语上要谨慎。

第七门功课：养气。“气藏丹田”是养气的重要途径，这点大家都懂，但“无不可对人言之事”这句话，许多人可能有疑惑：这与养气有关吗？有关。孟子说他善于培植自己的浩然之气。曾氏养气，其最高目标自然是养的孟子所说的浩然之气。世上只有正大光明的气才能浩大。若从这一层来看，就可以理解曾氏说的这句话了：心中无不可对人言之事，不正是胸襟光明正大吗？

第八门功课：保身。曾氏身体不强壮。其年谱记载：道光二十年六月，曾氏在京师万顺客店“病热危剧，几不救”。“病热”，应该是肺部方面的疾病，很严重，差点没命了。那时他的家眷还未进京，幸亏跟他住在一起的朋友欧阳兆熊悉心照顾，又请吴廷栋为之医治。这场病一直到九月份才痊愈。家中亲人对曾氏的身体很关注。他的父亲要他节劳、节欲、节饮食。他将这三节写在功课表里，视为养生的药剂。

第九门功课：日知所亡。“日知所亡”与“月无忘所能”均出自《论语》：“子夏曰：日知其所亡，月无忘其所能，可谓好学也已矣。”子夏说：每天知道所未知的，每月复习所已能的，就可以说是好学了。显然，这两句话说的都是有关求学方面的事。在“日知所亡”功课里，曾氏决定每天的日记增加“茶余偶谈”一项，也就是记平时与师友谈话中值得记下来的内容。

第十门功课：月无忘所能。曾氏给自己安排每一个月要写几篇诗文的任务，借此来检验储存的道理多与少，所养的气旺盛不旺盛，不能一味纵容自己偷懒取巧。

第十一门功课：作字。每天吃过早饭后写半个时辰的字，平时给人题字赠诗文，也当作练字来对待。每天的事情当天做好，不能拖延推移，否则堆积越多越难清理。曾氏是晚清著名书法家，其字刚健陡峭、古拙耐看，应是如此每天半个时辰苦练出来的。

第十二门功课：夜不出门。曾氏痛感夜晚出门既耽搁功课又劳损精神，是一件很不好的事情，故而要自己坚决戒掉喜欢与人在夜间聚会的毛病。曾氏将此事列入功课之中，可见他对此事的重视程度。现代人借助先进的照明技术和便捷的交通工具，热衷于夜生活，有的人干脆白天睡觉，夜晚则通宵达旦地吃喝玩乐。这种晨昏颠倒的生活方式对身体极为不利。

欲强行见朋友之妾

□曾国藩原文

早起，读《易·系》二章。

饭后出，拜客一天，日旰方归。友人纳姬，欲强之见，狎亵大不敬。在岱云处，言太谐戏。车中有游思。

晚饭后，静坐半时，读史十叶，记《茶余偶谈》二则，记本日事。（道光二十二年十二月十一日）

□唐浩明评点

有朋友新娶小妾，大概年轻漂亮，曾氏很想看一看。究竟看没看到，日记中没有说。从一“强”字来看，曾氏此心强烈。联系到本月十六日日记中所写的“谈次闻色而心艳羡，真禽兽矣”，可知曾氏也好色。我们从收录在曾氏诗文集中的《挽伎春燕》（未免有情，对酒绿灯红，一别竟伤春去了；似曾相识，怅梁空泥落，何时重见燕归来）、《挽伎大姑》（大抵浮生若梦；姑从此处消魂）中亦可看出曾氏也曾出入过风月场所，流连于歌舞管弦。

其实，曾氏和我们普通人一样，他就是一个凡夫俗子。但曾氏又不是一个完全的凡夫俗子：一则他敢于将这些凡俗之欲念写进日记，让圈内的朋友们传阅；二则他不满意自己的这些想法和行为，希望能改掉。

热爱批评立即改过

□曾国藩原文

晏起，可恨。

读史，恐本夜有事耽搁，至午初方毕。何子贞作祖父母寿文，读之甚惬心。而以后半叙次不甚似祖大人气象，意欲自加润色，良久，乃修饰妥当。持稿示蕙西，蕙西责予曰：“子孙孝思，曾不系乎此，此世俗所谓尊其亲者也。君不宜以此逐逐，徒浪费耳。且君只拟作一副寿屏，既请子序撰文，不宜复商之子贞；子贞作文，君亦不得赞一词，节次差缪，总为俗见所蔽，遂致小事都迷。”闻言悚然，回看子序文，良深远绝俗，益信闻誉言则气易骄，闻箴言则心易虚，良友夹持可少乎哉？因定计办屏两架，以文吾过。

饭后，走琉璃厂买纸。与岱云同至海秋处，因渠不得京察代，故往慰籍。语太激厉，又议人短，每日总是口过多，何以不改？归，岱云在寓，久谈，三更始散。留客贪谈，心不静也。记《茶余偶谈》二则。（道光二十二年十二月十三日）

□唐浩明评点

曾氏想做一架寿屏为祖父母祝寿，借以表达孝思。他先请同年吴嘉宾写寿文，后又请名士何绍基写寿文，两人都写出来了。曾氏读何文，觉得有些地方不满意，便自己动笔修改。他将修改后的何文给邵懿辰看。邵懿辰当面批评他，说这件事办得不太好。

首先是错在根本不需要做寿屏。世俗看重有形，其实子孙的孝思重在心而不重在行，做寿屏徒浪费而已。况且你只是做一架寿屏，不应去请两个人写寿文。再者，也不应当擅自改动何绍基的文章。接二连三的差错，都是因为受了世俗的蒙蔽，以至于这样的小事都把你弄糊涂了。

曾氏听了这番话后很震动，回过头来再看吴嘉宾的寿文，的确写得不同一般。他由此而想到，这些日子来赞誉的话听得太多，心里不免浮生骄气，而听到这种批评后，才会看出自己的不足。良友的批评监督真的是不可缺少啊！他立即决定置办两架寿屏，把吴、何两人的寿文都用上，以此来弥补自己的过失。

曾氏这种闻过则喜且立即改正的作风，历来为人们所推崇。可惜，世风不古，现在是直截了当的批评者不多见，从善如流者更少。

每日悠悠忽忽一事未作

□曾国藩原文

早起，读《易·系》十叶。

饭后，午初至会馆，便拜客半日。至岱云处，留晚饭。同至萧汉溪前辈寓。座间，劝予写折子。实忠告之言，而我听之藐藐，意谓我别有所谓工夫也。细思我何尝用工夫，每日悠悠忽忽，一事未作，既不能从身心上切实致力，则当作考差工夫，冀博堂上之一欢，两不自力，而犹内有矜气，可愧可丑！与汉溪、可亭、岱云同至江小帆同年处。江服阕，初至也。

二更尽，归。寒月清极，好光阴荡过，可惜！读史十叶。记《茶余偶谈》一则。（道光二十二年十二月十五日）

□唐浩明评点

笔者读曾氏日记，有一个很深刻的印象，就是他每日里的应酬太多，而这些应酬又主要体现在彼此间的走访上：他去看别人，别人来看他，宝贵的时光大半部分被这类活动给耗费了。就拿今天来说吧。他到会馆去看别人，用去了半天。再到陈源兖家，在陈家吃晚饭。饭后再一起去萧汉溪家。从萧家出来，又去看望江小帆。这一天走了四个地方，到家已是深夜十一点了。仰望夜空中那一轮满月，清寒银辉，洒满京师，他心里禁不住叹息：大好光阴就这么随随便便地打发，真正太可惜了！

然则，曾氏不这样做行吗？答案是否定的。因为曾氏首先是一个京官，是京师官场中的人，拜访、接待是场面上人一天的主要功课。若这个功课做不好，曾氏的主业就没办好，他在官场上就立不住脚。又不误主业，又不误修身治学，这才是曾氏所要努力寻求的平衡点。曾氏的价值就在这里：他找到了很好的平衡点。他虽然在谴责自己“每日悠悠忽忽一事未作”，但实际上他并非“一事未作”。他非常重视萧汉溪劝他写折子应差一事就是证明。隔年五月，他顺利通过考试，放四川乡试正主考。他的仕途从此节节攀升。

精神易乏如五十岁人

□曾国藩原文

晏起。昨夜寝不成寐，思又虚度一岁。一事未作，志不立，过不改。精神易乏，如五十岁人，良可恨也。何以为人？何以为子？又思有应了事数件，一诺愆期许久，思之悚然汗下，展转不寐。

起，看昨日《茶余偶谈》，有未安，因易之。巳刻，读史十叶。唐先生来，道真儒贵有心得。旋围棋一局。写应酬字二纸。料理公私数目至晚。至蕙西处，同看张文端《南巡扈从日记》。

归，记本日事。记《茶余偶谈》一则。（道光二十二年十二月二十一日）

□唐浩明评点

日记中有两点引起笔者的重视。一是曾氏说自己精神容易疲劳乏力，如同五十岁的人一样，他为此恨自己。曾氏此时才三十二岁，就有如此感觉，可见曾氏身体不强壮，气血不旺盛，但曾氏后来做了许多事，尤其是组建军队历尽艰难，此事非同一般。

曾氏说过精神如同井里的水，越汲越有，又说世上的事有一半是有所激有所逼而成的，看来这些话是他的自身体验。

二是日记中说“唐先生来”。唐先生即唐鉴。唐鉴来访这样的事在曾氏日记中多次出现。唐鉴此时官居光禄寺正卿，正三品大员，又高龄六十五岁。他常常亲临曾宅，这固然说明他与曾氏关系亲密，同时也给我们传递一个信息，即那时的官场也并非就是一色的等级森严：爱才惜才的高级官员，也能放下身段，礼贤下士。今天，我们能看到一位德高望重的大员，多次下访比他小三十多岁、官阶低一大截的小青年吗？

天下事皆须沉潜为之

□曾国藩原文

晏起。改诗三句。写绢。饭后，携交田敬堂。走雨三处，为云陔托销假事。旋至子序处，不晤。便过子贞，见其作字，真学养兼到。天下事皆须沉潜为之，乃有所成，道艺一也。子敬留围棋一局。嬉戏游荡，漫不知惧，适成为无忌惮之小人而已矣。便过岱云，久谈，语多不怍。

归，留客晚饭。树堂来，谈及日来工夫甚疏，待明年元旦荡涤更新。渠深自惭，予则更无地自容矣。邵蕙西来，三人畅谈。祭灶后，因共小酌。予言有夸诞处，一日间总是屡犯欺字耳！

客去，读史十叶。记《茶余偶谈》一则，勉强凑，无心得。（道光二十二年十二月二十三日）

□唐浩明评点

曾氏在何家见何绍基写字，感受到何之学问修养兼备的神情，从中领悟到一个道理：天下的事情都必须要沉下心来潜入其中才能有所成就，探索天地大道之事与从事一艺一技之事，都是一样的。

无论学问还是书法，何绍基在晚清都堪称大家。我们看何氏的履历：他以翰林之身出任编修，历官武英殿主校、国史馆提调、四川学政，晚年又先后任济南乐源书院、长沙城南书院山长，一辈子从事的都是文化教育方面的事业，没有簿书公务的干扰，也不须承担因军政高位所带来的责任，可以全身心地投入到他喜好的学问书法中去。“沉潜”二字，何绍基完全能做到，故而所成就者大。

曾氏一生没有学术专著，他自己引以为憾，时人也据此批评过他。除中年后陷身军旅外，是不是也与他应酬太多、不够沉潜有关？事实上，曾氏在翰林院足足呆过九年。九年的光阴不算短，如果抓紧，写出一两部理学研究的专著来也不是不可能的。

与人相处不诚

□曾国藩原文

晏起，料理各项账目，兼平公私银两，约耽阁一时许。巳正与蕙西同至子序处唁吊，便至寄云处略谈。

归，读史五叶。心摇摇如悬旌，又皇皇如有所失，不解何故？盖以夙诺久不偿，甚疚于心，又以今年空度，一事无成，一过未改，不胜愤恨。又以九弟之归，心常耿耿。及他负疚于师友者，百念丛集，故昨两夜不能寐。

下半天，蕙西来。夜，树堂来，又雨三、岱云、少平三同年来，留树堂久坐，畅谈，四更方归。

树堂谓予有周旋语，相待不诚。诚伪最不可掩，则何益矣！予闻之，毛骨悚然。

然比时周旋语已不自记忆，疏而无忌，一至是耶？与树堂吃酒后，心略安帖。（道光二十二年十二月二十六日）

□唐浩明评点

道光二十二年就要结束了。人到岁暮，容易回想这一年来的所作所为、所得所失。曾氏想起这一年来岁月空度，一事无成，一过未改，心里又愤又恨。又想起七月间离京回家的九弟。九弟在京师大哥家住了一年半，其间也与哥嫂有过矛盾、闹过不和。想到这些，曾氏心里不安。还有种种对不起师友的地方，都在一岁将除的冬夜里浮现出来。曾氏因此两夜不能安睡。而他用“心摇摇如悬旌，又皇皇如有所失”这样两句话来描述自己的心情，固然有文学的色彩在内，但心理不够充足坚强也于此可见。联系到他后来的两次投水自杀，以及办理天津教案时的“外惭清议，内疚神明”，这些应该都不是偶然的。笔者由此更确信一个推断：曾氏的大事功，的确是激出来逼出来的。

这一夜，曾氏与冯卓怀彻夜长谈。长谈达到彻夜，通常只有两种情况才有可能：一是计议大事，一是推心置腹。曾冯之间，眼下尚无大事可议，他们一定是在彼此交心地恳谈。曾氏于此处记载不详，但从“树堂谓予有周旋语，相待不诚”的话，可以窥出至少冯卓怀说的话是发自内心的。所谓“周旋语”，就是应酬性的话。这类话多半带有敷衍性、照顾性、策略性、临时性等内涵，与“诚”有较大的距离。就拿曾氏对待汤海秋及其所著《浮邱子》一事而言，就可知冯所说不假。

曾氏其实并不太喜欢汤海秋。他在家信中说过汤有“浮谈”的毛病，但当着汤的面，曾又“面谀”。自己批判这是“欺友自欺，罪大恶极”，下决心要“直陈所见”。然而，到了这天深夜与汤面谈时，他又说了不少“不诚”的话（见道光二十二年十二月初五日记）。曾氏与汤显然是在“周旋”。事实上，现实世界中用“周旋语”彼此应付的事是时时发生、随处可遇的，难得的是曾与冯这样一对朋友：一个以此严格批评对方，一个据此虚心检讨自己。

冯卓怀至情动人

□曾国藩原文

早起，心多游思。因算去年共用银数，抛却一早，可惜。读史十叶，与内人围棋一局，连会客三次。晚饭后，静坐，不得力。写信。请树堂来寓，畅谈至五更。

本日会客时，有一语极失检，由“忿”字伏根甚深，故有触即发耳。树堂至情动人，惜不得使舍弟见之兴感，又惜不得使霞仙见之也。说到家庭，诚有味乎！言之深夜，留树堂下榻。（道光二十三年正月初二日）

□唐浩明评点

曾氏深感冯卓怀这个朋友的待人真诚，故在大年初二便邀请冯来家做客，二人再一次深夜长谈，并将冯留宿。冯也再次以至情打动曾氏，以至曾氏为在京师住过一年半之久的九弟没有与冯深交而可惜，也为密友刘蓉未能见到冯而可惜。曾氏这种自己得一好友便恨不得弟弟、密友也能与此好友成为朋友之心，也的确让笔者感动。

今天的日记里，曾氏检讨了自己的“忿”字。可惜，十余年后，曾氏即因一“忿”字而让他与冯卓怀失和。咸丰十年，曾氏以两江总督的身份驻军祁门，冯卓怀此时也因与上司不和，辞掉四川万县知县赋闲在家。冯遂来到曾氏祁门大营。曾氏礼聘冯为幕宾。不久，因冯督修碉楼一事令曾氏不满意。曾氏脾气大发，竟当众申斥这位老朋友，冯当即拂袖而去。曾氏后来多次邀请冯回来，冯俱不答应。但是到了晚年，曾、冯还是捐弃前嫌，重归于好。我们读曾氏去世前一年四月致诸弟信还提到“冯树堂十八日到此，相得甚欢”。六月份的家信中还郑重对诸弟说冯“又言八九月间将至湘乡二十四都等处为我预卜葬地，若渠至吾乡，请澄弟殷勤款接。渠昔在祁门，余与之口角失欢，至今悔之。今年渠至此间，余对之甚愧也”。

曾、冯之间，虽中途有过不和，但晚年却和好如初。这一对朋友，也可谓有始有终了。

当着朋友面大发脾气

□曾国藩原文

晏起。留树堂早饭。午正，客去。坐车出彰义门，拜黄兰坡，久坐。留者虽坚实，自己沾恋，有以启之。与人围棋一局。

归，记初二日事。曹西垣、金竺虔同年来，久谈，索饭。饭后，语及小故，予大发忿，不可遏，有忘身及亲之忿。虽经友人理谕，犹复肆口谩骂，比时绝无忌惮。树堂昨夜云，心中根子未尽，久必一发，发则救之无及矣。我自蓄此忿，仅自反数次，余则但知尤人。本年立志重新换一个人。才过两天，便决裂至此。虽痛哭而悔，岂有及乎！真所谓与禽兽奚择者矣。

客去已二更。厘清拜客单，乏甚。（道光二十三年正月初三日）

□唐浩明评点

我们这次总算领教曾氏的脾气了！大年初三，曹光汉（字西垣）、金藻（字竺虔）两位乡试同年来曾家拜年，吃完饭后又闲聊天。这本是快乐温馨的朋友聚会。不料，因谈及过去的一件小事情，曾氏竟然大发脾气，不可遏制，似乎忘记了自己的身份以及亲人的在场，虽然两个朋友予以解释，曾氏仍然肆口谩骂，毫无顾忌。尽管因何事而起，我们不了解，但大过年的又当着朋友的面，如此发怒，如此失态，真难以理解。

笔者于此看到曾氏的另一面，也借此解开多年来心中的一些疑团：一介书生，缘何可以组建军队做统帅？为何早期与湖南、江西官场格格不入，以至于自己感叹是“通国不容”的人？

志不立则心无定向

□曾国藩原文

早起。是日，张设寿堂，周章一日，心中不甚安详。西垣在寓便饭。申正，岱云来，留吃酒，二更方散。

自去年十二月廿后，心常忡忡不自持，若有所失亡者，至今如故。盖志不能立时易放倒，故心无定向。无定向则不能静，不静则不能安，其根只在志之不立耳。又有鄙陋之见，检点细事，不忍小忿，故一毫之细，竟夕踌躇，一端之忤，终日粘恋，坐是所以忡忡也。志不立，识又鄙，欲求心之安定，不可得矣。

是夜，竟不成寐，展转千思，俱是鄙夫之见。于应酬小处计较，遂以小故引伸成忿，惩之不暇，而更引之，是引盗入室矣。（道光二十三年正月初七日）

□唐浩明评点

这半个多月来，曾氏常常心里忧虑不安，总像丢失了什么东西一样。他细细地清理这种心情，认为是未立定志向的缘故。心思无固定的志向，心境则不能宁静；心境不宁静，灵魂则得不到安顿。所以，根子还是出在志向上。还有一点是心胸不开阔不爽朗，喜欢计较小事细故，又不能包容忍耐，故而为了一件小小的事情，整夜思前想后；为了一桩小小的不顺心，一天到晚放不下。因此，心情总是忧虑不安。

曾氏能够针对自己的毛病，作这样的剖析，这是他为人的长处。他好比在为自己看病诊断，病源找准了，对症下药，才有好的收效。他认为病因是志向未立定，那么当务之急在于立志。关于立志，确是他这段时期来常常思考的问题，他把这方面的思考写在给诸弟的家书中。他对诸弟说：“君子之立志也，有民胞物与之量，有内圣外王之业，而后不忝于父母之生，不愧为天地之完人。”（道光二十二年十月二十六日致诸弟）曾氏的志向为：要有阔广的胸襟、高尚的道德与为民谋利的事功。

按理说，志向已经很清楚很明白了，为什么还要说“志不能立”呢？原来，曾氏的这几个志向太大太高远了，因而也就变得太空太不现实，仿佛是在半空云中的东西无法着地。笔者在评点这篇家书时，针对这几句训弟语说过：“平心而论，要这几个住在荒山僻岭无尺寸功名、无丝毫地位的小青年去思考忧虑这些事，真是离谱太远了。”

其实，如此高远伟大的志向，对于眼下这个翰苑小京官而言，也并不太靠谱，所以虽立而实未立也，他心里依然忡忡，若有所失。曾氏为自己把脉，大方向是对的，但根子并没有找着。

日记不能后补

□曾国藩原文

晏起。饭后清账，又清戊戌公账付梓，屏当一切，约两时。

记初五以后事。所以须日课册者，以时时省过，立即克去耳。今五日一记，则所谓省察者安在？所谓自新者安在？吾谁欺乎！真甘为小人，而绝无羞恶之心者矣。

复左青士信。（道光二十三年正月初九日）

□唐浩明评点

曾氏今天补记初五、初六、初七、初八、初九五天的日记。他对自己过后补记的行为予以批评：之所以必须天天写日记，目的在于每天反省，发现过失立即改正。现在五天来一次总计，便失去了日日反思的意义，岂不是白欺欺人！

凡有过写日记经历的人都知道，过后补记是时常发生的事。如果日记挂的是流水账，过后补记不但可行，而且也是必需的。但曾氏的日记主要不是记事，而是课督自己涤旧生新，所以他的自我批评是有道理的。

曾氏曾说过，为学好比熬肉，先用猛火煮，然后再慢火煨。笔者读曾氏日记，觉得他这段时期的修身，采取的是猛火煮的方式。曾氏对自己的毛病毫不隐瞒，不仅对不妥的言行，也对不妥的想法，甚至连梦中的不妥情事，都要把它晾出来，写在日记中，给自己看，也在友朋圈中传阅。真正是不护短，不遮丑。再就是对自己的毛病狠批痛骂，骂自己卑鄙、下流、是小人，甚至骂自己是禽兽，对所下的决心赌咒发誓，并请神明对自己的食言严加惩处。这些作为统统给人以“猛烈”的感觉。如此猛火，也的确是需要天天加薪，一天都不能减弱的。所以五天不写日课，曾氏认为是大错。

旧病复发

□曾国藩原文

早起，吐血数口。

不能静养，遂以斫丧父母之遗体，一至于此；再不保养，是将限入大不孝矣！将尽之膏，岂可速之以风？萌蘖之木，岂可牧之以牛羊？苟失其养，无物不消，况我之气血素亏者乎！今惟有日日静养，节嗜欲、慎饮食、寡思虑而已。

是日出门谢寿，补拜年，酉正方归。树堂来。夜，岱云来问病。（道光二十三年正月初十日）

□唐浩明评点

三年前，曾氏“病热”，情形严重，差一点儿命都没保住。今天又吐血。病热与吐血，问题都出在肺部上。曾氏年纪轻轻，便患上当时被认为是不治之症的痨病，确乎令人担心。痨病在当时没有特效药，只能靠静养。曾氏从“节嗜欲、慎饮食、寡思虑”三个方面入手。其实，这三个方面健康人也应做到。生命不能挥霍，生命应当珍惜。遗憾的是，对此，人们在拥有的时候都不太懂得爱重，往往要到失去的时候才痛感它的可贵。鲁迅诗曰：“天于绝代偏多妒，时至将离倍有情。”这真正是人性的弱点！

视为空寂反而安定

□曾国藩原文

晏起。饭后，蕙西来邀，同至廉甫前辈处，久谈。三人同车至琉璃厂买书，至晚仍归廉甫处晚饭。灯后还寓，料理俗事数件，记本日事。

自初十早失惊之后，万事付之空寂，此心转觉安定，可知往时只在得失场中过日子，何尝能稍自立志哉！（道光二十三年正月十三日）

□唐浩明评点

初十早上的吐血，的确给曾氏以极大的刺激，以至于他对于人世都有了“空寂”之感。照理说，一个三十二三岁的人，人生的感觉不应当如此灰暗。病热与吐血的打击是沉重的。但曾氏接下来说“此心转觉安定”，这句话很值得我们咀嚼。

人类有忧愁，有痛苦，仔细分析，不少的忧愁与痛苦，它的根子在于欲求。欲望多、所求多，忧愁与痛苦也就多。欲求有很多种：进一步获取更多的利益是欲求，竭力保住眼下的利益也是欲求，如果把这些欲求都去掉，许多的忧愁与痛苦也便随之消除，人反而会活得轻松。但一般情况下很难做到这点，因为欲求与利益相连，而利益是可以带来实际好处的。

人只有在两种状况下可以与欲求脱离：一是出家，决然割断与世俗的一切联系，欲求会大大地减少，人也就相应地活得大为洒脱。一是对一切绝望，不再存丝毫念想，欲求也会随之大幅度减弱，人也可以因此活得自在。痨病在一个短时期内让曾氏对一切绝望，他因此反而心安宁下来。这是迫不得已的事，倘若我们既不出家，又将一切看破，尽可能地减少欲求，有意让心灵空寂，岂不是上上之好！

同年团拜

□曾国藩原文

早起。是日，戊戌同年团拜。予为值年，承办诸事，早至文昌馆，至四更方归。

凡办公事，须视如己事。将来为国为民，亦宜处处视如一家一身之图，方能亲切。予今日愧无此见，致用费稍浮，又办事有要誉的意思。此两者，皆他日大病根，当时时猛省。（道光二十三年正月十八日）

□唐浩明评点

我们所处的时代有过年期间团拜的习惯。一个单位，或一个集体，或年前或年后择一个日子，大家聚会一处，相互见面问好。这的确是一个好的拜年方式。从这篇日记可知，至少在曾氏的时代已有了团拜风气。曾氏这天的团拜是戊戌同年团拜，也就是道光十八年（戊戌）中的进士又同在京城为官者，大家团聚会面，互致年礼。

次日，他的日记中又记载："饭后仍至文昌馆，本省甲午团拜。"曾氏在道光十四年（甲午）中举，同一年中举而此时又同居京城者一起拜年。官场也罢，商场也罢，人脉是第一等重要的。没有人脉，做官做不好，经商也经不好，所以每到过年过节时，热衷于摆酒请客的，非官即商。社会风气的浮华虚荣，也多半是官商两界弄起来的。

曾氏今年为"值年"，负责值办团拜事务。检讨今年的工作，他认为有两点需反思：一是费用上开支多了点，一是希望博得别人的夸奖。分析此中根源，是把团拜当公事而没有当私事，若是在办一家一身的私事，则会尽量地紧缩开支，也不会存前鉴之心。由此，曾氏提醒自己：将来为国为民办事，要视作为家为身办事。

圣贤教导我们公尔忘私国尔忘家，这的确是很高的境界。这种境界，在一般情况下对一般人而言，难以达到。降低一步，将公事当作私事对待，将国事当作家事对待，这个境界也很高，能做到也就很不错了。事实上，许多人做不到。

冷淡亦不足取

□曾国藩原文

眼蒙，晏起。饭后赴龙翰臣饮约，未正归。是日，家中请客，至亥初方散。

又无严肃气象！席间代人作讥讽语，犹自谓为持平，真所谓认贼作子矣。早席中，孤另另别作一人，非处己处人之道。吕新吾先生云：“淡而无味，冷而可厌，亦不足取。”殆如此乎！（道光二十三年正月二十日）

□唐浩明评点

龙翰臣可不是一个等闲人物，他是辛丑（道光二十一年）科状元。三年一次的全国精英大考，此人名列第一。这需要多好的才情，多好的运气，多好的心理素质！在那样的年代，此人又曾经获得过多大的风光！但龙翰城后来官仅止于学政，寿亦仅止于四十四岁，更谈不上大事业。科举时代的状元，后来大多不太得意，是否当初那一刻所获太多的缘故？曾氏与龙关系不错，他有诗赞扬龙：“君才美无度，大圭宜庙中。君诗如春融，秋爽亦自工……终然到圣处，今古谁雌雄？”

曾氏一直要求自己居敬慎言，即保持严肃端谨的神态，但在聚会中，若过于严肃谨慎，自己固然了无趣味，别人也将会因此兴趣索然。即以说话而言，我们看酒席桌上大家所说的话，可以说百分之九十九是废话、空话、多余的话、可有可无的话，甚至是无聊无品的话。但倘若没有这些话，那还有饮酒吃饭的愉快可言吗？今天早上在龙状元家中吃饭，曾氏可能很注意形象，结果弄得孤零零的，有点另类模样。他自己也感觉不太舒服，所以想起一个朋友所说的话：淡而无味，冷而可厌，也是不可取的。的确，聚会场合，因太拘谨而出现的冷淡，是一个很不协调的表现。

目屡邪视可耻

□曾国藩原文

眼蒙，甚晏起。内人亦卧病不能起。饭后，至蕙西处少谈。归，将至才盛馆，遇竹如来，折回久谈。竹如无不近理之言，真益友也。申初出门，赴恽浚生饮约，兼甲午团拜，酉正归。

是日，目屡邪视，直不是人，耻心丧尽，更问其他？夜，心情不畅，又厌闻呻吟声。仍出门至竺虔、西垣处谈，亦不耐静坐之咎也，更初归。因下人小不如意致忿，何其

一无所养至此！可耻之至。（道光二十三年正月二十二日）

□唐浩明评点

前天刚参加过甲午团拜，今天又去，可见曾氏是同年团拜的骨干人员。这种聚会，只有付出，没有回报，于此也可见他热心公益事业的性格。当时京师流传两句话，道是：包送灵柩江岷樵，包写挽联曾涤生。江忠源（字岷樵）多次护送客死京城的举子回籍，此种行动可以比之于古代豪杰之士。正因为此，江忠源后来能成为湘省率领团练出省作战的第一人。曾氏不收分文为他人撰写挽联，才情好尚是其次，首要的是有一颗乐意为人办事的心。要想领袖群伦，必须具备相应的素质，乐意办公益之事，应是其中一项重要的素质。

曾氏检讨自己今天犯的过失是“目屡邪视”，并将这一过失提到“不是人”“耻心丧尽”的高度。看人得正视，这既是对所看之人的尊重，也表示自己的心怀坦荡。反过来，邪视，既是对别人不敬，亦说明自己心怀鬼胎，乃极不好的一种举动，何况多次这样做。曾氏自骂，骂得有道理。

与私欲血战一番

□曾国藩原文

晏起，雪雨交作，而不甚寒。内人病不愈，余亦体不舒畅，闷甚不适。高景逸云，凡天理自然通畅。余今闷损至此，盖周身皆私意私欲缠扰矣，尚何以自拔哉！立志今年自新，重起炉冶，痛与血战一番。而半月以来，暴弃一至于此，何以为人！何以为子！（道光二十三年正月二十六日）

□唐浩明评点

身体不舒畅，心情不开朗，曾氏认为这是自己私意私欲太重的缘故。究竟有哪些私意私欲，曾氏没有说明了，从以往的日记来看，多半可能在名利等方面。再者，进京四个年头了，曾氏也可能渴望升迁，或许冀望得到好差使。总之，在这些方面有所欲求，而所得又不如愿，便会心生郁闷，体现在生理上便是气血不畅通，身体出了毛病。新年伊始，曾氏痛下决心，要重起炉灶，与这些私意私欲血战一番。决心很大，效果如何，我们且拭目以待。

见年轻女人心思放荡

□曾国藩原文

晏起。饭后，翻阅杜诗。请吴竹如来诊内人病，久谈。日来居敬穷理，并无工夫，故闻人说理，听来都是隔膜，都不真切，愧此孰甚！

申初，拜客二家，至海秋家赴喜筵，更初方归。同见海秋两姬人，谐谑为虐，绝无闲检，放荡至此，与禽兽何异！（道光二十三年正月二十七日）

□唐浩明评点

这是曾氏在日记中第三次检讨自己的好色之心了。好色之心，人皆有之，这并不奇怪，何况曾氏此刻还只有三十三岁，尽管身体不很强壮，但毕竟是年轻人，爱慕少女自属正常。不过，曾氏的检讨还是有意义的。这种意义表现在遏制上，即将此心遏制在一个限度内。

汤鹏不过一御史而已，就娶了两个小老婆，按曾氏眼下的处境，讨个小妾也不是不可以的，但他一直没有这样做。终其一生，他只在五十一岁那年娶了陈氏妾。而之所以娶陈氏，是因为曾氏那段时期牛皮癣发作，奇痒难耐，整夜不能入睡，有人搔痒，则可以睡一两个时辰。陈氏妾实际上只是一个搔痒的丫环。她在曾氏身边待了一年零七个月便病死了，也没有留下儿女，之后曾氏再未娶妾。在那个时代，曾氏也算得上一个不贪女色的人。这种不贪，应与他的自我遏制有关。

也有景况苦的官员

□曾国藩原文

晏起。饭后看杜诗，翻阅，一无所得。旋走黎月乔前辈处，闻刘觉香先生言渠作外官景况之苦，愈知我辈舍节俭别无可以自立。若冀幸得一外官，以弥缝罅漏，缺瘠则无以自存，缺肥则不堪问矣，可不惧哉！与月乔前辈同至金可亭寓，为博塞之欢，嬉戏竟日，二更初散。

写日课册，至今已四阅月，不能日新，乃反日趋下流，有何面目复与良友相酬对耶！（道光二十三年正月二十九日）

□**唐浩明评点**

世人眼里，都认为做官就意味着发财有钱，其实不尽然。笔者从曾氏早年的家书中知道他的京师生活并不宽裕，甚至可以说得上是拮据。我们来看看他家书中的话：

“孙等在京别无生计，大约冬初即须借账，不能备仰事之资寄回，不胜愧悚。”（道光二十一年六月初七日禀祖父）

“孙此刻在京光景渐窘。然当京官者，大半皆东扯西支，从无充裕之时，亦从无冻饿之时，家中不必系怀。”（道光二十一年六月二十九日禀祖父）

“男今年过年，除用去会馆房租六千外，又借银五十两。前日冀望外间或炭资之赠，今冬乃绝无此项。”（道光二十一年十二月二十一日禀父母）

“此刻光景已窘，幸每月可收公项房钱十五千，外些微挪借，即可过度。”（道光二十二年三月十一日禀父母）

“今年冬间，贺耦庚先生寄三十金，李双圃先生寄二十金，其余尚有小进项。汤海秋又自言借百金与我用。计还清兰溪、寄云外，尚可宽裕过年。统计今年除借会馆房钱外，仅借百五十金。岱云则略多些。岱云言在京已该账九百余金，家中亦有此数，将来正不易还。寒士出身，不知何日是了也！我在京该账尚不过四百金，然苟不得差，则日见日紧矣。”（道光二十二年十二月二十日致诸弟）

从以上所抄录的家书来看，曾氏的收入即俸禄不足以支付他在京师家庭的开销，他要靠借钱与别人的接济来东挪西补地过日子。这不只是他个人的现象，凡出身清贫的小京官差不多都如此。他的同年兼亲家、湖南茶陵人陈源兖（岱云）比他还要艰难。欠下的这些债，今后怎么还呢？靠放差。最好的差使便是充任外省的乡试主考官。这一年四月，曾氏通过考试获得四川乡试正主考美差。这趟差使结束后，他获得约三千两银子的收入，所有的欠账一扫而空。曾氏从此脱贫。

小京官不宽裕，地方官也不是人人都有钱。这篇日记里所说的刘觉香便是景况苦的地方官。地方官要看在什么地方为官。曾氏说，若在穷困之地为官，“则无以自存”，但富裕之地，又不是随随便便可得到的，没有门路的人则不敢去想——“不堪问矣”。

读这篇日记，能让我们得到真实历史的第一手资料。

心病带来身病

□**曾国藩原文**

早起，至会馆敬神，便拜客五家。申初到家，倦甚，不能看书，眼蒙如老人。

盖安肆日偷，积偷之至，腠理都极懈弛，不复足以固肌肤、束筋骸。于是，风寒易侵，日见疲软，此不能居敬者之不能养小体也。又心不专一，则杂而无主。积之既久，必且忮求迭至，忿欲纷来。其究也，则摇摇如悬旌，皇皇如有所失。总之，曰无主而已。而乃酿为心病，此不能居敬者之不能养大体也。

是故吾人行父母之遗体，舍居敬更无他法。内则专静纯一，以养大体；外则整齐严肃，以养小体。如是而不日强，吾不信也。呜呼！言出汝口，而汝背之，是何肺肠？（道光二十三年二月初一日）

□唐浩明评点

曾氏今年虚岁不过三十三，按现在的说法，是真正的青年，但他却说自己不能看书，眼睛迷蒙如同老年人。未老先衰之态何以至此！他分析造成这种状态的原因是安于舒适的生活，懒惰不振作。因为偷惰，身体各部位都处在松懈的状态中，筋骨肌肤都不紧凑坚固，风寒容易侵蚀，身体便不强壮。再加上心思不专一，纷杂而无主轴，欲求太多，长久如此，酿成心病。

曾氏这种自我检讨，今天很多人或许并不认同。今人习惯从生理上、从身体各种部位上去寻找原因，这无疑是很有道理的。但一个人的身体状况，除取决于有形的器质外，还取决于无形的精神、情绪等。这种“无形”的影响并不亚于“有形”。伍子胥过昭关，一夜之间白了头，并非是戏台上的夸张。所有的长寿老人，几乎都有两个共同的特点：一是勤快，二是乐观。有句俗话说“百病起于懒”，又说“愁一愁，白了头”。这两句大家耳熟能详的谚语说的正是器质之外的原因。当然，勤快能活动关节，疏通气血；乐观使人心胸开朗，穴路不淤塞。这些，其实与器质的健康也密不可分。曾氏的这篇日记可以给我们以启示。

在游荡中打发一天

□曾国藩原文

晏起。饭后，因心不舒鬯，出门游荡。至何子贞处，观渠作字，不能尽会悟，知平日所得者浅也。与汤海秋围棋一局，至申初始归。海秋来寓，蕙西亦来。

观人作应制诗，面谀之，不忠不信，何以为友！圣人所谓善柔便佞之损友，我之谓矣。申正，赴易问斋饮约。戌正，同王翰臣、杜兰溪、何子贞小饮黎月乔处，不节饮食。夜深方归。（道光二十三年二月初七日）

□唐浩明评点

曾氏这一天是在无目的性的游荡中度过的。先是到何家看何绍基写字，然后与汤鹏下了一盘围棋。接下来，与来访的汤鹏、邵懿辰闲聊。下午，到易问斋家喝酒。夜里，又与王、杜、何三位一道在黎宅“小饮”。为什么这一天如此无节制？是因为曾氏心里不舒畅。

心里不舒畅，不窝在家里一人生闷气，去朋友家走走看看，这其实也是一个好的排遣之法。在这样的游荡中，曾氏也没有忘记对自己一天的反省。

反省之一是对何绍基的字不完全领悟。曾氏对何的字是很赞赏的。他在先一年的十一月十七日给诸弟的信中说：何绍基的“字则必传千古无疑矣”。何字风格颇异，粗看柔弱而散漫，细看则趣味无穷。要深透理解何之字，的确不是一件容易的事。曾氏知道何字好，但究竟好在哪里，他大概也说不很清楚。曾氏好书法，也于此道用过功。他因此检讨自己在这方面的学问还是浅薄。

反省之二是当面吹捧别人作的应制诗。面谀乃社会常态，曾氏亦未能免俗，但他的好处是能够反省。曾氏好诗而精于诗。诗乃为有感而发之，故而应制诗中难有佳作。明知别人的应制诗不好，但当面吹捧，曾氏对此种作为，过后甚为厌恶。在当面吹捧这一点上，曾氏与俗人无异；在过后反省这一点上，曾氏胜过俗人。当然，说不定在日后的社交应酬中，曾氏还会屡屡犯此毛病，但过后反省与不反省还是有区别的：它至少可以略加抑制，不至于太泛滥成灾。

畏友邵懿辰

□曾国藩原文

蕙西已来，始唤起。论连夜天象，西南方有苍白气，广如一匹布，长数十丈，斜指天狼星，不知主何祥也。因留蕙西早饭。

蕙西面责予数事：一曰慢，谓交友不能久而敬也；二曰自是，谓看诗文多执己见也；三曰伪，谓对人能作几副面孔也。直哉，吾友！吾日蹈大恶而不知矣！

是日，作小楷千余字。下半天，蕙西来，招同至陈艺叔处，灯后归。王翰城来，久谈。（道光二十三年二月十二日）

□唐浩明评点

邵懿辰当面批评曾氏有三大毛病：一是与朋友相交不能始终持恭敬态度，久而怠慢；二是自以为是，谈论诗文多固执己见；三是虚伪，对人表里不一，有多种面孔。我们读曾氏这段记载，不能不感叹邵之直爽的难得，尤其是第三点，直指人的心术。如此批评，岂是可以随便说得的！但邵当面说了，难能可贵；而曾氏居然将它记录在日记里，并因此称赞邵而检讨自己，更难能可贵。当今之世，古风早已不存，放眼看去，尽皆谀友，难寻畏友。读这篇日记，真让人感慨唏嘘！

邵懿辰为人亢直，不仅面折曾氏，对别人也一样。同治四年，曾氏为邵写了一篇墓志铭，特别提到邵的这个性格。墓志铭中说："位西性故戆直，往往面折人短，以谓'书籍所无，公何得漫尔'？不应，再纠焉，犹不获，三谏焉，无问新故、疏戚、贵贱、时否。一切蹙额相绳，人不能堪，终以此取戾于世。大学士琦善公在狱，尝发十九事难之。大学士赛尚阿公视师广西，手疏七不可诤之。诸公贵人，病其峭直，由是龃焉不得安其位。"

折人直折到大学士身上，邵懿辰因此而被罢官。罢官后，邵潜心学问，著作不断，终成一代经学家。咸丰十一年年底，因杭州城破，邵也死于是役。得知确讯后，其长子与夫人亦相继悲伤辞世。性格即命运。这一命题在邵懿辰身上不幸而得以验证。

鸡伏卵及猛火煮

□曾国藩原文

晏起。饭后至翰城处，惑于风水之说。至厂肆买书，未初归。作字百余。下半天，拜客五家，灯后归。

昨日，因作字思用功所以无恒者，皆助长之念害之也。本日，因闻竹如言，知此事万非疲软人所能胜，须是刚猛，用血战工夫，断不可弱，二者不易之理也。时时谨记《朱子语类》"鸡伏卵"及"猛火煮"二条，刻刻莫忘。（道光二十三年二月十三日）

□唐浩明评点

曾氏反省自己读书做学问之所以无恒心，是因为拔苗助长的思想在作怪：巴不得立刻见成效，没有耐心做日积月累、盈科后进的功课。这种拔苗助长心态，颇具普遍性，要克服它并不容易。他从吴廷栋那里明白，用功这件事绝不是意志力不坚强、易于疲沓的人所能胜任的，必须要有刚烈威猛之作风，以血战到底的气概来与疲软之习做斗争。他特别提到要时刻谨记《朱子语类》中"鸡伏卵"与"猛火煮"的两条教导，以朱熹所说的方式习字做学问。

《朱子语类》一书记载了朱熹关于为学做人处事方面的言论，有一百四十卷之多，是一部研究儒家学问和朱熹本人的重要著作。在卷第八总论为学之方中，朱熹说到了"鸡伏卵"与"猛火煮""若不见得入头处，紧也不可，慢也不得。若识得些路头，须是莫断了。若断了，便不成，待得再整顿起来，费多少力！如鸡抱卵，看来抱得有甚暖气，只被他常常恁地抱得成。若把汤去荡，便死了；若抱才住，便冷了。""今语学问，正如煮物相似，须爇猛火先煮，方用微火慢煮。若一向只用微火，何由得熟？欲复自家元来之性，乃恁地悠悠，几时会做得？大要须先立头绪。头绪既立，然后有所持守。"

"鸡伏卵"，是以母鸡孵蛋作比喻。母鸡伏在蛋上，一天到晚，纹丝不动。日复一日，天天如此，直至以自己的体温将小鸡从蛋中催生出来。这里急不得，快不得，巧不得，成果必须要在功夫到了足够程度时才会出现。做学问如此，习字如此，许多技艺的获得也如此。

“猛火煮”，是以煮肉类等难以一时熟透的食品作比喻。煮这样的食品，必须先得有一个猛火的过程，然后再慢慢地用微火去煨，将其中的深味一点点的熬出来。如果一直用微火，则深味始终出不来。做学问也应该如此。一段时期内集中精神下猛力，然后再慢慢温习、体味，并逐渐增添新的知识。

曾氏也曾将“猛火煮”的读书体会说给诸弟：“子思、朱子言为学譬如熬肉，先须用猛火煮，然后用慢火温。予生平工夫全未用猛火煮过，虽略有见识，乃是从悟境得来。偶用功，亦不过优游玩索已耳。如未沸之汤，遽用慢火温之，将愈煮愈不熟矣。”

鸡伏卵也罢，猛火煮也罢，都是说的下笨功夫、下苦功夫，不能走捷径，更不能投机取巧，即朱熹所说的：“大抵为学虽有聪明之资，必须做迟钝工夫始得。”（《朱子语类》卷第八）

杜诗韩文因知言养气而百世不朽

□曾国藩原文

晏起。饭后到湖广馆看杜诗一卷，纯是矜气。杜诗韩文所以能百世不朽者，彼自有知言、养气工夫。惟其知言，故常有一二见道语，谈及时事，亦甚识当世要务。惟其养气，故无纤薄之响。而我乃以矜气读之，是客气用事矣，何能与古人投入哉！

岱云来馆，久谈。夜，在家看小说。（道光二十三年二月十八日）

□唐浩明评点

曾氏特别喜欢杜诗、韩文。他在道光二十四年三月给诸弟的家信中，谈到了他的课程安排，其中所列的八种熟读书中便有杜诗与韩文两种。咸丰八年七月，他在给儿子纪泽的信中也表示了对杜、韩二人诗文的高度评价：“李杜韩苏之诗，韩欧曾王之文，非高声朗诵则不能得其雄伟之概，非密咏恬吟则不能探其深远之韵。”

他为何如此喜欢杜、韩，并视之为能百世不朽？这篇日记谈到杜诗韩文的两个特点：一为知言，一为养气。曾氏的所谓知言，即“见道”“识当世要务”，用今天的语言表述，就是有思想、有见解、洞时弊等等。曾氏的所谓养气，也就是孟子所说的“我善养吾浩然之气”。在他看来，杜诗韩文中有一股浩然磅礴之气。曾氏因此而反省自己学杜诗韩文不够虚心、不够心悦诚服（矜气），而这种情绪乃出于自己的褊激心态（客气）。这篇日记给我们透露两个信息：一为曾氏的审美观，二是曾氏文风的溯源。

惭愧吴廷栋的敬重

□曾国藩原文

早起，请竹如来诊小女。巳正来，久谈。竹如言及渠生平交道，而以知己许予，且曰："凡阁下所以期许下走之言，信之则足以长自是之私，辞之又恐相负相知之真，吾惟有惧以终始而已"云云。予闻此数语，悚然汗下。竹如之敬我，直乃神明内敛，我何德以当之乎！日来安肆如此，何以为竹如知己？是污竹如也！

未初，至雨三处会课，写折二开，灯后归。岱云偕易莲舫来，谈至二更去。（道光二十三年二月二十一日）

□唐浩明评点

吴廷栋以知己视曾氏。他对曾氏说：凡你对我所说的那些勉励赞许的话，我若相信我就如同你所说的那样，将会增长我的自以为是的毛病；我若不相信，则又恐辜负了你的相知真情。我唯有始终以谨慎之心态对待而已。听了这几句话，曾氏为吴对自己之敬重惭愧汗颜。他于是反省：朋友将自己平时随意说的话看得这样重，而自己反而安逸懒惰不思进取，何以对得起朋友？

吴廷栋以贡生出身，由刑部郎中做到刑部侍郎，可见亦非平庸之辈，况且比曾氏大了九岁。他能如此看重曾氏，足见三十出头的曾氏已在京师士人中初露峥嵘了。

处众人中有孤零之感

□曾国藩原文

早起。饭后至湖广馆读杜诗半卷。未正，至戴莲溪同年处，公请黄矩卿师，至二更方散。

处众人中，孤另另若无所许可者，自以为人莫予知，不知在己本一无足知也，何尤人为！（道光二十三年二月二十四日）

□唐浩明评点

在公请老师的酒席上，曾氏有孤零零一无所是之感。他一面以别人不知晓来做自我安慰，同时也明白自己本来亦无特别过人之处，又怎么能怨天尤人呢？

素日里曾氏朋友很多，称赞他的人也很多，不料他也有被冷落处孤单的时候。可贵的是他没有因此怨尤别人，反而反省自己的不足。由此可见，中国传统文化中“三省吾身”的重要性和实用价值。

人定亦可胜天

□曾国藩原文

早起。女儿昨夜彻宵不眠，请竹如来诊治，谈之良久。又同至蕙西处。

竹如言交情有天有人，凡事皆然。然人定亦可胜天，不可以适然者，委之于数，如知人之哲，友朋之投契，君臣之遇合，本有定分，然亦可以积诚而致之。故曰命也，有性焉，君子不谓命也。

下半日，悠忽不事事。至岱云、少平处。作诗一首。（道光二十三年二月二十五日）

□唐浩明评点

日记中记吴廷栋关于人与人交情的一段话。吴说：人与人的交情有亲有疏、有厚有薄，这之间有自然的客观因素在内，也有人为的主观因素在内。然而，人的力量有时也可胜过天的力量。若没有适应的环境，则只能归之于命运的安排。比如有没有识人的明智，有没有情投意合的朋友，遇没遇到能赏识自己的君王等，这些原本是命运中有安排的，但是也可以依靠长时间的努力来达到。这正是孟子所说的，既是命运，但也关乎人的习性，故而君子不说命运一类的话。吴廷栋还说，人与人之间的交情如此，别的事情也都如此。

吴的这番话，说的其实就是两个字：天与人，及其它们之间的关系。曾氏在后来的岁月中常常说“天命居半，人力居半”“半由天命，半由人力”这样的话，不能说曾氏的这种思想就是受到吴的影响而成，因为这毕竟是自古以来哲人的共识，但这一段被曾氏郑重其事记载于早年日记中的话，它得到曾氏本人的强烈认可则是毫无疑问的。

不惧则骄

□曾国藩原文

早起，读杜诗。饭后，为蕙西写序一首，计六百字。旋走蕙西处谈。申初，何子贞来，略谈。旋朱莲甫来，邵蕙西来，久谈，至晚方散。

莲甫言，莫要于君德，君心不正，万机胥坏矣。予谓人君之心，当时时知惧，不惧则骄，乱本成矣。

夜，至雨三寓，作试帖诗一首。（道光二十三年二月三十日）

□唐浩明评点

《诗》曰："战战兢兢，如临深渊，如履薄冰。"这种临事而惧的态度，向为中国传统文化所推崇。存有这种畏惧心态，则必然思之以缜密，出之以谨慎，尤其身为领袖人物，其一言一行，影响的不只是个人，而是群体，所以更要有这种知惧心态。

朱莲甫说君心要正，固然正确，而曾氏强调人君要知惧，则更说到点子上了。曾氏在后来所写的题为《汉文帝》的读书笔记中，提到创造文景之治的汉文帝，面对着至高无上的君权，心中常有"自愧不称帝王之职"的畏惧感。因为此，汉文帝才"其过必鲜"，成为后世史家称道的英明之君。

戏剧性地升官

□曾国藩原文

早起，在园子早饭。辰正归，午初到家。

因场屋有大错乱，心甚不安帖，与内人兀坐相对，患得患失之心，憧憧靡已，强为制之，尚觉扰扰，夜不成寐。平日所谓知命者，至是何有，真可羞已。

未正，赴何子敬饮约。（道光二十三年三月十一日）

□唐浩明评点

昨天凌晨三点多钟曾氏便起床，为的是进圆明园参加翰林院、詹事府的考试。翰林院与詹事府的官员们，平时实事不多，他们的迁升，主要依据于三年一次的大考。曾氏参加的便是这种大考。

考场设在正大光明殿。五点入场，六点正式开考。考题为赋一篇：《如石投水赋》；论一篇：《烹阿封即墨论》；五言八韵诗一首。将近下午两点钟时，曾氏完成三篇诗文的草稿。两点时开始誊抄，一直到六点钟才誊抄完毕。

交卷出场后，与别人比对赋文，这才发觉出了一个大差错。错在哪里，曾氏日记里没有记载，我们也就无从得知了。今天上午十一点，曾氏回到家。对夫人说起赋文中的差错，心里很是不安稳。夫人也没有办法帮忙，只得陪着夫君干坐着。对于这种心态，曾氏称之为患得患失。

当然，这种情形，所有参加过重要考试的人，几乎都遇到过，大家都视为常情，不以为然。确乎是常情，但本质上也确乎是患得患失；若不把得失看得如此严重，又怎会心里极不安宁呢？

第二天下午曾氏从外面会客回家，仍未听到考试阅卷的情况，心中十分焦急，四处打探，坐卧不安。到了十三日一清早，消息传来了，曾氏列名二等第一。一等有五人，曾氏总序排名第六。结局这样好，大出曾氏意外。十四日上午，曾氏进宫接受道光皇帝召见，升任翰林院侍讲，从五品衔。从此，曾氏由一低级京官进入中级京官的序列。一百二十七名会考者，升官的只有十一人，不足十分之一。曾氏当属幸运儿。

由失误而担心到名列高等再到越级升官，这几天的经历，真带有戏剧性。曾氏在京城十二年，官运亨通，这次的晋升，仅仅是好运的开始。

这篇日记中的“兀坐相对”与第二天日记中的“四处打探，行坐不安”，活脱脱的现出一个真实的青年曾国藩来。他天天讲静心，讲谨言，一旦到命运攸关的时候，素日的修身都不起作用了。人要改变自己，真的不容易呀！与别人不同的是，即便在这种时候，他也能看出这是“患得患失之心”在作怪，“四处打探”是“丑极”。有这种认识，便可以对心态和作为起一定的遏制作用。这大概是修身与不修身的区别之所在。

家人一道随之升官

□曾国藩原文

早起，至东小市买衣，巳正归。写家信甚短，又料理寄家补服晶顶、阿胶、鹿胶等件，托竺虔带交。申初，赴王翰臣饮约。席间，次海秋韵，送竺虔南旋，即之官闽中。

闻人一言，足以快睚眦之怨，口虽不言，心窃欣之，可鄙孰甚。

雨农、岱云来寓，谈至二更。（道光二十三年三月十九日）

□唐浩明评点

曾氏今天去东市买衣。买什么衣服？笔者以为多半是去买官服。因为升官了，得换补子与顶戴，当然也得换一件新的袍褂。有同乡回家，曾氏又委托他顺便带点东西回去。这东西里便有补服、顶戴。曾氏在这天写的家信中注明：“付回五品补服四付、水晶顶二品。”

由此我们可以获得两个信息：一是官员的补子、顶戴是需要自己买的，也是可以在市场上买得到的（可能有官府设的专卖店）；二是一个人升了官，家里的直系长辈也就跟着升。曾氏寄回四付五品补服，显然是给他的祖父、祖母、父亲、母亲的，至于水晶顶，则可能只有男性的帽子上用得着，女性或许没有官帽，或许有但不用顶子。

这种把官职封赠（对生者授职为封，对死者授职为赠。如曾氏所撰的《大界墓表》：“以国藩忝窃禄位，府君初诰封中宪大夫，后累赠为光禄大夫、大学士、两江总督。”）给家人的做法，将官员本人与家庭更加紧密地联系在一起。一荣俱荣，一损俱损。官员仕途上的升与降，直接决定着家人的荣辱得失。封建时代的封赠制度，就这样牢牢地将它的公务员控制在朝廷手里。

这次给他带东西回家的朋友是金藻，字竺虔。他被朝廷拣发福建知县，先回湖南省亲，再去福建赴任。曾氏与金为乡试同年，在京时关系密切。金赴闽前，曾氏有诗送他。诗曰：“朋好翩翩去，君今伤此行。春风一杯酒，旧雨十年情。循吏平生志，神仙薄幸名。海隅氛正恶，看汝斫长鲸。”

任性与好动

□曾国藩原文

早起。饭后拜客。进城至东四牌楼等处，又拜东头各家。至熊秋白处赴饮约。

是日，暴热侵人，困甚。座间，人尚谨饬，我独脱袍帽自放，未免失之野。二更尽方归。闻子贞、海秋过寓，犹跃跃思出门夜谈，何好动也。（道光二十三年三月二十六日）

□唐浩明评点

本日曾氏检讨自己的两处不是：一是因天热酒席间脱袍帽，二是夜深了还想着出门访谈。酒席上，别人都衣冠楚楚，独曾氏一人不能耐热，脱去袍褂摘下帽子。曾氏时时要求自己“整齐严肃”，却居然比别人还做得差，可见他骨子里是个不愿意接受约束的任性人。白天进城拜访了几家友朋，又去人家喝酒吃饭，直到半夜才到家，一天够累了。到家后听说何绍基、汤鹏曾来过，又不顾疲劳夜深，跃跃欲思出门拜访。曾氏是立过“夜不出门”誓言的，可见他骨子里是个好动的人。

这则如实记载的日记，让我们看到一个真实的青年曾国藩。

老氏有杀机

□曾国藩原文

早起，至东小市买衣，巳正末归。饭后，吴子序来，久谈。言圣人言保国保天下，老氏言取国取天下，吾道只自守，老氏有杀机云云。其义甚精，好学深思，子序不愧。

又会客二次，至城内拜客二家。归，写小楷千余字。灯初即睡。（道光二十三年四月初八日）

□唐浩明评点

同年吴嘉宾（字子序）来曾氏家拜访。吴谈他的治学心得：孔孟说的是保卫国家保卫天下的学问，老子说的是夺取国家夺取天下的学问。儒家的道义只是自我守卫，而老子蕴含着杀机。曾氏赞赏吴为学深刻，所言很有道理。

世人都认为老子主张柔弱，主张顺其自然，道家是以谦退自抑为宗旨的学说。吴则看出与众不同之处，说老子志在夺取，有杀机。我们翻开《道德经》，确实可以看到“取”字常常扑入眼帘：“故取天下，常以无事；及其有事，不足以取天下。”（四十八章）“以正治国，以奇用兵，以无事取天下。”（五十七章）“故大国以下小国，则取小国；小国以下大国，则取大国。故或下以取，或下而取。”（六十一章）这些话传授的都是如何取国取天下的机栝。

老子说：“将欲歙之，必固张之；将欲弱之，必固强之；将欲废之，必固兴之；将欲夺之，必固与之。”这些便是老子与世界打交道的策略。由此可知，柔弱并不是其目的，刚强才是他的希望；退抑也不是其目的，胜出才是他的心愿。正是基于这样的认识，所以古时便有人说老子是阴谋家。

吴嘉宾的这番议论，也可能源于别人的启示，也可能是自己的独自见解，不管怎样，它能帮助我们从另一个角度来读老子。

惭愧无德于民

□曾国藩原文

早，因风不顺，未开。巳初开船过湖，两岸皆芦苇，旋至横坝头。宿松黄令率邑绅四人来送。两岸百姓，扶老携幼，走送者数千人。无德于民，兹可愧也。

申刻行至老洲头登大舟，舟系吴城船厂为余新造者，极坚实，极华丽。诵韦公“自惭居处崇，未睹斯民康”之句，为之愧悚不已。

巳、午刻，改折片三件，写胡中丞信一件。酉刻写杨、彭信一件，清理文卷。夜与李小泉、少荃在船尾亭上畅谈。（咸丰十年五月十六日）

□唐浩明评点

我们读到的这篇日记，与上篇日记的距离，已隔了整整十七年。对于一个人来说，十七年的光阴应是够长的了。而这十七年间，他所处的时代，则有着掀天揭地的大变化。

十七年的前半部，曾氏在京师官运亨通，甚至可以说是青云直上。他在三十七岁那年，升为从二品礼部侍郎衔内阁学士，三十九岁时正式做起礼部侍郎。四十二岁时遭遇母丧。他回湖南守丧，又正赶上太平军冲出广西，一路北进。曾氏奉旨充任湖南团练大臣。他借这个机会组练湘军，历经千难万险，事业才初具规模。

咸丰十年四月下旬，曾氏奉旨署理两江总督。五月十五日，曾氏率部从安徽宿松启程东进。写这篇日记时，曾氏正坐在离开宿松的船上。今非昔比，此刻的曾氏，已是国家的南天柱石，手握军政大权，威风凛凛，万民瞻仰。日记中记载宿松百姓数千人前来送行，他所乘坐的大船坚实华丽。

相比过去的无权无势，曾氏应是踌躇满志，意气昂扬，但曾氏日记里流露出的仍是自省自惕。他反思两点：一是惭愧无德于民，二是惭愧自己的座船比别人的好得太多。一个人拥有这等显赫权势，还能作如此真诚的反思，这自然是一则出之于对权势的深刻洞察，二则是出之于思维定式。笔者有足够的理由相信，自从道光二十一年开始修身起，二十年来，曾氏已养成了自省自惕的思维习惯和行为方式。这一点，对于一个掌控生杀大权的军政要员来说，意义更为重大。

日记中提到的韦公，即唐代诗人韦应物。韦应物长期出任州郡刺史，对于天宝乱后老百姓的痛苦多有了解同情。他的诗作中也常常透露怜悯民生的情怀。他还有两句诗“身多疾病思田里，邑有流亡愧俸钱”，与日记中所录的“自惭居处崇，未睹斯民康”一样，常为后世称道。

为权位太尊名望太隆悚惧

□曾国藩原文

早，出城，至黄惠清营内，见哨官张夔，有似刘笔客，哨官隆德元，有似张石匠。饭后，清理文件。旋写毓右坪信、李筱泉信、张小浦信。见客三次。小睡一时许。

中饭后核改信稿三件。旋清理文件。不甚爽快，与程尚斋围棋，局未终，接奉谕旨，补授两江总督兼放钦差大臣。权位太尊，名望太隆，实深悚惧。终局后，道喜之客纷纷，至夜不止。清理文件，二更毕。（咸丰十年七月初七日）

□唐浩明评点

曾氏五月十五日由安徽宿松县城拔营起行，经过二十六天的舟车劳顿，于六月十一日到达祁门县城，将两江总督衙门临时设于此处。七月初七日，曾氏接到谕旨：补受两江总督兼钦差大臣。

朝廷在咸丰十年四月十九日任命曾氏以兵部尚书衔署理两江总督，直到五月二十日，曾氏才奉到这道旨令。这中间历时整整一个月。但在四月二十八日，曾氏却奉到由军机处寄来的二十一日公文，上面写着："曾国藩已有旨署理两江总督，自应统带各军兼程前进。"并于同日接到湖广总督官文通报此事的咨文。所以，实际上曾氏在四月二十八日就已经知道朝廷四月十九日的任命。五月三日，曾氏在没有接到正式任命书的时候，便于宿松发出《谢署两江总督恩折》。笔者之所以要详细列出这个时间表，意在告诉读者，战乱时期，就连朝廷的重要谕旨，有时都不能按时到达。

朝廷初次任命曾氏为两江总督，用的是署理，也就是代理的意思。朝廷为什么不一步到位，直接任命曾氏为两江总督呢？难道曾氏的资历不够吗？难道这中间还有一道必要的程序要走吗？都不是！其实，这背后另有隐衷。江督一职，对曾氏而言，来得极为不易。

曾氏从咸丰二年底组建湘军，到咸丰十年春，九个年头中，他都以朝廷侍郎衔的身份在湖南、湖北、江西、安徽一带东征西战。他没有地方实职（咸丰四年八月打下武汉后，他只做过七天署理湖北巡抚，而后便以兵部侍郎衔整师东下）。咸丰七年六月，他在家守父丧，借朝廷令他出山的机会，大吐苦水，诉说自己客寄虚悬的苦恼，声称无督抚实权不能带兵。朝廷宁愿不叫曾氏带兵，也不给他地方之职。咸丰十年春，江南大营被太平军攻破，苏南全部落入太平军之手，江督何桂清弃城逃命，巡抚徐有壬城破身亡。朝廷在此情形下，不得不任命曾氏总督两江。

关于这个过程，曾氏的机要秘书赵烈文在同治三年四月初八的日记中说得很清楚："自咸丰二年奉命团练，以及用兵江右，七八年间坎坷备尝，疑谤丛集。迨文宗末造，江右覆亡，始有督帅之授，受任危难之间。盖朝廷四顾无人，不得已而用之，非负扆真能简畀，当轴真能推荐也。"

即便四顾无人，咸丰皇帝最初也是安排胡林翼做江督，让曾氏代替胡做湖北巡抚；只是在肃顺的劝谏下，咸丰皇帝才改变主意。薛福成在《庸庵笔记》中记下了这段经过："苏、常既陷，何桂清以弃城获咎，文宗欲用胡公总督两江。肃顺曰：'胡林翼在湖北措注尽善，未可挪动。不如用曾国藩督两江，则上下游俱得人矣。'上曰：'善。'"

咸丰初意本没有考虑曾氏，只是在肃顺的点拨下才明白过来。是否因此而只让曾氏署理，未立即实授，以便在自己的内心里有一个过渡呢？或许还有更深长的用意在背后呢？关于这个问题，笔者曾有专文研究，此处姑且只点到这里，以后有机会的话再慢慢说说。好在咸丰皇帝的过渡期很短，六月二十四日便正式授曾氏为两江总督兼钦差大臣。七月初七日，曾氏在祁门大本营中接到这道圣旨。当天的日记记下了他奉旨时的心绪："权位太尊，名望太隆，实深悚惧。"这样的心绪，符合曾氏的心理定式。

同时，他也与普通人一样，对拥有如此权位深感欣喜与安慰。我们看七天后他写给在家守屋的澄弟的信："兄于初七日接奉谕旨，补授两江总督实缺，兼授为钦差大臣督办两江军务。家大人放了，所以未得个信者，以日内尚无便人回湘也。"一句"家大人放了"，多少自豪与得意之色包含在其间！

身旁须有一伺短箴规之人

□曾国藩原文

早，未出外。饭后清理文件，见客三次，写季高信一件、胡宫保信一件，改信稿二件。中饭后见客，张凯章久谈。

旋清理文件，内有裁南河各官一案，细看二遍，办理甚为斩截精细。计裁去河督一缺、河厅二十缺、佐杂六十四缺、武员七十六缺，新添总兵一缺。改廿四营为十营，留旧操防兵二千七百余人，以修防改为操防兵五千九百余人。每年省工程银一百三四十万，省廉俸银三万余两。近来大政，此事最有条理。

傍夕与作梅久谈。夜与作梅久谈，言余身旁须有一胸襟恬淡者，时时伺余之短，以相箴规，不使矜心生于不自觉。

读古文《尔雅图赞》、陶渊明《史记赞》，若有所会。（咸丰十年七月二十六日）

□唐浩明评点

曾氏成为湘军统帅之后，他的身边聚集着五湖四海前来投奔的人，其中有两支人脉最为重要，也极受曾氏重用。他一向将来自这两支脉络上的人视为心腹：其一为湘中才俊，其一为京师旧友。陈鼒属于京师旧友一支。

陈鼒字作梅，江苏溧阳人，道光二十七年中进士，曾氏对陈评价甚高。他在咸丰三年十月二十六日给李瀚章的信中说："丁未馆选后，仆以少荃及筠仙、帅逸斋、陈作梅四人皆伟器，私目为丁未四君子。"曾氏将陈与李鸿章、郭嵩焘等并列，足见陈在曾氏心目中之重。陈还精于堪舆之学，曾氏曾请过陈去湘乡为家族看地。咸丰九年八月初六日，曾氏专门派人前往溧阳迎接陈入军营，并赠银百两作为途费。这年十一月十九日，陈来到宿松老营，开始以亦幕亦友的身份与曾氏共事。

这天夜里，陈与曾氏久谈。曾氏在日记中记下陈所说的几句重要的话，即曾氏身边需要有一个能常常看到其不足之处、随时予以规劝的人。这个人要不以名利官位为追求目标，胸襟恬淡。陈的建议，对眼下的曾氏来说，非常及时，非常必要。

曾氏身边，现在围绕的全是一批服从者、执行者、听命者、颂扬者、逢迎者。作为军事统帅和行政长官，曾氏无疑需要很多这样的人。但人非完人，总有犯错之处、考虑不周之处、措置失当之处，其结果不但有损于曾氏本人形象，更重要的是对事业不利，而曾氏身边的人却不能也不会去批评其错误、指出其不足。曾氏应当有意识地在自己身边安置谏员与拾遗补“缺”者。这个人必须不求名利，否则不能忠于职责。

曾氏认为老友陈鼐此项建议很好，遂郑重写在日记中。日后是不是有了一个这样的专职谏员，笔者不得而知，但曾氏号召别人都来当谏员，却是真的。他为督署亲题的联语，表明了他的这种态度：

虽贤哲难免过错，愿诸君谠论忠言，常攻吾短；

凡堂属略同师弟，使寮友行修名立，方尽我心。

戒傲戒师心

□曾国藩原文

早起，至河溪营查阅。饭后，清理文件。旋写胡中丞信、张小浦信、沅弟信，小睡。中饭后见客四次，清理文件，改信稿二件。

接奉批折，系七月十二日所发之谢折。朱批称卿，而戒余之师心自用。念昔己亥年进京，临别求祖父教训，祖父以 “傲”字戒我。今皇上又以师心戒我，当刻图书一方，记此二端。

旋清理文件甚多，酉刻毕。倦甚，遂不作一事。夜与少荃谈。服人参一钱。（咸丰十年八月初五日）

□唐浩明评点

道光十九年十一月初，曾氏离开老家前往北京，参加翰林院的散馆考试。若考试顺利通过，通常会留在翰林院，做一名小京官。若考试不顺利，则有可能分发京师各部及外省各县。总之，从此告别父老乡亲成为朝廷官员，而这也就意味着今后就要离开家，不能常回来孝顺祖父母、父母了。此时曾氏虚岁二十九岁，风华正茂。行前，他向祖父求教。祖父对他说，你的学问是好的，官是做不尽的，但要戒傲。祖父在曾氏的心目中有极高的地位，是曾氏一生的精神偶像。祖父这一番戒傲的话，曾氏铭刻在心。

咸丰十年七月初七日，曾氏接到实授两江总督兼钦差大臣的谕旨；十二日，曾氏拜发谢恩折。咸丰皇帝在该折上亲批朱文：“知道了。卿数载军营，历练已深。惟不可师心自用，务期虚己用人，和衷共济，但不可无定见耳。”

日记中所说的戒傲戒师心，便是指的这两件事。大凡才大心高的人，多有几分骄傲与自以为是，曾国藩自然也不会例外。如何既有自己的定见，又不内拒良谏、外露傲气，这确乎是团队领袖所需要认真思考的大课题。

艰苦得来而可久可大

□曾国藩原文

早，未出城。饭后清理文件。旋写骆中丞信、李希庵信，清理文件。午正小睡。

中饭后核改信稿三件，内有夏弢甫一信，将渠所著书略翻数种，乃能核改。渠言“朱子之学得之艰苦，所以为百世之师”二语，深有感于余心，天下事未有不自艰苦得来而可久可大者也。

旋清理文件。傍夕写挂屏四付。夜阅夏弢甫著书。眼蒙颇甚。（咸丰十年八月初六日）

□唐浩明评点

婺源教谕夏弢甫给曾氏写信寄书。曾氏在戎马倥偬之中，居然还翻阅了这位教书先生的著述，并且对他的朱熹学问得之于艰苦的议论深表赞同。曾氏由此生发出天下的事情要想做得大而影响久远，则必定要有艰苦过程的感慨。半个月后，曾氏在给夏弢甫的复信中谈到了他的共鸣：“述朱质疑中所论朱子之学得之艰苦，则国藩生平之宗旨，治军之微，尚有如桴鼓之相应。自以为秉质愚柔，舍困勉二字，别无入处。而不意阁下尚论大贤，亦以艰苦二字发其微也。”

曾氏提倡拙诚，即用笨拙诚实的态度办事，并且说过“天道忌巧”的话。他用人，也不喜欢用过于乖巧浮滑者。夏弢甫能看出朱子学问得于艰苦，这点深合曾氏心意，所以他诚意邀请夏弢甫本人并带几个人来加入幕府：“并请携二三学者同来敝处，即入忠义局，月致脩金，分任采访，不胜企望。”夏不久果然前来加盟。

居高位者多败于自是与恶闻正言

□曾国藩原文

早，拜发万寿折。饭后，围棋一局，见客三次。与张伴山、刘幼蟠议薪水之事，裁减一番。旋清理文件。中饭，请左季翁及李青培便饭。夜清理文件。旋校《古文·论著类》中之老泉诸文。日内，荒于弈棋，精力弥惫。

早，接九弟信，言古称君有诤臣，今兄有诤弟。余近以居位太高，虚名太大，不得闻规谏之言为虑。若九弟果能随事规谏，又得一二严惮之友，时以正言相劝勖，内有直弟，外有畏友，庶几其免于大戾乎！居高位者，何人不败于自是！何人不败于恶闻正言哉！

夜，睡至四更末即醒，不复能更睡。古人言，昼课妻子夜课梦寐。吾于睡中梦中总乏一种好意味，盖犹未免为乡人也。（咸丰十年十一月初二日）

□唐浩明评点

曾氏此时身为湘军统帅、两江总督兼钦差大臣，是真正的位高权重。处此种位置，有人大施拳脚，有人战兢恐惧。大施拳脚，是因为权位为之提供了一个大平台；战兢恐惧，是因怕一事办砸而负责太大。原于禀赋、学识、修养的不同，有的取前者，有的取后者。前者可以导致更大的事业，但也可能因之而助长心思膨胀。后者有不够恢廓之嫌，却可稳稳当当。中国传统观念赞赏后者较多，因为心思膨胀带来的恶果，会远远大于可能的更大成就。

曾氏无疑是一个传统的遵循者。他在获得他多年梦寐以求的权位后，始终以一种临深履薄的心态处世为人。这种心态多少会对他有些限制，但却确保其人生和事业的稳当。其实，对于高位重权又操办大事的人来说，“稳当”二字，或许对人对己都显得更为重要。

李鸿章说曾氏的短处在儒缓

□曾国藩原文

早饭后见客三次，学使来久坐。旋围棋一局。自巳初至午，小睡。清理文件时许。中饭后，天气酷热，遍身奇痒，用竹揩磨。旋清理文件颇多，至戌初毕。

在后院乘凉，与少荃久谈，至二更三点始散。论及余之短处，总是儒缓，与往年周弢甫所论略同。睡，不甚成寐。黄弁值日。（咸丰十一年六月二十八日）

□唐浩明评点

时值盛夏，天气酷热，曾氏与李鸿章师生二人夜晚在湘军老营新驻地安徽东流县城纳凉。谈到老师的短处，学生李鸿章直言“儒缓”。儒缓是什么意思？曾氏有一篇以“儒缓”为题的读书笔记，专谈此二字。文中说：“《通鉴》凉骠骑大将军宋混曰：‘臣弟澄政事愈于臣，但恐儒缓，机事不称耳。’胡三省注曰：‘凡儒者多务为舒缓，而不能应机以趋事赴功。’”据胡三省的解释，是因为儒家学派的人办事多缓慢，不能当机立断、临机处决，故而容易丧失机遇。儒家信徒们的这种应事缓慢，就叫做儒缓。

曾氏好性理之学，自是儒家这个体系中的人，又自认“性鲁钝”，所以曾氏身上“儒缓”的毛病最为突出。他身边的人对此多有共识。幕僚周腾虎就曾经向他指出了这一点。今夜李鸿章也当面直言。对曾氏儒缓毛病最为不满，常常毫不留情地当面背面批评的则是左宗棠。左在给儿子的信中说曾氏“涤相于兵机每苦钝滞”。这“钝滞”的出现，其源出在“儒缓”。

曾氏对自己的这个毛病也有认识，他曾经也对儿子说过：“行军本非余所长，兵贵奇而余太平，兵贵诈而余太直。”他虽认识到了这一点，但要改变却很难。他的仗打得艰难，用兵儒缓，应该是其中的一个重要原因。不过，话说回来，很多人都知道自己的短处之所在，但同样也都改变不了，这大概就是俗话所说的“江山易改，本性难移”。曾氏身处这样的位置，能够听得进别人的批评，正视自己的短处，也就不容易了。

作诗自嘲

□曾国藩原文

早间，各文武贺朔，至巳正方毕。与柯筱泉围棋一局。蒋莼卿搬入公馆。少荃来，畅叙一切。午正因说话太多，倦甚。清理文件。午饭后，又见客三次。

寓内修葺东北厅屋三间，余签押房将移于此，频往看视，亦因神怠不能治事，故聊尔消摇也。责任艰大，才智不称，精力日疲，可忧之至。夜清理文件。季弟信，言收降卒三千，请立大营，踌躇久之，不敢定计。

公牍中所刻余官衔，字数太多，因删去十四字，令其另刻。戏题一绝云：“官儿尽大有何荣？字数太多看不清。删去几条重刻过，留将他日写铭旌。”

温韩诗十余首。二更三点睡，酣眠至五更方醒，美睡也。（同治元年二月初一日）

□唐浩明评点

不要以为曾氏谨修理学，就是一个一天到晚严肃正经、不苟言笑的刻板者。据李鸿章说，曾氏喜欢说笑话，逗得众人哄堂大笑，他自己也乐在其中。今天日记中的自嘲绝句便是他另一面的最好记录。

此刻的曾氏有许多大得吓人的官衔。曾氏所收到的这份公牍上刻些什么官衔，因未见原件已不可知，但笔者想，至少应该有这样一些内容：太子少保、协办大学士、兵部尚书、钦差大臣、两江总督等。这些个官衔，一个人能拥有其中一项都不得了，何况集于一身！无论古今，这都是中国男子汉们所渴望的境遇。但曾氏看到这些官衔作何想呢？他说，太多了，太大了，它们能够给我带来什么荣誉呢？反倒是字数太多，令人看不清楚，不如删去几项重新再刻。删掉的那些官衔，留到日后为我写墓志铭再用吧！

写这首自嘲绝句的曾氏，此刻是一种什么样的心态呢？

依笔者的揣想，首先应是有几分欣欣然自得之态：看看，这么多的官衔，哪一个不是自己曾经梦寐以求的，哪一个又不是别人日思夜想的？现在都来了！这难道不是人生快意事吗？

接下来应是深以担子沉重、责任重大为虑。此刻虽然安庆已克，两江总督的衙门已有一个像模像样的安置点，但太平天国依然气势浩大，军事进展艰难。朝廷已把整个东南战场委之于曾氏一人。曾氏既集全权于一身，自然也就聚全责于一身。举手动足，皆涉安危，一丝一毫，不能疏忽。这种压力会有多么巨大！

再接下来，作为东南统帅，曾氏一定会想到：实际上真正起作用的，只是一个官衔所赋予的权力，即节制四省的两江总督，而其他都是虚的，所以曾氏可以“删去几条”，大大方方地说几句潇洒话，做一个空头人情。

透过这首自嘲诗，我们可以看出身处官场旋涡中心的曾氏，对虚荣与实利的清醒认识。

不可以一事定身体之强弱

□曾国藩原文

早饭后清理文件。旋围棋一局，与云仙久谈，见客三次，吴彤云坐最久。

阅刘青云一案各卷。中饭后，再阅是卷。申刻传集人证，亲自审讯，至酉正止，未审得端倪。瑞州营外委两次当堂装作疯癫，殊属可疑。旋传委员刘兆彭来商论此事。阅本日文件。傍夕至竹屋处一谈。夜清理文件。二更后与云仙鬯谈。

是日因说话太多，神气疲乏。余自三十时即不能多说话，说至数十句便气不接续，神尤困倦。今已二十余年，故态不改，亦不加甚，故知身体之强弱，千态万变，未可以一事之偶强而遽信为寿征、一事之偶弱而遽信为败征也。（同治元年闰八月初三日）

□唐浩明评点

曾氏从年轻时起，身体就不太强壮。三十岁时得肺病，几于不治，后来虽然治好了，但从此体气不结实。日记中说他自三十岁时便不能多说话，且精神易觉困倦，说的便是这种精气神上的欠缺。但二十余年过去了，曾氏说自己依然还是老样子，“不强壮”也未加剧。因此他得出一个结论：身体之状况，是多种因素的综合，不可以因某一事之强弱而去判定寿命之长短。

曾氏的这个感悟是有道理的。许多身强力壮的年轻人，一个突然发作的疾病，便要去了命。相反，也有许多少时身体不好，却反而老而弥健。齐白石高寿九十有四，但小时也得过肺病，体质孱弱，因此不能做田里活计，改学木匠。他一生活到老，画到老，九十岁时还能画头发丝般的虾须。画使齐白石长寿。强烈的事业心也使得曾氏自强不息，没有被早年的不治之症摧毁意志。有形的体格，亦与无形的精神是密不可分的。

天性褊激

□曾国藩原文

早饭后清理文件。旋见客，立见者十余次，坐见者两次。写沅弟信一件、左季高信一件。午刻，万篪轩来久坐。中饭后阅本日文件，至幕府鬯谈。旋又将本日文件阅毕，写对联七付。夜写杨厚庵信一件，核改咨札信稿。二更三点入内室，阅《梅伯言诗文集》。

三更睡，五更醒，展转不能成寐，盖寸心为金陵、宁国之贼忧悸者十分之七八，而因僚属不和顺、恩怨愤懑者亦十之二三。实则处大乱之世，余所遇之僚属尚不十分傲慢无理，而鄙怀忿恚若此。甚矣，余之隘也！余天性褊激、痛自刻责惩治者有年，而有触即发，仍不可遏，殆将终身不改矣，愧悚何已！

是日接沅弟十四日信，尚属平安。（同治元年九月十八日）

□唐浩明评点

五更醒来后，曾氏就睡不着了，因为心里有事。这事七八成是因为金陵、宁国前线战事，二三成是因为幕府中的人事。曾氏幕府之盛，历史上少有。容闳在《西学东渐记》中这样记载："当时各处军官，聚于曾文正之大营中者不下二百人，大半皆怀其目的而来。总督幕府中亦有百人左右。幕府外更有候补之官员、怀才之士子，凡法律、算学、天文、机器等等专门家，无不毕集，几于举全国人才之精华汇集于此。"这些顶尖级的人才精华汇集在一起共事，矛盾与冲突自然是不可免的，烦心事也便常常有。白天一定是发生了什么不愉快的事，让曾氏记挂在心。

令我们感兴趣的是，曾氏一本自律、克己的惯例，从检查自身做起。他反思自己"褊激"。褊者心胸狭窄也，激者言行过激也。"褊激"的人，因为器量不大，容不得物，每听到不顺耳的话，每见到不顺心的事便会立时发作，形之于声色，弄得当事者下不了台，也使周围的人感觉不舒服。"褊激"者做领导，在他手下做事的人便因此难得舒心。所以，自古以来的正统教育，总是要受教育者器量大。俗话说"宰相肚子里好划船"。宰相主管全国大事，是最大的官，也就需要最大的肚量，容得下最多的人。

"褊激"无疑是曾氏个性上的一个欠缺。早期，他因"褊激"与郑小珊闹意见，以至于肆口谩骂，甚至常常对下人大发脾气。做了湘军统帅后，这个毛病也时常发作，多年的好朋友冯树堂因受不了他的当众训斥拂袖而去。每个人都有毛病，有毛病并不可怕，能认识到并有意识地加以抑制，则可以尽量减少危害。

江西藩司有意掣肘

□曾国藩原文

早饭后清理文件，见客二次，旋围棋一局。写沈幼丹信一件、沅甫信一件，作折稿二百字。

至冯竹渔寓吊丧，其父于三月死于伊犁，其庶母、弟妹均在伊犁，茕茕无依。渠又无资可挟以奔丧，万里迎接眷属，哀痛迥异寻常。

中饭后再作折，阅本日文件，见客一次。酉刻将折作毕，约千余字。写挂屏四幅。傍夕至幕府鬯谈。夜核批札稿，至二更三点毕。四点入内室，倦甚，不复能温书矣。是日未接沅弟信，寸心悬悬。午刻，天稍开霁，为之少慰。晡时阴雨如故，念金陵将士昼夜苦守，忧系无已。

日内因江西藩司有意掣肘，心为忿恚。然细思古人办事，掣肘之处，拂逆之端，世世有之。人人不免恶其拂逆，而必欲顺从，设法以诛锄异己者，权臣之行径也；听其拂逆而动心忍性，委曲求全，且以无敌国外患而亡为虑者，圣贤之用心也。吾正可借人之拂逆以磨励我之德性，其庶几乎！（同治元年九月二十五日）

□唐浩明评点

要说曾氏带兵与太平军打仗的十三个年头里，最艰难的岁月，应是在江西的那几年。那些年，不但仗打得不好，还与江西的官场处置得不好。咸丰五年六月，曾氏居然在困境中奏参江西巡抚陈启迈、臬司恽光宸，而陈与曾氏同乡同年同官翰林，虽然朝廷准了曾氏的奏罢免陈、恽，但曾氏的绝情，招致江西官场的不少闲言。

在江西官场看来，江西出钱出粮，曾氏的军事却败仗连连。耗费江西的供养，而不能为江西办事。这样的军队与统帅，江西不欢迎。更有人算老账，说咸丰二年曾氏出任江西乡试正考官，中途回家奔丧，没有主考江西却拿了江西公送的一千两祭奠银。江西没有亏待曾氏，是曾氏对不起江西。

江西对曾氏的这种陈见，一直保存在江西历任抚、藩要员们的意识中。

张集馨曾在咸丰十年至十一年间做过江西藩台，他有一部《道咸宦海见闻录》传世。书中说起曾氏来，没有好话："曾涤生不筹全局，决裂无疑。""曾帅所批直是玩视民瘼。平昔尚以理学自负，试问读圣贤书者，有如是以横征暴敛，掊克民生，剥削之气者乎？"

张与曾氏的矛盾，源于军饷上。

曾氏站在军事立场上，强行责令江西一定要出多少银子供应前方战事，不容商量。张站在江西省的立场上，认为民力枯竭，实在拿不出这么多银子来。彼此之间的互不满意便由此产生。咸丰十一年六月，曾氏借朝廷询问张集馨在九江闻警逃避一事，狠狠地参了张一本，张随即被革职。若说张对曾氏是怀恨在心，出为文章自然痛加贬损，不能作为实据的话，那么接替张出任江西藩台的，则是曾氏极力推荐的人物李桓。曾氏说李桓“廉干勤敏，吏才精核”“任劳任怨，竭蹶经营”“举措合宜，舆论翕然”，而今天的“日内因江西藩司有意掣肘，心为忿恚”中的“江西藩司”，便是这个李桓。

同治三年四五月间，为军饷一事，江西巡抚沈葆桢与曾氏大干了一场，弄得曾氏十分恼火，而沈葆桢则是曾氏就任两江总督后第一个力荐的人。沈当时只是一个回籍家居的道员，曾氏破格保举他为江西巡抚，并称“该道器识才略实堪大用，臣目中罕见其匹”。

从陈启迈到张集馨到李桓到沈葆桢，不论是同乡同年同事，也不论是经其保举破格提拔者，似乎一旦到江西主政，便成为曾氏的不合作者。这件事说明了什么？它至少可以证明：一、江西官场对曾氏本人印象不好；二、曾氏对江西银钱上的要求苛严。但曾氏没有从两点上去检查自己，却以不做权臣为告诫，要动心忍性委曲求全。当然，站在曾氏的立场上，他可能并不认为自己苛严。没有足够的军饷，如何能保障前方的军事胜利？不用强硬的手段从严征求，又如何能在民生凋敝的时代挖得出粮饷？

以忍浑二字痛加箴砭

□曾国藩原文

早饭后清理文件。旋见客三次，写沅弟信一件，与程四世兄围棋三局。中饭请赵岵存便饭，坐无他客，与之鬯谈，未正散。申刻至幕府一叙。阅本日文件，写毛寄云信一封。傍夕入内室一坐。夜写澄侯信一封，核批札各稿，誊十一月下旬、十二月上旬银钱所报单。温《诗经·静女》以下三篇。三更睡。

光景似箭，冉冉又过一年，念德业之不进，愧位名之久窃。此后，当于“勤、俭、谨、信”四字之外，加以“忍”字、“浑”字，痛自箴砭，以求益炳烛之明、作补牢之计。（同治元年十二月三十日）

□唐浩明评点

今天是大年三十，过年的日子。家人不在身边，陪着他的仅一患病的陈氏妾。

这一天，曾氏并没有给自己放假，他依然很忙碌：清理文件，阅读文件，接见三次客人，写了三封信，下午还到幕府去看望坚守岗位的师爷们。夜里又审批咨札，誊写账单，末了还温习《诗经》中的《静女》《新台》《二子乘舟》，直到深夜十一点才上床睡觉。

一年很快就过去了，道德修养与军事业绩都进展不大，而身处万众瞩目的高位又令内心惭愧。曾氏想到这里，敦促自己不但于“勤”“俭”“谨”“信”四字需要继续努力外，更要于“忍”与“浑”两字痛加针砭，以求对晚年境界有所补益。

同治元年的除夕夜，曾氏特别要求今后要在“忍”与“浑”两字上下功夫，除与近期跟江西官场有些不愉快的经历有关外，也是曾氏针对自己性格中的毛病所开的两剂药方。

曾氏不是圣人，与普通人一样，有许多毛病。性格“褊激”应是他的主要毛病之一。赵烈文在《能静居日记》中为我们留下了曾氏许多真实的生活画面和个性化的语言。我们来读一读他在同治六年八月二十一日的记载：“下午，涤师复来久谈。自言初服官京师，与诸名士游接。时梅伯言以古文、何子贞以学问书法皆负重名。吾时时察其造诣，心独不肯下之。顾自视无所蓄积，思多读书，以为异日若辈不足相伯仲。”当天的日记还记载：“起兵亦有激而成。初得旨为团练大臣，借居抚署，欲诛梗令数卒，全军鼓噪入署，几为所戕。因是发愤募勇万人，浸以成军，其时亦好胜而已。”

不愿居人之下、好胜、总想与人比个高下。这就是青年与中年时期“褊激”的曾氏。近天命之年后，虽然力求去“褊激”而趋平和，但天性如此，要完全去掉是很难的，所以曾氏要以“忍”和“浑”来医治。

忍者忍耐。曾氏曾与赵烈文戏言，他接受邵懿辰所赠予的“文韧公”谥号，忍受别人难以忍耐的困难与委屈，坚韧地做自己的事业。

至于“浑”，他也特别推崇。他将“浑”列入君子八德之一。他说“谦卑含容是贵相”，这“含容”便是“浑”。“浑”不是糊涂，而是精明不外露，也就是他所说的“劲气常抱于胸而百折不挫，是非了然于心而一毫不露”。在这方面，他很佩服李续宾。他说李续宾对什么都看得清楚，但他不轻易发表自己的意见，常常是稠人广坐之中终日不发一言。

圣人之道莫大乎与人为善

□曾国藩原文

早饭后清理文件，写澄侯信一件。巳初行开印礼。旋出门拜客五家，均会晤。

在轿中，思古圣人之道莫大乎与人为善。以言诲人，是以善教人也；以德熏人，是以善养人也：皆与人为善之事也。然徒与人则我之善有限，故又贵取诸人以为善。人有善，则取以益我；我有善，则与以益人。连环相生，故善端无穷；彼此挹注，故善源不竭。君相之道，莫大乎此；师儒之道，亦莫大乎此。仲尼之学无常师，即取人为善也；无行不与，即与人为善也。为之不厌，即取人为善也；诲人不倦，即与人为善也。念吾忝窃高位，剧寇方张，大难莫平，惟有就吾之所见多教数人，因取人之所长还攻吾短，或者鼓荡斯世之善机，因以挽回天地之生机乎！适访晤石埭杨德亨仲谦，因其誉我太过，遂与谈及一二。

午正归。中饭后至幕府鬯谈。旋阅本日文件，写沅弟信一件，核批札各稿。傍夕又至幕府一谈。夜，定江西厘务月报单毕。因眼红作疼，不敢多治事，二更三点睡。（同治二年正月二十一日）

□唐浩明评点

曾氏有一副著名的联语，道是：取人为善，与人为善；乐以终身，忧以终身。今天的日记，便是对这副联语中上联的注脚。

曾氏认为古代圣贤的最高道德就是与人为善。他们以自己的言说教化别人，以自己的德性熏陶别人。这都是做的与人为善的事。然而仅仅只是给予别人，则自己的善有限，所以又需要从别人那里获得善。别人的善给予我，我的善给予别人。如此则连环相生，彼此贯注，则善的源头无穷无尽，不枯不竭。辅助君王，传播儒学，其最紧要之处也在这里。孔子求学没有固定的老师，这就是取人为善；走到哪里就传道到哪里，这就是与人为善。他求学不厌烦，就是取人为善；他教导别人不觉疲倦，这就是与人为善。

曾氏因此想到自己眼下身处高位，反叛者势力强大，朝廷的大灾难没有止息，唯一可行的，就是以自己的所见所识多教育几个人，借别人的长处来整治自己的短处。这样做下去，或许可以鼓动当世的善机，因此而挽回天地之间的生机。

曾氏身居高位，握有军权，可以生杀予夺，处置一切。不少人处如此境地，则狂妄放肆，胡作非为，无法无天，随心所欲，但曾氏不这样。曾氏认为越是位高权重，越是责任重大。这个责任是什么，就是继承弘扬古来圣贤们的与人为善。因为自己的善不够，就还得向别人求取善。且不说践行如何，处曾氏这种地位的人能有这样的想法，他的思想也便进入了圣贤境界。

日记中说“巳初行开印礼”，即九点钟举行开启印信的典礼。这意味着两江总督衙门从今天起结束年假，正式办公。封印是在去年十二月二十一日。由此可知，当时地方上的最高衙门，年假整整放一个月。

高官巨职足以损智长傲

□曾国藩原文

早饭后清理文件，见客二次，写沅弟信一件、幼丹信一件。出门拜客三家，至河下回拜养素，午正归。见客三次。陈俊臣搬入公馆来住，与之鬯谈。中饭后至幕府一叙，围棋二局，见客三次。清理文件甚多，皆出门以后存署未经送阅之件，至更初粗毕。旋核批札各稿。二更后温《古文简本》。

日内应酬繁多，神昏气乏，若不克支持者，然后知高官巨职足以损人之智而长人之傲也。（同治二年二月三十日）

□唐浩明评点

高官巨职，几乎为绝大多数男人所向往。因为一则出人头地，足以向社会展示自己的价值；二则有权有钱，可以享受一般人得不到的好处。曾氏是一个真正的高官巨职者，他却向我们透露出此种人的痛苦与弊病。

因为官职崇隆，应酬便多。繁忙的应酬，使得人神志昏惰、气息疲乏，所带来的结果是聪明智慧日渐减少，骄傲霸道日渐增加。本来好端端的一个人才，便这样慢慢地给毁了。这原因是什么？《红楼梦》里说："静则灵，灵则慧。"《老子》说："江海所以能为百谷王者，以其善下之。"高官巨职者，一来不安静，二来高高在上，长久以往，岂不"损人之智而长人之傲"？

面对京察优叙的检讨

□曾国藩原文

早饭后清理文件，旋围棋一局，见客三次，又立见者一次，写澄弟信一封，核批札稿数件。倦甚，小睡。午刻写对联四付。

折弁施占琦自京归来，接阅京报，见正月廿三日邸钞，本年京察，国藩得邀优叙，考语褒嘉甚厚。同得奖叙，内则议政王及军机大臣五人，外则官、骆、左、李四人。因部文未到，不能具折谢恩。旋看京报数十本。

中饭，请许述卿世兄、王少庚等小宴，申初散。阅本日文件。接郭云仙信，甚长。酉初出门拜客，周子瑜、唐义渠处一叙，归，至眉生处一谈。核批札稿。夜再阅京报，写沅弟信一件，温"辞赋类下"，二更三点睡。

近日，省察自己短处，每日间怠玩时多，治事时少；看书作字治私事时多，察人看稿治公事时少。职分所在，虽日读古书，其旷官废弛，与废于酒色游戏者一也。庄生所谓臧穀所业不同，其于亡羊均也。本无知人察吏之才，而又度外置之，对京察褒嘉之语，殊有愧矣！（同治三年三月十四日）

□唐浩明评点

写这篇日记的第二天，曾氏就收到了吏部寄来的优叙公文。三月二十七日，曾氏具折谢恩。从这道谢恩折中我们看到朝廷对曾氏从优表彰的词语："协办大学士两江总督曾国藩，督军剿贼，节制东南数省，尽心区画，地方以次削平，举贤任能，克资群力，着交部从优议叙。"

作为一个深为中枢倚重的高级官员，面对朝廷的格外褒扬（朝廷内外仅九人得此殊荣），他一如往昔地检讨自我的不足。其不足之处有两点：一是怠玩时多而治事时间少，二是治私事多而治公事少。即以本日所记为例，我们来看看曾氏自我检讨的程度究竟如何。

曾氏吃完早饭后就开始清理文件，然后下了一局围棋，接下来见客四起，写给四弟信一封，核批公文数件。感觉很疲倦，略为睡一会儿。午间写对联四副，接下来阅读京报。中饭时，宴请许述卿、王少庚。这顿饭吃到下午三点钟。饭后即阅读当天收到的文件，接下来读郭嵩焘寄来的长信。五点后出门拜客，去了三处。到家后继续核批札稿，再阅京报，给九弟写信，最后温习几篇古文。将近十点钟时，曾氏结束一天的劳作，上床睡觉。

就这普普通通的一天，一环接一环，被曾氏安排得紧紧的，即便去掉一半的工作量，曾氏已经是够累了，何况他已年过半百、身体多病！这一天里的"怠玩"，仅只一局围棋。曾氏的第一项检讨显然太过苛严。在第二项检讨中，曾氏将公事与私事区分开来，他将看书写字等都算作私事。本日他写了两封家信、四副对联、温习几篇古文。在长达十多个小时的白天劳作中，即便除去这一部分，他也有十个小时左右的公务活动。一天的公事也够多够累了。

《庄子·骈拇》中有一段著名的话："臧与穀，二人相与牧羊而俱亡其羊。问臧奚事，则挟筴读书；问穀奚事，则博塞以游。二人者事业不同，其于亡羊均也。"读书虽然是好事，赌博虽然是坏事，但相对于丢失羊而言，无所谓好坏，其结果都是一样的：羊都给弄丢了。曾氏引用此典，意在说明自己虽没有去酒色游戏，但看书写字等私事同样也耽误了公事，不能原谅。

这样一检讨，曾氏便以得朝廷优叙而感到惭愧。如此对自己严加要求的高级公务员，今世可能再也找不到了。不仅仅在自律克己上，还在于对公与私的区分标准上，以及对工作与休息之间应如何合理安排上等。

借请病假向朝廷表明态度

□曾国藩原文

早饭后因身体患病，谢不见客。旋改告病折一件，又改近日军情片，是日凡改三次。围棋一局。幕友来见者数次。巳刻，庞省三来久谈。午刻核科房批稿，写对联六付。

中饭后，唐中丞来话别，渠于本日回籍省墓也，谈约一时有半。阅本日文件甚多，核批札各稿。酉刻出城送唐中丞之行，傍夕归。发报三折、五片。夜阅《古文·书牍类》，二更三点睡，倦甚。

日内因户部奏折似有意与此间为难，寸心抑郁不自得。用事太久，恐人疑我兵权太重、利权太大。意欲解去兵权，引退数年，以息疑谤，故本日具折请病，以明不敢久握重柄之义。（同治三年三月二十五日）

□唐浩明评点

曾氏近来面临着一件不愉快的事，即他所节制的江西省居然不服从统一调配，借口战事紧急，一定要将江西省的牙厘截留于本省，户部竟然同意江西的做法。曾氏坚决反对江西这种不顾大局的行为，三月十二日上奏朝廷，辞气亢厉，据理力争："臣尝细绎会典事例，大抵吏事由抚臣主政，兵事应由督臣主政。就江西饷项论之，丁漕应归沈葆桢主政，以其与吏事相附取也；厘金应归臣处主政，以其与兵事相附取也。""何况厘金奏定之款，尤为分内应筹之饷，不得目为协饷，更不得称为隔省代谋。如江西以臣为代谋之客，则何处是臣应筹饷之地！"

更令他伤心的是，江西巡抚沈葆桢乃他一手破格提拔上来的。沈不知报恩，反而在南京前线战事危急之际拦截此要命之款。曾氏按捺不住心中的愤恨，将沈告上朝廷："臣返躬内省，则自觉对沈葆桢而无愧，即讯诸大廷质诸鬼神而无惭，而沈葆桢专尚客气，不顾情理，实有令人难堪者，臣亦不复能隐忍不言矣。"

林则徐之外甥兼女婿的沈葆桢，也是一个出了名的硬汉子。他得知曾氏参了他后，立即亦上奏请求朝廷开缺，以强硬的态度公开与他的上司对抗。鉴于这种状况，朝廷最后以和稀泥的手法处置此事：江西牙厘一半归金陵皖南大营，一半供本省之饷，另拨专款弥补曾氏之缺。曾氏心中很郁闷。这种郁闷既源于江西与沈葆桢的态度，也源于户部对江西与沈的支持。曾氏一向奉行"行有不得，反求诸己"的处世待人之方，在日记中他反思："用事太久，恐人疑我兵权太重、利权太大。"

的确，曾氏节制东南战场上的军队，掌控两江三省的赋税，兵权之重、利权之大，堪称天下第一。但曾氏深谙权力背后的阴影，每每以历史上的权臣多下场悲惨为警戒。

他的九弟国荃同样也是位高权重，故而兄弟俩私下的信中，做大哥的经常说一些类似“古来成大功大名者，除千载一郭汾阳外，恒有多少风波、多少灾难，谈何容易！愿与吾弟兢兢业业，各怀临深履薄之惧，以冀免于大戾”（同治元年七月二十八日）的话，既是开导弟弟，也是提醒自己。他决定以退抑来表白自己对兵权、利权的淡泊。日记中说他当天已具折请病。我们来看他是如何写的：

“臣向患呕吐之症，每发则减食断荤，旋就痊可。三月二十二日复行举发，以为旧恙，不甚经意。二十四日忽然眩晕，左手左脚疼痛异常……又非中风，非调理得宜，恐成偏废之症。臣忝绾兵符将近四年，尚未克复金陵，悚仄方深，若遽婴疾不能治事，尤增愧憾。幸右手尚能勉强作字，而年末六十，或不至竟成痼疾。惟有仰恳皇上天恩，俯准赏假一月，在营调养，一俟病痊，即当奏明销假。”

若仅仅出于消除怀疑，请假一个月不足以起作用。笔者想，曾氏主要是想借因病请假一事，向朝廷表明自己是一个病人。一个“恐成偏废”的病人，是不可能有什么非分之想的，目前所掌握的兵权利权，不过是为了“克复金陵”而已，请朝廷不必多心。

困境中的自勉

□曾国藩原文

早饭后清理文件，旋见客，立见者三次，坐见者二次。外甥王昆人自金陵来，与之久谈，因命之速归省母。巳初接信，则其母已于三月十四日未刻仙逝，因不遽告甥，而催令登舟速归，俾其途中姑得少宽，且免在此成服，耽阁数日也。吾兄弟姊妹九人，今仅存三人矣，伤感特甚，不能治事，因阅《老学庵笔记》以自遣。围棋一局。写沅弟信一件。中饭后，阅本日文件。围棋一局。核批札各稿。再阅《老学庵笔记》。

傍夕得信，知新仁、依仁营有抢劫山内粮台之事，忧灼之至。兵事不振，变症百出，曷胜愧憾！傍夕在竹床小睡。夜阅《老学庵笔记》。又接廷寄，将昨日总理衙门所拨银五十万重言以申明之。

二更四点睡，不甚成寐。盖骨肉死丧之感，闹饷内变之事，金陵未竟之功，江西流贼之多，百端交集，竟不知事变之胡底也。（同治三年三月二十八日）

早饭后清理文件。旋见客，坐见者二次，立见者一次。围棋一局。巳刻又见客一次。阅阮文达《石渠随笔》。又立见之客三次。巳刻写对联九付。午刻核科批稿，与眉生畅谈。中饭后见客一次。

接家信，知缉熙侄女之婿黄鼎甫于三月十七日申刻去世，悲愕无已。一则痛侄女之早寡，二则念温甫弟三河殉节之后，家中气象衰落。弟妇忧患余生，恐因哭婿而益悲愤成疾也。阅本日文件，写沅弟信一件，核批札各稿，阅石案卷宗。傍夕至幕府一谈。夜核改信稿。

因念家中多故，纪泽儿病未全愈，心中焦虑之至。而天气阴雨作寒，恐伤麦收，又不知兵事之变态何如，弥觉忧惶不能自宁。因集古人成语作一联以自箴，曰："强勉行道，庄敬日强。"上句箴余近有郁抑不平之怀，不能强勉以安命；下句箴余近有懒散不振之气，不能庄敬以自奋。惜强字相同，不得因发音变读而易用耳。（同治三年四月初七日）

□唐浩明评点

将这两则相隔九天的日记并列一起的缘由，是因为这两则日记记载了曾氏内心的痛苦。这种痛苦来自公与私两个方面。

私的一面：妹妹国蕙早几天去世，年仅五十。曾氏兄弟姊妹一共九人，现在仅存他及四弟国潢、九弟国荃三人。骨肉凋零如此惨重，他伤感得不能治事。他的侄女婿年纪轻轻的，也于近日去世。六弟妇又因丈夫（六弟国华）的死而悲愤成疾。儿子病未好，又加之"内人咳嗽不止，大女儿体日瘦弱"（同治三年三月二十四日致澄弟信中语）。所有这一切变故，都令曾氏"心中焦虑之至"。

公的一面：因江西截留牙厘，南京前线严重缺饷，士气大受影响，曾氏当心内乱哗变。南京战事进展缓慢，朝野多有闲言，曾氏心理压力很大。正当麦收季节，却天气阴雨寒冷，一则不利于收割麦子，势必造成饥民更多，社会更趋动荡；二则天象反常也暗示上天不满，大乱不止。

无论是私，还是公，种种迹象，均非曾氏心中所愿。曾氏如何来应对呢？曾氏一方面以读闲书来排遣郁愁，一方面以古人克难精神自勉。

在困境中曾氏常作自勉联，借此激励意志，渡过难关，除本日所写的"强勉行道，庄敬日强"外，还有些名联，如"养活一团春意思；撑起两根穷骨头。""天下断无易处之境遇；人生哪有空闲的光阴。""天下无易境，天下无难境；终身有乐处，终身有忧处。""一心履薄临深，畏天之鉴，畏神之格；两眼沐日浴月，由静而明，由敬而强。""战战兢兢，即生时不忌地狱；坦坦荡荡，虽逆境亦畅天怀。""禽里还人，静由敬出；死中求活，淡极乐生。"

这些作于拂逆之中的自勉联，对今人仍有启发。

为打造银壶愧悔

□曾国藩原文

早饭后，坐见之客二次，立见者一次。清理文件。围棋二局。与阅卷者周、倪、庞诸公一谈，季君梅来久谈。阅《飨燕礼》中《仪礼》《燕礼》《戴记·燕义》。与周、倪诸君中饭后，阅本日文件。又坐见之客二次，立见者一次。核科房批稿，习字半纸，阅《春秋享燕礼》一卷毕，题识书面。

李翥汉言照李希帅之样打银壶一把，为炖人参、燕窝之用，费银八两有奇，深为愧悔。今小民皆食草根，官员亦多穷困，而吾居高位，骄奢若此，且盗廉俭之虚名，惭愧何地！以后当于此等处痛下针砭。

傍夕小睡。夜温《古文》识度之属，温《书经》《尧舜典》《皋陶谟》。二更三点睡。是日，鸿儿痘症平安如常。仍服清润之药，未服补剂。（同治六年四月初三日）

□唐浩明评点

花费八两银子打造一把银壶，用来炖人参、燕窝之用。曾氏为此事“深为愧悔”。有读者会说，身为两江总督、一等侯，为防止别人下毒谋害，用区区八两银子打造一把银壶，何足检讨！曾氏有点做作了。也有读者会说，既然愧悔，当初就不应该打造。又要打造，又要检讨，何必呢？应该说，读者的这两种批评，都有道理，但也不尽然。

可以设想一下，当初打造这把银壶，家人可能就以防谋害为理由说动了曾氏。但曾氏事后想起来，还是心有惭愧，认为花费太大。当然，也可能家人从一开始就没有告诉他，让他知道时已成事实，所以曾氏觉得不安。不要以为，曾家人办事，样样都事先禀告老爷子。就连在老家建造富厚堂，花钱七千多串、折合银子六千多两这样的大事，曾氏事先都不知道，何况八两银子的银壶！若从一向俭朴的整体原则来看，曾氏的愧悔出自于真心，应是可以相信的。

满人高官中也有俭朴者

□曾国藩原文

早饭后清理文件。昨日课书院，本日请缦云等阅卷，与之久谈。旋见客一次。习字一纸。考验武员马步箭。围棋二局。阅《瀛寰志略》二十五叶，陆续至申初始毕。

中饭，邀缦云、晓莲、省三等小酌。饭后，同看后园土山。又坐见之客一次。阅本日文件，见郭远堂调鄂抚，知沅弟果已开缺。核信稿一件。傍夕至后园一览。夜核批稿簿，又核信稿多件，二更后温《古文》情韵之属，朗诵良久。四点睡，四更三点醒，旋又略能成寐。

念吾平日以“俭”字教人，而吾近来饮食起居殊太丰厚。昨闻魁时若将军言，渠家四代一品，而妇女在家并未穿着绸缎软料。吾家妇女亦过于讲究，深恐享受太过，足以折福。（同治六年十一月初四日）

□唐浩明评点

在人们印象中，入关后，坐稳了江山的满族权贵都过着锦衣玉食、奢靡享乐的生活，其实也不全是这样。这篇日记里所说的魁玉，便不是纨绔家的子弟。魁玉字时若，镶红旗人，此时官居江宁将军，应属位高权重者。日记里记载，魁玉自言他们家四代一品高官，而妇女在家不穿绸缎软料。当然，这只是魁玉自言，曾氏并未派人去调查，或许不一定很符实，但大致上应该差不多。因为像魁玉这样的家庭，妇女在家穿绫罗绸缎也不算什么，魁玉用不着在曾氏面前说假话。再说，魁玉也不是曾氏的下属，他也用不着投曾氏所好，以此来获取曾氏对他的好感。

曾氏对家中女眷的要求还是很严格的。曾氏对家中男人要求是“看、读、写、作”四字缺一不可，妇女则是“衣、食、粗、细”四字缺一不可。所谓衣事指纺纱绩麻，食事指做小菜点心酒酱，细即细工指针线刺绣之类，粗即粗工指做鞋缝衣等。曾氏亲自验功：食事每日验一次，衣事三日验一次，细工五日验一次，粗工每月验一次。两江署中，欧阳夫人身为内眷总管，亦亲自纺纱绩麻。

据曾氏最小的女儿纪芬说，她在十三岁那年，有次穿长嫂贺氏夫人所遗留下来的镶有青花边的黄绸裤，其父看到后说她奢侈。她赶紧向三姐借了一条裤子换下来。纪芬还回忆了一件事，说她的二姐出嫁时，有一枚重七钱的金耳挖被人偷了；欧阳夫人为之几天没有睡好觉，担心女儿到夫家后没有值钱的首饰而被人看不起。曾氏规定嫁女只给二百两银子。纪芬的四姐出嫁时，其九叔曾国荃不相信嫁妆只二百两的说法，待亲自验证后，嗟叹再三，认为实在太少了，于是自己再拿出四百两银子来送侄女。

即便如此，曾氏仍觉得与魁家比起来，曾家妇女还是太讲究。他一贯主张惜福：“有福不可享尽，有势不可使尽。”他深恐家人耽于享受而折损福气，一再叮咛全家：“家勤则兴，人勤则健。能勤能俭，永不贫贱。”从满族权贵魁玉家的表现看来，当时无论满汉，清王朝上层人士中，也还是不缺乏头脑清醒者。

恐惧盛极而衰败

□曾国藩原文

是日，余启程北上入觐。早饭后清理文件。见客二次。将邵位西墓志写本另写十余字，改信稿四件。剃头一次。

巳正二刻启行。途中观者如堵，家家香烛、爆竹拜送，戏台、酒席路饯者，在署之西为盐商何公远旗等一席，在水西门之外为合城绅士方伯雄等一席，又有八旗佐领等及船户等各设彩棚为饯。午正至官厅，少泉、毂山及文武等送别，寄请圣安。

余旋登舟，见客五次。吃中饭后，又见客三次。开船，行至下关。少泉、毂山送至下关，久谈，吴竹如亦至下关，与三人久谈，而满城文武士友皆送至下关。坐见之客十余次。夜饭后，潘季玉、李眉生等先后来谈，澄弟一谈，疲倦极矣。二更三点睡。申刻行船时，曾将郭云仙所著《湘阴县志》一阅。

睡后，不甚成寐。念本日送者之众，人情之厚，舟楫仪从之盛，如好花盛开，过于烂漫，凋谢之期恐即相随而至，不胜惴栗。又接湖南咨文，不愿出长江十六万一款，其事仍办不成，殊以为虑。（同治七年十一月初四日）

□唐浩明评点

同治七年七月，曾氏以武英殿大学士的身份奉调直隶总督，遗下的两江总督之职由马新贻接替。朝廷的这一番任命，在当时来说，对曾是出任天下第一总督，对马而言是委以天下第一富庶重任。二人都有深荷重用之感。然而，后来的事实是对二人都不利：曾氏不幸卷入天津教案，使得他“外惭清议，内疚神明”；马更因此而命丧刺客之手。祸兮福兮，真个是难以预料。

任何一个人，若做到曾氏这样的官位，按当时中国官场习气，他的离开，都会得到隆重的欢送。何况曾氏在战火中经营江南十多年，与这里的许多文武大员结下生死与共的患难之交，与此地的绅商士农都有着利益相连的深厚之情，今日一旦离开江南进入北国，在那种交通不发达的年代，以后要见上一面很不容易。他们出自真情，隆重相送，依依不舍。其情其谊，又自是过去的江督们所不能比拟的。面对着此种热闹场面，许多人会有志得意满、快意平生之喜悦，但曾氏的感慨与众不同：“念本日送者之众，人情之厚，舟楫仪从之盛，如好花盛开，过于烂漫，凋谢之期恐即相随而至，不胜惴栗。”

曾氏在三十多岁时，便从《易经》中悟出宇宙无圆满无缺、人生亦无圆满无缺的大道理，从而向往“花未全开月未圆”的生命境界。花未全开，月未圆满，就意味着生命还处在上升状态。一旦全开、全圆，则生命已发展到顶点，接下来便是凋谢与亏缺，展现的是一幅向下走的景况。这种景况，自然是人们所不愿意看到的。

曾氏这种“求阙”的理念，对人生有积极的警示作用。它可以提醒人不要太求太贪、太向往完美，还可以提示人在得意之时要保持冷静的意识，不可太傲太狂太自我膨胀。

名心太切、俗见太重

□曾国藩原文

早饭后清理文件。坐见之客二次，立见者一次。围棋二局。陈善奎送其父起礼诗集。又送张南山《花甲闲谈》，纪生平之踪迹，绘图题咏。又送何文简公《馀冬录》一部，明郴州何孟春字子元，号燕泉所作也。将此三书略一翻阅。午刻核批稿各簿。中饭后阅本日文件。

因思近年焦虑过多，无一日游于坦荡之天，总于由名心太切、俗见太重二端。名心切，故于学问无成，德行未立，不胜其愧馁。俗见重，故于家人之疾病、子孙及兄弟子孙之有无强弱贤否，不胜其萦绕，用是忧惭局促，如茧自缚。今欲去此二病，须在一“淡”字上着意。不特富贵功名及身家之顺逆、子姓之旺否悉由天定，即学问德行之成立与否，亦大半关乎天事，一概淡而忘之，庶此心稍得自在。展转筹思，徘徊庭院，申、酉间不治一事。

傍夕小睡。夜阅《韦苏州集》。二更后温《书经》，至“梁州”止。三更睡。（同治十年三月十六日）

□唐浩明评点

读曾氏晚年的日记，心情颇有压抑之感。这是因为曾氏晚年的日记多遗憾多追悔。这种遗憾和追悔，给他自己带来很大的痛苦。为此，他制联自解：“莫苦悔已往愆尤，但求此日行为无惭神鬼；休预怕后来灾祸，只要暮年心气感召祥和。”又每每以“乐天知命”“敬静纯淡”“发奋忘食、乐以忘忧”来勉励自己，希望上学孔、颜，次学周、程、邵、朱，又次学陶、白、苏、陆等人的乐观旷达，以扫除自己的终日郁闷。

曾氏检讨自己为何总是焦虑，缺乏荡坦的胸襟，一是名心太切，二是俗见太重。名心太切，表现在太渴望做一个立德立功立言的三立完人。俗念太重，表现在对家庭对亲人太放不下。他决定以“淡”字来化解，将名心淡化，将俗见淡化。

其实，曾氏的这两个毛病，许多人身上都有，只是表现程度不同而已。人在青少年、中年时，名心重可以促成事业，俗念重可以增强责任心，但一旦到了老年，气血衰减、精力日弱，心有余而力不足，再上层楼，只能徒增苦恼，不如干脆放下，淡然处置，听天由命。但细绎“休预怕后来灾祸”一句，除一般人的心态之外，曾氏心里可能还另有隐患：或是因为过去带兵打仗时杀人太多，当心怨魂难平；或是中年时期强梁刚烈，伤人太过，自心难安；或是政治斗争中为情势所逼陷人于阱，惧怕报复？总之，曾氏不是普普通通的人，他是深深卷入名利渊潭的弄潮儿，其胸中之万千沟壑，自非常人所可窥测。

在遗憾中告别人世

□曾国藩原文

早饭后清理文件。坐见之客五次，立见者一次。围棋二局。阅《二程遗书》。中饭后，坐见之客二次。阅本日文件。小睡片刻。核科房批稿簿。是日，刘康侯搭轮船归里。傍夕，小睡颇久。夜改信稿二十余件。

余精神散漫已久，凡遇应了结之件，久不能完，应收拾之件，久不能检，如败叶满山，全无归宿。通籍三十余年，官至极品，而学业一无所成，德行一无可许，老大徒伤，不胜悚惶惭赧。

二更五点睡。（同治十一年二月初一日）

晨起，书：“既不能振作精神，稍尽当为之职分，又不能溘先朝露，同归于尽，苟活人间，惭悚何极！”（同治十一年二月初四日）

□唐浩明评点

曾氏在同治十一年二月初四日下午去世。死后，朝廷赠予最高谥号“文正”，并辍朝三日。官场士林，一时间哀挽与称颂并起，将他比之于诸葛亮、郭子仪、范仲淹、王阳明一类人物，誉之为三代之后第一完人、万古云霄一羽毛。若从外间评价来看，做人做到曾氏这个份上，应是万美兼备、了无遗憾。然而，这个被高高抬起的巨人，他对自己的看待却远非如此。他其实对自己很不满意，甚至很是遗憾。前一节我们说到曾氏晚年的日记多遗憾与追悔，这两篇日记，一篇写于曾氏去世前三天、一篇写于去世当天。读这两篇日记，不仅再次感受到他的憾与悔，还能明显感受到他的悲与哀。

曾氏说自己精神颓唐，应治之事多为废置。眼前的局面，好比“败叶满山，全无归宿”。笔者每读到这两句话，心境立时变得一片悲哀。我们不妨设想一下：深秋初冬，山上林间，一眼望去，尽皆枯叶。这种局面，如何收拾，如何改变！这是个人的力量所完全做不到的，唯有上天重新启动一个轮回：冬尽春来，万物复苏，败叶化泥，新芽满枝。这对于人类来说，象征着老生命的死亡，只能期待新生命的诞育。设身处地，为一个老人着想，这是真正的悲哀！

曾氏离开人世前最大的遗憾是什么？一是学业无所成，二是德行无可许。许多人可能认为，曾氏有点矫情了。其实，这里涉及的是一个尺度、一个标准的问题。若从普通标准来说，无论学业，还是德行，曾氏的成就都远在一般人之上。若把尺度与标准提高，则曾氏的遗憾并非矫情。

曾氏曾经写过一篇《圣哲画像记》。文章中列举三十二个圣哲，包括政治、经济、学术、诗文诸多方面。显然，这三十二人是曾氏心目中的榜样，他希望自己能够成为他们的后继者。与这些人中的大多数相比，曾氏还是有距离的。从这个角度来看，曾氏有自知之明。其实，对于这一点，他同时代的人中也有敢说实话的，王闿运就是其中之一。在成百上千副颂扬曾氏的挽联中，他所撰的挽联就特别与众不同：平生以霍子孟张叔大自期，异代不同功，戡定仅传方面略；经学在纪河间阮仪征之上，致身何太早，龙蛇遗憾礼堂书。王闿运说曾氏平生想做霍光、张居正那样的宰相，但没做成，终其一生，只不过一方面大员而已。他的经学研究原本高于纪昀、阮元，但可惜死早了，没有留下一部传世之作。

曾氏虽然有武英殿大学士之位，但他的确未做过真正的宰相，他只是一个疆臣。曾氏虽号称学问家，但他也的确没有一部研究“四书五经”的学术专著。从这个角度来看，曾氏未能做到以首辅之位德化天下，也未能以不刊之作传之后世，他叹息自己“学业一无所成，德行一无可许”，虽苛严了点，但大致还是靠谱的。

有的读者可能会说，曾氏有战功呀，他的战功放在中国历史长河中，足可以置于前列。曾氏为何不以此自慰呢？

的确，若将曾氏对太平天国的胜利，置于中国历代平定内乱、重塑秩序的治乱史中，洵可与前代比美。但笔者注意到，自从同治三年六月大功告成后，曾氏几乎不提这件事，仿佛这场大内乱的平息与他无关似的。这固然是出于坚守“功成身退”处世宗旨的原因，但更重要的是他从心里就不认同战功为“功”。他多次说过打仗是造孽的事，是不得已而为之的事。所以，古人所说的“三立”中的立功一项不应该包括战功。我们细研他列的三十二个圣哲，其中就没有孙子、吴起、郭子仪、李光弼这一类人物。当我们挖掘出这一点后，是不是需要对曾氏有更高一层的认识？

悟 道

曾氏是一个很看重“道”的人。“道”是什么？这是一个很难说清楚的概念，所以老子说：“道之为物，惟恍惟惚。”但中国古人的语境中却最喜欢用这个字。大致说来，“道”所指主要有两个方面，一指规律、法则，一指方法、途径。通过所经历所看到的事物现象，去领悟其中所蕴含的规律、法则，或去探索其中所启示的方法、途径，这是人类的一种高端思维。

这种思维，不是一般人都具有，只有勤于思考、善于思索的人才会去做；所思维的结果，有的或许就是人类文明的成果。领悟、探索很难，用准确简洁的文字去把悟出来探出来的结果表述，也很难。苏东坡说，许多东西他已了之于心，却不能达之于口。连苏东坡都有这样的遗憾，何况一般人？说不定就因为此，人类许多领悟、探索出的东西没有记录下来传播开去。而这些消失了的领悟与探索，其中说不定有许多真正的人生智慧。

在笔者看来，留传下来的浩如烟海的书籍典册中，只有记录对天地人生之道的领悟与探索，才是最具广泛长久意义的文字；其他的，则都有局部与时间的限制。

曾氏日记中记下了不少他的悟道。他既勤于思索、善于思索，又有极高的文字表述能力。关于悟道的记录，应属曾氏日记的最大特色，也是他的日记最具价值之处。

曾氏是一个大家公认的能干人。承平时代，他把官做得好到堪称完美。乱世到来，他则把转型做到极致。他为什么能这样厉害？除早年的修身为他夯下坚实的人格基础外，他还有一套处世应事的实际才干。这种才干的获得，并非来自于天分，而是来自于他的苦思力索。他在这种苦思力索中悟出许多道理，探出许多路子。这些来自于实践中的收获，不仅成就了他的事功，也能给后人以实实在在的借鉴。

我们来看看他对高级官员的管理之道的思索。他说一个高级官员的要务在两点，一为求人，一为治事。求人有四类，求之之道有三端。治事有四类，治之之道有三端。治之之道第一端是“剖晰”。什么是剖析？他说：“剖晰者，如治骨角者之切，如治玉石者之琢。每一事来，先须剖成两片，由两片而剖成四片，由四片而剖成八片，愈剖愈悬绝，愈剖愈细密，如纪昌之视虱如轮，如庖丁之批隙导窾，总不使有一处之颟顸一丝之含混。”世上的事，不论多么巨大多么复杂，这样一分二、二分四地分下去，总可以变小变简，就总可以找到解决它处置它的办法。

在曾氏这种管理者的面前，世上还有难事吗?

世家之可贵者

□曾国藩原文

是日，余四十八生日。早，清理文件。凡贺生者皆辞谢。旋九弟来叙谈。辰刻，至九弟营早饭，同坐为郭氏叔侄、李小泉。巳刻归，看《文选》各小赋。未初，九弟来，共饭。黄大令及总局送满汉席。九弟登舟归去，余送至舟中，营哨送者，爆竹甚多。夜温《臣工之什》《闵予小子之什》。

送九弟时，与之言所贵乎世家者，不在多置良田美宅，亦不在多蓄书籍字画，在乎能自树立子孙，多读书，无骄矜习气；又嘱多习寸以外大字，以便写碑版；又嘱为三女儿订盟。（咸丰八年十月十一日）

□唐浩明评点

今天，曾氏迎来自己的四十八岁生日。此时的曾氏，身份非比一般，祝贺其生日者自然很多，曾氏采取一概辞谢的态度。对于这种态度，笔者深以为然。当今社会，喜欢操办各种庆典活动，这正是“浮躁”之病的一个主要表现。其实，这些庆典活动，绝大多数都没有什么意义，反而是主客双方都劳民伤财，为害远大于收益。

不过，生日这一天，家人、至亲以及特别密切的朋友，小范围地聚一聚，借这个机会叙叙亲情友情，也还是一件好事。曾氏在这一点上也显得通情达理。他接受九弟的邀请，到九弟的军营吃早饭，同座的为好友姻亲郭家叔侄与同年好友之子李瀚章。中午，九弟又来到大哥处共进午餐。饭后，曾氏亲自将弟弟送到船上。一路上，大哥对兄弟说：世族之家之所以可贵的，不在于良田美宅多，也不在于储藏的书籍字画多，而在于长辈能为子孙做榜样，在于多读书，没有骄傲自矜的习气。

这一番话，是曾氏对世族大家身份的认定：不是钱多物多，而是家族中的人员优秀。这使我们想起近代大教育家蔡元培对大学的认定：不是有大楼，而是有大师。究其实，这是一个很简单的问题：人是最重要的，还是物是最重要的，答案是明了的。可在现实中，这个问题的答案又常常被模糊，被混淆，甚至被颠倒。类似这样的现象，人类社会时常发生。这就需要清醒人不断地提示。

曾氏的这一番话，更是身为大哥的他对九弟的婉转批评。老九是一个很贪的人。他所缴获的战利品，都公开地毫无顾忌地运回家去。曾氏小女纪芬在其自订年谱中说：“忠襄公每克一名城，奏一凯歌，必请假还家一次，颇以求田问舍自晦。文正则向不肯置田宅。”曾纪芬说得很明白，曾国荃（谥忠襄）每打下一座城池，必定要回家去买田起屋。所谓“以求田问舍自晦”者，纯是侄女为叔父的掩饰也。

老九的这种作为，曾氏自然不赞成。只是这个兄弟天性既强梁，且仗还得依靠他来拼着命去打，曾氏不能板着面孔教训，只能这样旁敲侧击。当然，这番话对一贯我行我素的老九来说，基本上是没有什么作用的。

领悟天地万物变化大道

□曾国藩原文

是日恭逢先妣江太夫人冥诞，五更二点起，备席行礼。礼毕，天明。江龙三旋来行礼祭席，即请刘兆龙、江龙三诸人。余以温弟之故，未与筵席。饭后清理文件。是日心绪极恶，以迪庵、温甫事久无确音。午刻，朱品隆来久谈。渠请赴湖北一查，余止之。未刻写信与希庵，查问诸事。申刻读杜诗五言长排。夜读《柳子厚文集》。目蒙特甚，夜不成寐，公愤私忧，展转不能去怀。

因思邵子所谓观物，庄子所谓观化，程子所谓观天地，生物气象，要须放大胸怀，游心物外，乃能绝去一切缴绕郁悒、烦闷不宁之习。

是日，接奉廷寄一道，因王春岩奏克复洋口，进规顺昌，谕旨令余速行入闽，以便周天培还金陵。（咸丰八年十一月初三日）

□唐浩明评点

《易经》之所以被尊为六经之首，依笔者看来，是因为它最先记载人类对天地万物变化的观测。《易·丰卦》说得好：“日中则昃，月盈则食。天地盈虚，与时消息。”一切都在变化中，没有什么能长盈不虚，也没有什么会久消不息。在茫茫宇宙之间，万物都不过瞬间存在。物化乃是其亘古不灭的天道。这篇日记中提到的邵雍、庄周、程颐、程颢都是参透此种天道的大哲人。其中“庄周化蝶”的故事广为人知。庄子用一则小寓言，将这个天道表述得如此生动而传神。智慧之高，不能不令我们佩服。

其实，对盈虚消息的认识，早在十多年曾氏就已经达到很高的层面，“求阙”之意识已在那时奠定基础。今天之所以特别伤感，有两个原因。一个是今天是母亲七十四岁冥诞。母亲撒手人世已六年多了，这六年来无论是家还是国都变化巨大。这种突如其来的剧变，足以让身处变化中的曾氏感慨万千。再则，曾氏身为长子，在仕途顺利的同时，他无可避免地缺失了对母亲的孝顺，这也足以让深受儒家学说熏陶的曾氏抱憾不已。在母亲生日的这个日子里，曾氏的心自然难以宁静。另一个是二十多天前，湘军精锐之师李续宾部在安徽三河全军覆没。曾氏胞弟国华身在其中，至今音信全无，虽未找到尸体，但凶多吉少。作为湘军统帅，六千多人的一支军队全军覆没，这对他的事业打击该有多大！作为兄长，胞弟的生死未卜，他怎能不时刻惦念？曾氏的心，这种时刻无论如何安宁不下来。

懂得物化之道，并不意味着就能坦然接受自己的亲人物化。曾氏不是圣贤，他虽然很早就读通了圣贤之书，但在这样一个特殊的日子里，他的心绪不宁是可以理解的。他唯一能做的，是借圣贤的通达来对郁悒烦闷尽量做一些排遣。

对于“道”要做到真知笃信

□曾国藩原文

早，清理文件。饭后见客三次。与子序围棋一局，中饭后再围一局，接杨名声专人来信，言温甫弟丧元，杨镇甫、张吟再去寻觅，渠一人先送灵柩回湖南，读之悲不自胜，因批令一人先归。

夜与子序畅叙，言读书之道，朝闻道而夕死，殊不易易，闻道者必真知而笃信之。吾辈自己先不能自信，心中已无把握，焉能闻道？（咸丰九年二月初八日）

□唐浩明评点

三河之役过去将近四个月了，对于六弟国华（温甫）已经阵亡的事，曾氏在心里早已接受了，所以看到派出寻觅的杨名声的来信时，他并不太感到意外，只是为曾国华死得惨烈（头都被人割去）而悲痛。因为此，曾氏在日记中能安静地记下他与幕僚吴嘉宾（子序）的谈话。吴此时虽是曾氏的幕僚，但他与曾氏是戊戌会试同年，自然与其他人在身份上有不同，能与曾氏较为平等地畅谈心声。

“朝闻道，夕死可矣”，本是《论语》中孔子的话。孔子说，早上得知了道，即便是晚上死了也无遗憾。这话似应包含两层意思。一为生命是为获得真理而存在，一旦获得真理，生命即可中止。二为真理的获取很难，如果获得了，人生就该满足了。今天在建昌军营，曾氏与戊戌科进士同年吴嘉宾的谈话，谈到读书求学问之事，认为在此事上“朝闻道而夕死”很不容易做到。这是因为闻道者一定要对“道”真正明白并且坚定相信，像我们这些人先就不能做到自己具有坚定的信心，心中没有把握，又怎么能得到“道”呢？

曾氏这段话，其实说的是对所闻的“道”之本身是否“道”的怀疑：倘若所闻的“道”貌似“道”而实则不是“道”，夕死岂非不值？然而，若先抱有此怀疑之心，又怎么可以得到“道”呢？

曾氏这几句话颇有深意存焉。他说出一个成年人在读书求学上的成熟与苦恼：既不容易轻信，也就不容易获得真知。这话从另一侧面启示我们：少年时光是真正可爱的，少年时代也是真正值得珍惜的。

胸襟广大宜从平淡二字用功

□曾国藩原文

早，清理文件，会客一次。饭后会客六次。南丰潘令造炮车一具，殊不合用。核定各信稿。中饭后阅各文件。胡润帅说帖一纸，言水师以四千人改为陆兵，上下飘忽，使贼备多而力分。写左季高信，添陈季牧信。

日来思胸襟广大，宜从平淡二字用功。凡人我之际须看得平，功名之际须看得淡，庶几胸怀日阔。（咸丰九年二月初十日）

□唐浩明评点

人人都想胸怀宽大，都不想做胸襟狭小的人，但苦于不知道怎么才能做到。这正好比是隔得远远地看到一个目标在那里，却找不到通向目标的道路。曾氏的可贵之处，是他能找到道路，而他同时还把这条通道记下来，留给后人。要想胸怀宽广，他寻得的道路是平淡二字。

平，人我之际要平，即是将自己与别人放在一个平等的位置上。佛学说众生平等，欧洲文艺复兴运动提出自由、平等、博爱，可见，“平等”与“不平等”是一个重大的社会问题。人类渴望平等，追求平等，但事实上人与人之间是不平等的。天赋有高低，能力有大小，怎么可能平？儒家的礼治，其核心便在于以不平来治理社会。故而，人类所企盼的平等，实质上是人格的平等，人的生存和人的尊严的平等。一个人，不管你的能力多强，地位多高，一定要有在人格上与别人是平等的意识。反之，一个人不管多么贫穷卑贱，心里一定也要保存着与别人在人格上是平等的意识。若做到这点，无论强者还是弱者，都可以使自己胸襟宽阔。

淡，功名之际要淡。“功名”实际上是一个代表，它代表着人世间的权力、地位、财富、荣耀、美色、名声等繁华浓艳，要把这一切看得淡薄。人活在世上，其本质上是一个个体生命存活在世界上，与生命紧密相连的才是最重要的，而其他都是次要的。所以自古以来，人类就有“钱财乃身外之物”的认识，但一般人往往不能透彻地认识到这个真理，一辈子就为身外之物而苦苦劳累。这实际上进入了误区。看淡这些，人可以从误区中走出，胸襟不为繁华浓艳所堵塞所牵累，它自然也就清朗开阔了。

孔子在平凡中显伟大

□曾国藩原文

早，清理文件。饭后写雪琴信一件，看信稿数件。见先锋官三人。抄白绫记事。见客二次。中饭后习字二纸，温《史记》《田窦传》《韩安国传》。夜眼蒙，不敢看书。

闻子序谈“养气章”末四节。言孔子之所以异于伯夷、伊尹者，不在高处，而在平处；不在隆处，而在污处。污者，下也；平者，庸也。夷、尹之圣，以其隆高而异于众人也。孔子之圣，以其平庸污下而无以异于众人也。宰我之论，尧、舜以勋业而隆，孔子以并无勋业而污。子贡之论，百王以礼乐而隆，孔子以并无礼乐而污。有若之论，他圣人以出类拔萃而隆，孔子以即在类萃之中，不出不拔而自处于污，以污下而同于众人。此其所以异于夷、尹也，此其所以为生民所未有也。（咸丰九年三月十六日）

□唐浩明评点

这一篇日记是曾氏重温《孟子》的读书笔记。

孟子在《公孙丑》一章中，回答公孙丑问“孔子与伯夷、伊尹之间的差别在哪里”时，引用宰我、子贡、有若三个人对孔子的评价。细读《孟子》原文，似未见曾氏日记中所说的这层意思。应该说孔子胜过伯夷、伊尹者“不在高处而在平处”，是曾氏自己的见解。不过，曾氏的这个见解很有道理。

孔子出身底层，一生以教书为职业，也没有做过多么轰轰烈烈的事。孔子实际上是在平凡岁月中度过一生的。但他在一言一行、小事细节中，传播并践行着他的崇高的思想、博大的仁爱，于己学而不厌，于人诲人不倦。孔子是在平凡中成就伟大、在类萃中超然拔出的圣贤。

曾氏的这个见解值得重视。

知命而心定

□曾国藩原文

早，清理文件。饭后见客三次，传见哨官三人。接家信，澄侯一件、沅甫一件，系初八送纪寿信之回音。翻阅《四书》一遍。用白绫写《论语》《孟子》中最足警吾身者，约二十余章。中饭后，习字二纸，温《滑稽传》。夜温《大宛传》，未毕。

思人心所以扰扰不定者，只为不知命。陶渊明、白香山、苏子瞻所以受用者，只为知命。吾涉世数十年，而有时犹起计较之心，若信命不及者，深可愧也。（咸丰九年三月二十七日）

□唐浩明评点

曾氏在这篇日记中谈到他的一个体悟：一个人如果他的心纷纷扰扰不能安定，那么这个人是不知命。他从知命的角度来看待陶潜、白居易、苏轼，并检讨自己时时存计较之心，是因为对“知命”这一点相信得还不够。曾氏为此感到惭愧。

命与运、性、理等，都是高深难测的话题，要把它说清楚真是难于上青天。既然难以说清，也就难以做到“知”与“信”。

笔者愚陋，实在不能说清命，但相信命是存在的。命是什么？笔者认为，命就是指自己不能预知、不能掌控而又确确实实影响自己的那些因素及其它们的综合。人生活在天地宇宙间，天地宇宙有无数的变故不为我们所知，更不能受我们掌控，如地震如台风如水灾，假使正发生在我们的身边，我们当身不由己。人也生活在社会群体中，社会群体有无数的变化不为我们所知，亦不能由我们掌控，如战争如骚乱如瘟疾，假使正发生在我们的身边，我们同样身不由己。这些便都是命！当一个人这样真正地认识了“命”之后，他就不会因自我不能预知的变动而懊恼，也不会因自我不能掌控的灾难而痛苦，于是心就能够安定。宗教信仰者往往能处大变动中保持着恒定的情绪，是因为他们心里有一个“命”的认识。曾氏不是宗教信徒，但任何真正的大学问在最高点上一定是相通的。孔子曰“道不行，乘桴浮于海”，老子曰“道法自然”，儒道之学与宗教之学一样，最后都指向同一方位。

但是，“命”这个课题绝不是如此简单的。人毕竟是万物之灵，他可以预知与掌控着人生的某些部分，这些部分便属于人力。而“人力”所掌管的部分与“天命”所掌管的部分常常是界限难分，你中有我，我中有你。这给辨识带来了很大的麻烦，人类也便在此课题上常常出现疑惑、迷茫。曾氏亦如此。他在《言命》的读书笔记中说：“孟子言治乱兴衰之际，皆由人事主之，初不关乎天命……董子亦曰治乱废兴在于己，非天降命不可得反，与孟子之言相合。孔子曰天生德于予，桓魋其如予何……亦似深信在己者之有权，然凤鸟不至河不出图，有‘吾已矣夫’之叹，又似以天命归诸不可知之数。”最后只能概之曰：“天命为难测，圣贤之言微旨不同，在学者默会之焉耳。”

不过，曾氏还是得到了此中的真谛。他常说的“天命居半，人力居半”，应是对“天命”与“人力”孰轻孰重的很好概括。

一篇情绪伤感的日记

□曾国藩原文

早，清理文件。饭后见先锋官三人。写张小浦信，改信稿五件。接何廉昉信，写作俱佳，依恋之意，溢于言表，才士不遇，读之慨然。倦甚小睡。剃头一次。中饭后习字二纸。温《货殖传》毕。

夜接孙芝房信，告病体垂危，托以身后之事，并请作其父墓志及刻所著诗十卷、《河防纪略》四卷、散文六卷；又请邵位西作墓志，亦自为手书别之，托余转寄。又接意城信，告芝房死矣。

芝房于去岁六月面求作其父墓表，余已许之。十一月又寄近作古文一本，求余作序。余因循未及即为，而芝房遽归道山，负此良友，疚恨何极！

芝房十三岁入县学，十六岁登乡举，廿六岁入翰林，少有神童之目，好学励品，同辈所钦。近岁家运极寒，其胞弟鳌洲主事、叔孚孝廉相继下世，又丧其长子，又丁母忧，又丧其妻，又丧其妾，皆在此十年之内。忧能伤人，遂以陨生。如此美才，天不假之以年俾成大器，可悲可悯！因忆道光二十八年刘菽云将死之时，亦先为一书寄京以告别，请余为作墓志。凡内伤病，神气清明不乱，使生者愈难为情耳！（咸丰九年三月三十日）

□唐浩明评点

当年写这篇日记的时候，曾氏心情一定十分伤感，因为日记中提到的三个人，都是才高而命不济。

他一早接到过去京师时的朋友何栻（廉昉）的来信。何栻是比曾氏晚一届的进士，诗文书法都令曾氏佩服。咸丰六年刚到江西建昌任知府，不料便丢失城池，妻、女与侄儿均死难，本人也遭革职处分。他下死决心要报仇，朝廷也就给他官复原职。原本就是惺惺相惜的好友，现在又同在江西，关系自然非比一般。

咸丰八年除夕，何栻忧时伤世，给曾氏寄来他一口气写的十六首七律。这十六首律诗情感浓郁，才识并茂，受到曾氏的高度赞赏，并因此而在幕府中引起众僚友的共鸣。我们来看看咸丰九年正月二十九日，曾氏在日记中关于此事的记载："未刻，作七律五首，和何廉昉诗，次韵。同和者为李次青、吴子序、甘子大、许仙屏数人，而王霞轩、邓弥之、何敬海等亦将和之。余因见廉昉诗才轩举，所著骈文、乐府皆有可观，悯其阖家殉节，因欲和诗一二章，以慰劳之，本无意次韵也。子序、次青诸君皆次其韵，余亦遂勉为之。"这么多人来参与和诗，这是军营中不多见的文雅之事。刚经历过三河惨案的湘军最高统帅部，其实还没有从雪上加霜的不利形势的阴影中走出来。曾氏在后来的两天中终于将十六首和诗全部吟成。三天之内和诗十六首，这是曾氏从戎以来所未有过的事。吟诗唱和，固然是文人之爱好，但更重要的是，曾氏和他的幕僚们或许是想借此来抒发一下久抑于胸的郁闷，以及瞻望前途时的迷惘。

我们仅选抄何氏与曾氏二人所吟的第一首，便可以强烈地感受到这一点。何栻："后有壬年自此开，君看腊去春又回。长松骨立寒能敌，宿草心生土不埋。华实荣枯原气数，风霆喜怒报栽培。明夷自是箕文事，何用邅屯养菲材。"曾国藩："域中哀怨广场开，屈宋而还第二回。幻想更无天可问，牢愁宁有地能埋。秦瓜钩带何人种，社栎支离几日培。大冶最憎金踊跃，那容世界有奇材。"

联想到曾氏出山八个年头来，荆天棘地，困难重重，而朝廷居然一直将他客寄虚悬，不授地方实职，"大冶"云云，哪里是对何栻的悯慰，完全是他心腔里滴出的血、眼眶里流出的泪！

日记接下来写到他从郭崑焘的信中，得知孙鼎臣（芝房）去世的消息。孙鼎臣，湖南善化人，自小有神童之称，道光二十五年，朝考（翰林院考试）第一名。这一届长沙府中式八人，连同祖籍醴陵的贵州黄氏叔侄，一共十人考中进士，其中萧锦忠为状元，孙鼎臣为朝元，周寿昌为南元。曾氏为此撰联为：同科十进士，庆榜三名元。在千年科举考试中，这大概是长沙府最出风头的一届。这样一个才华过人的神童，本应该有出类拔萃的作为，却不料官只止于从五品的侍讲，政事与学问上也并无多大建树，而更令人同情的是十年间连丧至亲六人。孙鼎臣受不了如此大的打击，竟然去世于正当壮年的四十岁！曾氏想起这两年来孙鼎臣求他为其父作墓表、为其文章作序的事，心里伤感不已。又由孙而想起十一年前去世的好友刘传莹（菽云）来。同样是才学超众，同样死前托曾氏为其著作写序，同样英年早逝（刘去世时才三十岁）。曾氏这一天该有多伤感！

何、孙、刘三人都是当时的人中精英，都有才学，都有抱负，也都早达，但同时也都没有做出什么成就来。由此可见，一个人要做出公认的成就，该有多难！同样的道理，倘若做出成就，也并非就是自己的一人之功，这里面还有不少"命"的因素在联合起了作用。所以，即便做出很大成就的人，也无需过于自我矜夸。

古人胸次潇洒旷远毫无渣滓

□曾国藩原文

早，清理文件。饭后看挂扁等事，见客二次，核信稿数件。

中饭后热极，因读东坡"但寻牛矢觅归路"诗，陆放翁"斜阳古柳赵家庄"诗，杜工部“黄四娘家花满蹊”诗，念古人胸次萧洒旷远，毫无渣滓，何其大也！余饱历世故，而胸中犹不免计较将迎，又何小也！沉吟玩味久之，困倦小睡。

酉初，何廉昉来，久谈，因为余诊脉，言须服燕菜，以滋阴补水。夜与二李久谈。是日巳正出门拜何廉昉、雷西垣二处。（咸丰九年四月十七日）

□唐浩明评点

曾氏日记中记的三句诗，分别出自苏东坡《儋耳四绝句》：“半醒半醉问诸黎，竹刺藤梢步步迷。但寻牛矢觅归路，无在牛栏西复西。”陆放翁《小舟游近村舍舟步归》：“斜阳古柳赵家庄，负鼓盲翁已作场。死后是非谁管得，满村听说蔡中郎。”杜甫《江畔独步寻花》：“黄四娘家花满蹊，千朵万朵压枝低。留恋戏蝶时时舞，自在娇莺恰恰啼。”

这三首出自大家之手的诗作，晓畅明白，通俗易懂，不像是在作诗，如同说话一般，尤其像“但寻牛矢觅归路”，更好比是农夫口里说出的话，但仔细咀嚼，又觉意蕴无穷。又如“斜阳古柳赵家庄”“黄四娘家花满蹊”，画面生动，色彩明丽，诗如脱口而出，情景却长留读者脑中。

诗写到这等地步，一是作者本人的写作技巧已入化境，眼中之物即景，口里所诵即句，随手拈来，皆成佳作。二是作者胸襟洒脱，一派天真，无须任何掩饰雕琢，吃喝拉撒，家长里短，皆可入诗。王国维论词有隔与不隔，这种诗就是不隔之诗。如“池塘生春草”，如“高台多悲风”，将眼中所见随口说出，便成千古名句。这正是诗词中的上品。

曾氏读苏、陆等人的诗，借以洗涤自己的胸次。当然，我们于此也可以看出，曾氏胸襟缺乏苏陆等人的澄明。这固然出于天赋之不同，也因为曾氏在社会舞台上扮演的角色大不同于东坡、放翁等人。笔者曾说过，曾氏是一个胸中有着万千沟壑的人。他对“但寻牛矢觅归路”这样的诗如此赞赏，而自己却不能写出，即属一例。

一定之风格

□曾国藩原文

早，清理文件。饭后见客四次，传见振字营哨官三人，核信稿数件。温《孝景纪》《孝武纪》未毕。未正请客，何廉昉、雷西垣、曾佑卿三人。饭后，至晚霞楼看雨，酉正散。夜习字二纸，洗澡一次。

观何廉昉书扇头小字，倜傥权奇，自成风格。余年已五十，而作书无一定之风格，屡有迁变，殊为可愧。古文一事，寸心颇有一定之风格，而作之太少，不足以自证自慰。

至于居家之道，治军之法，与人酬应之方，亦皆无一定之风格。《传》曰："君子也者，人之成名也。"又曰："君子成德之称。"余一无所成，其不足为君子也，明矣。

是日，接湖南信，贼窜新宁，恐江忠烈家不免于焚掠，心极悬悬。（咸丰九年四月十九日）

□唐浩明评点

由何栻小字自成风格，联想到自己的字无一定风格，还由此想到居家、治军及与人应酬等都无一定风格，对于古文，虽心里已存有一定的风格，但作品太少，不足以将心里的定格体现出来。我们于此可见曾氏对于一定之风格的看重。

什么是一定之风格？同治五年十月曾氏在给儿子的家信中说："凡大家名家之作，必有一种面貌一种神态，与他人迥不相同，譬如书家，羲、献、欧、虞、褚、李、颜、柳，一点一画，其面貌既截然不同，其神气亦全无似处。""诗文亦然，若非其貌其神迥绝群伦，不足以当大家之目。"

所谓一定之风格，即形神两者都有自己的特点，与别人绝不相同。曾氏既然看重这点，他自己也便致力打造与别人不同的风格。即就书法而言，曾氏越到晚年，其书法越自成一格。以笔者看来，陡削劲拔，应是曾氏书法风格的主要特点。

天道三恶人道四知

□曾国藩原文

早，出城，至九弟营中早饭。饭后至朱唐两营、岳字两营、振字营、护卫军送行，午正归。见客二次。中饭后见客二次。与星房前辈久谈。作"禫服文"一首，定禫服礼仪注。沅弟来，明早共设祭，行释服礼也。

夜与沅弟论为人之道有四知，天道有三恶。三恶之目曰天道恶巧，天道恶盈，天道恶贰。贰者，多猜忌也，不忠诚也，无恒心也。四知之目，即《论语》末章之"知命""知礼""知言"，而吾更加以"知仁"。

仁者恕也，己欲立而立人，己欲达而达人，恕道也。立者足以自立也，达者四达不悖，远近信之，人心归之。《诗》云："自西自东，自南自北，无思不服。"《礼》云："推而放诸四海而准，达之谓也。"我欲足以自立，则不可使人无以自立；我欲四达不悖，则不可使人一步不行，此立人达人之义也。孔子所云"己所不欲，勿施诸人"，孟子所云"取人为善，与人为善"，皆恕也、仁也。知此，则识大量大，不知此则识小量小。故吾于三知之外，更加"知仁"，愿与沅弟共勉之。沅弟亦深领此言，谓欲培植家运，须从此七者致力也。（咸丰九年五月初八日）

□唐浩明评点

要说悟道，曾氏在这篇日记中所悟出的是真正的大道与要道。

《尚书·泰誓》说："天视自我民视，天听自我民听。"所以，天道其实就是百姓之道、社会之道、群体之道。曾氏认为，这个道厌恶三种现象：一厌恶乖巧、二厌恶盈满、三厌恶不忠诚。

关于这方面，咸丰八年正月初四日，曾氏在致九弟沅甫的信中提到："近日忧居猛省，一味向平实处用心，将自家笃实的本质还我真面，复我固有。贤弟此刻在外，亦急须将笃实复还，万不可走入机巧一路，日趋日下也。纵人以巧诈来，我仍以浑含应之，以诚愚应之，久之则人意也消。"曾氏还提出"拙诚"的理念，认为天下之至拙可胜天下之至巧，天下之至诚可胜天下之至伪。

他在同治元年五月十五日致沅、季信中说："日中则昃，月盈则亏，吾家亦盈时矣。管子云斗斛满则人概之，人满则天概之。余谓天之概无形，仍假手于人以概之。"同治二年正月十八日又致沅弟："平日最好昔人'花未全开月未圆'七字，以为惜福之道保泰之法莫精于此，曾屡次以此七字诫春霆，不知与弟道及否？"在《求阙斋记》中，曾氏写道："若国藩者，无为无猷而多罹于咎，而或锡之福，所谓不称其服者欤？于是名其居曰'求阙斋'。凡外至之荣，耳目百体之耆，皆使留其缺陷。礼主减而乐主淫。乐不可极，以礼节之，庶以制吾性焉，防吾淫焉。若夫令问广誉，尤造物所靳予者，实至而归之，所取已贪矣，况以无实者攘之乎？行非圣人而有完名者，殆不能无所矜饰于其间也。吾亦将守吾阙者焉。"

笔者所以要罗列这些，意在让读者更多地了解曾氏所悟出来的天道三恶。

巧能使人少花力而多得利，故世人都愿巧。但巧之过多，则成取巧、乖巧、机巧，逐渐脱离"实"这个立身之本。人性贪婪，故求盈余、盈满。其实，盈余无止境，盈满更是违背自然法则。世事纷纭诱惑亦多多，人世就难得专一，而专一才是成事的要诀。《尚书·大禹谟》说："人心惟危，道心惟微。惟精惟一，允执厥中。"之所以被后人视为十六字心传，就在于它揭示了人性与社会性的真谛。

因为巧能一时得便捷，盈能一时多获利，贰能一时处逢源，人便极易陷于巧、盈、贰之中，不能自拔。但从长远来看，巧、盈、贰将会带来更大的不利。故而哲人们会在不同的场合，用不同的方式来提醒大家从一时的满足中跳出来，不要舍本求末，弃正趋斜。曾氏用天道恶巧、天道恶盈、天道恶贰来表述，与前贤说法或许略有不同，其宗旨则是一样的。

所谓人道，即人的立身之道。曾氏提出四知，即知命、知礼、知言、知仁。前"三知"出自《论语》："孔子曰：'不知命无以为君子，不知礼无以立也，不知言无以知人也。'"这"三知"以现代语言来表述，即不懂得命运则不可能作为君子，不懂得礼仪则不可能立足于社会，不懂得理解别人说的话则不可能去识别人。知命者能对人世持通达的态度，即努力去求取更好，又不过于固执（《论语》：“子绝四：毋意、毋必、毋固、毋我。”），这种人具备社会精英的素质。人类社会依靠礼来维系，所以必须知礼，否则在社会上寸步难行。人与人之间的交往，主要靠语言来沟通。但人说的话有深有浅、有真有假、有虚有实、有直有曲，理解、辨识起来颇不容易。倘若不能很好地去知会一个人说的话，也就谈不上去认识一个人了。因为此，孔子认为知命、知礼、知言这三条很重要，这是一个出入社会的人所必须具备的基本能力。

在“三知”之后，曾氏再加上知仁一条。关于这一条，他有很多的诠释。他在晚年时，预先给两个儿子留下四条遗嘱，其中第三条即“求仁则人悦”。全文如下：“凡人之生，皆得天地之理以成性，得天地之气以成形。我与民物，其大本乃同出一源。若但知私己而不知仁民爱物，是于大本一源之道于悖而失之矣。至于尊官厚禄，高居人上，则有拯民溺救民饥之责。读书学古，粗知大义，即有觉后知觉后觉之责。若但知自了而不知教养庶汇，是于天之所以厚我者辜负甚大矣。孔门教人，莫大于求仁，而其最切者，莫要于欲立立人、欲达达人数语。立者自立不惧，如富人百物有余，不假外求；达者四达不悖，如贵人登高一呼，群山四应。人孰不欲己立己达，若能推以立人达人，则与物同春矣。后世论求仁者，莫精于张子之《西铭》。彼其视民胞物与、宏济群伦，皆事天者性分当然之事。必如此，乃可谓之人，不如此，则曰悖德，曰贼。诚为其说，则虽尽立天下之人，尽达天下之人，而曾无善劳之足言，人有不悦而归之者乎？”

这是一段极为精辟的文字，是典型的曾氏论文风格。短短的两百多字，将人为什么应当“仁”以及如何去为“仁”谈得透彻明了。一个人若具有孔子所说的“三知”及曾氏所说的“知仁”，则真可以行走于五湖四海而无障碍。

以仁和礼管理军队

□曾国藩原文

早，清理文件。饭后与子序围棋二局，传见升字营哨官二人。天大雨如注，通屋漏湿。念景德镇官军太苦，彷徨难安。阅《梅伯言文集》。中饭后又围棋一次。写挂屏八幅，其四幅系曾祺所求，颇得意也。接九弟廿八夜信。写家信，澄侯一件、叔父一件、夫人一件，三共约千余字，至夜毕。

与何竟海谈带勇之法：用恩莫如仁，用威莫如礼。仁者，即所谓欲立立人，欲达达人也，待弁勇如待子弟，常有望其成立，望其发达之心，则人知恩矣。礼者，即所谓无众寡，无小大，无欺慢，泰而不骄也；正其衣冠，尊其瞻视，俨然人望而畏之，威而不猛也；持之以敬，临之以庄，无形无声之际，常有凛然难犯之象，则人知威矣。

孟子曰："君子以仁存心，以礼存心。"守是二者，虽蛮貊之邦可行，又何兵勇之不可治哉？

夜，朗诵《赤壁赋》，至三更止，若有会者。（咸丰九年六月初四日）

□唐浩明评点

对军队的管理，曾氏提倡用恩莫如仁，用威莫如礼。这是曾氏一个很重要的管理思想。

恩惠与仁爱，有相似之处，更有不似之处。奖赏、提拔、表彰，更多地体现为恩惠。谆谆引导，创造条件，使之顺利成长，铸为人才，则更多地体现为仁爱。仁爱，是更大的恩惠，更长久的恩惠，更深厚的恩惠。仁爱，是替部属一辈子着想，犹如父母之于子女，师长之于学生。

威严与礼法，也有相似之处，更有不似之处。威严是靠严厉的手法使人畏惧，礼法是靠依据礼仪法度而树立的威望使人心生敬服。带兵的将领，容易借军营的严格制度而滥施个人的威严，收到的效果是口服而心不服，其成效难以持久。真正优秀的将官，应以身作则，严守法度，使人凛然难犯。

人们常说管理者当恩威并重。恩者，给人以甜头；威者，使人畏惧。曾氏倡导以"仁礼"代替"恩威"。就其本质来说，并没有什么改变，还是一哄一打的事，只是在层级上有所不同。然而，层级与境界同义，层级相差到一定程度，其境界就明显不同了。所以，就其实质而言，是以"恩威"治理，还是以"仁礼"治理，体现的是管理者的境界高下。

持之以恒

□曾国藩原文

早，清理文件。饭后见客三次。写大字十个，皆径五六尺不等。天大雨，无少歇，烦闷之至。午后小睡，中饭后复睡。日内似疟非疟，似病非病，常觉不自振作，一切烦怠。夜，写九弟信一件。

阅《日知录·易经》，有曰《易》六十四卦、三百八十四爻，一言以蔽之，曰不恒其德，或承之羞。读之不觉愧汗。（咸丰九年六月初十日）

□唐浩明评点

曾氏读顾炎武《日知录》中关于《易经》的一句话："《易》六十四卦三百八十四爻，一言以蔽之，曰'不恒其德，或承之羞'。"他读后有惭愧出冷汗的感觉。

“不恒其德，或承之羞”一语出自《易经》中《恒卦》的九三爻辞：“不恒其德，或承之羞，贞吝。”本爻的《象辞》予以解释：“不恒其德，无所容也。”

《恒卦》讲的是持之以恒的道理。九三爻辞所说的“不恒其德，或承之羞”，意谓如果不能将好的德性持之以恒，说不定会蒙受羞耻。《象辞》则更进一层了，说如果不持之以恒，则将无所容于社会。可见，《易经》非常看重恒。

曾氏早期的修身活动中，曾经有一个主要内容，那就是要有恒。并为此作《有恒箴》：“自吾识字，百历及兹，二十有八载，则无一知。曩者所忻，阅时而鄙。故者既抛，新者旋徙。德业之不常，日为物迁。尔之再食，曾未闻或愆。黍黍之增，久乃盈斗。天君司命，敢告马走。”

“恒”之所以为人生之大事，其源有二。一则人皆喜新厌旧，且急功近利，这两大毛病使得人难以长久地对一件事情保持高昂的热情。二则在任何一件事上，如果想要超出一般获取卓越，又非得长久地坚持下去不可。有此两者，所以“恒”极为可贵，顾炎武甚至以此来作为被人视为高深莫测的《易经》的简约概括。

曾氏知道“恒”之重要，也严格要求自己“有恒”，但人非圣贤，岂能事事都有恒，故而他为之羞愧。

树人之道：知人善任、陶熔造就

□曾国藩原文

早，清理文件。写家信一件，寄参茸丸二瓶，每瓶重八两，一寄叔父大人，一寄内子，特派戈什哈送去。旋以萧营饬知尚未办齐，改次日送去。请客，雪琴及王孝凤兄弟、张廉卿小宴，恰刘国斌自常德归，与座。午正小睡。中饭后写对联、挂屏八件，内次青之母夫人寿联一付。

夜与李申夫论营务处之道，一在树人，一在立法。有心人不以不能战胜攻取为耻，而以不能树人立法为耻。树人之道有二：一曰知人善任，一曰陶熔造就。申夫似能领悟，盖高明而有志于办事者。（咸丰九年九月初六日）

□唐浩明评点

四川剑州人李榕（字申夫）与曾氏关系密切。曾氏颇为欣赏李，他的文字中常常会提到申夫。譬如有次给家里写信，告诉家人要善待邻里，便引用李榕母亲说的两句话：“好酒好饭待远亲，火烧盗抢喊四邻。”当然，这两句话是听李说的。由此可见，曾氏与李的关系不一般。李榕是道光二十七年的进士，后任礼部主事，应属曾氏在京时的属下。咸丰九年正月，曾氏向朝廷请求调郭嵩焘、李榕来军营：“道衔翰林院编修郭嵩焘，学识兼优，曾在臣营三年，备尝艰苦。礼部主事李榕，通达时务，志趣远大。合无仰恳皇上天恩，饬下部院衙门，令该二员驰赴臣军，俾臣得收指臂之效，似于营务大有裨益。”结果朝廷只答应李榕一人离京赴任。曾氏很看重李，让李这个文职官员统领一支军队，并亲授营务管理之道。

在曾氏看来，一仗一地的胜负得失，对于带兵统领来说不是最主要的，最主要的是：一在树人，二在立法，也就是说一在培植人才，二在建立法规制度。人与法，这才是根本与长远。有了人才，有了法规，还愁不打胜仗吗？对于怎样培植人才，曾氏也提出了两点：一为知人善任，即正确地识别人的长处，并将此人放在合适的岗位上；二为陶熔造就，即对待人才要多关怀多教育多栽培。“宏奖”是曾氏陶熔造就人才的一条重要措施。他说：“余所见将才，杰出者极少，但有志气，即可予以美名而奖成之。”（同治五年九月初九日谕纪泽纪鸿）给予美名而奖成之，即谓宏奖。他说宏奖人才，诱人日进，这是他的乐趣。

天道恶好露

□曾国藩原文

早，各员弁贺朔望，至辰正毕。饭后写家信二件。午刻加袁漱六信三叶、郭世兄信一叶，专二夫送家信。申刻接九弟信，系八月廿八所发。见客二次。清理文件。是日身体欠爽，不食油荤。夜温《韩宏碑》，甚觉清畅。

三更睡。竟夕不能成寐，在床上展转。思念天道三恶之外，又觉好露而不能浑，亦天之所恶也。思《书经·吕刑》，于句法若有所会。（咸丰九年九月十五日）

□唐浩明评点

中国文化是一个内敛的文化：含蓄蕴藉，不事张扬。庄子云“天地有大美而不言”，说的就是这个意思。中国文化也是一个圆融的文化：大度包容，不走极端。《易·系辞》云“极高明而道中庸”，即是此意。在此基础上，曾氏提倡“浑”，将它列为君子八德之一。

什么是“浑”？曾氏曾经认为儿子纪泽过于玲珑剔透，这不好。曾氏对李榕说过：“是非了然于心而一毫不露。”他在日记中还写过“谦卑含容是贵相”等。我们从这些话语中，可以感悟到“浑”的含意：不要过于乖巧、机灵、精明，聪明才华不宜外露，喜怒哀乐不形于色，等等。

“浑”是一个很高的境界，已走进智慧领域，所以很难以言语来精确说明白，更难立什么规矩法则以便具体操作，全在于运用者的把握：若把握得适度，可以成为美德；若把握不好，则易流向圆滑。曾氏生前死后，都有人斥其虚伪，这与他提倡“浑”并常常以“浑”待人不无关系。

凉德三端：幸灾乐祸、不安命、好议论

□曾国藩原文

早，清理文件。辰后习字二纸，邢星槎、孙树人、夏古彝来久谈。旋下河与晏彤甫谈。至未刻，又拜张伴山、李小山，申正归。是日将帐房下脚筑墙三尺余高，帐房升高约三四尺，众役兴作。吾至少泉处，与邢、孙、夏三人鬯谈，至二更二点，倦甚。日内精神困倦，腹泄、目蒙，老境日增。夜，早睡，不得与诸客剧谈也。

枕上，思凡人凉薄之德，约有三端，最易触犯：闻人有恶德败行，听之娓娓不倦，妒功而忌名，幸灾而乐祸，此凉德之一端也；人受命于天，臣受命于君，子受命于父，而或不能受命，居卑思尊，日夜自谋置其身于高明之地，譬诸金跃冶而以镆铘、干将自命，此凉德之二端也；胸苞清浊，口不臧否者，圣哲之用心也，强分黑白、遇事激扬者，文士轻薄之习、优伶风切之态也，而吾辈不察而效之，动辄区别善恶，品第高下，使优者未必加劝，而劣者几无以自处，此凉德之三端也。余今老矣，此三者尚切戒之。（咸丰九年九月二十日）

□唐浩明评点

白天会客说话太多，又腹泻身体不适，曾氏夜里早睡，但又不能入睡，于是在枕上想到人性普遍存在的三个弱点。

一为幸灾乐祸。得知别人遇到不幸不顺时，自己心里暗暗欢喜。曾氏认为，这种源于忌妒而产生的凉德最是不好。忌妒真的是人性的一大丑陋，有的人不仅是心里欢喜别人的不幸，甚至以行为来造成别人的不幸。人世间许多的罪恶，溯其根源，就是出于忌妒。

曾氏曾经写《不忮不求诗二首》，其《不忮（即忌妒）诗》如下：

善莫大于恕，德莫凶于妒。妒者妾妇行，琐琐奚比数。己拙忌人能，己塞忌人遇。己若无事功，忌人得成务。己若无党援，忌人得多助。势位苟相敌，畏逼又相恶。己无好闻望，忌人文名著。己无贤子孙，忌人后嗣裕。争名日夜奔，争利东西骛。但期一身荣，不惜他人污。闻灾或欣幸，闻祸或悦豫。问渠何以然，不自知其故。尔室神来格，高明鬼所顾。天道常好还，嫉人还自误。幽明重诟忌，乖气相回互。重者灾汝躬，轻亦减汝祚。我今告后生，悚然大觉寤。终身让人道，曾不失寸步。终身祝人善，曾不损尺布。消除嫉妒心，普天零甘露。家家获吉祥，我亦无恐怖。

曾氏为儿孙辈写这首诗，希望他们不要存忌妒之心。

二为不安命。关于“命”，前面已说过。人要知命，知命之后则要安于命运。不过，“命”是一个较玄虚的概念。一个人的“命”到底如何，谁也不能预先说死；既然如此，安于什么状态，才叫做安命呢？况且，曾氏也多次说过，人生做事，半由人力，半由天命。人力可以占一半，为什么不充分利用这一半呢？以笔者揣测，曾氏在这里是批评社会普遍存在的浮躁竞进之心态：不切实际地去幻想，不择手段地去攫取。

三为好议论。其实，议论并非不好。辨别是非，激浊扬清，从来都是人类社会所需要的。这里主要的问题是存心的正与不正，以及尺度的掌控当与不当。存心不正者，借议论来打击别人抬高自己；掌控不当，则所议偏离轨道，效果适得其反。曾氏所处时代，不少文人喜欢议论，有的居心不正，有的评议失范，他对此种现象颇为厌恶。他曾经说过这样的话：“近来书生侈口谈兵，动辄克城若干，拓地若干，此大言也。又好攻人之短，轻诋古贤，苛责时彦，此大言也。好谈兵事者，其阅历必浅；好攻人之短者，其自修必疏。”看来，曾氏说的“好议论”这一凉德，很可能是基于此种风气的弥漫而发。

君子三乐：读书、宏奖、勤劳而后憩息

□曾国藩原文

早，陪邢星槎、孙树人、夏古彝早饭后，会客邹资山，巳正客散。接家信，澄弟、沅弟、季弟各一件。又见客三次。中饭后温《史记·晋世家》十三叶。是日午刻小睡。戌刻接胡中丞信，内附左、季、钱诸信，知耆九峰调广东，罗澹村调浙江各巡抚。又知九弟于十六日自长沙起行矣。

夜思君子有三乐：读书声出金石，飘飘意远，一乐也；宏奖人材，诱人日进，二乐也；勤劳而后憩息，三乐也。吾于五月八日告沅弟有天道三恶、人事四知之说，兹又有凉德三端、君子三乐之说，若能身体而力行之，庶乎其免于大戾矣。（咸丰九年九月二十一日）

□唐浩明评点

曾氏这段时间对人性与社会性的思索兴致极高，昨夜想到凉德三端，今夜又想起君子三乐。

关于“君子三乐”，最著名的应是孟子所说的：“君子有三乐，而王天下不与存焉。父母俱存，兄弟无故，一乐也。仰不愧于天，俯不怍于人，二乐也。得天下英才而教育之，三乐也。君子有三乐，而王天下不与存焉。”

孟子的三乐：一乐在天伦齐全，二乐在心灵干净，三乐在教育后生。孟子一再申明“王天下”这种巨大的事功成就并不在“乐”之中。孟子的“君子三乐”，实际上彰显的是孟子的精神境界与价值追求。他的快乐与世俗的快乐有着极大的不同。

以大声诵读诗文为乐，以引导人上进为乐，以辛劳工作而后的放松休息为乐，这“三乐”也同样彰显了曾氏的精神境界与价值追求，与世俗的吃喝玩乐之“乐”也有很大的分野。

人才靠教育与引导

□曾国藩原文

早，清理文件，饭后阅《荀子》四篇，至申初毕。旋写家信，澄侯一件、纪泽一件。夜阅《文选》《运命论》《辨亡论》。眼渐作疼，不敢多看，早睡。

是日，与李申夫言人才以陶冶而成，不可眼孔太高，动谓无人可用。与彭九峰言嘉字营，责成渠督教之。

是夜，思孔子所谓“性相近，习相远”“上智下愚不移”者，凡事皆然。即以围棋论，生而为国手者，上智也；屡学而不知局道，不辨死活者，下愚也。此外，则皆相近之资，视乎教者何如。教者高则习之而高矣，教者低则习之而低矣。以作字论，生而笔姿秀挺者，上智也；屡学而拙如姜芽者，下愚也。此外，则皆相近之资，视乎教者何如。教者钟、王，则众习于钟、王矣；教者苏、米，则众习于苏、米矣。推而至于作文亦然，打仗亦然，皆视乎在上者一人之短长，而众人之习随之为转移。若在上者不自咎其才德之不足以移人，而徒致慨上智之不可得，是犹执策而叹无马，岂真无马哉！（咸丰九年九月二十四日）

□唐浩明评点

在前次与李榕的谈话中，曾氏谈到人才要靠陶熔造就，这次他又跟李谈起这个话题。其原因，或许是李对曾氏说过人才难求一类的话。进士出身的外放京官，通常的毛病是眼高手低，自视高，对人要求也高，实际操作能力低，应变才干低。初出京师的李申夫大概也属于此类，故而曾氏再次跟李谈人才的培育问题，告诫李衡人时眼界不能太高，动不动就说没有人可以用。曾氏并就这个问题作了形而上的思考。

依据孔子“性相近，习相远”及“上智下愚不移”之说，曾氏认为，人有天赋的上智与下愚，但这两者的数量都不多，绝大多数人介于两者之间，中间部分的走向取决于教育与引导，而在上者即领导者则负有教育与引导者的责任。若领导者不去自责才德不足以教化别人，而徒然感叹上等智慧者不可得到，这好比手执缰绳而说无良马。真的无良马吗？曾氏在读韩愈的名文《马说》之后说：“谓千里马不常有，便是不详之言。何地无才，惟有善使之耳。”曾氏的人才观中有一个重要的观点：因量器使，即依照一个人的能力大小，将其作为器具使用。在曾氏“因量器使”的人才理念中，每一个人都是人才。若领导者说无人才可用，这只能说明你自己无识人的本事。责任不在别人，而在自己身上。

吉地多无心得之

□曾国藩原文

早出，巡视营墙。饭后见客四次。与牧云畅谈。申夫来，亦畅谈。中饭后，与张伴山言接办报销之事。写官制军信，添庄卫生信一叶。申正温《左传》至二更，温至“楚子围萧”止。与牧云畅谈家事。

沅弟改葬先考妣，本系买定夏家之地，而临开穴时，乃反在洪家地面。洪家之索重资，有由来矣。大抵吉地乃造物所最闷惜，不容以丝毫诈力与于其间。世之因地脉而获福荫者，其先必系贫贱之家，无心得之，至富贵成名之后，有心谋地，则难于获福矣。吾新友中，如长塘葛氏既富后则谋地，金兰常氏既贵后而谋地，邵阳魏默深既成名后而谋地，将两代改葬扬州，皆未见有福荫，盖皆不免以诈力与其间。造物忌巧，有心谋之则不应也。（咸丰九年十二月初十日）

□唐浩明评点

曾老九富贵还乡，改葬父母，名为买定夏家之地，实乃侵犯洪家祖坟。此事引来官司。老九仗势非为，老大并没有袒护，说了实话，并规劝自家兄弟。

更为难得的是，他由此而领悟更深的道理：吉地（此可作为荣华富贵、吉祥福份的代名词）本是上天之所极为珍惜者，不可靠强力巧诈而获取，只可无心即靠机遇而得之。不仅老九依靠权势获不到，即便是发了财的葛家，做到巡抚高位的常家以及海内知名的魏家，他们或以钱，或以权，或以名谋地，均不成功，因为依仗钱、权、名这些东西，都不免有人为之力在其间起作用。再强有力的人为，终不能与上天相比。故而在上天面前，它依旧是无能为力的，不可能据此而谋得宇宙间极其珍贵者。

有才智者必思以自旌异于人

□曾国藩原文

黎明，出巡视营墙。饭后清理文件，写胡中丞信、彭雪琴信、左季高信，见客三次，阅《后汉书》李云、刘瑜、谢弼传，虞诩、傅燮、盖勋、臧洪传。中饭后阅《张衡传》九叶，未毕。日内因眼蒙，不敢多看书。天气甚长，申刻以后，但在室内徘徊。

酉正趺坐。念天下之稍有才智者，必思有所表见以自旌异于人，好胜者此也，好名者亦此也。同当兵勇，则思于兵勇中翘然而出其类；同当长夫，则思于长夫中翘然而出其类；同当将官，则思于将官中翘然而出其类；同为主帅，则思于众帅中翘然而出其类。虽才智有大小深浅之不同，其不知足、不安分，则一也。能打破此一副庸俗共有之识见，而后可与言道。

夜校《叙传》下卷，未毕。王子云、高云浦来，言方某品行不甚可靠。（咸丰十年闰三月十一日）

□唐浩明评点

曾氏打坐时又想到一种现象，即人但凡有点才智，便想通过自我表现来显示与别人不一样，好胜者出于这种原因，好名者亦出于这种原因。同当兵勇，则想在兵勇中出类拔萃。同当运输兵，则想在运输兵中出类拔萃。同当将官，则想在将官中出类拔萃。同为主帅，则想在主帅中出类拔萃。曾氏所说的这个现象，乃社会常态，在许多场合，是被鼓励、被推崇的。作为带兵统帅，曾氏也认为应该奖励出类拔萃。他在《笔记二十七则》中说："大抵怀材负奇，恒冀人以异眼相看，若一概以平等视之，非所想也。"对于那些很有才干的人，应该给人特殊的对待。他还告诫九弟沅甫："弟常常以求才为急，其阘冗者虽至亲密友不宜久留，恐贤者不愿共事一方。"人心常态是牛骥同槽则英雄气短，故而曾氏要其弟不要照顾关系而收留平庸。

但是，读这篇日记，我们可以看出，曾氏内心里对这种以自我表现来显示异于常人的作为是不欣赏的，认为是不知足、不安分的做法。这种态度源于曾氏晚年的游心于老庄之道的缘故。曾氏好友欧阳兆熊曾说过曾氏"一生三变"：在京师时由辞赋之学变而为程朱之学，初办团练时由再变为申韩之学，咸丰八年复出后三变为老庄之学。老子说："是以圣人抱一为天下式，不自见故明，不自是故彰，不自伐故有功，不自矜故长。"不赞成自伐自矜，正是老庄思想的要点。

不自伐自矜，需要有很高的智慧，以圣贤为榜样的曾氏欣赏这种境界。而作为团队领袖，曾氏也深知自我伐矜乃世俗普遍心态，它是驱使人奋进的重要动力，因此要鼓励。

八　本

□曾国藩原文

黎明，出巡视营墙。饭后清理文件。旋阅《后汉书》颍川四长传，李固、杜乔传。中饭后阅吴祐、延笃传。是日，竟日雨不止。心事焦闷，口无津液，上焦火旺，因不复看书，即在室中徘徊。

思凡事皆有至浅至要之道，不可须臾离者，因欲名其堂曰“八本堂”。其目曰：读书以训诂为本，诗文以声调为本，事亲以欢心为本，养生以少恼怒为本，立身以不妄语为本，居家以不晏起为本，居官以不要钱为本，行军以不扰民为本。古人格言尽多，要之每事有第一义，必不可不竭力为之者。得之则如探骊得珠，失之则如舍本根而图枝叶。古人格言虽多，亦在乎吾人之慎择而已矣。

夜，阅《骈体文钞·笺牍类》。是日接家信，三月三日发，澄弟一件、沅弟一件、纪泽一件。又得竟海先生及作梅、牧云等信。（咸丰十年闰三月十八日）

□唐浩明评点

曾氏是喜欢思索也善于思索的人。他于世间的事情悟出一个道理，即不论大小，凡事都有它的根本之处，而这个根本之处通常又都是浅显的，既容易明白，又容易下手，问题是要善于寻找发现。找出来后，从根本之处做起，则事情就有可能循序渐进地顺利做好。

今天这篇日记，曾氏记下他所发现的八件事情的根本之处。读书这桩事，其根本之点在于要通晓训诂，也就是说要通晓一字一词一句一篇的意义。朗诵诗文这桩事，其根本之点在于掌握声调，也就是要依照诗文的声韵、起伏、长短、高低，把它们控制得恰如其分。事奉亲老这桩事，其根本之点在于得到亲老的欢心，即后辈所做之事能让祖父母、父母以及其他长辈心里快乐就好。养生这件事，其根本之点在于减少恼怒，也就是说少烦恼少生气，生命就得到较好的保养了。立身处世这件事的根本之点在于不随便发表意见，也就是说谨慎言语。居家过日子这件事的根本之点在于不睡懒觉，也就是要勤奋劳作。做官这件事的根本之点在于不要钱，也就是不贪污受贿。军队管理这件事的根本之点在于不骚扰百姓，也就是要爱民。这就是有名的曾氏“八本”。曾氏将这“八本”寄回家，要家人遵照办理，并铭其室曰“八本堂”。

曾氏的这“八本”，虽不见得件件都十分准确（比如谨言很重要，而慎行对立身也同样重要），但曾氏的这种思路对我们很有启益，即从一个最重要也最具操作性之处入手，一步步地走向大目标、大成绩。

居高位之道：不与、不终、不胜

□曾国藩原文

是日，为先太夫人忌辰，不见一客，斋戒一日。饭后清理文件。旋写沅弟信、胡中丞信、陈作梅信，又写郭意城信。中饭后清理文件极多。傍夕，养素来久谈，约一时许。夜又清理文件。旋温《平准书》。

是日，思居高位之道，约有三端：一曰不与，《论语》所谓“巍巍乎，舜禹之有天下也，而不与焉”者，谓若于己毫无交涉也；二曰不终，古人所谓“日慎一日，而恐其不终”，盖居高履危而能善其终者鲜矣；三曰不胜，古人所谓“懔乎若朽索之驭六马，栗栗危惧，若将殒于深渊”，盖惟恐其不胜任也。“鼎折足，覆公悚，其形渥，凶”，言不胜其任也。方望溪言汉文帝之为君，时时有谦让，若不克居之意，其有得于不胜之义者乎！孟子谓周公有不合者，仰而思之，夜以继日，其有得于惟恐不终之义者乎！（咸丰十年六月十二日）

□唐浩明评点

一个多月前，曾氏奉旨以兵部尚书衔署理两江总督。虽说十多年前曾氏便是朝廷的高级官员了，但从咸丰二年底组建湘军直到咸丰十年四月，前后九个年头，曾氏一直以“客寄虚悬”的身份在领兵打仗。在江南战场上，他并没有实际上的高位重权。现在，这个局面改变了，他是江南名符其实的最高职位的官员。他谨慎地对待来之不易的这个职权，思索处于高位的三个必须要保持的心态。

心态之一是不与。孔子曾经以极为崇敬的口气称赞舜和禹的高尚品德，说他们贵为天子富有四海，但这种至高至重的富贵，在他们的眼里都是公的，与个人的私利毫无关系。尧、舜、禹是“天下为公”的代表。从禹之子启以后，历朝历代的帝王则将天下视为一家一姓的私产，“天下为公”遂蜕变为“天下为私”。帝王虽然将天下、四海攫为己有，但绝不容许他的各级官员将自己的职权视为私有，朝廷以苛刻的律法和严厉的处罚来维护国家利益和官场风气。人性的贪婪，又总是在催生着层出不穷的贪官污吏，尤其是在社会混乱与监督失控情况下，贪贿现象更几乎是无处不在。曾氏所处的时代，正是社会混乱与监督失控同时存在之际，且曾氏兵权在握，他若要做一个贪贿的官，易如反掌，但他要求自己保持舜、禹的“不与”心态：如此大的权力是属于公的，与自己的私利毫不相干。

心态之二是不终。古人说，以谨慎态度对待每一天，尚且担心不能得善终。曾氏认为，这是出于高位危职者自古便少见善终的缘故。居高履危者常常权倾一时炙手可热，作为交换代价，它又多半是不得善终。身为两江总督、湘军统帅，曾氏深知这种显赫的现状背后所藏的危机。他对九弟说：“古来成大功大名者，除千载一郭汾阳外，恒有多少风波，多少灾难，谈何容易！愿与吾弟兢兢业业，各怀临深履薄之惧，以冀免于大戾。”类似这样的话，他与同样居高履危的胞弟多次说过。

心态之三是不胜。古人说，办大事的人应当具有这样的畏惧之心：好比已朽烂的缰绳套着六匹奔跑的马，战战兢兢害怕之极，担心随时会殒命于万丈深渊。曾氏认为，这种心态表露的是任事者的恐惧感，怕自己不能胜任所荷。《易・鼎卦》九四爻辞：“鼎折足，覆公悚，其形渥，凶。”三足之鼎内正煮着食物，如果这时一只足折断了，则食物倾覆。这是凶卦。它说的是因力不胜任造成事情败坏的现象。汉文帝历来被认为是贤君。他的贤在何处？在于他时时存谦让之心，认为自己不足以担当皇帝的重任。曾氏为此专门写了一篇短论文：“天下惟诚不可掩，汉文帝之谦让，其出于至诚者乎！自其初至代邸，西向让三，南向让再，已歉然不敢当帝位之尊。厥后不肯建立太子，增祀不肯祈福，与赵佗书曰‘侧室之子’，曰‘弃外奉藩’，曰‘不得不立’。临终遗诏：戒重服，戒久临，戒厚葬，盖始终自觉不称天子之位，不欲享至尊之奉。”为什么具有这种“不胜”的心态，便可为贤者呢？曾氏解释：“夫使居高位者而常存愧不称职之心，则其过必鲜，况大君而存此心乎！”这正是孔子所倡导的“临事而惧”的心态。

一个人居高位握重权之后，常常会贪婪之心大炽，常常会轻率用事，常常会自以为了不起。曾氏饱阅世事，提出“不与”“不终”“不胜”来警示自己，确乎难能可贵。

创业垂统英雄与扶危救难英雄

□曾国藩原文

黎明起，阅胡中丞所寄京信各件。饭后至花桥查阅顺字营马队营盘，偶与营官马得顺言及盛世创业垂统之英雄，以襟怀豁达为第一义；末世扶危救难之英雄，以心力劳苦为第一义。

巳刻归，往返近二十里。旋清理文件。写季弟信一件。中饭后，因头痛目蒙，不作一事，在室中优游安逸。酉刻，申夫来，久谈，教之留心人才，从气象上用功。夜清理文件。倦甚，甫交二更即睡。（咸丰十年六月二十七日）

□唐浩明评点

曾氏记下今天查阅顺字营时，与营官马得顺的谈话：盛世创业垂统之英雄，以襟怀豁达为第一义；末世扶危救难之英雄，以心力劳苦为第一义。曾氏认为，太平盛世时节，创建功业传之子孙的英雄，最重要的一点是胸襟开阔通达；而混乱末世时节，扶助危困拯救灾难的英雄，最重要的一点是心灵与精力要承受劳苦。前者落脚在胸怀上，后者落脚在心力上。眼下无疑是混乱末世，曾氏以吃苦耐劳勉励部属。

另外，曾氏跟李榕谈到要注重从气象上观察人才。这一点，应是曾氏传给李榕的识人心得。什么是气象？气象，当指一个人因为内里的储备而显发在外的表现，与简单的外表状况不同。当然，辨别气象本身，亦非易事。

求人治事之道

□曾国藩原文

早起，至沈宝成营内一查，辰刻归。饭后清理文件。旋小睡。写杨厚庵信一件。阅韩文。中饭后热极，小睡。习字一张，清理各文件。酉刻与王壬秋久谈，又与牧云谈。夜与牧云、少荃在楼上乘凉。早睡。

本日思求人约有四类，求之之道约有三端。治事约有四类，治之之道约有三端。

求人之四类，曰官也，绅也，绿营之兵也，招募之勇也。其求之之道三端，曰访察，曰教化，曰督责。采访如鸷鸟猛兽之求食，如商贾之求财；访之既得，又辨其贤否，察其真伪。教者，诲人以善而导之，以其所不能也；化者，率之以躬，而使其相从于不自知也。督责者，商鞅立木之法，孙子斩美人之意，所谓千金在前、猛虎在后也。

治事之四类，曰兵事也，饷事也，吏事也，交际之事也。其治之之道三端，曰剖晰，曰简要，曰综核。剖晰者，如治骨角者之切，如治玉石者之琢。每一事来，先须剖成两片，由两片而剖成四片，由四片而剖成八片，愈剖愈悬绝，愈剖愈细密，如纪昌之视虱如轮，如庖丁之批隙导窾，总不使有一处之颟顸，一丝之含混。简要者，事虽千端万绪，而其要处不过一二语可了。如人身虽大，而脉络针穴不过数处；万卷虽多，而提要钩元不过数句。凡御众之道，教下之法，易则易知，简则易从，稍繁难则人不信不从矣。综核者，如为学之道，既日知所亡，又须月无忘其所能。每日所治之事，至一月两月，又当综核一次。军事、吏事，则月有课、岁有考；饷事，则平日有流水之数，数月有总汇之账。总以后胜于前者为进境。

此二者，日日究心，早作夜思，其于为督抚之道，思过半矣。（咸丰十年六月二十九日）

□唐浩明评点

这一天曾氏思索求人与治事两件大事。

关于求人这件事。他需要的人有四类：一是主政一方的朝廷命官，二是为军营办理行政事务的绅士，三是协同作战的绿营兵士，四是自己招募的勇丁。如何得到有用之人，他总结有三点：一为访察。访是访求，要有强烈的求取之心，好比凶猛的禽兽求食，好比贪心的商人求财。察是察看，访到了人，还要察看此人是贤或不肖，察看其人的诚与否。二为教化。教是教育，教授才干，增益其所不能。化是感化，以身作则，使其潜移默化。三为督责，即以奖罚制度来督促其成功、责备其过失。

在治事上，曾氏需要治理的事情也有四类：一为用兵打仗，二为筹集军饷，三为管理部属，四为与上下左右的交往。如何来治理这些事情，他也总结了三点。一为剖析，即尽量把事情细分。一件事情摆在眼前，先把它剖成两部分，再由两部分分为四部分，再由四部分分为八部分，越剖得多，事情的细密处、隐藏处就越彰显，这就好比一个虱子在神箭手纪昌的眼里就变成了车轮，也好比神刀手庖丁看牛筋骨的窾隙一样。二为简要，即简明扼要。曾氏认为，一件事情不管多复杂、多么千头万绪，其紧要处总是可以用一两句话来表达的。这就好比一个人的身体，尽管很庞杂，但其穴位并不多，也好比一本大部头的书，提要勾玄的话，亦不过几句而已。凡管理大众的道理，必须简易，才能让他们明了照办；若过于复杂，对于大多数的人来说将无所适从。三为综核，即隔一段时期就要将办之事综合起来检索核查一次，这就好比读书治学一样，每天知道所未知的，每月复习所已知的。对于军事、吏事，则每个月有功课，每年有考核。对于饷事，则每一天要有流水账，每一个月则要有汇总账。所有这些，都要以后来的胜过前面的为好。天天都要在心里研究这些事，白天做事，夜里思考。对于主政一方的总督巡抚来说，能这样做，就大致可以了。

人们说起曾氏来，或说他是政治家、军事家，也或说是理学家、文章家，其实曾氏一生所做的最主要的事业，还是在于统率一个团队。他的第一个头衔应该是管理家，如同一个大型企业的董事长。这篇日记谈的是他作为一个管理家的思考，尤其是治事之道所谈的剖析、简要、综核三点，的确是实干者的经验之谈。对于我们每个办事（不管办大事还是办小事）者都极有借鉴作用。

与李元度约法五章

□曾国藩原文

早，出城，至震字营查阅。饭后清理文件。写毓中丞信、家信，寄澄侯一件、张凯章信一件。天气热甚，小睡。中饭后见客三次。清理文件颇多。写挂屏六幅，白板绫的，又写二幅。因天热，不克写完。酉刻，与邵位西畅谈。灯时大雨，而热气未息。

夜阅《古文•书牍》。

是日次青赴徽州，余与之约法五章：曰戒浮，谓不用文人之好大言者；曰戒过谦，谓次青好为逾恒之谦，启宠纳侮也；曰戒滥，谓银钱、保举宜有限制也；曰戒反复，谓次青好朝令夕改也；曰戒私，谓用人当为官择人，不为人择官也。（咸丰十年八月十四日）

□唐浩明评点

平江人李元度（字次青）书读得好，尤善长诗文联话，从小便有“神童”“神对”之称。咸丰三年即以举人教谕的身份入曾氏幕，咸丰五年开始独领一军，是湘军创建初期，曾氏的重要助手之一。一个月前，曾氏保举李为皖南道员。李元度虽为平江勇的统领，然文人之习不改。这次领军去防守徽州，事关皖南全局，使命重大，曾氏颇不放心，与之约法五章——

一戒浮，即不用喜欢说大话的文人。二戒过于谦逊，在军营中，过谦容易败事。三戒滥，即在银钱开支、立功保举这些事上不能太泛滥。四戒反复，即不能朝令夕改、反复无常。五戒私，即用人不能徇私情，所用之人要能胜任所任之职。

曾氏这五戒，其实都是针对李元度本人的弱点而提出的。文人习气严重的李元度好说大言，又好以过度谦抑换取别人的好评。他还缺乏原则，缺乏定力。李元度到徽州没多久，便丢失城池，而且居然在外躲藏二十多天后才去见曾氏，令曾氏大为恼火，将其参劾革职。

湘军有一个很重要的特点，那便是书生领兵。书生读书明理，有抱负，有操守，有学识。这些，对于军营管理来说都非常重要。但书生也多眼高手低、散漫任性，不能习苦耐劳。这些毛病一般称之为文人习气。这种文人习气却是军营大敌。所以，湘军中的许多书生，有的成就了大业，但更多的并无大成。李元度就是后者的一个代表人物。

自正其心以维风俗

□曾国藩原文

早饭后清理文件。旋与作梅畅谈当今之世，富贵固无可图，功名亦断难就，惟有自正其心以维风俗，或可辅救于万一。

所谓正心者，曰厚，曰实。厚者，仁恕也。己欲立而立人，己欲达而达人，己所不欲勿施于人，存心之厚如此，可以少正天下浇薄之风。实者，不说大话，不好虚名，不行架空之事，不谈过高之理。如此可以少正天下浮伪之习。因引顾亭林所称匹夫之贱与有责焉者以勉之。作梅是日将由吴城以至宿松，已刻别去。

旋写家信，夫人一件、澄侯一件，又写张凯章一件、胡宫保一件。见客四次，鲍春霆来久谈，因留之中饭。饭后写沅、季信一件，小字，甚长，戒“骄”字、“惰”字。夫人信内亦戒此二字。与尚斋围棋一局。

申刻，接胡宫保信，知京城业被逆夷阑入，淀园亦被焚，伤痛之至，无可与语。旋清理文件甚多，至夜二更始毕。

占二卦：一问前疏请带兵入卫，是否奉旨派出北上；一问鲍、张进攻休宁，能否得手。（咸丰十年九月二十四日）

□唐浩明评点

曾氏与幕僚陈鼐（字作梅）聊天，聊起了人生事业。他对陈说，生在当今时代，富贵固然是不可以图谋得到，功名也绝对难以成就，唯有一点，那就是以自我正心来维持社会风俗，或可辅助拯救于万分之一。所谓自我正心，体现两个方面：一为厚道，一为平实。所谓厚道，就是仁恕。孔子说：自己想成立，也便帮助别人成立；自己想畅达，也便帮助别人畅达。孔子还说：自己所不想要的，不可施行在别人身上。这些话，说的都是仁恕。能够存如此厚道之心，则可以稍微纠正天下浇薄的风气。所谓平实，即不说大话，不好虚名，不做没有着落的事，不谈论过于高蹈的理论。做到这些，则可以稍微纠正天下浮华虚伪的风气。曾氏还引用顾炎武的“天下兴亡匹夫有责”的名言来勉励陈鼐。

笔者曾经说过，曾氏所处的时代，是一个纲纪倾圮、江河倒流的时代，一切都已颠倒混乱。曾氏想以个人之正心诚意来挽救世风的颓废，其难如同负山驰河，其效堪比杯水车薪。而这也正见曾氏的难能可贵，是真正的知其不可而为之。同时，也可见曾氏对自己的期许。他从来就没有把自己混同于一个普通老百姓，而一贯认为自己是担负着为人榜样为世表率的精英人物。早在京师做翰林时，他就说过：“风俗之厚薄奚自乎？自乎一二人之心之所向而已。”晚年身为大学士直隶总督时，他又说：“若夫风气无常，随人事而变迁。有一二人好学，则数辈皆思力追先哲；有一二人好仁，则数辈皆思康济斯民。倡者启其绪，和者衍其波；倡者可传诸同志，和者又可禮诸无穷；倡者如有本之泉放乎川渎，和者如支河沟浍交汇旁流。先觉后觉，互相劝诱，譬之大水小水，互相灌注。”

对于浊世恶俗，始终不失望，始终抱着积点滴而成江河之心去改造，始终相信一二人之努力最后总会有效果的，久而久之，此人必定是人群中的数一数二者。这是曾氏以自身的行为给我们的启迪。

古文之道：重峦复嶂又不杂乱无纪

□曾国藩原文

早饭后清理文件。旋写凯章信一件、罗少村信一件。见客六次。中饭后核改折稿一件。傍夕，至杨朴庵处久谈，灯后归。与尚斋围棋一局，旋写伴山信一件。胡晖堂查各岭归，极言赵廷贵之可恃。

是夜思作古文之道，布局须有千岩万壑、重峦复嶂之观，不可一览而尽，又不可杂乱无纪。（咸丰十年十月初二日）

□唐浩明评点

早在京师翰苑时，曾氏便说自己已悟到古文之道。战争年代，他对死不怕，只是怕自己没有把已悟到的古文之道化为文章，而自成一家，担心“寸心所得，遂成广陵之散”。这篇日记中，他记下自己所悟的一个古文之道，即文章须有千岩万壑、重峦复嶂的布局，不可以让人一眼便看尽看透，但又不能杂乱而无章法。他有次给儿子写信说：“作文以思路宏开为必发之品。意义层出不穷，宏开之谓也。”这句话可以帮助我们理解“千岩万壑、重峦复嶂”之所指。

以禹墨之勤俭兼老庄之静虚

□曾国藩原文

五更三点起，至城内万寿宫拜牌行礼，黎明还营。各文武员弁来贺新年，巳正始毕。清理文件，写告示一张。旋观申夫与鲁秋航下棋，余亦与尚斋围棋一局。

中饭后，阅陆放翁诗。选七言绝句发抄，兼选七律。余在京时，曾将放翁七律选抄一编，七绝则选而未抄。今因抄七绝，又将七律再选一编，恐与在京时所选多不符矣。傍夕，又观申夫与人下棋。写沅弟信。夜再阅陆诗。二更三点睡，至五更三点始醒，为近日所仅见。

是日细思立身之道，以禹墨之勤俭，兼老庄之静虚，庶于修己、治人之术，两得之矣。（咸丰十一年正月初一日）

□唐浩明评点

中国士人自古以来，便有“儒道互补”“外儒内道”之说，意谓以出世之心做入世之事、有为做事无为养心等。儒与道各有长处，也各有短处，唯取长补短，则可臻于完善。曾氏晚年游心于老庄之道，已是在践行儒道互补了。这次又提出以禹墨之勤俭，兼老庄之静虚，那就是不仅要儒道互补，而且要墨道互补了。墨家学说的核心为勤劳俭朴，不畏劳苦，为大众做事。正如孟子说的："墨子兼爱，摩顶放踵，利天下而为之。"

曾氏一生行事，很好地贯穿了墨家精神。临终前一年，他为儿子们立下四点遗嘱，其中第四点为"习劳则神钦"。他解释："古之圣君贤相，若汤之昧旦丕显，文王日昃不遑，周公夜以继日坐以待旦，盖无时不以勤劳自勉。""大禹之周乘四载，过门不入，墨子之摩顶放踵以利天下，皆极俭以奉身，而极勤以救民。故荀子好称大禹、墨翟之行，以其勤劳也。"

曾氏认为，一个人既要勤劳俭朴，又要静心虚怀，把墨家和道家这两派学问的精髓兼收并蓄，于做人办事则大有好处。

不轻非笑人与不晏起等

□曾国藩原文

早，接奉廷寄，即前复奏英夷助剿、运漕一案。饭后清理文件。

写澄弟信一件，言戒"骄"字以不轻非笑人为第一义，戒"惰"字以不晏起为第一义。写纪泽信一件，言文章之雄奇，以行气为上，造句次之，选字又次之。

旋阅选放翁七绝。中饭后又选陆诗，夜又选之，共八本。放翁胸次广大，盖与陶渊明、白乐天、邵尧夫、苏子瞻等同其旷逸。其于灭虏之意、养生之道，千言万语，造次不离，真可谓有道之士。惜余备员兵间，不获于闲静中探讨道味。夜，睡颇成寐，当由玩索陆诗，少得裨补乎！（咸丰十一年正月初四日）

□唐浩明评点

这篇日记虽短，内涵却很丰富，说了三件有意思的事。

一是给在家守祖业的四弟国潢写信，言戒骄戒惰事。这封信写得短而有力度，现抄其要言如下："弟于世事阅历渐深，而信中不免有一种骄气。天地间惟谦谨是载福之道，骄则满，满则倾矣。凡动口动笔，厌人之俗，嫌人之鄙，议人之短，发人之覆，皆骄也。无论所指未必果当，即使一一切当，已为天道所不许。吾家子弟满腔骄傲之气，开口便道人短长，笑人鄙陋，均非好气象。贤弟欲戒子侄之骄，先须将自己好议人短好发人覆之习气痛改一番，然后令后辈事事警改。欲去骄字，总以不轻非笑人为第一义；欲去惰字，总以不晏起为第一义。弟若能谨守星冈公之八字、三不信，又谨记愚兄之去骄去惰，则家中子弟日趋于恭谨而不自觉矣。"

曾氏家族，既有人身居高位，又有人手握重兵，是真正的富贵之家。富贵家中的人，最容易犯的毛病一为骄（源于有势力），一为惰（源于有财富）。其败落的原因，也主要在这两点上。作为曾氏家族的大家长，时刻担心家族染上这两个毛病，而他从四弟国潢的来信中已明显地看出骄、惰的苗头。在湘乡老家，国潢是长辈，是子侄辈的样板，不打掉国潢身上的骄惰之气，则此风将会愈演愈炽。故而，曾氏以不多见的严厉口气，批评这个比他小九岁的弟弟。

二是与儿子谈文章之道。他告诉儿子，文章要写得雄奇，气势是第一位的，其次是句子的选择，再其次是文字的选择。

气势的浩荡雄壮，来源于立论的正大，所谓理直气壮。而立论的正大与否，又与学问、见识、思想、阅历密切相关。所有这些，才是雄奇之文的基础，造句造字当然也重要，但毕竟是次等的。曾氏对于自己少有称许，但对于诗文的写作却屡有自得之辞。这几句话亦可视为曾氏对古文之道的领悟。

三是对陆游的评价。曾氏认为，陆游有着与陶潜、白居易、邵雍、苏轼这类人所共同的旷逸。所谓旷逸，当指陆的开阔超脱的胸襟。曾氏对这一点很重视。他认为人生办事，第一仗的是胸襟，学问、才干等尚属其次。他曾经对儿子说过这样的话：“余所好者，尤在陶之五古、杜之五律、陆之七绝，以为人生具此高淡襟怀，虽南面王不以易其乐也。”这话已说到极致：人生若有陶潜、杜甫、陆游的高淡胸襟，所享受的快乐要超过南面为王。

曾氏对陆游的评价极高，几十年后他遇到一位知己。这位知己如此评价陆：“亘古男儿一放翁。”此人为梁启超。杨昌济将此人与曾氏并列为农家走出来的异材。

州县之道与将领之道

□曾国藩原文

早饭后清理文件。旋围棋一局。阅《管子》《霸言篇》《问篇》。清理文件。中饭后阅《管子·戒篇》，未毕。沅弟来，久谈，教以胸襟宜淡远，游心虚静之域，独立万物之表。又每日宜读书少许，以扩识见。弟围安庆，前后皆有强寇，人数甚单，地段甚广，昼夜辛勤，事事躬亲，虽酷暑大雨而每日奔驰往返，常五六十里。余怜其太劳，故欲其以虚静养心也。

清理文件甚多，至更初止。近日因风大，未接公文，本日接百余件，眼蒙尚未看毕。温《古文·序跋类》。三更睡，疮痒殊甚，不能成寐。罗弁值日。午间习字一纸，夜写零字一纸。

傍夕，思州县之道，以四者为最要：一曰整躬以治署内，一曰明刑以清狱讼，一曰课农以尽地力，一曰崇俭以兴廉让。将领之道，以四者为最要：一曰戒骚扰以安民，一曰禁烟赌以儆惰，一曰勤训练以御寇，一曰尚廉俭以率下。

是日接无名人一奏，云本年三月廿二日，新授陕西巡抚邓尔恒，在曲靖府行辕被带练保至协镇之何有保杀毙。先是，邓被何有保劫抢一空，今又勒索银二万，胆敢持刀凶杀，掳抢罄净，并将曲靖知府拿去，以致邓三日未殓，身受二十八伤。何有保与其养子何自清久有叛谋，云南巡抚徐之铭亦主谋，令其擅杀，现在转行捏禀系邓抚自带之练丁戕杀云云。世变至此，诚不堪问！而滇抚徐之铭前有唆使练丁抢劫张石卿制军之名，兹又有唆使练丁劫杀邓子久中丞之名，不必问其虚实而已决其为败类矣。（咸丰十一年八月十七日）

□**唐浩明评点**

傍晚时，曾氏又思索起州县之道与将领之道来。

所谓州县，即一州一县的长官，即知州与县令，是官场系列中最低一级的官员，也是与百姓最接近的官员。曾氏认为，州县的职责主要在四件事上。一为整躬以治署内，即以身作则来治理衙门内的事务：自己勤政来杜绝属吏的懒惰，自己廉洁来防止属吏的贪污，等等。二为刑事明慎以清正官司，即刑罚上一定要公平公道，如此社会风气才会清正。三为督促农人勤于耕种以尽量发掘土地财力。四为大力倡导勤劳俭朴，借以兴廉洁谦让之风。州县职责简而言之，即以身作则、严明刑罚、努力农事、崇尚廉让。

所谓将领，指一营一哨的统领官，是军队中带兵上战场的领头人。曾氏认为将领的职责也主要有四点。一为管束好兵勇，不能骚扰百姓，要成为安定民心的力量。二为禁止吃食鸦片与赌博，借以儆戒懒惰。三为勤于训练，以抵御敌寇。四为崇尚廉洁俭朴，以表率下属。

无论对于州县官，还是对于带兵将领，曾氏有一个共同的要求，即要做崇尚廉俭的榜样。

委员之道与绅士之道

□**曾国藩原文**

早饭后围棋一局。旋清理文件，即昨日未阅毕者，习字一纸。午间小睡。中饭后清理文件，九弟来鬯谈，至酉刻去。写零字数纸。眼蒙殊甚，不能不用加花镜矣。夜温《古文·传志类下》，又朗诵《九辩》数遍。睡甚成寐。

夜接七月廿八日寄谕一道，系因毓中丞之奏江西省城危急，令派兵救援。又接礼部文，奉到新主哀诏。日内北风不止，东流文武皆不能来，不克行齐集哭临之礼，深为忧灼。

又思委员之道，以四者为最要：一曰习劳苦以尽职，一曰崇俭约以养廉，一曰勤学问以广才，一曰戒傲惰以正俗。绅士之道，以四者为最要：一曰保愚懦以庇乡，一曰崇廉让以奉公，一曰禁大言以务实，一曰扩才识以待用。（咸丰十一年八月十八日）

□唐浩明评点

所谓委员，即不是朝廷任命而是曾氏委派的各级管理人员。曾氏亦为他们安排四个重要职责：一为吃苦耐劳，恪尽职守；二为崇尚俭约，培养廉洁；三为勤学勤问，扩展才识；四为戒懒戒惰，以正风俗。

所谓绅士，即在社会上有一定声望与影响力的人士。曾氏认为做一个好绅士也体现在四个方面：一为保护弱势人群，庇佑乡里；二为崇尚廉洁谦让，奉公守法；三为禁止说大话空话，求真务实；四为扩展才识，以备朝廷选用。

令我们感兴趣的是，不管是对于委员还是对于绅士，也有一个共同点，那就是崇廉崇俭。看来，廉洁俭朴，是曾氏对一切办公事的人的共同要求。当然，我们也由此可得到一个信息，那就是当时文武两界普遍的毛病是不廉不俭，也就是说贪污奢侈之风盛行于晚清官场。

礼物全璧，只收小帽一顶

□曾国藩原文

是日恭遇先太夫七十二冥寿，寓中未办祭祀。早饭后围棋一局。旋清理文件，见客三次，习字一纸。中饭后，围棋一局。清理文件。华翼纶，号笛秋，前自上海来请兵，本日令其作画六幅。写雪琴信一件，专人至上游迎接。

鲍春霆来，带礼物十六包，以余生日也。多珍贵之件，将受小帽一顶，余则全璧耳。

夜与仙屏久谈。二更后，温《古文•奏议类》。二更四点睡，颇能成寐，但疮痒异常，殊以为苦。（咸丰十一年十月初九日）

□唐浩明评点

鲍超（字春霆，也作春廷）是湘军霆字营的统领。鲍骁勇善战，所部霆字营战斗力强，鲍因此很受曾氏的器重，曾氏亦对鲍着意爱护栽培。这次鲍超给曾氏送来十六包生日礼物，其中有许多珍贵物品；曾氏只接受一顶小帽，其余的全部退还。

以曾鲍之交情，鲍之行为不是行贿。曾氏全部接受，也在情理之中。曾氏不受，不是拒绝鲍，而是要做出一种姿态来给他的所有部属看。这个姿态就是：曾某人是个自爱的不接受馈赠的人，大家都不要送礼。

鉴于与鲍的友谊，曾氏收下小帽一顶，表示领了鲍的情。帽子乃日常生活用品，非奢侈品；一顶小帽所值有限，不是价格贵重之物。曾氏也借此传递一个信息：即使是很好的朋友，他接受的礼物亦只限于这样的范围。

写字、养生与治世之道种种

□曾国藩原文

早饭后围棋一局，清理文件，见客二次，至弢甫处一坐，习字一纸。阅《瀛寰志略》中南洋越南、暹罗、缅甸、南掌诸国，南洋诸岛。中饭后，清理文件。陈虎臣来，久坐。因约洪琴西亦来□谈，申正三刻去。写挂屏二幅，未毕，已曛黑矣。至少荃处一叙。夜清理文件，二更毕。温《诗经》《正月》《十月之交》《雨无正》《小旻》《小宛》《小弁》《巧言》诸篇，若有所会者。

日内作书，思偃笔多用之于横，抽笔多用之于竖。竖法宜努、抽并用，横法宜勒、偃并用；又首贵有俊拔之气，后贵有自然之势。

又养生之道，当于“眠、食”二字悉心体验。食即平日饭菜，但食之甘美，即胜于珍药矣。眠亦不在多寝，但实得神凝梦甜，即片刻，亦足摄生矣。

又思治世之道，专以致贤养民为本。其风气之正与否，则丝豪皆推本于一己之身与心，一举一动，一语一默，人皆化之，以成风气。故为人上者，专重修养，以下之效之者速而且广也。（咸丰十一年十一月初六日）

□唐浩明评点

在这篇日记中，曾氏记下了他的多种体会。

一是关于写字。他谈到字首在要有俊拔之气，而后要有自然之势。所谓俊拔，笔者揣测，当指字既好看又有骨力。所谓自然，当指结体与笔画都不应太古怪、太做作。曾氏本人的书法亦印证了这两点。

二是关于养生。曾氏认为养生主要在睡觉与饮食两个方面。食不在食物的珍贵，而在于食者之味道甘美。只要食味好，家常饭菜就是好食品。睡觉不在于躺在床上的时间长短，而在于睡觉的质量高低，香甜就是好睡眠。

三是治世之道。所谓治世，指与乱世相对的承平之世，即没有大战争、大动乱、大灾难的平和世道。治世之道的根本在于致贤养民，即招至贤良之人为管理者，使百姓能过衣食无忧的日子。

这些体会，因平易而显真切，因实在而更亲和。

凡物加倍磨治皆能变换本质

□曾国藩原文

早饭后，因腹胀有病，不见客，亦不治事。与程颖芝围棋二局，与少荃、眉生等畅谈，王明山来少叙。

冯竹渔自广东购寄千里镜二具，在楼上试验，果为精绝，看半里许之人物如在户庭咫尺之间。其铜铁、树木等，一经洋人琢磨成器，遂亦精曜夺目。因思天下凡物加倍磨治，皆能变换本质，别生精彩，何况人之于学？但能日新又新，百倍其功，一何患不变化气质，超凡入圣？余志学有年，而因循悠忽，回思十五年前之志识，今依然故我也，为之悚惕无已。

中饭后腹胀，仍不能治事。与李眉生、莫子偲、洪琴西等畅谈。申刻清理文件。酉刻见客，吴贞阶久谈。夜清理文件，至二更毕。三点睡，三、四更皆得酣睡，在近日最为难得者。是日早间腹泄二次，有血，有似痢疾。未刻一次，无之。灯初一次，更好。五更一次，水泄极多，幸不甚困惫耳。

是日接奉廷寄二件、谕旨一件，系余十一月十六月发报奉到批回同来者。（咸丰十一年十二月二十一日）

□唐浩明评点

曾氏第一次使用洋人制造的望远镜，看半里之外的人物如近在咫尺。他禁不住由衷赞叹。他想到，洋人所用的材料亦不过普通的铜铁树木等，但经过他们的精湛打磨，就可以改变其本质，增益其所不能。由此曾氏联想到人的修炼陶冶：人若每天不断自新，下苦功夫来坚持做这件事，何愁不能变化气质，脱离凡俗走进圣贤的序列呢？

曾氏的联想是很有道理的。我们都知道，量变引发质变，是自然界的普遍规律。这正是曾氏所悟到的“凡物加倍磨治，皆能变换本质”的现象。凡物如此，人自然也如此。只要长久坚持不懈地努力，人的痼习本性都是可以改变的，所谓“江山易改，本性难移”，或许是人类为自己的懒惰而编造的遁词。

许振祎的阅历有得之语

□曾国藩原文

早饭后接见司道。旋出城看熊字营操演，巳刻归。与筱泉围棋一局。习字一纸，写希庵信，未毕。约陈湜、潘鸿焘来吃便饭，未正散。将希庵信写毕。折差曾恒德自京归来，阅京信及各报本。清理文件。接少荃上海来信，言夷务事颇详。旋阅护军抬枪、小枪两队将发往熊字营为教师者。酉初写扁字及对联，再阅京报，略知近事。傍夕，眉生来久谈。夜清理文件，至二更三点毕。

本日见许仙屏与沅弟信中多见道语，如云为治首务爱民，爱民必先察吏，察吏要在知人，知人必慎于听言。魏叔子以孟子所言"仁术"，"术"字最有道理。爱而知其恶，恶而知其美，即"术"字之的解也。又言蹈道则为君子，违之则为小人。观人当就行事上勘察，不在虚声与言论；当以精己识为先，访人言为后。皆阅历有得之语。（同治元年四月初十日）

□唐浩明评点

江西人许振祎（字仙屏）是曾氏最为器重的幕僚之一。早在咸丰三年，曾氏率军初进江西时，许振祎便以诸生身份进入曾氏幕府，后又亲领一军攻克多城。同治四年，他又进京参加会试，获得进士功名，并进入翰林院，后出任学政、道员、河道总督等职，官至广东巡抚。

这篇日记中记录了许给曾国荃信中的一些有见地的话。这些话为：治理政务，首在爱护百姓；爱护百姓，则先在详察官吏；详察官吏，其要点在于知人；如何知人，则必须谨慎地听取此人的言论。

静中细思

□曾国藩原文

早饭后清理文件。旋与柯筱泉围棋一局。吴竹庄来，坐颇久。写沅弟信。

涉阅广东新刻丛书两种，一曰《海山仙馆丛书》，凡五十六种，潘仕成辑刻；一曰《粤雅堂丛书》，凡一百廿一种，伍崇曜辑刻。二者皆冯竹渔新赠也。又涉阅《正谊堂丛书》，凡五十六种，张清恪公辑刻，吴竹庄所赠也。因取《正谊堂》中清恪公所辑《程子》二十篇读之，至晡时读毕。凡十卷，取《论语》二十篇之意，编采二程粹言，略分门类，颇为精当。

写沅弟信一件。申刻调恒字营八队来此操演枪炮，约一时许毕。夜阅张清恪公所辑《朱子》七篇，每篇各分上下，仿《孟子》七篇之意。张公盖以程配孔，以朱配孟也。读一卷，未毕。倦甚，因阅陶诗。三更睡，倒床即成寐矣。

是日又写扁字二十余个。

静中细思，古今亿万年无有穷期，人生其间数十寒暑，仅须臾耳。大地数万里不可纪极，人于其中寝处游息，昼仅一室耳，夜仅一榻耳。古人书籍，近人著述，浩如烟海，人生目光之所能及者不过九牛之一毛耳。事变万端，美名百途，人生才力之所能办者，不过太仓之一粒耳。知天之长而吾所历者短，则遇忧患横逆之来，当少忍以待其定；知地之大而吾所居者小，则遇荣利争夺之境，当退让以守其雌；知书籍之多而吾所见者寡，则不敢以一得自喜，而当思择善而约守之；知事变之多而吾所办者少，则不敢以功名自矜，而当思举贤而共图之。夫如是，则自私自满之见可渐渐蠲除矣。（同治元年四月十一日）

□唐浩明评点

宁静之中，曾氏细细地思考许多人生道理。他思考了些什么呢？

他想，自有人类以来，历古到今，不知多少亿万年没有止境，人的一生只不过在其间存活数十年，两者相比，人生不过一瞬间而已。大地数万里宽广难以丈量，人在其间劳作生息，白天仅止一个房间，夜晚仅止一张床而已。古今人所写的各种书籍浩如烟海，穷尽人之一生所能看到的不过九牛一毛而已。事情万种，美名多方，一个人的一生所能办成的不过太仓之一粟而已。知道时光之漫长而我所经历者短暂，则懂得遇到忧伤不顺畅的事情到来时，应当稍稍忍耐而等待事情安定；知道大地的广泛无边而我所居的地方之少，则懂得遇到荣誉利益争执的环境，应当退让而甘居其后；知道古今书籍之多而我所见者孤陋，则懂得自己浅薄不敢以一点微小获得而沾沾自喜，懂得应当思索选择正确的而低姿态地守住它；知道事情之多而我所能办成者少，则懂得不敢以自己取得的成就而夸耀，应当想到推举贤能而共图大业。如果能做到这样，则自私自满的世俗之见可以渐渐消除了。

写这篇日记时，曾氏已虚岁五十二岁。过天命之年的曾氏的这番思考，出于他多年来在旋涡中的打拼挣扎。我们知道，曾氏很年轻的时候便有“男儿未盖棺，进取谁能料”的气概，功名上的成就，更助长他这种气概的勃发，将“子城”之名改为国藩，便是最好的证明。三十岁之后，他有过一段长时期的修身。这修身的目的，其实更多地为了日后的“治国平天下”。所以，一旦这个机会到来之后，他便甩开膀子大干起来。他憎恨不白不黑不痛不痒的官场，借办团练组建军队之机，他无所顾忌越俎代庖。他强硬打击那些不与他合作的人，他盼望很快就平定内乱安顿社会，但世事远不是他所预料的，各种意想不到的挫折、打击甚至针对他的阴谋接踵而来。世间现实终于让他痛切认识到，他本人以及他所能组织动员的力量太有限了。于是有了这番时长我短、地广我窄、书多我少、事繁我简的认识。

其实，这些认识早在两千年前，老庄等人便已看到了，年轻时的曾氏也一定读过《道德经》《南华经》，但那时他为什么不会有这样的思索呢？

这是因为年轻人血气方刚，一般对自我期许甚高而对世事所知甚少，正所谓“情况不明决心大”，以为天下事无不可为者。曾氏禀赋中有极刚强极自负的一面，他是很容易接受儒家的思想理念与法家的行为方式的。

当然，我们也可以设想一下，中进士点翰林之后的曾氏，在三十岁的时候便接受老庄的学说。如果那样，就很难保证他后来有“十年七迁”“遍兼五部”的经历，更难保证他能“另起炉灶”地组建军队。如果没有这些，那也就没有我们今天研究的这个对象了。历史上，应当也有不少早慧者，他们或许在年轻时便已领悟了老庄。若年岁轻轻便归入道家无为之学，则历史上就无他们的痕迹，正如李白所说的“古来圣贤多寂寞”。到底是轰烈好呢，还是寂寞好呢？对于个体生命来说，或许寂寞更好；但若都寂寞，一部二十四史，也就无从写起了。

为政之道，得人、治事二者并重

□曾国藩原文

早饭后清理文件。旋与柯小泉围棋一局，见客五次，写幼丹信一件、季高一件，阅冯焯诗稿。

焯，代州人，字稚华。其七世祖如京官广东左布政使，六世祖雍玉以进士官至同知，五世祖光裕以举人官至湖南巡抚，四世祖祁官编修，曾祖均弼以举人荫生，官至湖北按察使，祖宬以举人官浙江知县。焯为潜山县天堂巡检，又署屯溪巡检，刻诗四卷，清稳不俗。昨和余诗八首，今日问之程伯敷，始知其人。因取其诗披阅数十首，兼阅其曾祖及祖刻诗，乃知其世家渊源有自也。

午正睡半时许。中饭后清理文件，习字一纸。申刻与琴西少谈。旋温《霍光传》，至二更毕。核改折稿二件、片稿一件，清理文件。三更睡，甚能成寐。

细思为政之道，得人、治事二者并重。得人不外四事，曰广收、慎用、勤教、严绳。治事不外四端，曰经分、纶合、详思、约守。操斯八术以往，其无所失矣。（同治元年四月十三日）

□唐浩明评点

做官的要点在哪里？曾氏认为在得人与治事两个方面。

所谓得人，就是求取人才。曾氏认为应当从四个方面着手，即广泛罗致、审慎使用、勤于教导、严加监督。所谓治事，就是处理事务。曾氏认为也应当包括四个方面。一、先剖分细析：一分二、二分四、四分八、八分十六，越细越见精核，越细越易于处置。二、分后再整合，分门别类，提纲挈领，把事情再按一定的要求爬梳整理。三、详尽地思考，多方面地探索，把事情的来龙去脉，以及它的延伸都去仔细地想一想。四、最后归纳，找出几点来，予以铭记。曾氏本质上是一个政治家，他最大的真本事就体现在得人与治事这两点上。日记中所记的这些话，应是他的真经。

曾氏今天花了一个上午阅读冯焯及其祖上数代人的诗作，并由此知道冯氏家族从七世祖开始便读书做官，且有几代做过按察使、布政使、巡抚一级的大员。

冯焯不过一巡检而已，从九品衔，乃官场中最低一级的小官。此时，曾氏官居协办大学士、两江总督，衔领太子少保，权绾四省。冯焯与之相比，简直有霄壤之别。曾氏何以如此关注冯焯呢？原来，冯为曾氏的诗做了八首和诗，并通过曾氏的左右，将和诗连同他的其他诗作及其祖上刻诗一道送上来，让曾氏读到，借以求得曾氏对他的好感。说白了，冯其实走的是干谒的门道。不过，他不是带着金银财宝，而是带着自己的才学与家世，至于他的目的，与以财货求利者其实是一样的。

养气功夫：清、慎、勤

□曾国藩原文

早饭后清理文件，写鲍春霆信一件。围棋一局。见客二次。巳刻登城，看演放炮位，周围一试，约步行七里，肩舆五里，午刻归。写家信一件，又写沅弟信一件。中饭后至幕府畅谈，清理本日文件。申正写挂屏四付、对联二付。

本日早接沅弟初十日信，守事似有把握，为之少慰。然以江西抚、藩二人似有处处与我为难之意，寸心郁郁不自得。因思日内以金陵、宁国危险之状，忧灼过度。又以江西诸事掣肘，闷损不堪，皆由平日于养气上欠工夫，故不能不动心。

欲求养气，不外“自反而缩”“行慊于心”两句；欲求行慊于心，不外“清”“慎”“勤”三字。因将此三字多缀数语，为之疏解。“清”字曰名利两淡，寡欲清心，一介不苟，鬼伏神钦；“慎”字曰战战兢兢，死而后已，行有不得，反求诸己；“勤”字曰手眼俱到，心力交瘁，困知勉行，夜以继日。此十二语者，吾当守之终身，遇大忧患、大拂逆之时，庶几免于尤悔耳。

夜阅《梅伯言诗文集》，核批札各稿。二更三点将睡，疲困殊甚，幸尚成寐。五更醒，

从此为常态矣。（同治元年九月十四日）

□唐浩明评点

因为军事与人事两方面的不顺，曾氏心情郁闷。他认为这是因为自己不能很好地养气。养气工夫不足，心就容易动荡。孟子说过“我善养吾浩然之气”。孟子的浩然之气从哪里来？曾氏认为不外乎两个方面：一为“自反而缩”，一为“行慊于心”。

“自反而缩”出自于《孟子·公孙丑上》：“自反而不缩，虽褐宽博，吾不惴焉；自反而缩，虽千万人，吾往矣。”孟子说，大勇者是这样的人：扪心自问自己不占理，对方即便是下贱者，我不去恐吓他；扪心自问自己占了理，即便是千军万马，也勇往直前。

“行慊于心”化自《孟子·公孙丑上》：“其为气，配义与道，无是馁也。是集义所生者，非义袭而取之。行有不慊于心，则馁也。”孟子说，浩然之气必须与道和义相配合，缺乏这种配合则无力量。这种浩然之气是由正义日积月累而产生的，不是有一两次行侠仗义的行为就能取得的。只要做一次于心有愧的事，气就疲软了。

以笔者揣摸，曾氏引来这两句话，大概就是要表达这样两个意思：一是占着理，二是行得正。能如此，则心里便有浩然之气，情绪便不会因外界因素而波动。

想要求行得正，则要做到三个字：清、慎、勤。曾氏对这三个字分别予以解释。

清：把名和利两者都看淡薄，清静心思，减少欲望，一丝一毫之事均不苟且，鬼神都钦敬佩服。

慎：一事当前，战战兢兢，鞠躬尽瘁，死而后已，做的事情达不到预期效果，则从自身寻找原因。

勤：做事眼到手到，亲力亲为，心和力都用到极致，遇到困惑努力去解决，强迫自己要践行德业，日所不尽，夜以继之。

以培植自我内心的博大坚强，来应对外界的困境。这是中国圣贤为人类文明提出的重要理念。

于尽性知命若有所体会

□曾国藩原文

早饭。黎明至怀宁县学官庆贺万寿。是日为慈禧皇太后圣节也，卯正礼毕。早饭后见客二次，围棋二局，又立见之客三次。写沅甫信一件，核批札稿数件。天雨淋漓，深以金陵、宁国军事为虑。午正小睡片刻。请吴月溪、潘伊卿便饭，未正散。旋核改金柱关胜仗折，阅本日文件，改信稿三件。傍夕，宾客以余明日生日或来庆贺，因入内室避之。灯后作奏片二件，各三百余字，又改折稿二件。二更后写信一封，与吴竹庄信一件。

四点入内室，阅王而农所注张子《正蒙》，于尽性知命之旨，略有所会。盖尽其所可知者于己，性也；听其不可知者于天，命也。《易•系辞》“尺蠖之屈”八句，尽性也；“过此以往”四句，知命也。农夫之服田力穑，勤者有秋，惰者歉收，性也；为稼汤世，终归焦烂，命也。爱人、治人、礼人，性也；爱之而不亲，治之而不治，礼之而不答，命也。圣人之不可及处，在尽性以至于命。尽性犹下学之事，至于命则上达矣。当尽性之时，功力已至十分，而效验或有应有不应，圣人于此淡然泊然。若知之若不知之，若着力若不着力，此中消息最难体验。若于性分当尽之事，百倍其功以赴之，而俟命之学，则以淡如泊如为宗，庶几其近道乎！（同治元年十月初十日）

□唐浩明评点

性与命，是儒家学说中的高深命题，极不好理解。这天夜里，曾氏在灯下阅读王夫之的《张子〈正蒙〉注》，对此略有所领悟。他把这个领悟写在日记中。

曾氏认为，尽自己的努力获得所知，这就是性；将自己所不知者听其于天，这就是命。《易•系辞》中有这么几句话：“尺蠖之屈，以求信也。龙蛇之蛰，以存身也。精义入神，以致用也。利用安身，以崇德也。过此以往，未之或知也。穷神知化，德之盛也。”从“尺蠖之屈”到“以崇德也”这八句，说的是尽性。因为这八句话所表达的内容，是尽自己的力量所能做到的。从“过此以往”到“以崇德也”四句，说的知命，因为它的所指属不可知者。

好比农民种田，勤劳者丰收，懒惰者歉收，这就是性。这是人所能知的，应当尽性，即努力依靠勤劳去获得丰收。但是，若遇到长久的干旱，则无论勤与懒，都归于无收，这就是命。若遇到这种时候，勤者也要知命不抱怨。关爱别人，管理人群，以礼待人，这是我们应当所为的，因为我们知道这样做会有好的回报，但也会遇到如下的情况：关爱别人，但那人不跟你亲近；管理人群，但人群不接受；以礼待人，但别人不以礼待你。遇到此类，则就是命。

圣人之不可企及之处，在于他们于性上的事尽力而为，于命上的事也尽力去知。尽性还是属于平常的学问，至于知命，则进入高深的道理了。在尽性事上做到了十分，效果或有或不有，圣人则于此处之淡然。对于命上之事知几分、用力在哪些地方，这里的分寸最难把握。至于性上之事要尽百倍之力去做，而属于命的事则处之淡然，这就是接近于悟道了。

以笔者之见，这段论性与命的话，若简括而言之，就是曾氏常说的“尽人事而听天命”七字而已。

十分权势只可用五分

□曾国藩原文

早饭后清理文件，旋写左季高信。见客，坐见者二次，立见者三次。围棋一局。午刻至黎寿民处吊丧。昨夜撰一挽联，旋又作一联，以其太鲜丽，未书也。联云：“湘妃白眼随愁长，有德配远道相从，一曲鸾飞，不得见夫婿鞭丝帽影；谢朓青山带病看，叹使君到官遽逝，千年鹤返，可还记宣州城郭人民。”

中饭后至幕府鬯谈，阅本日文件，核改李藩司批一件，未毕，更初改毕。又核批札稿颇多。二更三点入内室，核张凯章保单毕。是日闻朱云岩于十五日打一败仗，旌德危急，为之忧系无已。夜接廷寄一件。

睡后，思“劳、谦”二字之道，精力虽止八分，却要用到十分，权势虽有十分，只可使出五分，庶几近之。（同治元年十月二十二日）

□唐浩明评点

日记中说精力虽止八分，却要用到十分。关于这一点，他在给九弟的信中曾说过：“精神愈用则愈出，阳气愈提则愈盛。每日作事愈多，则夜间临睡愈快活。若存一爱惜精神的意思，将前将却，奄奄无气，决难成事。”他还说“勤劳而后憩息”是人生的一大快乐。这些都可以看作是精力八分用十分的注脚。至于权势，他认为十分只能用五分。关于这一点，他也曾多次说过“有势不可使尽，有福不可享尽”的话。

精力是自己的，人人都有，不会遭嫉妒，多用可以多办事。权势是别人给的，人人都想，但却不是人人都能拥有，易遭人嫉妒；且使用权力办事，不见得做的都是好事，有时会用权势谋私，更易遭人忌恨。所以，精力少可用多，权势大则只能用小。

与人为善，取人为善

□曾国藩原文

早饭后清理文件，写澄侯信一件。巳初行开印礼。旋出门拜客五家，均会晤。

在轿中，思古圣人之道莫大乎与人为善。以言诲人，是以善教人也；以德熏人，是以善养人也：皆与人为善之事也。然徒与人则我之善有限，故又贵取诸人以为善。人有善，则取以益我；我有善，则与以益人。连环相生，故善端无穷；彼此挹注，故善源不竭。君相之道，莫大乎此；师儒之道，亦莫大乎此。仲尼之学无常师，即取人为善也；无行不与，即与人为善也。为之不厌，即取人为善也；诲人不倦，即与人为善也。

念吾忝窃高位，剧寇方张，大难莫平，惟有就吾之所见多教数人，因取人之所长还攻吾短，或者鼓荡斯世之善机，因以挽回天地之生机乎！适访晤石埭杨德亨仲谦，因其誉我太过，遂与谈及一二。

午正归。中饭后至幕府鬯谈。旋阅本日文件，写沅弟信一件，核批札各稿。傍夕又至幕府一谈。夜定江西厘务月报单毕。因眼红作疼，不敢多治事，二更三点睡。（同治二年正月二十一日）

□唐浩明评点

曾氏在咸丰九年二月二十八日的日记中说："日内作一联云：'取人为善，与人为善；忧以终身，乐以终身。'上二句见《孟子》，下二句见余所作《圣哲画像记》。"

写这篇日记时，曾氏已任协办大学士、两江总督之职，比咸丰九年时的"客寄虚悬"要高得多，是名符其实的身居高位者。居高位者，有的想为自己捞取更多的财富，有的想为自己图谋更大的权力，也有的想为自己获取更大的名声，然而曾氏想到的是自己肩负的更大责任。这个责任就是传承"与人为善"的古圣之道，激励世间的善心，挽回天地的生机。为使自己的"善"更多，则必须随时随地向别人学习，这就是"取人为善"。

曾氏所处的时代，是一个善心荡尽、作恶遍地的时代，多数人只有叹息与失望。曾氏却还抱着如此悲天悯人之心，这正是他的超凡入圣之处。

为保举太滥而忧虑

□曾国藩原文

早饭后清理文件，旋写澄弟信一件。围棋二局，见客四次，杜文澜小舫坐甚久，万篪轩坐亦久。午刻写扁一幅，写横幅一首，约二百字。中饭后至幕府鬯谈，阅本日文件。申正阅批札各稿。傍夕写彭杏南信。在竹床小睡。灯后与小岑一叙。旋温《诗》《无羊》《节南山》篇。

偶思大君以生杀予夺之权授之督抚将帅，犹东家以银钱货物授之店中众伙，若保举太滥，视大君之名器不甚爱惜，犹之贱售浪费，视东家之货财不甚爱惜也。介子推曰：窃人之财，犹谓之盗，况贪天之功以为己力乎！余则略改之曰：窃人之财，犹谓之盗，况假大君之名器以市一己之私恩乎！余忝居高位，惟此事不能力挽颓风，深为惭愧。

天气渐热，余最畏热，不能多治事矣。

附记

〇左信　〇沅保单

〇〇〇三谢折　三旬报单　黄彬案供折等（同治二年四月十四日）

□唐浩明评点

这篇日记后面的附记中提到“沅保单”，很显然，日记中所发的“保举太滥”的感叹，源于曾国荃的泛滥保举。

湘军各带兵统领的“滥保”，是当时饱受讥评的一大弊病。尤其到后期，这种现象越是严重。因为仗快要打完了，许多该照顾的，以及前来求情的，若还不保举，则以后再无机会了。据野史记载，当时的保举已滥到有从未离开过家门的人也得到把总、千总、赏戴蓝翎等奖赏，有的甚至连尚未出生的婴儿，也预先给他取一个名字、列在一大串名单中去领赏。曾氏对此深知，但他也对此毫无办法。他不能去一一核实，他只能相信各营统领。更重要的是，他也知道推荐者们都有其私心在内，他不能去驳他们。他也要依靠他们去打仗卖命。

抄一段话，请读者诸君读一读：“杨家滩周俊大兄号少濂，与余同读同考，多年相好，频年先祖、先考妣之丧均来致情。昨来家中，以久试不进，欲投营博一功名，求荐至吉营。余以功牌可得，途费可赠，保举则不可必。渠若果至吉营，望弟即日填功牌送之，兼送以来往途费。如有机可假，或恰逢克复之日，则望保以从九县丞之类，若无机会亦不勉强，以全余多年旧好。余昔在军营不妄保举、不乱用钱，是以人心不附，至今以为诟病。近日揣摩风会，一变前志。上次有孙、韩、王之托，此次又有周君之托，盖亦情之不得已者。孙、韩、王三人或保文职亦可。渠辈眼高，久已厌薄千、把也。”

大家想到吗，这段话就是曾氏本人所说。咸丰八年五月，曾氏因守父丧在家，有人来托他保举。他自己已离开了军营，便委托正在带兵的九弟国荃帮忙。这段话说得很清楚，他过去在保举、银钱方面卡得太紧，所以“人心不附”。他现在要“揣摩风气，一变前志”，即跟上潮流，改变自己过去的做法，一而再地帮人获保。曾氏自己都这样做，他又如何能对众领统上报的保单较真？

那么，有读者会说，曾氏日记中所发的这番感叹是虚伪。笔者以为也不能这样说。曾氏的立论是正大的，他也有这样做的真诚愿望，但现实的人心欲望是功利的，能达到他这种境界的人，可谓少之又少。他要驱使千万平凡人去做一件大事，他就必须要考虑到这些平凡人的功利欲望，如此才可以做政治家。一个政治家，有没有这种认识，也是他们之间高与低的重要区别之一。

家败身败的原因

□曾国藩原文

早饭后，因唇疼，谢绝各客不见。清理文件。围棋一局。吴竹庄自芜湖来，晤谈良久。刘开生等来，言绘图事。午刻核科房批稿。黄南坡来，又与围棋一局。曹禹门来一坐。中饭后见客，坐见者一次，立见者二次。阅《通考·土贡一》毕、《国用一》毕，阅本日文件。天气虽晴，奇寒如故，殆近岁所未有也。至内室围炉一坐。夜核批札稿。二更后，阅《戴东原文集》。

偶思士大夫之家不旋踵而败，往往不如乡里耕读人家之耐久。所以致败之由，大约不出数端。家败之道有四，曰礼仪全废者败、兄弟欺诈者败、妇女淫乱者败、子弟傲慢者败。身败之道有四，曰骄盈凌物者败、昏惰任下者败、贪刻兼至者败、反复无信者败。未有八者全无一失而无故倾覆者也。（同治三年正月十五日）

□唐浩明评点

曾氏认为士大夫之家的维持，不如耕读之家来得久，家败的缘由有四点：礼仪全废、兄弟欺诈、妇女淫乱、子弟傲慢。至于士大夫本人的失败，曾氏也归纳了四点：欺盈凌物、昏惰任下、贪刻兼至、反复无信。

曾氏的确是一个好思索、好琢磨的人，也同时是一个好总结、好归纳的人。多亏他的思考与概括，给后人留下许多言简意赅的话语。比如说“欺盈凌物”这四个字，便涵盖了许多内容，有权有势有财富的人家多半容易与这个四字沾上边。

八德：勤、俭、刚、明、孝、信、谦、浑

□曾国藩原文

早饭后清理文件，旋见客，立见者三次。习字一纸。派曾恒德至金陵看沅弟，在内银钱所拨银二万解沅弟处充饷。写沅弟信一缄、厚庵信一缄，皆一叶耳。与程颖芝围棋二局。巳正写对联六付。午初核科房批稿。小睡片刻。阅《通考·刑六》。中饭后至眉生处一谈。工匠盖小厨房一间，看视良久。阅本日文件甚多。李昭庆来久坐，庞省三来一谈。阅《刑六》，共二十叶。傍夕与眉生一叙。小睡片刻。夜核批札稿甚多，至二更四点未毕。眼蒙，不能久治事，即睡矣。日内天晴渐热，割麦时不逢阴雨，丰年之象也。

前以八德自勉，曰：勤、俭、刚、明、孝、信、谦、浑。近日，于“勤”字不能实践，

于“谦”“浑”二字尤觉相违，悚愧无已。“勤”“俭”“刚”“明”四字，皆求诸己之事；“孝”“信”“谦”“浑”四字，皆施诸人之事。孝以施于上，信以施于同列，谦以施于下，浑则无往不宜。大约与人忿争，不可自求万全处；白人是非，不可过于武断，此浑字之最切于实用者耳。（同治三年四月二十一日）

□唐浩明评点

曾氏在这里所提出的八德，是他一贯所看重的八种品性，他在许多场合用不同的语言，反反复复地表达他对这八种品性的看重。为便于读者了解，笔者抄录一部分附于其后。

勤：“身勤则强，佚则败；家勤则兴，懒则败；国勤则治，怠则败；军勤则胜，惰则败。”

“吾辈现办军务，系处功利场中，宜刻刻勤劳，如农之力穑，如贾之趋利，如篙工之上滩，早作夜思，以求有济。”

俭：“俭以养德，直而能忍。”

“居家之道，不可有余财，多财则终为患害。”

刚：“吾家祖父教人，亦以懦弱无刚四字为大耻，故男儿自立，必须有倔强之气。惟数万人困于坚城之下，最易暗销锐气。弟能养数万人之刚气而久不销损，此是过人之处，更宜从此加功。”

“人禀阳刚之气最厚著，其达于事理必有不可掩之伟论。其见于仪度，必有不可犯之英风。”

“未有无阳刚之气而能大有立于世者。有志之君子养之无害可也。”

明：“三达德之首曰智，智即明也。古来豪杰动称英雄，英即明也。明有二端：人见其近，吾见其远，曰高明。人见其粗，吾见其细，曰精明。”

“强字原是美德，余前寄信亦谓明强二字断不可少。弟强字须从明字出，然后始终不可屈挠。”

孝：“孝致祥，勤致祥，恕致祥。”

“吾细思凡天下官宦之家，多只一代享用便尽。其子孙始而骄佚，继而流荡，终而沟壑，能庆延一二代者鲜矣。商贾之家，勤俭者能延三四代；耕读之家，谨朴者能延五六代；孝友之家，则可以绵延十代八代。我今赖祖宗之积累，少年早达，深恐其以一身享用殆尽，故教诸弟及儿辈，但愿其为耕读孝友之家，不愿其为仕宦之家。”

信：“军中之事，贵取信如金石，迅速如风霆。”

《说文解字》释“信”为“诚”，段玉裁注“诚”为“信”，可见“信”即“诚”，“诚”即“信”。曾氏在诸多美德中特别推崇“诚”，并常以“忠诚”“拙诚”“朴诚”“血诚”来分别表述：

“忠诚所感气机鼓动，而不能自已也。”

"吾乡数君子所以鼓舞群伦，历九州而戡大乱，非拙且诚者之效与？"

"非得二三君子，倡之以朴诚，导之以廉耻，则江河日下，不知所届。"

"足下所条数事，盖亦不能出乎交议、通谕之外，其究亦归于簿书尘积堆中，而书生之血诚，徒以供胥吏唾弃之具。每念及兹，可为愤懑。"

谦："天地间惟谦谨是载福之道。"

"趋事赴公，则当强矫；争名逐利，则当谦退。"

浑："泽儿天质聪颖，但嫌过于玲珑剔透，宜从浑字上用些工夫。"

李续宾"妙在全不识世态，其腹中虽也怀此不合时宜，却一味浑含，永不发露"。

"人以巧诈来，我以浑含应之，以诚愚应之。久之，则人之意也消。"

修德不求报，能文不求名

□曾国藩原文

早饭后清理文件。唐鹤九来一谈。习字一纸。围棋二局。批校五、七古，至未正止，共二十叶。中饭后阅本日文件。至幕府与子密及贞斋等一谈。申正写对联七付。傍夕小坐。夜核批稿各簿，核水师补缺一案，粗毕。二更后阅白香山闲适诗。四点睡，天气奇寒，尚得佳眠。

夜间阅苏诗，有二语云："治生不求富，读书不求官。"余为广之云："修德不求报，能文不求名。"兼此四者，则胸次广大，含天下之至乐矣。（同治七年二月初四日）

□唐浩明评点

苏东坡有首名曰《送千乘千能两侄还乡》的诗，开头几句这么写道："治生不求富，读书不求官。譬如饮不醉，陶然有余欢。"曾氏读苏东坡这首诗深有同感，并将它推广到"修德不求报，能文不求名"。

谋生求富，读书做官，修德望报，著文成名，是世人一般的愿望。但此愿望一出现，便给自己加上了很大的压力。因为谋生者大多不富、读书者大多不官，修德者大多不得报，能文者大多不出名。倘若愿望实现不了，怎么办？不少人便因此而厌倦、而颓废，反倒不读书、不修德了。所以苏东坡要修正世人的这些普遍观念，把它引入正途，这也可以叫做拨乱反正。

目标一旦廓清，不仅压力减小，而且得到所为者的真正趣味。譬如拿读书来说，把求官一层丢开，我们可以从中领略到多少学识、才情和智慧！当然，我们也还可以再推而广之，如生儿不求报、为善不求夸、交友不求利、比赛不求胜等。当我们把目标确定得现实些，活得反而会更轻松。

常怀愧对之意

□曾国藩原文

未黎明，至大程子祠主祭，祭毕回署。早饭后清理文件。见客，坐见者二次，雪琴坐甚久。习字一纸。围棋二局。批校杜诗，至未正毕，凡十二叶。中饭后清理文件。至后园一览。写对联五付、挂屏二幅，约二百字。申正核批稿各簿。傍夕小睡。夜核订水师未尽事宜一条，将本辕人员斟酌补缺毕。二更后核信稿各件。

心绪憧憧，如有所失。念人生苦不知足，方望溪谓汉文帝之终身常若自觉不胜天子之任者，最为善形容古人心曲。大抵人常怀愧对之意，便是载福之器、入德之门。如觉天之待我过厚，我愧对天；君之待我过优，我愧对君；父母之待我过慈，我愧对父母；兄弟之待我过爱，我愧对兄弟；朋友之待我过重，我愧对朋友，便觉处处皆有善气相逢。如自觉我已无愧无怍，但觉他人待我太薄，天待我太啬，则处处皆有戾气相逢。德以满而损，福以骄而减矣。此念愿刻刻凛之。

三点睡，通夕不甚成寐。（同治七年二月十五日）

□唐浩明评点

常怀愧对之意，就是总觉得心中有所亏欠：天待我过厚，愧对天；君待我过优，愧对君；父母待我过慈，愧对父母；兄弟待我过爱，愧对兄弟；朋友待我过重，愧对朋友。如此，则会善气相逢；反之，则戾气相逢。

曾氏所说的这层意思，就是我们所熟悉的感恩情怀。感恩情怀是一种宗教情怀，意在培植激发人性中的感激之心。人类是天地万物中的一部分，人类的好，与天地万物分不开，故人类要感激天地万物；个人是人类社会中的一分子，个人的好，与人类社会分不开，故每个人都要感激与我们共同生存于天地之间的人类社会。在这个社会中，与我们每个人关系最为密切的是父母、兄弟姐妹、师长朋友等。对这些人我们更要怀感恩之心。在人与人之间的相处中，人性中最大的弱点是总认为自己给别人施舍的多，而从别人那里接受的少。产生的根子在于人的私心。如果存这种念头，则感恩情怀不可能产生，甚至还会滋生怨恨之意。若反过来思考，自己奉献给别人的少，而接受别人的多，这就是“愧对”。“愧对”才会产生感恩情怀。

文学、事功与德行

□曾国藩原文

早饭后清理文件。旋坐见之客二次。偶阅孙退谷《庚子销夏记》。已正核科房批稿各簿，午初三刻毕。黄静轩启愚来久坐。中饭后，史绳之来一坐，又坐见之客一次。阅本日文件，阅《庚子销夏记》及《四库简明目录》。傍夕至幕府一谈。夜，眼蒙殊甚。阅《四库书目》，温古文。气势之盛者，莫盛于李、杜、韩、苏之七古，因温诵七古良久。二更五点睡。

日内，思古来圣哲名儒之所以彪炳宇宙者，无非由于文学、事功。然文学则资质居其七分，人力不过三分；事功则运气居其七分，人力不过三分。惟是尽心养性，保全天之所以赋于我者。若五事则完其肃、乂、哲、谋、圣之量，五伦则尽其亲、义、序、别、信之分；充无欲害人之心而仁足，充无穿窬之心而义足，此则人力主持，可以自占七分。人生着力之处当于自占七分者，黾勉求之，而于仅占三分之文学、事功，则姑置为缓图焉。庶好名争胜之念可以少息，徇外为人之私可以日消乎？老年衰髦，百无一成，书此聊以自警。（同治八年十二月二十二日）

□唐浩明评点

这则日记记下了曾氏的又一番感悟。曾氏认为，自古以来那些做出很大成就扬名史册的人物，无非在文学与事功两个领域内。当然，曾氏眼中的“文学”源于《论语》中的“德行”“言语”“政事”“文学”的区分，系广泛地指著书立说，与我们今天说的“文学作品”有些不同。曾氏说，文学上成就的大小，天赋资质占七成，人的努力只占三成；至于建功立业，则运气占七成，人的努力只占三成。

无论是著书立说也好，还是建功立业也好，有七成不由自己做主，自己做主的只有三成。因此，曾氏觉得，文学、事功都只宜缓图，而应致力于可以七成自主的德行修养。如此，可以减少世人争强好胜、出人头地的念头。

圣哲胸怀

□曾国藩原文

早饭后清理文件。将出城送张子青，而闻其已行，遂不往矣。坐见之客七次。围棋二局。午正核科房批稿簿。中饭后阅本日文件。王子云来一谈。倦甚，闭目渴睡。

旋阅《战国策·去毒》。

因思古来圣哲，胸怀极广，而可达天德者约有数端，如笃恭修己而生睿智，程子之说也；至诚感神而致前知，子思之训也；安贫乐道而润身睟面，孔、颜、曾、孟之旨也；观物闲吟而意适神恬，陶、白、苏、陆之趣也。自恨少壮不知努力，老年常多悔惧，于古人心境不能领取一二，反复寻思，叹喟无已！

傍夕小睡。夜又阅《国策·去毒》。二更后温《书经》，用纂言本读二十叶。五点睡。（同治十年三月初十日）

□唐浩明评点

我们从这则日记中可以看到曾氏所仰慕的古来圣哲的几种德性：一为笃实恭敬修身律己，睿智由此生发，这是二程夫子的学说。一为具感动鬼神的至诚，因此而得到先知。这是子思的训示。一为安于清贫乐于守道而面容温和润泽，这是孔子、颜子、曾子、孟子处世为人的宗旨。一为欣赏宇宙万物以闲淡之心吟诗作赋，让人读后神情安适恬静，这是陶渊明、白居易、苏东坡、陆放翁等人的志趣。

简言之，即笃诚修身、至诚感神、安贫乐道、心绪闲适四种德性，在曾氏看来都是极好的圣哲胸怀。

养生之道，视息眠食最为要紧

□曾国藩原文

早饭后，登岸行十里许，至教场看操。

初看提中、提右、提前、提后、城守、金山、拓林、青村八营大阵兵七百八十名。此八营中，有抽出之五百人练为新兵者，亦归此七百八十名之内合操。大阵跑毕，安营后，演藤牌小阵六十名。撤营后，演九子枪一百三十名。收队后，新兵营又跑大阵四百三十名。阅毕，退堂小息。

旋升堂阅凤凰山之洋枪队三营，本一千四百人，而来应操者仅一千名。凡演八营，尚不如吴长庆部伍之整齐。阅毕，接看马步箭。余看将官都、守、千、把共五十名，先马而后步。派涂朗仙看外额步箭五十九名，自外额至兵马箭一百一十二名，先步而后马。又派袁笃臣、熊岳峰看步箭六十三名，派滕茂廷看打靶兵四十五名。申正，次第看毕，即在教场小宴，一面写发赏之单。

傍夕事竣，灯后回船。李勉亭、涂阆仙先后来久坐。二更后，质堂来坐。清理文件，阅日本国人所著《新论》。四点睡。

近来，每夜小便甚数，二次三次不等。是夜虽亦二次，而为候稍迟。因思养生之道，

“视”“息”“眠”“食”四字最为要紧。“息”必归海，“视”必垂帘，“食”必淡节，“眠”必虚恬。归海谓藏息于丹田气海也。垂帘谓半视不全开、不苦用也。虚谓心虚而无营，腹虚而不滞也。谨此四字，虽无医药丹诀，而足以却病矣。（同治十年十月初六日）

□唐浩明评点

曾氏认为养生之道最要紧的在“视”“息”“眠”“食”四个字。“视”为养眼。养眼的目的在于保养精神，具体的做法是微闭双目。“息”为养气。养气的目的在于保障人体运行畅通，要让气沉于丹田的气海中。“眠”为睡好觉。要想觉睡得香甜，是心里无事，这就是道家常说的“虚静”。“食”为注意饮食，关键在清淡与节制两个方面。

有读者会问，曾氏这么重视养生，为什么他的寿命并不长？的确，曾氏寿命不长，他虚岁六十二，实际上只活了六十岁零三个月。为什么呢？一是遗传。他的父母都只活了六十八岁，他五兄弟，两个死于非命者除外，九弟国荃只活了六十七岁。四弟国潢一直在家，未曾经历艰险，也只活了六十七岁。二是曾氏身体素质不好。他三十岁时便患肺病，几于不治。后虽痊愈，但以后又重发过。三十五岁时得癣疾。此病时好时发，终生未愈，虽是皮肤病，却有很重的精神压力。三是事情多，尤其是中年之后的军营生涯，其艰难非寻常可比。四是思虑多、操心重。曾氏自我期许太高、自我规范太严，为此耗费的心血太多。

有以上四条，所以尽管曾氏注重养生，其寿并不长。不过，他的养生之道则是可取的，不可因他本人不长寿而否定。

慎独、主敬、求仁、习劳

□曾国藩原文

早饭后清理文件。坐见之客九次，立见者一次，中如李勉亭、冯卓如、汪梅村三起，谈俱甚久。客退，倦甚，不能治事。中饭后阅本日文件。陈荔秋来一谈，欧阳小岑、钱子密各来一谈。傍夕小睡。夜核科房批稿各簿。温《周易传义音训》中《师》《比》二卦，亦温《集解》，将“象”类分条记录。二更四点睡。

前曾以四语自儆，曰：慎独则心安，主敬则身强，求仁则人悦，习劳则神钦。近日又添四语：曰内讼以去恶，曰日新以希天，曰宏奖以育才，曰贞胜以蒙难。与前此四语互相表里，而下手功夫各有切要之方，不知垂老尚能实践一二否。（同治十年十一月十四日）

□唐浩明评点

同治十年十一月四日，曾氏给两个儿子写下了近于遗嘱的四条。

一曰慎独则心安，即以慎独的高标准要求自己，任何时候、任何处境下都不存一邪念，不为一恶行，则内心不愧疚。“人无一内愧之事，则天君泰然，此心常快足宽平，是人生第一自强之道，第一寻乐之方，守身之先务也。”

二曰主敬身强。什么是敬？曾氏说：“内而专静纯一，外而整齐严肃，敬之工夫也。出门如见大宾，使民如承大祭，敬之气象也。修己以安百姓，恭敬而天下平，敬以效验也。”依笔者的理解，敬指的是端肃慎重的心态和行为。《礼记》曰：“庄敬日强，安肆日偷。”国家庄敬，则国强大，一身庄敬，则一身强壮；反之，则国家衰败人身孱弱。

三曰求仁则人悦。曾氏认为孔子教育人，最重要的是教人要有仁爱之心。“己欲立而立人，己欲达而达人”这两句话，最为集中地体现了“仁爱”的精髓。

四曰习劳则神钦。曾氏认为好逸恶劳是人性中最不好的毛病。富贵家庭终年不做事，却锦衣绣食；乡村农人一年到头累死累活，却得不到温饱：“此天下最不平之事，鬼神所不许也。”他教导儿子可不做大官，但要做君子。他给君子的定义为：“勤俭自持，习劳习苦，可以处乐，可以处约。”

除这四点外，曾氏又想起四点：一曰内讼以去恶，以自我批判来去掉恶念恶习。二曰日新以希天。日新出自《大学》所说的“苟日新，日日新，又日新”。这句话的意思为效法天道，每天自新。三曰宏奖以育才。宏奖，指借宽宏大量的鼓励来育人才。四曰贞胜以蒙难。遇到困难的时候，要抱坚强不摧则必定胜利的信念。

曾氏要求自己，即便已到垂暮之年，也要在八个方面实践一二。

读　书

曾氏以科举出身，由秀才而举人而进士而翰林，所有的阶梯一步不缺，从五岁发蒙到二十八岁攀上功名顶峰，二十三年间寒窗孤灯长明。说他是一个读了很多书的人，这是一点都不假的。但读了很多书，并不就意味着把书读好读通了，即便是用它猎取了功名富贵的人，也有许多是把书当作敲门砖用的，圣贤经典中的微言大义并没有真正弄明白。

曾氏显然不属于此列。且不说他的非比寻常的事功成就，就拿读书人的主业来说，他的诗作领一时之风尚，他的散文自成宗派。这样的成绩，便不是书呆子所能做得到的。他是一个真正把书读好读通了的人。

关于读书，他的言论更多地保存于给诸弟二子的家书中。他的读书笔记，则汇辑成《读书录》一书。平时点点滴滴的体会心得，则散见于他的日记里。在这些吉光片羽中，也时见他在读书上的过人之处。

如咸丰十年十二月十四日的日记中他有这样的感慨：“诸子中惟老、庄、荀子、孙子自成一家之言，余皆不免于剽袭。”这话虽有点过激，但大体上不错。更为重要的是，一个读书人，敢于说出这等话来，一定有眼过万卷、手批千函的底气。

又如同治二年十一月十六日的日记中的读韩文心得：“二更后温韩文数篇，若有所得。古人之不可及，全在行气，如列子之御风，不在义理字句间也。”通常认为，文章要好，首在义理，次在字句，但曾氏从韩文中却得出大异于常人之观点：“全在行气。”这个发现，很值得有志于文章事业的人重视，曾氏之所以能在文章复兴的晚清开宗立派，其得力之处就在于此乎？

读书有为己为人之分

□曾国藩原文

早起。饭后到馆，王翰城邀吃早饭，至申初乃散。仍至湖广馆，批点杜诗半卷。

凡读书有为己为人之分。为人者，纵有心得，亦已的然日亡。予于杜诗，不无一隙之见，而批点之时，自省良有为人之念，虽欲蕴蓄而有味，得乎？

夜，至蕙西处久谈。（道光二十三年二月十七日）

□唐浩明评点

曾氏昨天去了一趟湖广会馆，喜欢那里的特别清静，遂决定早出晚归地在会馆读书。今天一早，他在家里吃过早饭后即到会馆。湖南老乡黔阳人王翰城请吃早饭。这餐饭吃到下午三点才散。早饭变成了中饭。吃完饭后仍然来到湖广会馆，继续读杜甫的诗，并作了批点。

曾氏全集中的《读书录》收有他对杜甫八十七首诗的评点，可见他对杜诗是下过大功夫的。试举一例。杜甫《同诸公登慈恩寺塔》是杜诗中的名篇。诗曰："高标跨苍穹，烈风无时休。自非旷士怀，登兹翻百忧。方知象教力，足可追冥搜。仰穿龙蛇窟，始出枝撑幽。七星在北户，河汉声西流。羲和鞭白日，少昊行清秋。秦山忽破碎，泾渭不可求。俯视但一气，焉能辨皇州。回首叫虞舜，苍梧正云愁。惜哉瑶池饮，日晏昆仑丘。黄鹄去不息，哀鸣何所投。君看随阳雁，各有稻粱谋！"曾氏为这首诗作了如下评点："昔贤谓以王母比杨妃，瑶池日晏比淫乐忘返，在杜公之意或有之。至谓虞舜苍梧以二妃不从比杨妃之从游，又谓黄鹄比贤人远引、阳雁比小人怀禄，则失之凿矣。黄鹄盖公以自喻，谓己有大志而卒无所遇，不知禄禄者多得温饱矣。"

曾氏读杜甫这首诗，有赞成前人观点之处，也有不赞成前人观点之处，也有属于自己领会之处。且不管这些批点正确与否，然读经典必须如此，才是真正地读进去了。但即便这样，曾氏还是为此检讨自己，说自己的读杜心得，其中"有为人之念"。

曾氏说"读书有为己为人之分"。这话显然出自《论语》中的子曰："古之学者为己，今之学者为人。""为己"者，为了自身的道德学问；"为人"者，为了装点门面，为了在人前炫耀，等等。曾氏认为自己有点装门面、炫耀之意。

曾氏对自己于前人诗与古文上的研究颇为自负。他在道光二十四年三月写给诸弟的信中说："惟古文各体诗，自觉有进境，将来此事当有成就；恨当世无韩愈、王安石一流人与我相质证也。"这种自负，在他的读书札记中时时流露，我们从他对《同诸公登慈恩寺塔》一诗的批点中亦可看出。其实，在今天许多人看来，孔夫子的“为己”“为人”之分显得有些迂腐。只要是真正属于自己的心得，在人前说一说有什么不好呢？学问也罢、艺术也罢，是需要切磋、需要品鉴、需要分享的，学界艺坛在这种评议中得到启示，得到提高。如果完全只是为己而不为人，古往今来的许多优秀之作都不必刊行问世了。

读杜诗有矜气

□曾国藩原文

晏起。饭后，到湖广馆看杜诗一卷，纯是矜气。杜诗韩文所以能百世不朽者，彼自有知言、养气工夫。惟其知言，故常有一二见道语，谈及时事，亦甚识当世要务。惟其养气，故无纤薄之响。而我乃以矜气读之，是客气用事矣，何能与古人投入哉！

岱云来馆，久谈。夜，在家看小说。（道光二十三年二月十八日）

□唐浩明评点

今天，曾氏又到湖广会馆继续读杜诗。他批评自己读杜诗时心中有“矜气”，有“客气”。矜气者，骄矜之气也；客气者，褊激之气也。我们看《读书录》中，曾氏对杜诗的评点，其中可见这样的句子：“杜公以书生谈兵，未必有当于事理。”“公诗拙处往往如此，不可学也。”

杜甫号称诗圣，曾氏于杜甫，也是极为尊崇的，但评点中常有抑制不住的指指点点。曾氏认为这是自己的“矜气”“客气”的缘故。此时的曾氏年方三十三岁，正是血气方刚之际，扬才露己当是不可免之事。曾氏为此常作检讨。当然是一边检讨，一边又重犯。不过，这也是少年得志者的常态，曾氏未能免俗。但接下来，他说了一句很有分量的话：“杜诗韩文所以能百世不朽者，彼自有知言、养气工夫。”

知言与养气，这是曾氏对前人诗文的深刻领悟。他认为正是因为杜韩知言，所以他们的诗文中总会有一两句说到事物的点子上，若谈论时事，也能够说到关键处。也正是他们善于培植自己的浩然之气，故而他们笔下的诗文总是气势宏大，绝不纤薄。曾氏认为，在这样的大家面前，自己不虚心学习，反而以一副高明者的姿态妄加雌黄，是不自量力的。这种不自量，就是矜气、客气。

这天夜里，曾氏在家里读小说。读什么小说，他没有写明，我们无从知道。但我们从曾氏其他日记中，知道曾氏读过《红楼梦》《绿野仙踪》《阅微草堂笔记》等小说。可见曾氏看书比较驳杂，眼睛并非只盯在传统正书上而不斜视。

义理、词章、经济、考据

□曾国藩原文

温《汉书》冯唐汲郑传、贾山传。在坐。少睡片时。早至贡院，搜捡翻译，童生五百余人入场。拜客，陈颂南、刘宽夫，凡三家。会客三次。傍夕至亥正，写家信一件，第八号。

有义理之学，有词章之学，有经济之学，有考据之学。义理之学即《宋史》所谓“道学”也，在孔门为德行之科。词章之学在孔门为言语之科，经济之学在孔门为政事之科。考据之学即今世所谓“汉学”也，在孔门为文学之科。此四者阙一不可。

予于四者略涉津涯，天质鲁钝，万不能造其奥窔矣，惟取其尤要者而日日从事，庶以渐磨之久而渐有所开。义理之学，吾之从事者二书焉，曰“四子书”，曰《近思录》。词章之学，吾之从事者二书焉，曰“曾氏读古文钞”，曰“曾氏读诗钞”二书，皆尚未纂集成帙，然胸中已有成竹矣。经济之学，吾之从事者二书焉，曰《会典》，曰《皇朝经世文编》。考据之学，吾之从事者四书焉，曰《易经》，曰《诗经》，曰《史记》，曰《汉书》。此十种者，要须烂熟于心中。凡读他书，皆附于此十书，如室有基而丹雘附之，如木有根而枝叶附之，如鸡伏卵不稍歇而使冷，如蛾成垤不见异而思迁，其斯为有本之学乎！（咸丰元年七月初八日）

□唐浩明评点

古文大家姚鼐认为学问有三大门类：义理之学、词章之学、考据之学。曾氏在此基础上增加一个门类：经济之学。并将这四门学问与孔门四科挂上钩：义理之学即孔门的德行之科，词章之学即孔门的言语之科，经济之学即孔门的政事之科，考据之学即孔门的文学之科。如此一联系，曾氏为自己的这一说法引来权威依据。曾氏认为这四门学问都闳阔深厚，自己不可能都能有所造诣，于是选择最为要紧的几种书深入研习，希望借此渐入堂奥。

在义理之学上，他选择“四子书”与《近思录》。“四子书”即周敦颐、二程、朱熹、张载四个人的著作。《近思录》为朱熹与吕祖谦合编的一部书。这部书摘录周敦颐、二程、张载六百多条言论。在词章之学上，他以自己素日所抄写的文集与诗集为读本。这两部书即闻名于近世的《经史百家杂钞》与《十八家诗钞》。在经济之学上，他专攻以汇集制度法令为主的《会典》和魏源编的《皇朝经世文编》两部书。在考据之学上，他则用心于《易经》《诗经》《史记》《汉书》四部书。曾氏要求自己对这十部书烂熟于胸，以之为学问根本，在这个根本之上再读其他的书籍。

曾氏深受湖湘文化的影响，以经世致用作为读书求学的目的，故而特别注重安邦治民的经济之学。黎庶昌编的曾氏年谱一书，在“道光二十八年”一章中说：“公尝谓古人无所云经济之学，治世之术壹衷于礼而已。秦文恭公《五礼通考》综括天下之事，而于食货之政稍缺，乃取盐课、海运、钱法、河堤等事，抄辑近时奏议之切时务者，别为六卷，以补秦氏所未备。”正是因为重视经济之学，在承平之世时预作储备，才有后来脚踏实地的巨大事功。

思循吏与将帅之道

□曾国藩原文

早，清理文件。饭后会客四次，传见哨官二人。至府学看王右军墨池，即曾子固作记者也。至城外拜王霞轩，登舟小叙。中饭后核谢纪寿引见恩折稿，习字二纸，温《南越传》《循吏传》。太史公所谓循吏者，法立令行，能识大体而已。后世专尚慈惠，或以煦煦为仁者当之，失循吏之义矣。因思为将帅之道，亦以法立令行、整齐严肃为先，不贵煦妪也。

是日辰刻，发家信，附寄易芝生挂屏四张，宣纸二大张，赵书“楚国夫人碑”八张。（咸丰九年三月二十四日）

□唐浩明评点

这些天曾氏在温习司马迁的《史记》，今天重温《南越传》与《循吏传》。

《循吏列传》的开篇，司马迁作过这样一番议论：“法令所以导民也，刑罚所禁奸也。文武不备，良民惧然身修者，官未曾乱也。奉职循理，亦可以为治，何必威严哉！”司马迁的意思是说，管理社会，靠的是法令与刑罚，所谓循吏，就是“奉职循理”，说白了，就是按法规办事。

曾氏也是从这个层面上来理解太史公心目中的“循吏”的：制定法令，严格执行，识大体、顾大局。而后世专以慈祥恩惠、温和仁爱这些方面来作为官员的标准，则失循吏的本意。曾氏由循吏而联想到将帅。做将帅的也是应当以遵循法令、以军纪军风严肃整齐为重要，至于温和仁慈则不是第一位的。

曾氏这里所谈到的，实际上是关于职责上的道理。作为治理一方的官员，考核他的主要依据，就是治下是否秩序安定，百姓能否安居乐业。一个良莠并存、鱼龙混杂的社会，要做到有序而安居乐业，依靠的是法令与刑罚，能制定严明的法令刑罚，自己又能以身作则，这就是好的官员。其他则是次要的。作为一个带兵的将帅，考核他的主要依据，便是他能否打胜仗。靠什么去赢得胜利？军令与军风是关键，其他则是次要的。

曾氏是一个经世致用者。结合眼下的实际来读书，毫无疑问是他求取学问的主要意图。

处约者难在军中济事

□曾国藩原文

早出，巡视营墙。饭后清理文件，改信稿三件，申夫来久谈。中饭后温《左传》“僖公”毕。夜温文公十叶。

日来，心绪总觉不自在，殆孔子所谓“不仁者不可与久处约”者。军中乃争权挈势之场，又实非处约者所能济事。求其贞白不移，淡泊自守，而又足以驱使群力者，颇难其道尔！（咸丰九年十二月初七日）

□唐浩明评点

这篇日记记下了曾氏身为军营统帅的为难事。

何事让他为难？原来，曾氏想在军中处约，但难以做到。什么是处约？约者简约、约束，处约即身处于简朴与自律之中。为什么难？因为投身军营者，除极个别的如罗泽南、彭玉麟等信仰坚定者之外，其余的或为名，或为利，或为权，或为位，故而“军中乃争权挈势之场”。你要处约，别人不赞同，不效法；你想要别人也跟着处约，那基本上就是痴心妄想。

就拿保举一项来说吧！曾氏在守父丧时曾反省过自己的所作所为，认识到保举过严是导致人心不附的一个大原因。复出之后，他在这点上便改变了许多。他原想坚持原则，但别人不拥护，积极性调动不起来，事情就办不好。而现在事情是好办了，但原则没有了。这一点，在曾氏心中是一桩为难甚至是很苦恼的事情。这是因为他心里有原则，即有约。当然，在别人如他的亲弟老九那里，这根本就不成为一桩事，哪里来的烦恼！

曾氏尽管不得不到乡随俗，但总的来说，他大体上还是做到了处约，尤其在自身上要求严格。一个在最是只重目的不讲手段的地方，能基本上做到处约，做到立功与立德相结合，这便是曾氏最令人佩服之处。

下学上达

□曾国藩原文

早出，巡视营墙。饭后清理文件，写胡中丞信，改信稿数件。见客三次，张伴山自水次来久谈。中饭后伴山又来谈。习字一叶。夜不甚寐。

思孔子所谓“下学上达”，达字中必自有一种洞彻无疑意味，即苏子瞻晚年意思深远，随处自得，亦必有脱离尘垢、卓然自立之趣。吾困知勉行，久无所得，年已五十，胸襟意识，犹未免为庸俗之人，可愧也已。

是日探卒揭得潜山贼首告示，印曰“太平天国御林真忠报国受天安叶芸来”。（咸丰九年十二月初八日）

□**唐浩明评点**

曾氏既想做圣贤，又身处名利场，他脑子里多有纠结，心情于是便很郁闷。依笔者想，这大概是曾氏一生最大的烦恼。因为有这种烦恼，所以曾氏平生最羡慕的便是那些心境恬适、行为洒脱的人。他在给儿子的家信中说：“余所好者，尤在陶之五古、杜之五律、陆之七绝，以为人生具此高淡胸襟，虽南面王不以易其乐也。”由此我们也便知道，曾氏所缺的，正是这种“高淡胸襟”。于是乎，他读《论语》的“下学上达”，悟到“达”中必有一种洞彻透明的味道；他读苏轼，悟到东坡的随遇而安，正是因为东坡于世情已经了然超脱的缘故。

从曾氏的纠结中，笔者想到，倘若于“圣贤”与“名利”两者中跳出一项，或许都要好得多；倘若从两者中完全跳出，即既不想当圣贤，又不处名利场，可能就真的“达”了。

经史百家简编

□曾国藩原文

早出，巡视营墙。饭后清理文件，复胡中丞信。旋阅《段颖传》《陈蕃传》。中饭后阅《王允传》《党锢传序》。旋与少荃畅谈，见客三次。

因思余所编《经史百家杂钞》，编成后，有文八百篇上下，未免太多，不足备简练揣摩之用。宜另钞小册，选文五十首钞之，朝夕讽诵，庶为守约之道。夜，将目录开出，每类选“经”一篇，“史”及百家文三篇，凡十二类，共四十八篇。

是夜通夕不寐。（咸丰十年闰三月二十一日）

□唐浩明评点

道光二十年，三十岁的曾氏由湖南到京师翰林院，做了一名从七品衔的翰林院检讨。翰林又被称之为词臣，即以文章诗词为业的官员；还被叫做文学侍从，即以文学之长技随侍在皇帝的身边。故而研习前代诗文，提高自己的写作能力，便成为曾氏的主业。也就在那个时候，为了方便自己的学习，曾氏有了亲自抄写编辑前代优秀诗文的念头。但动手却是在咸丰元年初，他那时已在礼部做侍郎。

这是一个浩大的工程。当咸丰二年六月曾氏离京时，此事并未完成。随之而来的是完全另外的一番天地，曾氏既无精力也无时间来做这桩事了。然则曾氏毕竟书生出身，即便戎马倥偬，亦不废书卷，古文抄编之事不久后便在军营中赓续下来。咸丰十年闰三月，在安徽宿松军营，湘军统帅完成了这部名曰《经史百家杂钞》的皇皇巨著。

在此之前，有一部很有名的古文选本，即桐城大家姚鼐所编的《古文辞类纂》。对于姚鼐，曾氏是很尊敬的。他说姚鼐“持论闳通”，他“之粗解文章，由姚先生启之也”。他的心目中，有三十二位古今圣哲，姚鼐乃其中之一。关于学问文章，姚鼐对曾氏的启示最重要的有两点。一为姚鼐认为学问之途有义理、词章、考据三个方面，但三个方面又不可偏废。二为姚鼐认为文章有阳刚之美与阴柔之美的不同，曾氏对此深为赞同。

他在姚的基础上，参照邵雍的四象之说，又将阳刚分为太阳、少阳，阴柔分为太阴、少阴四类。太阳代表气势，少阳代表趣味，太阴代表识度，少阴代表情韵。后来，他又将四类分成八类，即气势类分为喷薄之势与跌宕之势，趣味分为诙诡之趣与闲适之趣，识度分为闳括之度与含蓄之度，情韵分为沉雄之韵与凄恻之韵。“曾门四子”之一吴汝纶称曾氏此种分类，是对古文的“前古未有”之发现。曾氏自己也多次说过，他对古文下过苦功夫探索，有独到的心得体会。对于古文的这种分类，或许是他古文研究成果的一部分。

既然已有姚鼐所编的《古文辞类纂》这部书在先，曾氏为何还要来编《经史百家杂钞》呢？曾氏在《经史百家杂钞题语》中提到，他之所以重做这件事，系出于两点考虑。

一是姚氏的选本中没有选六经文，近世文坛也认为古文不宜包括经文，而这样做是为了以示对经文的尊敬。曾氏却认为，这种做法“是犹言孝者敬其父祖而忘其高曾，言忠者曰我家臣耳焉敢知国”。孝而忘祖宗，忠而忘国，这是站不住脚的。故而曾氏的选本所分十一类，“每类必以六经冠其端，涓涓之水，以海为归”。

二是姚氏的选本中不选史传，曾氏选本中广采史书。曾氏之所以如此，一则出于他对史书的偏爱，二则他看重经济，视经济为与义理、词章、考据并重的学问之途，而经济之学全在史书中。他的老师唐鉴曾这样开导他：“经济不外看史。古人已然之迹，法戒昭然，历代典章，不外乎此。”

因为此，曾氏很用心思地编了这部《经史百家杂钞》。但这部书收录八百篇文章，为数太大。它只适宜于专门家，而不适宜于业余者，而业余者中有一个极为重要的人物，此人即老九。

老九是曾氏诸弟中书读得最好的一个。他在二十四岁那年考中秀才。三十二岁那年考取优贡。优贡为五贡（岁贡、恩贡、拔贡、优贡、副贡）之一，属于正途出身。如果不是战争，老九也可能会一辈子在文字簿书中讨出路。这一点决定了老九对文章的喜爱。老九这几年时运很好。他统率的吉字营连克数城，他也因战功而得到道员衔尽先选用知府的赏赐。军中事多，老九没有时间读尽八百篇文章，他只能读选本中的简本。于是，为老九计，也为更多的喜爱文章但又俗务繁忙的人计，曾氏又从八百篇中选取四十八篇，并对每篇予以校释评点，曾氏将它命名为《经史百家简编》。

诸子多剽袭

□曾国藩原文

早饭后清理文件，围棋一局，写澄侯弟信。午后写陈馀庵信、沅弟信。树堂来此久谈。黄副将日内经理起屋事件，留之便饭。申刻再围棋一局。

旋阅《淮南子•泛论训》。夜，倦甚，看书不能入。阅诸子中，惟老、庄、荀子、孙子自成一家之言，余皆不免于剽袭。（咸丰十年十二月十四日）

□唐浩明评点

《淮南子》本是一部集各家之长的杂烩。曾氏于是在读《淮南子》时发出老、庄、荀、孙是自成一家之言，其余皆不免互相剽袭的感叹。的确，从古至今，能自成一家之言的书极少，绝大多数的书都逃不了“剽袭”的嫌疑。能够把前人已发现的“道”，结合自己的人生说得清楚明白的便算是好书；倘若能在洋洋数十万言的著述中有几处属于自己的真知灼见，那更是优秀之作。故而著作界里早就有“自古文人一大抄”的定评。不幸的是，此风在今天愈演愈烈。当今的时代是一个出版与发表空前容易的时代，也便是书籍与文章最为掉价的时代。中国号称是世界上论文数量第一的国家，也是世界上论文被人引用得最少的国家。这真是悲哀！

读诗以读一二家为主

□曾国藩原文

早饭后清理文件。写杨节母碑额，久不作篆，生涩殊甚，乃知天下万事贵熟也。

见客三次，写李少荃信，围棋一局，习字一纸。中饭后写沅甫信。前闻洋船过芜湖来者，言十三日三山夹火光烛天，心以季弟营盘为忧。本日，沅弟寄到季十三日一信，乃为之慰喜。申初出外拜客。又至河下看洋船，送春字营、鼎字营赴沪，酉初二刻归。清理文件。傍夕高吟黄山谷七律。夜将科房所呈批稿簿清厘一过，稍清月余积阁之件。

余既抄选十八家之诗，虽存他乐不请之怀，未免足已自封之陋。乃近日意思尤为简约，五古拟专读陶潜、谢朓两家，七古拟专读韩愈、苏轼两家，五律专读杜甫，七律专读黄庭坚，七绝专读陆游。以一二家为主，而他家则参观互证，庶几用志不纷。然老境侵寻，亦只能长吟以自娱，不能抗乎以入古矣。（同治元年三月十七日）

□唐浩明评点

早在京师做文学侍从的年代，曾氏就做了一件大事。这件事即本日日记中所说的“抄选十八家之诗”。十八家为：曹植、阮籍、陶潜、谢朓、鲍照、谢灵运、李白、杜甫、韩愈、白居易、苏轼、黄庭坚、王维、孟浩然、李商隐、杜牧、陆游、元好问。曾氏在这十八家中选诗六千五百九十九首。曾氏做此事的目的，当然是为自己诵读研习前人诗作提供方便，因为他一直并未刻印出来，不像今人来做选本，或是求名，或是谋利，功利目的非常明确。不过曾氏去世后，他的这部《十八家诗钞》与《经史百家杂钞》一同被收入《曾文正公全集》中，最终得以刻印流布。凭着曾氏的名声以及所选的独具眼光，这两部诗文钞在近代广受欢迎，成为读书人案头上的常备书。

日记中说，十八家还是多了，应当简约。他规定自己：五古专读陶潜、谢朓两家，七古专读韩愈、苏轼两家，五律专读杜甫，七律专读黄庭坚，七绝专读陆游。每一种样式的诗以一二家为主，再参以别家，使得心思更专一。

我们从这里可以得到两点信息：一是曾氏心目中特别看重的诗人，及其某种体裁的作品。二是由此可以窥视曾氏本人的审美取向及探寻他的诗文创作的路数。

不赞成崇宋学抑汉学

□曾国藩原文

早饭后清理文件，与筱泉围棋一局。旋见客四次。久不接上海信，悬系之至。本日辰刻，接少荃十一、十六日二次信，但知青浦再为贼占，而又无实在打仗信息，尤为焦灼，坐卧不安。写沅甫信一，计七叶。

本日传候补人员言南、金茹晋、周甫文三人，令其手写履历，久候不能写毕，俟至中饭以后，始传入，与三人坐谈良久，申初散。清理文件甚多。续到少荃一信、韩正国一禀，知上海于廿一日大获胜仗，为之喜慰。见客一次。清理文件，至酉正毕。与幕府诸君鬯谈时事。夜清理文件，写册页二开。

是日，部文中见蒋琦龄所陈时政十二事，约计万余言，多可见之施行，文笔亦雅健畅达；末条请崇宋学而抑汉学，似与各条不类。（同治元年六月初二日）

□**唐浩明评点**

这一天的日记，曾氏提到蒋琦龄议论时政的条陈。对蒋的万言条陈，曾氏评价颇高，但不满意他最后一条的“请崇宋学而抑汉学”。

所谓宋学，指宋代的性命义理之学，主要派别有朱熹的理学派，陆九渊、王守仁的心学派，叶适的永嘉学派，陈亮的永康学派，吕祖谦的金华学派等。所谓汉学，指的是汉代的考据训诂之学。清代乾隆嘉庆年代汉学兴盛，出了一大批成就卓著的汉学家，被史册称为乾嘉学派。

崇宋还是崇汉，在清代学术界里一直有争议。曾氏在这种争论中主张调和。他在咸丰十年八月致学者夏弢甫的信中说：“乾嘉以来，士大夫为训诂之学者，薄宋儒为空疏。为性理之学者，又薄汉儒为支离。鄙意由博乃能返约，格物乃能正心。”

他称赞江永的《礼书纲目》、秦惠田的《五礼通考》可以打通汉宋二家的纠结，止息它们之间的争论。对于古代多个领域中的圣哲，他心目中有三十二人，其中属于汉学的有许慎、郑玄、杜预、马端临、顾炎武、秦惠田、姚鼐、王念孙，属于宋学的有周敦颐、程颐、程颢、张载、朱熹。不管汉学也罢，宋学也罢，只要是这个学问中的顶尖人物，曾氏都视为圣哲，一律崇仰、不分轩轾。即便对门户之见严重的宋代理学各派，曾氏也取同样的态度。曾纪泽说他的父亲“笃守程朱，不废陆王”。

这种海纳百川、兼容并蓄的治学态度是非常可取的。但是，从古至今，因为学术观点不同而导致严重对立甚至势不两立、你死我活，似乎已成常态。这其实是不正常的，不应该的。为什么会这样？在古代，学术主张常会与人的立身处世相联系，而近代以来，学术又更是与政治、意识形态紧密结合。于是乎，在学术上也是道不同而不相与为谋了。

文章全在行气

□**曾国藩原文**

早饭后清理文件。陈虎臣来，语次，余为不怿，大作声色斥之。旋与鲁秋航围棋一局。见客，立见者一次，坐见者二次。陶继曾，江西知县，送其祖凫芗先生《诗集》一部。又两淮运司寄到康伯山著述一部。康名发祥，泰州人，著有《诗集》《诗话》《三国志补义》等书，翻阅时许。中饭后又阅康、陶两家之书，见客一次。申刻阅本日文件极多，将《欧阳氏姑妇家传》写毕，至幕府一谈。夜核批札稿。

二更后温韩文数篇，若有所得。古人之不可及，全在行气，如列子之御风，不在义理字句间也。（同治二年十一月十六日）

□唐浩明评点

曾氏工作了一整天：见客、读别人送的诗文集、批阅文件、核批札稿。从早到晚，没有停歇，唯一的休息，是与幕僚下了一局围棋。一天的事情了结后，又在晚上温习韩愈的文章。曾氏说过君子有三乐，其中一乐为读书声如金石，飘飘意远。看来，他夜晚的重温韩文，既有读书求学的一面，也有自娱自乐的一面。

然就在这样一种心情下，曾氏温韩文亦有所得，那就是他从中领悟到古人为文不可企及之处全在于行气，并不在于其道理之高超与字句之斟酌。将曾氏的这两句话展开来说，即古人散文中讲的那些道理固然很好，但我们今人也可以琢磨得出，其中的字句固然珠圆玉润，但我们努力去做也可以做得到，只是它的那种如列子御风般的浩荡旺盛、奔涌万里的雄健气势，却是今人不可能达到的。

这里传递两个信息，一是曾氏对古文研究的探骊之得，二是曾氏极重视文章的气势。曾氏常说他于古文的路径已探索到了，这里说到的“行气”应是其中之一。正因为重视行气，所以曾氏自己为文时很是讲究行之运用，从而培植了自己的独特文风。钱基博在《现代中国文学史》一书中特别指出曾氏“以雄直之气、宏通之识发为文章”“异军突起而自成一派”，对曾氏为文的行气，作了很高的肯定。

古文之八种美境

□曾国藩原文

早饭后清理文件。旋见客，坐见者四次，立见者一次。围棋一局。阅《说文》十叶，核科房批稿，又坐见者一次。午正请客，蒋子良等，申初散。莫子偲来一坐，阅本日文件。旋又见客，坐见者二次。说话太多，疲乏之至。傍夕小睡。夜又见首府一次。

阅《经世文编》十余首，将选入“鸣原堂”，无称意者。二更后温韩文数首，朗诵，若有所得。余昔年尝慕古文境之美者，约有八言：阳刚之美曰雄、直、怪、丽，阴柔之美曰茹、远、洁、适。蓄之数年，而余未能发为文章，略得八美之一以副斯志。是夜，将此八言各作十六字赞之，至次日辰刻作毕。附录如左：

雄：划然轩昂，尽弃故常；跌宕顿挫，扪之有芒。

直：黄河千曲，其体仍直；山势若龙，转换无迹。

怪：奇趣横生，人骇鬼眩；《易》《玄》《山经》，张韩互见。

丽：青春大泽，万卉初葩；《诗》《骚》之韵，班扬之华。

茹：众义辐凑，吞多吐少；幽独咀含，不求共晓。

远：九天俯视，下界聚蚊；寤寐周孔，落落寡群。

洁：冗意陈言，类字尽芟；慎尔褒贬，神人共监。

适：心境两闲，无营无待；柳记欧跋，得大自在。（同治四年正月二十二日）

□唐浩明评点

姚鼐在中国文学史上最先提出文章有阳刚美与阴柔美之分的概念。他说："鼐闻天地之道，阴阳刚柔而已。文者，天地之精英，而阴阳刚柔之发也……其得于阳与刚之美者，则其文如霆，如电，如长风之出谷，如崇山峻崖，如决大川，如奔骐骥……其得于阴与柔之美者，则其文如升初日，如清风，如云，如霞，如烟，如幽林曲涧，如沦，如漾，如珠玉之辉，如鸿鹄之鸣而入寥廓。"

曾氏很赞成姚鼐这种美学观点，说"吾尝取姚姬传先生之说，文章之道分阳刚之美、阴柔之美"。他认为，具备雄、直、怪、丽特色的文章可视为阳刚之美的境界，而有茹、远、洁、适特色的文章则可视为阴柔之美的境界。在本日的日记中，曾氏仿效司空图《二十四诗品》的形式，分别以四句话为这八个字作了阐释。笔者尝试以现代语言来表述曾氏的阐释。

雄：忽然间变得一派轩昂，完全不同于以往的常态。气势跌宕起伏音韵抑扬顿挫，抚摸之际锋芒刺手。

直：如同黄河虽有千百处弯曲，但总的趋势是直奔大海；如同山势像蛟龙腾跃，但它的转换之处却无迹可寻。

怪：奇趣横生，人鬼惊骇；如同《易经》《庄子》《老子》《山海经》中的玄远奇特，这种奇特在张华、韩愈的作品中也时常出现。

丽：如同春天里的大草泽，千万朵花刚刚开放。如同《诗经》《离骚》的闪亮韵致，班固、扬雄的耀眼才华。

茹：宏富的义理蕴含在文章中，直接表述出来的部分少，更多的则需要静静地去咀嚼回味，它不追求晓畅明了、一览无余。

远：如同从九天之上俯视地面上小小蚊子的聚会，如同日日夜夜思念周公孔子，使自己变得卓尔不群。

洁：重复的内容、陈旧的句子，相似的词语，全部去掉；谨慎地对待批评褒贬，上天与旁人都在注视着。

适：内心和外务，两方面都悠闲，不去钻营，也不去贪求，如同柳宗元的记叙小品与欧阳修的序跋，因为它们之中有丰厚的内涵，故而能从容自如。

曾氏摹仿司空图，以四句话将一个字（或为一个特点）展开阐述，当然把其中的意思说得更为明朗通透了。但如果与司空图相比，我们不能不遗憾地看到，曾氏的这些话，无论在文字的准确方面，还是在意境的开阔方面都与司空图有距离，尤其是缺乏《二十四诗品》中诸如“落花无言，人淡如菊”“不着一字，尽得风流”那样的佳句。这固然是曾氏军政事务繁忙，没有太多的闲工夫去仔细琢磨；另一方面，笔者想，这种属于文学理论上的造诣，是需要专门才华的，曾氏也可能并无此种才华。

善言德行与善为辞令

□曾国藩原文

早饭后清理文件。旋见客，坐见者三次，立见者二次。围棋二局，阅《仪礼》数叶。魏荫亭来，久坐一时许。核批札稿。倪豹岑来久坐。中饭，请杜兰溪、钱年伯、勒少仲等小宴，申正散。阅本日文件。倦甚，小睡。酉刻核批札稿。傍夕，钱子密来一坐。夜核批札、信稿。

二更后，思孟子所谓善言德行者，当为后世理学诸家之源；善为辞令者，当为后世词章诸家之源。孔子谦不能辞令，而以善言德行自许，盖在己者实有盛德至行而后能自道其所得也。《论语》一书乃善言德行之尤著者，因默诵《学而》《为政》《八佾》三篇。三更睡。（同治四年四月十一日）

□唐浩明评点

《孟子·公孙丑》中有这样一段话：“宰我、子贡善为说辞，冉牛、闵子、颜渊善言德行。孔子兼之，曰我于辞命则不能也。”这天夜里，曾氏想起的就是《孟子》中的这一段话。他是一个善于思索的人，于是联想到后世兴起的理学，其探索的是义理性命等哲学命题，其源头应是冉牛、闵子、颜渊所言的德行。后世的诗文创作，以艺术化的文字叙事言情，其源头则来源于宰我、子贡的善为说辞。所谓的“善为说辞”，意为善于说话。善于说话者，不但能把意思表达清楚，还能打动听者的心，能做到这一步，则靠语言上的艺术化。《左传》上说“言之无文，行而不远”，说的就是这层意思。其本质则与诗文创作相通。

曾氏的善于思考，其特点之一便是这种善于溯源探流。捋清了源流，能让人更为清楚地弄通事物的源起以及它的发展演变过程，从而更好地认识其本质。

古诗文中最可学的八个字

□曾国藩原文

贺节之客，概谢不见。早饭后清理文件。旋出城看马队操演，午初归。围棋二局。中饭后与幕府一谈，阅本日文件，写澄、沅两弟信。左腭上落一壮齿，不知何时已落，或吞入腹中矣。眼蒙，不能治事。

偶思古文、古诗最可学者，占八句云：《诗》之节，《书》之括，孟之烈，韩之越，马之咽，庄之跌，陶之洁，杜之拙。将终日三复，冀有万一之合。

核批札各稿，与幕中久谈。夜核各信稿。温《庄子》数篇。二更三点睡。（同治五年正月十五日）

□**唐浩明评点**

今天是元宵佳节，曾氏辞谢所有贺节之客，出门检阅马队的操演。中饭后与幕僚谈话。下午又阅读文件，写家信。到了夜里，还在审核幕僚们代拟的信稿。一年一度的元宵节，除中午的两局围棋外，不见他有任何娱乐与休息。他天天忙碌如此，以至一颗牙齿坠落，他也毫不知晓，甚至怀疑已吞入腹中。此时的曾氏，按现在的年龄计算法是刚满五十五岁不久，还是个中年人，却已牙齿脱落，可知他的健康状况不好。

就在这样的环境里，捻战统帅在军营中仍不忘他心中的挚爱——古诗古文。曾氏是个喜欢总结归纳的人。他化繁为简，以八个字来概括两部书及六位诗文家的特点。顺便说一句，人们都佩服化繁为简的能力，因为简则一目了然，便于掌握要领。其实，与之相反的另一个能力即化简为繁也不容易，也很重要。由简到繁，通常需要做横的方面的四处拓展，纵的方面的深挖穷究。这两个方面做得好的话，则能将研究的对象弄得纤毫毕现、一清二楚，又能借个案给人以更多的启示。这些话有点离题了，我们还是来看曾氏是如何化繁为简的。

关于古诗，曾氏提到三家。

一为《诗经》，他以节字来概括。这个“节”指什么？笔者以为，此“节”指的是节制一类的概念。孔子说，“《诗》三百，一言以蔽之，曰思无邪”。《诗·大序》说：《诗》“发乎情，止乎礼义”。这里说的都是节制方面的意思。

二为陶渊明的诗，他以洁字来概括。洁，指的是高洁、洁净的意思。陶诗给人的最突出的感觉即在此。“结庐在人境，而无车马喧。问君何能尔，心远地自偏。采菊东篱下，悠然见南山。山气日夕佳，飞鸟相与还。此中有真意，欲辩已忘言。”这首诗堪称“陶之洁”的代表作。

三为杜甫的诗，他以拙字来概括。拙字作何解？笔者以为，当作厚重解。厚重往往给人以笨拙之感，这就是曾氏所说的拙。我们常说王维的诗空灵，这“灵”就恰恰与“拙”相对应。我们读杜诗：“国破山河在，城春草木深。感时花溅泪，恨别鸟惊心。烽火连三月，家书抵万金。白头搔更短，浑欲不胜簪。”国破家别，这种沉痛有多厚重！

关于古文，曾氏提到五家。

一为《尚书》，曾氏以括字来概括。括字当作简要解。作为我国最早的政事史料的汇编，曾氏以“括”来概括《尚书》的文风，自有他的道理。

二为《孟子》，曾氏以烈字来概括，这烈字当作壮烈解。后人常说孟子是雄辩家，其滔滔不绝、气吞天地万物的论辩，的确体现一种壮怀激烈的气概。

三为韩愈，曾氏以越字来概括。此处之越可以激越来解。前人说韩愈的文章“起八代之衰”，指的是韩文气势雄壮、激情澎湃。“古之学者必有师。师者，所以传道授业解惑也。”“世有伯乐，然后有千里马。千里马常有，而伯乐不常有。”这就是韩文！文章一开头，便有一种激越之气迎面而来。

四为司马迁。曾氏以一咽字来概括。咽者，悲咽。此字用在太史公司马迁的身上，真可谓传神。司马迁含不可名状之悲，忍常人不可忍受之苦，为的都是一部《史记》。“欲以究天人之际，通古今之变，成一家之言。草创未就，会遭此祸，惜其不成，是以就极刑而无愠色。仆诚已著此书，藏之名山，传之其人，通邑大都，则仆偿前辱之责，虽万被戮，岂有悔哉！”千年万载之下，每一个读《史记》的人，能不为之悲咽吗？

五为《庄子》，曾氏的概括为“跌”。跌者，跌宕起伏。凡读《庄子》的人，几乎都有汪洋恣肆、诙诡奇特、跌宕起伏、难以把握的感觉。曾氏以一个跌字，将这些感觉都包括进去了。我们试读一下《庄子》开篇的第一段：“北冥有鱼，其名为鲲。鲲之大，不知其几千里也；化而为鸟，其名为鹏。鹏之背，不知其几千里也；怒而飞，其翼若垂天之云。是鸟也，海运则将徙于南冥。南冥者，天池也。”鲲化为鹏，一跌；鹏怒而飞，二跌；鹏徙天池，三跌。《庄子》就是这样将读者带进他的世界的。

当然，一个字太少，难以准确概括，且曾氏又要去讲究押韵，有的便难免因此而显得牵强，但大体上来说，还是可取的。

文章须有气势

□曾国藩原文

早饭后清理文件。围棋二局，英中丞来久谈。阅《丧服》至申正止。阅本日文件，核批札各件。闻纪鸿儿将到，察看其所住之室。剃头一次。夜核信稿多件，二更后温古文。

文家之有气势，亦犹书家有黄山谷、赵松雪辈，凌空而行，不必尽合于理法，但求气之昌耳，故南宋以后文人好言义理者，气皆不盛。大抵凡事皆宜以气为主，气能挟理以行，而后虽言理而不厌，否则气既衰苶，说理虽精，未有不可厌者。犹之作字者，气不贯注，虽笔笔有法，不足观也。

二更四点睡，四更四点醒。（同治五年十月十四日）

□唐浩明评点

什么是文章的气势？在笔者看来，文章中所弥漫着的能使读者感染、感动的那种氛围，可以称得上是文章的气势。气势表现在丰沛、壮阔、流畅等形式上。所谓气吞山河、势压群雄，那应该是对气势的高度赞扬了。曾氏拿黄庭坚、赵孟𫖯的字来作比较：黄、赵的字，有时为凌空奔走，不完全与法度相合，但气势昌盛，故不失为好的书法作品。常言说“理直气壮”，但曾氏接下来则说到理直而气不壮的例子：南宋以后学者们都喜欢谈论义理之学，但气势却不昌盛。由此可知，“理直”是“气壮”的一个重要因素，但不是唯一的，能使气势强壮昌盛的，至少还有以下几个因素。

一则是为文的技巧，即文章的谋篇布局、遣词造句如何，还有文学艺术手法的运用是否得当等。二则是为文者的基础与视野，即为文者的学术根底是否厚实，他的眼界是否开阔、思路是否闳通。三则是为文者之立足的高度。势者，处于高位者的潜在力量也。若为文者能将自己立在一个较高的位置上，文章便自然有一种气势在其内了。俗话说“以势压人”，其道理就在这里。

为学之道不可轻率评讥古人

□曾国藩原文

早饭后，坐见之客二次，衙门期也。旋清理文件，习字一纸。围棋二局。阅太白诗至未初止，批校十一叶。午刻，立见之客一次，坐见者一次。中饭后阅本日文件。小睡片刻。申正写对联七付。至后园一览。核批稿各簿，核信稿一件。傍夕小睡。夜将金陵一军奏案摘录。二更四点睡，三更后成寐。

是夜与纪泽论为学之道，不可轻率评讥古人，惟堂上乃可判堂下之曲直，惟仲尼乃可等百世之王，惟学问远过古人乃可评讥古人而等差其高下。今之讲理学者，动好评贬汉唐诸儒而等差之；讲汉学者，又好评贬宋儒而等差之，皆狂妄不知自量之习。譬如文理不通之童生而令衡阅乡试、会试之卷，所定甲乙，岂有当哉？善学者于古人之书，一一虚心涵咏，而不狂妄加评骘，斯可矣。（同治七年三月二十五日）

□唐浩明评点

好讥评人乃人性之弱点，文人在这方面的表现尤为突出。讥评别人者，其心中潜在的目的是借此以表现自我，卖弄自己的学问、见识、才情等。曾氏教导儿子在治学上不要犯人们所常有的贬低别人抬高自己的毛病。

曾氏为人讲究平实。他自称平生不为架空之事，不言过高之理。对于那些夸夸其谈、大言不惭的人，他很讨厌。在《劝诫绅士四条》中，他有一段话："近年书生侈口谈兵，动辄克城若干，拓地若干，此大言也。孔子曰'攻其恶，无攻人之恶'，近年书生多好攻人之短，轻诋古贤，苛责时彦，此亦大言也。好谈兵事者，其阅历必浅；好攻人之短者，其自修必疏。今与君子约为务实之学，请自禁大言始。欲禁大言，请自不轻论兵始，自不道人短始。"这段话可与此篇日记互为参照。

五言古诗有两种最高之境

□曾国藩原文

早饭后至城隍庙步祷，旋归。清理文件，习字一纸。坐见之客一次，立见者一次，围棋二局。午初小睡片刻。旋阅《祀天门》十一叶。中饭后，崇地山自天津来，久谈。阅本日文件，核批稿各簿，申正毕。又坐见之客一次。至幕府一谈。出门拜崇地山，久谈。酉正归，小睡。阅汤文正公语录。夜核改批一件，清理零件甚多。二更，课儿背书。旋朗诵曹、阮诗。

五言古诗有二种最高之境，一种比兴之体，始终不说出正意。如《硕人》，但颂庄姜之美盛，而无子兆乱已在言外；《大叔于田》，但夸叔段之雄武，而耦国兆乱已在言外。曹、阮、陈、张、李、杜，往往有之。一种盛气喷薄而出，跌荡淋漓，曲折如意，不复知为有韵之文。曹、鲍、杜、韩，往往有之。余解此二境，而曾未一作此等诗，自愧亦自惜也。

三点睡。（同治八年三月初九日）

□唐浩明评点

白天忙碌一天，到了晚上，曾氏又亲自督促儿子背书。此时欧阳夫人及纪泽等人尚在由江南赴直隶的途中，随侍曾氏身旁的儿子应是次子纪鸿。纪鸿已虚岁二十三岁，早已做了父亲。曾氏仍然如此严格要求，其对儿子的关爱之深可以想见。课儿背书之后，他自己又高声朗诵曹氏父子与阮籍等人的诗。曹、阮等人的五言诗，是五言古诗的最高成就的代表。在诵读之际，他领悟出五言古诗的两种最高境界。

一种是比兴手法运用得很好，全诗从头到尾始终不说出本意，但它的本意已在言外。《毛诗序》说："《诗》有六义焉：一曰风，二曰赋，三曰比，四曰兴，五曰雅，六曰颂。"其中风、雅、颂指《诗》的三种体裁，赋、比、兴指《诗》的三种表达方式。比者，借物作比。兴者，借事起兴。曾氏以《卫风·硕人》及《郑风·大叔于田》为例，说明比兴手法在《诗经》中的运用。曹氏父子、阮籍、陈子昂、张九龄、李白、杜甫等人的五言古诗中常常见到这种手法的运用。

二是旺盛的气势喷薄而出，跌宕起伏，淋漓尽致，诗句曲折反复，诗意表达自如，使人读起来不觉得是有格律的诗，而是气势磅礴的散文。曹氏父子、鲍照、杜甫、韩愈等人的五言古诗中常常有这种境界。曾氏以自己已领悟到这两种境界，但却没有写出一首这样的诗作而惭愧而惋惜。

曾氏常说他领悟了诗与古文的写作奥妙，也常常说他未能将所领悟者付之于创作实践，并为之自怜自惜。曾氏不是浮夸之辈，他说的这些话自然是真诚的，但他也可能走入了一个误区。姑且不说他的领悟是不是真的已得骊珠，即便已得到，也不见得就能写出曹、鲍等人那样的诗作来。领悟属于研究的领域，写作属于创造的领域。这是两个不同的门类，好的研究者不一定就能做好的创造者。古人说"诗有别才"，指的就是这个。

国　事

国事类选的是涉及有关国家之事的日记。曾氏是一个谨慎的人，对于军国大事，他的日记并不过多涉及。即便提到，也不深入。所以，我们很难在他的日记中挖掘出当时朝廷重大决策的内幕与湘军军事部署的机密。但是，毕竟曾氏身处特殊位置，哪怕他仅仅只是浅浅地提到、简略的记载或以旁观者的姿态观察，他日记中的这些文字，也可以成为有心者、慧眼人眼中的珍珠。

比如，曾氏在日记中两次记下大年初一皇宫里的拜年。一次是道光二十一年，一次是同治八年。它让我们看到宫内的拜年究竟是一个什么样的活动，它有哪些内容，参与者是些什么人。尤其是若将两次拜年细加比较的话，还可以发现其中的异同之处。相同之点，是其最主要的仪式只有两个：一个是皇帝率百官向太后拜年，一个是百官向皇帝拜年。不同之点，是前一次热闹铺张，后一次简易节制。道光不是一个奢侈的帝王，慈禧也不是一个俭朴的太后，之所以呈现出这等差异，主要的原因，一是承平年间，一是大乱之后。由此可见，十多年的内战，对国家元气的伤害之大。

曾氏的日记中还有向慈禧太后拜寿的记载。拜寿活动极为简单。十五岁的同治皇帝率领一批高级官员在慈禧所住的慈宁宫门外行了一个礼。礼毕，活动即结束。慈禧本人连面都没有露，更没有什么赏赐物品，连大家在休息室里吃的点心，都是江西按察使俊达请的客。各种史册上都极其能事地渲染慈禧是如何奢华，如何爱讲排场。或许，慈禧也可能就是这样一个人。但曾氏的日记也为我们提供了另一种信息：早年的慈禧在个人享受上还是有所节制的。这一方面固然是前面说的国家元气大伤的缘故；另一方面，慈禧掌权不久，且还有慈安在名义上居她之上，她还不敢恣意肆为。

曾氏的日记还为我们提供了一些难以想象的真实细节：皇帝赏赐大臣们的礼物，太监居然可以从中调包；朝廷颁发给军事统帅的象征王命王权的信物，竟然粗陋得如同戏台道具、小儿玩具！这样的政权，它的崩溃绝对是必然的事。尽管谨慎的曾氏未在日记中流露他的情感，但想必他当时的心一定是凉透了！

皇家拜年

□曾国藩原文

丑初，请驾。净面、冠服毕，诣明殿，神前拈香。诣天地前，拈香，次拈斗香。诣西佛堂、东佛堂，拈香，放炮熚。至东暖阁，少坐。丑正，从吉祥门乘轿，由琼苑西门至天一门，拈斗香，次诣钦安殿拈香，放炮熚。步行至斗坛，拈香毕，乘轿，由殿后琼苑东门至天穹宝殿，拈香，乘轿，由景和门进乾清宫东边后槅扇。

丑正正二刻，外边，奏请。上从乾清宫殿檐前乘轿，东、西丹墀放炮熚。出乾清宫门，由景运门至奉先殿，行礼毕，乘轿，由景运门至乾清门外，尚乘轿。首领太监接请进乾清门，由月华门进遵义门，还养心殿，送焚化，放炮熚。至东暖阁少坐。寅初，从吉祥门乘轿，由隆福门至坤宁宫，诣西案、北案、灶君前拈香毕，东、西丹墀放炮熚，乘轿，进乾清宫后槅扇。至东暖阁，神牌前拈香。乘轿，至圣人前、药王前拈香。乘轿，至乾清宫殿檐前下轿，至西暖阁，少坐。

寅初二刻，外边，奏请。上从乾清宫殿檐前乘礼轿，东、西丹墀放炮熚。一出乾清门，诣堂子行礼毕，乘礼轿，至乾清门内换轿，由日精门进祥旭门，至惇本殿，诣孝淑睿皇后御容前，拈香。行礼毕，乘轿，出祥旭门，由日精门、月华门进遵义门，诣太阳供前拈香。还养心殿，皇贵妃等递万年吉祥如意。上办事，进早膳。

卯初二刻，慈宁门外至长信门外，设皇太后仪。卯初二刻，总管王常清、吕进祥请皇贵妃、彤贵妃、琳妃、恬嫔、定贵人、常贵人、成贵人、琭贵人、佳贵人、顺常在、四公主、六公主乘轿，出启祥门，进慈祥门，至寿康宫，诣皇太后前，递如意，至西配殿等候。

卯正一刻，上从养心殿乘轿，出遵义门，至内右门内。乘礼轿出内右门，由隆宗门至永康左门外，步行至慈宁门下幄次等候，礼部堂官转传与内监，奏请随寿康宫总管卜进朝、黄得福，奏请皇太后具礼服升慈宁宫宝座，礼部堂官引万岁爷至拜褥前，率诸王大臣等行三跪九叩礼。礼毕，寿康宫总管卜进朝、黄得福，奏礼毕，皇太后起座还宫，上步行至慈荫楼楼下等候。慈宁宫铺设拜毡毕，总管一名，请皇贵妃、彤贵妃、琳妃、恬嫔各就拜毡立。寿康宫总管卜进朝、黄得福，奏请皇太后升慈宁宫宝座，皇贵妃、贵妃、妃嫔等位行六肃三跪三拜礼。礼毕，寿康宫总管卜进朝、黄得福奏礼毕，皇太后起座，出后槅扇，皇贵妃、贵妃、妃嫔等位从后槅扇乘轿，出慈祥门，进启祥门，由隆福门进乾清宫后槅扇，至东、西暖阁等候。皇太后至西侧殿更衣，次至寿康宫后殿西暖阁升座。总管一名，奏请从慈荫楼步行，进慈右门，至寿康宫后殿西暖阁，诣皇太后前，递如意。毕，乘轿，出慈祥门，进启祥门，至凤彩门外，步行至弘德殿，少坐。步行，由乾清宫西暖阁至殿檐前乘礼轿，东、西丹墀放炮煒。出乾清门，由后左门御中和殿受礼，次至太和殿约辰初升座，受贺。总管一名，引四阿哥、五阿哥、六阿哥诣皇太后前行礼，次引定贵人、常贵人、成贵人、琭贵人、佳贵人、顺常在、四公主、六公主诣皇太后前行礼。毕，坐轿出慈祥门，进启祥门，由隆福门进乾清宫后槅扇，至东、西暖阁等候。总管一名，引如贵妃、恩嫔诣皇太后前，递如意，行礼。

上在太和殿受贺毕，乘礼轿，由后左门至乾清门外，尚乘轿。首领太监接请进乾清门，至乾清宫殿檐前下礼轿步行，升乾清宫宝座，受皇贵妃、彤贵妃、琳妃、恬嫔、定贵人、常贵人、成贵人、琭贵人、佳贵人、顺常在、四公主、六公主礼，次受四阿哥、五阿哥、六阿哥礼毕，总管二名，奏礼毕，步行，出凤彩门，进吉祥门，还养心殿更衣，少坐。总管王常清、吕进祥请皇贵妃从后槅扇乘轿，还钟粹宫，受四阿哥、五阿哥、六阿哥、四公主、六公主礼毕，乘轿还养心殿。彤贵妃等位从后槅扇乘轿，还养心殿。

辰正一刻，上从吉祥门乘轿，由琼苑西门出顺贞门、神武门，至北上门，至太高殿。拈香毕，乘轿出东随墙，进景山西门，至寿皇殿。行礼毕，乘轿，由西山道出北上门，进神武门、顺贞门，由琼苑西门、隆福门进乾清宫后槅扇，至西暖阁。见军机大臣毕，步行出凤彩门，进吉祥门，还养心殿。

储秀宫后殿，遣六公主拈香。思恩室南案、发塔前，遣四公主拈香。惇本殿东、西佛堂，斋宫前殿、崇敬殿，遣许福士等拈香。乾清宫东暖阁佛前，遣田进喜拈香。坤宁宫东暖阁佛前，遣王常清拈香。湛静斋，遣赵喜拈香。

中正殿等处，遣惠亲王拈香。

大光明殿、天庆宫、仁寿寺，遣裕诚拈香。雷神庙、福佑寺、时应宫，遣文蔚拈香。瀛台等处、万善殿，遣阿灵阿拈香。大西天、阐福寺、极乐世界、万佛楼，遣那逊巴图拈香。永安寺、火神庙，遣仁寿拈香。雍和宫、柏林寺，遣车登巴咱尔拈香。风神庙、雪神庙、普庆寺，遣德勒克塞楞拈香。弘仁寺，遣僧格林沁拈香。（道光二十一年正月初一日）

□唐浩明评点

这篇日记保存在台湾学生书局1965年影印版《湘乡曾氏文献》中，各种版本的曾氏日记均未收，2011年岳麓书社修订版《曾国藩全集》将它补入“日记”卷中。

这篇日记较为详细地记载了道光二十一年大年初一这一天，皇宫内皇家拜年的实况。当时，曾氏以翰林院官员的身份入大内随班朝贺，得以近距离地观察全过程。因为是第一次参加这等荣耀的活动，曾氏应该很激动，回家后将他所看到的这个过程细细地回忆着，并记了下来，为今天的读者保留一份难得的资料。

曾氏这天夜生一点便起床，洗脸，穿衣，然后拈香拜神拜天地拜佛祖，然后到东暖阁坐一会儿。夜生两点，由吉祥门坐轿，一路拈香放鞭炮，最后由景运门进入后宫，在乾清宫外候驾。

夜生两点半，道光皇帝在乾清宫檐前上轿，东、西两丹墀放鞭炮。从景运门出，到奉先殿礼拜祖宗。礼毕，乘轿到乾清门外，然后再改为步行，经月华门进遵义门来到养心殿，在这里给祖宗送包封，放鞭炮，再到东暖阁稍事休息。夜生三点，道光皇帝从吉祥门乘轿，经隆福门到坤宁宫，到附近各处拈香放鞭炮。三点半，道光皇帝出乾清门到堂子行礼，礼毕回到乾清门换轿，再到惇本殿孝淑睿皇后画像前拈香行礼。礼毕去太阳供前拈香。这些活动结束后，道光皇帝回到养心殿，接受皇贵妃等递上来的万年吉祥如意，然后办公事吃早饭。

五点半，从慈宁门外至长信门外一路请摆好皇太后的仪仗，然后总管太监请妃嫔、贵人、常在及两位公主乘轿，到寿康宫拜见皇太后，递如意，礼毕在西配殿等候皇帝。

六点稍过，道光皇帝乘轿由隆宗门外出，再改由步行至慈宁门等候。这时，内监请皇太后穿礼服升慈宁宫宝座，然后由礼部堂官引道光皇帝率领诸王大臣向皇太后行三跪九叩礼。礼毕，皇太后起座还寝宫，皇帝则在慈荫楼上等候。慈宁宫里铺设供跪拜用的毡子，铺好后，再请妃嫔等进宫站立，然后请出皇太后回慈宁宫升座，妃嫔向皇太后行六肃三跪三拜礼。礼毕，皇太后离开慈宁宫，在西侧殿更衣后至寿康宫后西暖阁升座。道光皇帝由慈荫楼步行至寿康宫西暖阁拜见皇太后，递上如意。礼毕，乘轿至凤彩门外，改步行至弘德殿，稍事休息，再步行至殿檐前乘礼轿出乾清门到中和殿受礼，再到太和殿升座，接受百官的贺礼。同时，总管引各位阿哥、妃嫔、公主依次向皇太后行礼。

皇帝在太和殿受贺完毕，回到乾清宫升座，接受各位妃嫔、公主、阿哥的拜年。

八点一刻，皇帝出神武门来到太高殿拈香，然后进景山西门至寿皇殿，礼毕再返还乾清宫西暖阁，见完军机大臣后，再回到养心殿。

其他各处，则遣公主、太监、亲王、皇族等去拈香礼拜。

皇家的大年初一拜年，其核心内容只有两个，一为皇帝率妻妾子女向皇太后拜年，一为妻妾子女及文武百官向皇帝拜年，却弄得如此繁琐复杂。这一天，曾氏从夜生一点到上午八九点，长达七八个小时在皇宫内当班，一点儿也不能有差错，整个神经绷得紧紧的，但好在他一则年轻、二则第一次亲历这等场合，想必他是兴奋有余，不会感到劳累。而这时的道光皇帝已是六十高龄，也得从夜生一点忙到上午八点多，则够辛苦了。其他人，从皇太后到各位妃嫔、阿哥、公主，以及参加这次活动的所有文武官员，大概这一天都是劳累不堪，内心叫苦不迭。这种繁文缛节真个是劳民伤财。然则，不这样又行吗？在那个时代是绝对不行的。即便在今天看来，此类活动也不能完全取消，只宜简化而已。

再次复出，扎老营于江西建昌府

□曾国藩原文

卯刻拔营，行二十里至永安桥小憩，南城县派家丁在此办早尖。家人、巡捕、轿夫等皆吃饭。饭后行三十里至建昌府城。县令黄鸣珂力疾迎于十五里外。旋接见黄署守秉珍，及宝勇四营在郡之营官罗近秋等，又见建昌本营游击季超群等。在城内公馆中饭，公馆即凤岗书院也。饭后回营盘，在北门外三里许。是日行路较远，见客稍多，颇觉倦乏。（咸丰八年九月初九日）

□唐浩明评点

现存的曾氏日记，在咸丰八年六月之前是不完整的。或是曾氏本人恒心不够，并没有将道光十九年开始的日记连贯地记下去；或是年代久远、战时无定，中间有的部分已遭散失，总之，曾氏的日记直到咸丰八年六月初六日起才逐日记载，没有缺失。2011 年修订曾氏全集时，又将新发现的曾氏去世当天的日记补上。

曾氏在咸丰二年年底，决心移孝作忠，奉旨出山，出任湖南省团练大臣。之后招募团勇，组建湘军，在湖南、湖北、江西等省与太平军交战，互有胜败。咸丰七年二月，曾氏因父亲去世再次回原籍守丧。咸丰八年四月，湘军相继攻克江西九江、抚州、建昌，江西的太平军逃到福建。鉴于周天受资望较浅、和春患病未愈，朝廷决定再次启用曾氏，命曾氏迅赴江西，率部援浙。曾氏六月初三日奉旨，初七日由家启行，十二日抵长沙，刻“钦命办理浙江军务前任兵部侍郎关防”木印，即以此头衔办理军务。

曾氏六月十九日由长沙登舟，一路经武昌、巴河、湖口，七月二十四日抵南昌。途次接到上谕：浙江解危，以援浙之师由江西铅山直捣崇安，扫清福建。曾氏由南昌启程，经余干、安仁到弋阳。九月初七日，来到江西建昌府城，此地与福建接壤。曾氏在建昌府城住了五个多月，由此开始他军事统帅的第二段生涯。

我们可以从这段日记中看到当时官场迎接上司的场景。进入建昌府后，府衙所在的南城县令即派家丁在交界处办早点迎接。将到府城，县令带病亲自到十五里外迎接。曾氏随即又接见建昌代理知府及湘军与绿营将官。进城后，住进城内最为宽阔体面的建筑凤岗书院，以此作为钦差大臣的临时公馆。复出的曾氏，受到全境光复后的江西地方高规格的热情接待。

初闻三河之败

□曾国藩原文

早，清理文件。饭后，吴子序来久谈。午刻传见吉中营哨官三人。刘兆龙带长夫百余人来，江龙三亦来。接四弟信、叔父信，言家中事颇详。李筱泉来久谈。中饭后，闻成章鉴在吴城病故，不胜悲悼。成以武弁而知忠义爱民，谋勇兼优，方冀其继塔、杨而起，不意其遽逝也。

申刻接彭雪琴信，知迪庵有三河之败，言温甫弟与孙筱石、李璞皆、杨得武皆至桐城，迪庵冲出至六安州，不知果否。又言杨厚庵已至桐城，抚慰军心，都、鲍派马队至桐城助守湖口，彭泽之营亦已北渡赴桐云云。若得迪庵无恙，则不久可复振也。迪军分希庵留于湖北，又分八、九营守浔湖彭泽，又分九营守桐城，又分二营来余处。分军太多，胜仗太多，固宜不免一挫。夜，与朱品隆谈李营事，睡不成寐。（咸丰八年十月二十四日）

□唐浩明评点

这是曾氏最初得知三河之役的消息。这场大仗，其实早已在十二天前便结束了。三河镇在安徽庐州府。庐州府距建昌府1500里左右，紧急公文，四天内可以到达，但曾氏十二天后才从彭玉麟的书信中得知。可以想见，当时的军情传递，既不规范又不快捷。

曾氏这次复出，在湖北黄州府附近的巴河镇停留七天。他在这里召开了重要的军事会议，参加者有彭玉麟、杨岳斌、李续宾、李续宜、唐训方、朱品隆、曾氏胞弟国华及一批湘军高级将领。会议中的一个主要内容是规复皖省，担负此一重任者便是由李续宾、曾国华所统率的部队。从巴河分手后，李续宾、曾国华的部队一连收回太湖、潜山、桐城、舒城，军事进展非常顺利。十月上旬，李、曾率部来到三河镇。不料，在这里遭受到陈玉成、李秀成统领的二十万大军的包围，除二三百人逃出外，其余六千人全军覆没。这六千人都是湘乡人。李续宾自杀。曾国华则下落不明。曾氏派人四处寻找，直到三个多月后，才由胡林翼派出的人找到曾国华的无头尸。

此刻的曾氏还尽量往好处想，相信彭信中所说的曾国华等人已逃到桐城、李续宾已逃到六安州，并设想只要李还在，今后还可以复振；又分析兵败的原因：一是分军多力量单薄，二是前一阵胜仗太多骄傲轻敌。

回忆咸丰五年六年的苦况

□曾国藩原文

因病晏起，清理文件。早饭后温《项羽纪》毕。接胡中丞及雪琴信，内附京信二件。倦甚，小睡。中饭后，温《高祖本纪》，至二更未毕。是日尚病，禁油荤。傍夕，至楼后歇凉。

念吾在江西数年，五年在南康，景象最苦，六年在省城，亦以遍地皆贼，同事多猜疑，心不舒鬯。此外，四年在九江月余，七年在瑞州月余，亦无佳兴。去年，住建昌五个月，虽军事无起色，而意兴较好。本年在抚州，所居谢氏宅颇宽，后有高楼，俯临城闉，外瞰盱江，境况较昔年远胜矣。（咸丰九年四月初七日）

□唐浩明评点

曾氏的军事重点始终在安徽，故而当福建的情形略有好转后，他便移营北上。咸丰九年二月十六日，曾氏老营驻扎江西抚州府城。

曾氏在咸丰四年十一月中旬，由湖北东下长江进入江西，直到咸丰七年二月中旬奔父丧离开瑞州，在江西待了两年零三个月。这段时期是曾氏军事岁月中最为艰难的日子。曾氏在这段日子里遭到水师被分割，湖口大败投水自杀，樟树镇大败，南昌、南康多次被围等军事险境，又遭遇塔齐布、罗泽南先后去世的痛苦，以及与江西官场闹翻后的尴尬局面。他在江西留下了“闻春风之怒号则寸心欲碎，见贼船之上驶则绕屋彷徨”的奏折，令多年后王闿运为之感叹：“夜览涤公奏，其在江西时实悲苦，令人泣下。”“《出师表》无此沉痛。”

时隔一年多，曾氏又复出来到江西。因为整个军事形势大改变，曾氏的处境比先前好多了，他的心情也较为轻松，但想起五年六年那两年的屡战屡败、同事猜疑，曾氏心中仍然不能释怀。

曾氏在离开江西的那一年多守父丧期间，完成他人生的一大转变。这一转变，使得曾氏更为成熟更为老到。

咸丰二年年底组建湘军之前的曾氏，可以用这样几根粗线条勾勒：一个功名顺遂官运亨通、却无在地方上办实事经历的朝廷大员，一个笃信名教、认为只要坚决按照孔孟圣贤那一套去做就百事可为的书生，一个相信立马就能平定天下的事功渴望者。然而，到了咸丰七年二月回家奔父丧时，曾氏已是一个遍体鳞伤、心情沮丧、功业未成、前途无望又饱受讥评的失意者。守父丧的一年多里，他为此作了沉痛的反思。这一年来，江西战事发生了巨大的转变。没有他在场的江西战场，捷报频传：九江收复，湖口收复，内湖外江水师会合。待到他复出时，江西差不多全省底定。无情的事实让他明白：他并非就是南方战场上唯一的统帅，比他能成事的人处处都有；再者，打仗这样大的事，运气非常重要，运气不到，再努力也成效甚微，运气来了则可以事半功倍。

复出后的曾氏，将过去所奉行的申韩之术收敛，开始转向黄老之学。他注意照顾别人的感受，不再将自己视为当然的救世之主，功业与成就则顺其自然。越到后来他的这些认识越加深刻，以至于到了大功建成的那一天，他能淡然对待，乃至于功成身退，“将汗马勋名问牛相业，都看作粃糠尘垢”（欧阳兆熊挽联）。

清官罗遵殿

□曾国藩原文

早，出城，巡视营墙。饭后清理文件。辰刻至罗中丞宅内题主。宅在隘口，去宿松城四十里，午正到。未初行题主礼。申刻筵宴。是日会吊，同席者胡中丞、左季高、李次青、方子白与余，凡五人。黄子山在罗宅照料丧事。申末起行归来。行二十里，至石嘴铺地方小坐，二更还寓。

罗淡村中丞，以乙未进士历官直隶、湖北、浙江等省，凡二十五年，家无一钱，旧屋数椽，极为狭陋。闻前后仅寄银三百两到家，其夫人终身未着皮袄，真当世第一清官，可敬也。

是日卯刻，发报一折复奏，又片一件。（咸丰十年四月十三日）

□唐浩明评点

咸丰九年十一月中旬，曾氏移营安徽宿松。咸丰十年初，太平军李秀成率部由皖南进入浙江，二月下旬攻下杭州，浙江巡抚罗遵殿自杀。罗遵殿字淡村，正是安徽宿松人，棺木被运回原籍。曾氏前去罗宅祭奠，并为灵牌点主，当天一同吊唁的还有胡林翼、左宗棠、李元度等人。

罗遵殿道光进士，历任知县、知府、道员、按察使、布政使，咸丰九年出任浙江巡抚。这位长期在地方任要职的巡抚大人，居然家无一钱，只有几间狭窄旧房子，前前后后只寄三百两银子给家里，其夫人终身未穿过皮袄。

曾氏不禁为之感叹：“真当世第一清官，可敬也。”在人们想象中，官员们过的都是花天酒地的生活，尤其在晚清，几无清官可言。其实，也并非完全如此。曾氏是一个廉洁自爱的清官，看起来这个罗遵殿似乎比曾氏还要廉洁自爱。曾氏老家还有乡间侯府富厚堂，而罗遵殿的老家只有“旧屋数椽”。由此可知，什么事都不可一概而论，即便是晚清官场这一摊子污泥浊水中，也还有点滴清洁之地。

终于盼到了地方实权

□曾国藩原文

早，出城，巡视营墙。饭后清理文件。旋写方子白册页七开。倦甚，小睡。请陈雪楼筮卦，筮浙江可保否，得“艮”之象辞；筮余军是否南渡，得“解”之“师”；筮次青应否赴浙，得“兑”之“复”。旋阅《后汉·西域传》。

午刻得官帅咨，知余奉旨以兵部尚书衔署两江总督。本营员弁纷纷道喜。中饭后，与次青等畅论时事应如何下手，约一时许。旋写官、胡信二封，沅弟信一封。天气极热，实难办事。傍夕，仍与次青等三人畅谈。

夜阅《五代史》。睡不成寐。（咸丰十年四月二十八日）

□唐浩明评点

曾氏从咸丰二年底组建湘军以来，到写这篇日记时，已经过去九个年头了。这九年里，曾氏一直没有过巡抚、总督一类的职务，总是以原礼部侍郎或兵部侍郎衔的身份领兵打仗。在咸丰三年八月下旬打下武汉三镇后，他曾经做过七天代理湖北巡抚，然后便改以署理兵部侍郎衔带兵东下。咸丰七年六月，他上疏朝廷沥陈那几年带兵的种种难处，表明若无巡抚之职权不能统兵。这是公开向朝廷要官。即便如此，朝廷宁愿不让他出山，也不答应他的要求。曾氏九年来的处境，用他的话来说就是四个字：客寄虚悬。这是为什么？

据薛福成在《庸盦笔记》里说，咸丰皇帝任命曾氏为湖北署抚几天后，一个军机大臣对他说，曾氏以在籍侍郎的身份在家乡拉起万人队伍，此人本事太大，恐怕非朝廷之福。一句话提醒了皇帝。他立即下令，撤掉曾氏署抚之职。从那以后，再不授曾氏地方实权。由此我们可以知道，朝廷一直在提防着曾氏。不授督抚之职给曾氏，是有意抑制，不让其坐大。但在压曾氏的同时，却又先后授江忠源为皖抚、胡林翼为鄂抚、刘长佑为桂抚。朝廷明摆着奉行的是以湘制湘的策略。曾氏饱读史书，深谙政治，他对这一切都强忍着。他曾以“是非了然于心而一毫不露”来表示他的这种态度。

咸丰十年春天，太平军李秀成率部一举踏平清军江南大营，统领和春、张国樑在逃亡途中一自杀一溺水死。太平军乘胜打下丹阳、常州、无锡、苏州、江阴、昆山、太仓、嘉定、青浦等，在常州的两江总督何桂清弃城逃命，在苏州的江苏巡抚徐有壬被杀。上海、浙江岌岌可危。苏南风云突变，极大地震惊朝廷。在局势万分危急又四顾无人的情形下，朝廷决定授予曾氏以兵部尚书衔署理两江总督，迅速带兵驰往苏南。

从这篇日记可知，如此重大的任命，曾氏第一时间收到的并不是朝廷的公文，而是从湖广总督官文那里转来的咨文。直到五月三日，曾氏仍然未接到正式任命书。他不能再等了，当天具折，对朝廷的任命叩首感谢。两个月后，朝廷将“署理”二字去掉，补授曾氏为两江总督、钦差大臣，督办江南军务。

为了这个地方实权，曾氏足足盼了九年，等了九年，终于让他盼到等来了。我们看他写给在家的四弟的信：“兄于初七日接奉谕旨，补授两江总督实缺，兼授为钦差大臣督办两江军务。家大人放了，所以未得个信者，以日内尚无便人回湘也。”一句“家大人放了”，多少喜悦，多少欣慰，尽在其中！

咸丰皇帝去世与八大臣辅政

□曾国藩原文

黎明起。接京城递回夹板，面上系用蓝印，内系六月十八日所发一折二片。

其复奏鲍超救援江西一折后，墨笔批云：“赞襄政务王大臣奉旨：览奏，均悉。”其附奏近日军情一片批云：“赞襄政务王大臣奉旨：知道了。”又黄胜林正法一片批，与近日军情片批同。

外吏部蓝印咨文二件，一件载：“七月十六日奉朱笔，皇长子现已立为皇太子，着派载垣、端华、景寿、肃顺、穆荫、匡源、杜翰、焦祐瀛尽心辅弼，赞襄一切政务。”钦此。一件载：“准赞襄政务王大臣咨，嗣后各督抚、将帅、将军、都统、提、镇等奏事，备随折印文一件，载明共折几封、片几件、单几件，交捷报处备查等因。”

痛悉我咸丰圣主已于七月十六日龙驭上宾，天崩地坼，攀号莫及！多难之秋，四海无主，此中外臣民无福，膺此大变也。余以哀诏未到，不克遽为位，成服哭临，须回东流，乃克设次行礼。巳刻改克复池州一折、提江西漕折五万一片，未刻发报，仍用红印。

清理文件甚多。与沅弟畅谈。申刻，写挂屏、对联数件。夜写零字，写扇一柄。二更三点睡，不甚成寐。伏念新主年仅六岁，敌国外患，纷至迭乘，实不知所以善其后。又思我大行皇帝即位至今，十有二年，无日不在忧危之中。今安庆克复，长发始衰，大局似有转机，而大行皇帝竟不及闻此捷报，郁悒终古，为臣子者尤深感痛！（咸丰十一年八月初十日）

□唐浩明评点

咸丰皇帝奕詝真是福大命薄。生于帝王家，已是福莫大焉，何况以资质平庸之第四子身份继承大统，更是洪福齐天，但他的命却不好，即位不久，洪秀全便在广西金田村起义，宣布建立太平天国。于是在南方又出现一个国家政权，一个立志要夺取咸丰的江山的天王。反叛一方的势力越来越大，终于冲出广西，一路北上东下，势如破竹，居然在六朝古都之地建立雄踞东南的天国。江南半壁河山硝烟弥漫，似乎已不再是大清王朝的天下。内乱已是够心烦了，而洋人挑起的外患更是越演越烈。英法联军的战火竟然烧到北京。咸丰十年八月初八日，就在英法军队兵临北京城下时，咸丰带着后妃子女仓皇从圆明园北逃。一个帝王，在敌兵入侵之时弃家外逃，其耻其辱仅次于亡国。

咸丰带着这种奇耻大辱寓居热河行宫，面对着日重一日的内乱外患，他心里忧虑，却束手无策，干脆整日沉湎于醇酒妇人之中；本就孱弱的身体，禁不起这等戕伐，终于一病不起。咸丰十一年七月十六日，咸丰皇帝驾崩于热河避暑山庄行殿寝宫，虚岁三十一，留下两道遗诏；其一为六岁儿子载淳即位；其二为派怡亲王载垣、郑亲王端华、驸马景寿、协办大学士户部尚书肃顺、兵部尚书穆荫、吏部左侍郎匡源、署礼部右侍郎杜翰、太仆寺卿焦佑瀛八人为赞襄政务大臣，辅弼载淳。咸丰十一年八月初十日，曾氏在刚刚收回的安庆城里接到包括传递这一重要信息在内的一大批文件。

这篇日记中有“蓝印”“墨笔”云云，值得注意。蓝印是相对红印而言。国家遭遇大丧，官场各级印泥不再是红色而改用蓝色。墨笔是相对于朱笔而言。只有皇帝才可以用朱笔，现在皇帝不在了，临时委任的最高政权的执行者亦不能用朱笔，只能用寻常人所使用的墨笔。曾氏此刻尚未接到国丧的正式通知，他未穿丧服办公，故而本日拜发的一折一片仍用红印。

为政事突变为权位崇隆而恐惧

□曾国藩原文

早饭后清理文件，与黎寿民围棋一局。旋习字一纸，至方子白、张廉卿处久坐。

接奉廷寄四件，皆十月十六、十八、廿日在京所发者。中有谕旨一道，饬余兼办浙江军务，江苏、安徽、江西、浙江四省巡抚，皆归节制。权太重，位太高，虚望太隆，悚惶之至。又抄示奏片一件，不知何人所奏。中有云，载垣等明正典刑，人心欣悦云云。骇悉赞襄政务怡亲王等俱已正法，不知是何日事，又不知犯何罪戾，罹此大戮也！

写家信，澄、沅一件，甚长，季弟一件。中饭后，毕东屏来辞行，久坐。少荃来，道京城政本之地，不知近有他变否，为之悚仄忧皇。写对联数付。傍夕，至少荃、小泉处一谈。夜，清理文件，核改折稿一件。

三更睡，稍稍成寐，四更二点醒。思陆放翁谓得寿如得富贵，初不知其所以然便跻高年。余近浪得虚名，亦不知其所以然便获美誉。古之得虚名，而值时艰者，往往

不克保其终，思此不胜大惧。将具奏折，辞谢大权，不敢节制四省，恐蹈覆餗负乘之咎也。（咸丰十一年十一月十四日）

□唐浩明评点

在热河行宫，在北京城，大清王朝的最高层正在经历着一场隐蔽然而却是极为激烈、残酷的宫廷斗争。这场斗争于晚清政局关系极大，而外界一无所知，远在数千里之外的曾氏自然不曾与闻丝毫。

咸丰皇帝去世时，继位的小皇帝才六岁，当然不能亲理政事，于是安排一个八人赞襄大臣班子，共同辅政。咸丰此举，并没有差错，他是在遵循祖制。当年，皇太极去世，继位的顺治皇帝也只六岁，朝廷组织一个由代善、济尔哈朗、多尔衮、豪格等人组成的辅政团体，使政权得以顺利交替。十八年后顺治皇帝去世，继位的康熙皇帝仅八岁，亦由索尼、苏克萨哈、遏必隆、鳌拜四人辅政。代善、索尼这些人，被称作顾命大臣。王闿运诗曰“祖制重顾命”，说的便是这段历史。但是，咸丰皇帝没有想到，他儿子的亲生母亲那拉氏，不是当年福临的生母博尔济吉特氏与玄烨的生母佟佳氏。那拉氏是一个权力欲极重的女人。她利用咸丰临终时授予她的钤私印于上谕之权，联合慈安太后与在北京的恭亲王奕䜣、醇郡王奕譞等人，借咸丰皇帝灵柩回北京的机会，拘捕载垣等八大臣，同时任命恭亲王为议政王，又任命奕䜣、桂良、沈兆霖、宝鋆、文祥、曹毓英组成新的军机处，命惇郡王奕誴为阅兵大臣并管武备院事、醇郡王奕譞为御前大臣。几天后，又将八大臣所议定的新年号“祺祥”改为“同治”，并命载垣、端华自尽，肃顺斩立决，景寿、匡源、杜翰、焦佑瀛革职，穆荫革职充军。一场大政变就这样在局外人看来轻轻松松地完成了。

政变成功的关键，在于两宫太后与北京城内以恭亲王、醇王为首的近支亲王的密切配合，在于得到以僧格林沁、胜保为首的京城军方的支持，也在于载垣、肃顺等人的过于自信与轻敌。这一切，曾氏与他的湘系集团的亲信们全然不知。他们“悚仄忧皇”，深夜密谈。

赞襄八大臣名义上以载垣为首，实际上的首领是肃顺。肃顺为人明白能干、敢作敢为，深得咸丰皇帝信任。肃顺还有一点比其他满人高明之处，是他看重汉人。野史上说，当年在咸丰皇帝面前竭力保荐曾氏为团练大臣，以及荐举曾氏为两江总督者，皆为肃顺。肃顺掌权后，立即加曾氏太子少保衔，这是明显地向曾氏示好。

曾氏也对肃顺等辅政予以看好。他在咸丰十一年十一月初四日给澄、沅两弟信中说：“观七月十七以后八君子辅政，枪法尚不甚错，为从古之所难，卜中兴之有日。”没想到事情很快便突起陡变。然而，新掌权者对曾氏则更加重用。十月十八日，命曾氏统辖江苏、安徽、江西三省并浙江全省军务，所有四省巡抚提镇以下各官悉归节制。这种出格的权力授予，在朝廷方面来说是很少见的，然的确对东南战事的进展极为有利。这既说明慈禧、恭亲王等人对曾氏的信任，也证明他们的头脑清晰。为什么慈禧会对曾氏这等信任呢？

欧阳昱《见闻琐录》一书中说："咸丰末肃顺当国，内外官争相趋炎附势，倚为泰山，甚或进重金营善地，几不可以数计；即无此弊，而书信往来无人无之。及得罪，籍其家，搜出私书一箱，内惟曾文正无一字。太后太息，褒为第一正人。于是天下督抚皆命其考核，凭一言以为黜陟。"原来，慈禧抄肃顺家后得知曾氏乃唯一与其无私交的大员，夸奖他是天下第一号正派人。真的是否如此，已无从考查。但不管怎样，慈禧对曾氏的出格倚重，是明智而正确的。这说明政变的胜利者们清醒地看到平息内乱稳定政局，只有依靠曾氏及其湘系军事集团；而曾氏要早日成就此事，也必须得有指挥与调度整个东南战局的权力。

但曾氏对此却"悚惶之至"！曾氏此种情感出自内心，不是做作，绝非虚伪。这是因为他在年轻时便已领悟"日中则仄，月盈则亏"的自然法则，深恐重权高位也可能意味着不测灾祸。眼下的事情便是一个典型的例子：倘若载垣、端华、肃顺他们不是重权高位，哪来的天外横祸！

皇帝所赐物有可能遭太监调包

□曾国藩原文

早饭后见客二次，清理文件。兵部火票递到恭理丧仪五大臣咨文，大行皇帝颁赏遗念衣物：木箱一个，内冠一顶，系红丝结顶，青狐胲袍一件，表一件，玉搬指一件，中镂空，止刻"嘉庆御用"四字。木箱外用牛皮包一层，毡包一层，内用毡一层。犹记道光三十年二月初十日在出入贤良门外颁赏宣宗成皇帝遗念衣物，诸王、大臣皆得赏件，余得春绸大衫一件、玉佩一件。当时群臣在桥南叩头谢恩。或言遗念衣物，大内赐出者，太监多以赝物易之，真御用之物，不可多得。此次所赐衣冠殆真为文宗显皇帝御用之件，不似太监所易赝物。鼎湖龙去，遗剑依然，曷胜感怆！设案恭陈，望阙叩谢。

旋与程尚斋、柯小泉等议参奏江浙一案是否平允，斟酌久之。又作片稿，调常州六人。又细核昨夜片稿，令洪琴西缮写，以其宜密也。与少荃久谈。中饭后习字一纸，清理文件颇多。傍夕发报折二件、片三件。夜清理文件，至二更一点毕，皆三日内所积阁者也。旋温《古文•论著类》。

阅胜克斋奏请皇太后垂帘听政，请于近支宗室王中派人辅政，皆识时之至言。（咸丰十一年十一月二十五日）

□唐浩明评点

曾氏领到朝廷寄来的装有咸丰皇帝遗物的木箱。木箱中有红丝结顶帽子一顶、青狐皮袍一件、表一块、刻有“嘉庆御用”镂空玉扳指一个。这些都是咸丰皇帝生前用过的物品，死后分赏给王公大臣。从这四件赠品来看，赏赐的规格不低。这一则是曾氏乃太子少保衔两江总督，官阶较高；更重要的是，曾氏是节制江南四省的军事统帅，新上台的慈禧政权要极力笼络他。

曾氏想起十一年前获赠道光皇帝遗物的情景。那时曾氏乃一普通的礼部右侍郎，得到的只是一件春绸褂子、一块玉佩，与此次所获相比，差得太远。令人颇感意外的是，皇帝所赏赐下来的物品，太监居然可以将真品取走，而以赝品替代。大内风气败坏到如此地步，真令人诧异！晚清官场，胥吏普遍欺哄长官，对下则作威作福。由此看来，此风来自朝廷。皇帝都要受太监蒙骗，而受骗的王公大臣居然一概选择沉默，下面的官员还有什么可说的！

日记的最后有“阅胜克斋奏请皇太后垂帘听政，请于近支宗室王中派人辅政，皆识时之至言”几句话，对照二十天前，曾氏对肃顺等八个辅政大臣执政的肯定，可以看出曾氏谨守疆臣本分、绝不干涉朝政、一切听从朝廷安排的原则。他并不因为自己握有军权而稍有越份之念。

朝廷颁赐的令旗、王旗皆粗劣不堪

□曾国藩原文

早饭后见客三次，衙门五十堂期也，旋又见他客四次，义观察泰暨洪琴西谈稍久。午正发报三折、四片。中饭后阅看公牍，渴睡昏昏。至眉生处，与莫子偲久谈。旋与季弟一谈。文件甚多，懒于清理。身若有病，不甚耐烦。傍夕与少荃一谈。夜不愿治事，与季弟闲谈，写零字太多，倒床小睡。二更三点睡，三更成寐。本日文件概未清理。前二日因办折奏，亦尚有未毕者，合之三日，积压不少矣。

是日申刻接部文，颁到令箭十二支、令旗十二面、箭壶一个、架子一个、王命旗十道，缨杆俱全，牌十面，旗牌均有令字。清汉文旗，以蓝缯为之，方二尺许，缯粗与夏布无异。旗杆用小竹、油朱为之，下有铁脚，上有油纸帽缀缨，均极草减，盖近来官物类偷窳矣。令箭长五尺许。令旗黄缎为之，上用泥金写“江南钦差大臣、兵部尚书衔、两江总督”字样，上有黄绸方套一个、画龙黄油布套一个，略精整，不似王命旗之偷减。（同治元年正月初十日）

□唐浩明评点

这则日记，让读者对象征着皇权军威的令箭、令旗、王命旗有一个形象的认识。然而，这个认识同时也给读者带来极坏的印象：做旗子的丝织品与老百姓所用的夏布一个样，旗杆用的是小竹子，缨络居然是纸的。如果不是有曾氏的日记在此，我们哪敢相信，堂堂的大清王朝兵部发下来的象征最高权威的信物，竟然如此草率，犹如戏台上的道具，也好比小孩手中的玩具！

曾氏说“近来官物类偷窳”，意谓不只是这些东西，近年来凡官方制作的物品大多偷工减料、制造粗劣。对于新上台的慈禧太后而言，这是一个多么可怕的局面！大清朝的垮台，似乎从这句话中，便可以看出它的宿命，它的不可逆转。曾氏等人耗尽心血的努力，真的只不过是徒劳而已。

与幕僚商量辞谢事

□曾国藩原文

早饭后见客三次，衙门期也。旋清理文件，改徽州战事折稿，又青阳战事片稿。午正，洪琴西来鬯谈，观余午饭。饭后，改信稿三件。申刻少荃来，鬯谈一时许。余亦至眉生等处，详论应否疏辞协办之命，众议以为宜受协办，而坚辞节制四省之权，不可同时并辞，近于矫情钓誉，灯时定计。

夜作谢恩一件，又作密片一件，三更毕。睡不成寐，似因用心太过之故。（同治元年正月二十日）

□唐浩明评点

咸丰十一年十一月十四日，曾氏奉到节制四省的上谕。同治元年正月十七日，他又接到协办大学士的任命。慈禧对曾氏的确是恩宠有加。一向信奉“花未全开月未圆”的曾氏有意辞谢。他与金安清（字眉生）等幕僚商量。幕僚们的意见是宜接受协办大学士的任命，而坚决请辞节制四省的权力。协办与节制四省这两项任命不能同时都推辞，不然有矫情作态、沽名钓誉之嫌。

曾氏接受众幕僚的建议。但节制四省一事，他已在上年十一月二十五日辞谢一次，本年元月十日又辞谢一次，不好再辞谢了。这天晚上，他亲拟《密陈金陵未克以前请勿再加恩片》。密片的文字很诚恳：“臣既蒙加太子少保衔，又蒙饬谕节制四省，兹又拜协办之命。臣弟国荃既蒙赏穿黄马褂，又蒙赏头品顶戴，兹又拜浙江按察使之命。一门之内，数日之间，异数殊恩，有加无已。感激之余，继以悚惧。诚恐军事一旦疏失，即加倍谴责，犹有余咎。臣本拟恭疏辞谢，以除授参政大典，料难收回成命。又以甫经两次辞节制四省之权，不敢更疏渎辞，近于矫情而钓誉。惴栗旁皇，不知所措。理合据实陈明，恳求皇上念军事之靡定，鉴愚臣之苦衷，金陵未克之前，不再加恩于臣家，是即所以保全微臣之功名，而永戴圣主之恩眷矣。”

为什么幕僚们劝曾氏接受协办而坚辞节制四省，曾氏本人也赞同这个意见呢？笔者以为，协办大学士对于曾氏来说，只是一个空衔。它只表明地位的提高，并没有权力的加重。处曾氏的位置，当然需要加重权力，这有利于他办事；但曾氏眼下的权力已经不小了。这种朝廷轻易不下放的格外权力，更多地意味着责任。倘若事情办得不理想，全部责任便都落在曾氏的头上，而办好了则是应该的。同时，这种出格的待遇，也将招来朝野内外更大的猜疑与嫉妒。这种氛围，以及由此而带来的后果，对曾氏来说都有压力。

世人都以为权力越大越好，实际上并非这样简单。曾老爷子的“无官守，无言责，世事不闻不问”的状态，才真正让人活得潇洒轻松。

以学造炮制船为下手功夫

□曾国藩原文

早饭后，出城看升字右、后两营操演。旋拜客二家，巳正二刻归。见客二次，与筱泉围棋一局，与幕府诸君鬯谈。

眉生言及夷务，余以欲制夷人，不宜在关税之多寡、礼节之恭倨上着眼。即内地民人处处媚夷、艳夷而鄙华，借夷而压华，虽极可恨可恶，而远识者尚不宜在此等着眼。吾辈着眼之地，前乎此者，洋人十年八月入京，不伤毁我宗庙社稷，目下在上海、宁波等处助我攻剿发匪，二者皆有德于我。我中国不宜忘其大者而怨其小者。欲求自强之道，总以修政事、求贤才为急务，以学作炸炮、学造轮舟等具为下手工夫。但使彼之所长，我皆有之，顺则报德有其具，逆则报怨亦有其具。若在我者，挟持无具，则曲固罪也，直亦罪也，怨之罪也，德之亦罪也。内地之民，人人媚夷，吾固无能制之；人人仇夷，吾亦不能用之也。

中饭后，写沅、季信一件。阅《水经》，与汪图校对潜水、涪水、梓潼水、阻水、南漳水、青衣水、延江水、油水、蕲水。清理文件，倦甚，小睡。见客一次。接雪琴信，知九洑洲于初三日克复。向师棣作策对甚佳，与之久谈。夜清理文件。温《古文•序跋类》。（同治元年五月初七日）

□唐浩明评点

这一则日记过去常常被人引用，作为曾氏媚外的证据。其实，曾氏是清王朝的大员，他站在朝廷的立场说洋人“不毁我宗庙社稷”“助我攻剿发匪”，也是可以理解的。难道还要求一个协办大学士、两江总督希望洋人帮助太平军推翻清王朝，捣毁满人皇室的宗庙社稷吗？倒是这则日记中的有些话值得我们重视：“内地民人处处媚夷、艳夷而鄙华，借夷而压华”，“内地之民，人人媚夷”。这里透露出一个重要的信息，即老百姓并不仇恨洋人。

这不是用“爱国”还是“卖国”这样的大道理就能说清楚的话题。它反映的是人性中的某些方面：只要不是在直接伤害他的自身，那么人总是习惯于讨好强者，服从强势力量。所以曾氏认为中国的根本问题在于自强，自身强大起来后什么事情都好办了。而眼下要想很快强大，就必须学习洋人造炮制船的本事。这个认识，早在一年半以前，他便写在给朝廷的奏折中：“目前资夷力以助剿济运，得纾一时之忧；将来师夷智以造炮制船，尤可期永远之利。”曾氏并且把这一理念付请实践。五个月前，他便在安庆创办一所名曰安庆内军械所的兵工厂，以西方的制作方式造枪炮子弹，由此揭开洋务运动的序幕。时至今日，我们不能不承认，曾氏的这些认识和作为，体现了一个高级官员对国家对民族的负责任的态度。

中国能为洋人之智巧

□曾国藩原文

早饭后清理文件。史士良来久坐，旋围棋一局。写岳父信一件。莫子偲、吴彤云来，帮看经解各卷，未刻毕。写澄侯信一件。陈虎臣来久座。

中饭后，华衡芳、徐寿所作火轮船之机来此试演。其法以火蒸水，气贯入筒，筒中三窍，闭前二窍，则气入前窍，其机自退，而轮行上弦；闭后二窍，则气入后窍，其机自进，而轮行下弦。火愈大，则气愈盛，机之进退如飞，轮行亦如飞。约试演一时。窃喜洋人之智巧，我中国人亦能为之，彼不能傲我以其所不知矣。

申正写希庵信一件。闻希庵近日病颇重，至扶杖出入，深以为虑。倦甚，小睡。清理文件。夜又清文件，温《文献通考》各序。是日接奉廷寄一件。（同治元年七月初四日）

□唐浩明评点

华蘅芳、徐寿都是当时中国第一流的科学家、工程师，他们被曾氏礼聘为安庆内军械所的高级工匠，后来又都转到江南制造局翻译处。他们是近代洋务运动尤其是西学东渐的首批有功之臣。

现在他们为曾氏演习蒸汽轮船发动机的驱动原理。曾氏看得很仔细，尤其是他当时那种喜悦难掩的心情，我们可以通过“窃喜洋人之智巧，我中国人亦能为之”这一句话强烈地感受到。同治二年十二月，安庆内军械所造出中国第一艘蒸汽轮船。曾氏将它命名为“黄鹄号”，并亲自坐在“黄鹄号”里，在长江上行驶八九里。虽船小行慢，但它毕竟是中国人造的第一艘现代化轮船，有着不平凡的意义。

皖南江南公开卖人肉

□曾国藩原文

早饭后清理文件，写申夫信一、周子佩信一，与屠晋卿围棋二局。旋见客二次，邓伯昭、罗少村谈颇久，阅《小旻》之诗。午刻拜发谢恩折，一谢沅弟浙抚之恩，具疏恭辞，一谢季予谥建祠之恩，又附万方伯辞藩司一片，专曾德麟进京。

中饭后至幕府畅谈。与程颖芝围棋三局。申刻阅本日文件甚多，写沅弟信一。傍夕小睡片刻。夜与小岑畅谈，阅何廉昉所集苏诗对联，因阅苏诗黄州一卷。

是日淫雨竟日，彻夜不息，忧灼之至。皖南到处食人，人肉始买三十文一斤，近闻增至百二十文一斤，句容、二溧八十文一斤。荒乱如此，今年若再凶歉，苍生将无噍类矣！乱世而当大任，岂非人生之至不幸哉！（同治二年四月二十二日）

□唐浩明评点

读这篇日记让人心惊肉跳、悲哀莫名。皖南与二溧（溧阳、溧水）本是富庶之地，现在居然“到处食人”，而且人肉还在不停地涨价。这真是旷世奇哀！为什么会有如此惨剧？当然是连续多年的战争所造成的恶果，皖南及苏南一带更是遭受战争之苦最厉害的区域。一个好端端的鱼米之乡，就这样沦陷为人间地狱。

李鸿章杀降

□曾国藩原文

早饭后，见客一次，衙门期也。旋围棋一局，阅《通考·钱币一》，江方伯来久坐，又阅《钱币考》未毕，写沅弟信一件。中饭后写厚庵信一叶，见客一次。

阅本日文件，见李少荃杀苏州降王八人一信稿、一片稿，殊为眼明手辣。小岑来谈颇久。傍夕至幕府一谈。夜核批札各稿，二更后与纪泽讲七言律诗之法。旋读七律二十余首。（同治二年十一月二十三日）

□唐浩明评点

同治二年十月下旬，李鸿章以高官厚禄买通苏州城内太平军的高级将领纳王郜永宽、康王汪安钧、比王伍贵文、宁王周永嘉以及天将张大洲、汪花班、汪有为、范起发，这八个人联合起来刺杀主帅慕王谭绍光，献城投降。郜永宽等八人来到李鸿章军营。李隆重接待，给他们每人发一套二品副将的翎顶袍服，然后又设盛宴款待。酒酣耳热之时，李鸿章假托巡查离开酒席。李一离开，营门紧闭，一声炮响，伏兵四出，将郜永宽等八个降将全部杀死。这就是李鸿章杀降事。

李此举遭到当时负担保责任的常胜军首领戈登的强烈抗议。戈登扬言要向全世界控告，继而又以辞职为威胁。李鸿章对此完全不理睬。戈登闹了一阵子，没有得到几个人的响应，加之李又给他奖赏一大笔银子，他拿了银子后也就不再闹了。在曾氏这里，李鸿章得到全面的肯定。“殊为眼明手辣”一句话，可以看出曾氏对杀降的赞赏态度。

李鸿章杀降，无疑是不人道的，是违背人类起码的道德良知的。其实中国自古以来在道义上也是要求不杀投降者的，所谓“缴枪不杀”，乃是交战双方都知道应该遵行的常识。但是令我们遗憾的是，杀降之事在中国史不绝书，而且杀降者很少受到道义的谴责，最惨烈的例子莫过于战国时秦国白起活埋四十万赵国降兵之事。在对待降敌这件事上，曾氏本人也是持李鸿章的态度，也主张并要求湘军将领们将已投降的太平军全部杀掉。如何看待杀降，曾李与戈登所持的态度有很大的不同。与其从他们个人的人品上去寻找原因，不如从中西文化的差异上去认识，或许会更客观些。

萌长终山林之志

□曾国藩原文

早饭后清理文件，见客，坐见者一次，立见者二次。围棋一局。旋写少荃信一封、刘松岩信一封、沅甫信一封。巳正小睡。

午刻，黄南坡来畅谈，与之围棋一局。请周子瑜、唐义渠、庞省三等便饭。饭后阅本日文件。徽州、上溪口、屯溪等处一片贼氛，忧灼之至。狂风甚雨，竟日不止。核批札各稿。阅《退庵随笔》，稍以解闷。酉刻，与纪泽儿一谈出处进退之道。傍夕小睡片刻。夜改折稿片稿四件，二更后倦甚，再睡片刻，三点睡。

日内郁郁不自得，愁肠九回者，一则以饷项太绌，恐金陵兵哗，功败垂成，徽州贼多，恐三城全失，贻患江西；一则以用事太久，恐中外疑我擅权专利。江西争厘之事，不胜则饷缺而兵溃，固属可虑，胜则专利之名尤著，亦为可惧。反复筹思，惟告病引退，少息二三年，庶几害取其轻之义。若能从此事机日顺，四海销兵不用，吾引退而长终山林，不复出而与闻政事，则公私之幸也。（同治三年三月二十二日）

□唐浩明评点

正当南京前线的战事处于白热化的关键时刻，曾氏遇到一件极不愉快的事情，那就是江西巡抚沈葆桢公然不听曾氏的命令，将江西牙厘截归本省，拒不外调。曾氏为之强争。后来朝廷出面调停：江西牙厘留一半归己，另一半归曾氏。曾氏所缺部分，由轮船经费中予以弥补。关于这件事，笔者在《评点曾国藩家书》中的《与沈葆桢争夺江西厘金》一文里有较详细的叙说。从表面上看来，曾氏没有吃亏，他该要的银子还是得到了，但实际上，这件事很伤曾氏的心。伤心之处是沈葆桢的绝情。这一点，笔者在《与沈葆桢争夺江西厘金》中已说得不少，这里不再说了。

伤心之处还在于朝廷的态度。相比沈的绝情，这一点更为重要。在曾氏看来，沈葆桢截留牙厘一事，朝廷原本就不应该批准。这既是朝廷对形势的不明了，也是朝廷公开无视曾氏作为两江总督的职权之所在。所以这件事情的根子在朝廷身上。朝廷之所以如此，曾氏认为是“疑我擅权专利”。一个常年在外的重臣，被朝廷认为擅权专利，那后果将是很可怕的。曾氏为此忧心忡忡。曾氏的这种心情，被他的心腹幕僚赵烈文记载在《能静居日记》中。同治三年四月初八日，赵在日记中写道：“见中堂（笔者注：指曾氏）寄到致李中丞（笔者注：指李鸿章）信稿，前段因提饷事，后云……长江三千里无一艘不拽鄙人之旗号，以致中外疑我权重，而不知饷绌兵单，一至于此。拟欲具疏详陈办理竭蹶情形，请钦派大臣督剿，将钦篆、督篆交出，而亦不敢置身事外，别统万人，如咸丰六、七、八、九年规模云云。”

由此可知，曾氏当时有辞职的想法。赵接下来写道：“中堂近岁之眷已衰，外侮交至，无他，不得内主奥援耳。”赵认为，曾氏之所以办事不顺，是因为朝中无人的缘故。他不赞成曾氏辞职的想法，“若具疏辞位，迹近要挟”。查曾氏奏疏，在同治三年中未见有曾氏请辞江督、钦差大臣的折子，可能是赵将自己的意见告诉曾氏，曾氏采纳他的意见，也有可能是曾氏本人又改变了主意。但在这一年的三月二十五日，他向朝廷递交一份名曰《因患病请假调理折》。这时候请假，显然有着很复杂的心绪。曾氏年谱中说：“公以是时金陵未克，江西流寇复盛，统军甚多，需饷甚巨，既恐饷匮以致军事决裂，又以握兵符掌利权为时所忌，遂有功遂身退之志矣。”这一段话，应是曾氏当时心情的实录。

半夜得攻下南京之信

□曾国藩原文

早饭后清理文件，围棋一局。阅梁臣敬翔等传毕，又阅梁臣康怀英等传，又阅梁臣杨师厚等传，未毕。巳正小睡。午刻写沅弟信一件，核批札各稿，写对联二付、挂屏三幅。中饭后，天热殊甚，不愿治事。阅本日文件甚多。酉刻将杨师厚等传阅毕，又阅唐臣郭崇韬、安重诲传。傍夕至幕府邕谈。

夜在后院乘凉良久。旋写朱久翁、何小宋各信一片，核批札各稿，温古文“白公之难”“赤壁之战”。二更四点睡。

三更三点接沅弟咨文，知金陵于十六日午刻克复。思前想后，喜惧悲欢，万端交集，竟夕不复成寐。（同治三年六月十八日）

□唐浩明评点

同治三年六月十六日晚上，通过挖地道埋炸药炸开南京太平门城墙后，湘军吉字营乘势冲进南京城内。在南京内城即天王府尚未拿下的时候，吉字营统领曾国荃便以日行八百里的超级速度向朝廷报捷，同时也向住在安庆城的大哥报喜。十八日夜三更三点，也就是将近十二点钟时，曾氏接到老九的喜报。从南京到安庆用了两天，看来用的不是八百里，而是四百里的一般快递。

这一夜，曾氏思前想后，喜惧悲欢，一齐涌来，彻夜未眠。从咸丰二年底在长沙组建湘军到现在，历经十三个年头。曾氏和他的团队走过千山万水，吃尽千辛万苦，终于盼来胜利的一天。他的确是有很多值得回忆的往昔。这一夜，曾氏究竟想了些什么，日记里没有说，我们也便不知道。好在有历史文学这一门类，我们可以借助它来作些弥补。笔者在长篇历史小说《曾国藩》中，为读者虚构一段曾氏的“思前想后”，且将这段文字抄录于此：

“略微舒服点后，曾国藩再也不愿躺在竹床上了。他起来披件衣服，坐在椅子上，望着跳跃的灯火，心驰神往，浮想联翩。他想起在湘乡县城与罗泽南畅谈办练勇的那个夜晚，想起郭嵩焘、陈敷的预言，想起在母亲灵柩房焚折辞父、墨绖出山时的誓词，想起在长沙城受到鲍起豹、陶恩培等人的欺侮，想起船山公后裔赠送宝剑时的祝愿，想起江西几年的困苦，想起投水自杀的耻辱，想起重回荷叶塘守墓的沮丧，想起复出后的三河之败，想起满弟的病逝，想起自九弟围金陵以来为之提心吊胆的日日夜夜，一时百感交集。曾国藩愈想愈不好受，最后禁不住潸然泪下。他感到奇怪，这样一桩千盼万盼的大喜事，真的来到了，为什么给自己带来的喜悦只有两三分，伤感却占了七八分呢？”

审讯李秀成

□曾国藩原文

黎明开船，行六十里，辰正至棉花堤。在舟中写沅弟信一片、澄弟信一封、郭意城信一封。阅《卢光稠传》。

巳初登岸，行二十里至沅弟营内。见弟体虽较瘦而精神完好如常，为之大慰。见客甚多。兄弟畅叙甚久。陆续见客，中饭后又陆续八九次。至戌初，将所擒之伪忠王亲自鞫讯数语，旋吃晚饭。沅弟处晚饭，未上灯而即吃也。兄弟谈至初更。倦甚，早睡。（同治三年六月二十五日）

□唐浩明评点

六月二十四日清早，曾氏离开安庆前往南京，坐的是小火轮。二十五日上午十点钟便到南京。兄弟相见，畅谈很久，想必说的都是欢喜话，十八日半夜的那些“惧”与“悲”，此刻不会涉及。傍晚，他亲自审讯忠王李秀成。

十六日夜，李秀成保护幼天王洪天贵福从太平门逃出。出城后，他将自己的战马换下洪天贵福所骑的劣马，因此而落伍。第二天早上，被当地猎户认出，被捕后送到萧孚泗军营。据赵烈文的《能静居日记》记载，曾老九见到李秀成后大怒，审讯李时桌上摆着刀锥，打算亲自宰割李，被赵制止，但老九还是命身边的士兵割李手臂上的肉，满臂鲜血，李秀成居然丝毫不动。老九将李关在一个大木笼里，等待曾氏的到来。

曾氏到南京的当天便亲讯李，可见他对李的重视。曾氏没有对李表示凶与恨，而是叫李写回忆录。曾氏在七月初六日的日记中说：“申刻阅本日文件，余皆阅李秀成之供，约四万余字，一一核对。本日仅校二万余字，前八叶已于昨日校过，后十叶尚未校也。酉刻将李秀成正法。”

由日记可知：一、同治三年七月初六日，曾氏杀李秀成于南京。二、李秀成的供词约四万余字。第二天，曾氏在日记中说：“将李秀成之供分作八九人缮写，共写一百三十叶，每叶二百一十六字，装成一本，点句画段，并用红纸签分段落，封送军机处备查。”按这篇日记中所说，曾氏向军机处上报的李之供词只二万八千余字。曾氏并未将李的全供上报。又，赵烈文的《能静居日记》中说李之供词有“五六万言”。赵应是亲见李秀成供词的人，他说的字数与曾氏所说的相去甚远。1962 年，曾氏曾孙曾约农将保存于家中的李秀成供词原件交台湾世界书局影印，名曰《李秀成亲供手迹》。这是传世的各种版本中字数最多的一种，共三万六千余字。这三万六千余字，是否就是李之供词的全部，或者只是节本，而其中一部分当时即被曾氏销毁，已经是无法考证的事了。

赵烈文在同治三年七月初六日的日记中说，李秀成“虽不通文墨，而事理井井，在贼中不可谓非桀黠矣，中堂甚怜惜之”“中堂令免凌迟，其首传示各省，而棺殓其躯，亦幸矣”。由此可知，曾氏出于对李之尊重与怜惜，对于李秀成的死事还是较为善待的。

验洪秀全之尸

□曾国藩原文

早饭后清理文件。旋见客数次，观九弟与杏南围棋数局，余与鲁秋杭围棋一局，与沅弟说家常事甚多。中饭，与诸客黄冠北、勒少仲等一坐，而自另吃蔬菜饭，因天热，略禁油荤，稍觉清澈也。

熊登武挖出洪秀全之尸，扛来一验，胡须微白可数，头秃无发，左臂股左膀尚有肉，遍身用黄缎绣龙包裹。验毕，大风雨约半时许。

旋有一伪宫女，呼之质讯。据称道州人，十七岁掳入贼中，今三十矣，充当伪女侍之婢，黄姓。洪秀全于四月廿日死，实时宪书之廿七日也。黄氏女亲埋洪秀全于殿内，故知之最详。

旋作挽联。傍夕写祭幛挽联，核批札各稿。夜核科房批稿极多。（同治三年六月二十八日）

□唐浩明评点

这则日记为后世留下了晚年洪秀全的容貌：“胡须微白可数，头秃无发。”洪秀全死时才五十岁，便胡须已白，头发全秃，可见很显老态。咸丰四年，洪秀全就住进南京城新建的天王府，从此除在咸丰六年被逼去东王府封杨秀清为万岁外，十年间，从未走出过天王府一步。这种成天只与女人打交道的深宫生涯，是损伤其身体的祸首。再者，尽管洪做了天王，但战争一天也没有停止过，他的地盘也不巩固。最后两年，天京被曾老九所包围，他每天从早到晚生活在提心吊胆之中。这种生存状态也极不利于健康。由此看来，洪的未老先衰早逝，便是情理之中事。

权力与地位，能给人带来荣耀，也常常使人异化。过早地衰老以至于因此殒命，应是异化中的最可悲者。

朝廷的封赏是公还是不公

□曾国藩原文

早饭后清理文件。

接奉寄谕，系余廿三日所发克复金陵一折之恩旨也。余蒙恩封一等侯、太子太保，双眼花翎；沅弟蒙恩封一等伯、太子少保，双眼花翎。沅弟所部李臣典封子，萧孚泗封男；其余得世职者十六人，得黄马褂十二人，得双眼花翎二人。非常之恩，感激涕零。旋摘录谕旨于日记中。

写纪泽儿信一片。进城至伪侍王府。沅弟请诸将戏酒酬劳，余与于会看戏，至午正开筵。未刻至伪英王府一看，酉刻回营。与沅弟及眉生鬯谈。傍夕小睡。夜核批札各稿，尚有二件未核毕。（同治三年七月初十日）

□唐浩明评点

六月二十三日，曾氏以官文与自己领衔，以杨岳斌、彭玉麟、李鸿章、曾国荃附衔的形式，向朝廷详细报告攻克南京之战的情形，并附上一份长长的保单，用六百里加紧红旗快递京师。六月二十九日，朝廷在收到捷报的当天，便颁发奖赏。曾氏七月初十日收到。两天前他接到江宁将军富明阿发来的咨文，咨文中抄录关于奖赏的谕旨。由此可知，朝廷的公文是以四百里的速度下发的。至于曾氏晚收到两天，很可能是出自于传递上的缘故。

朝廷的嘉奖令有两份。一份是奖励攻打南京的主战场的重要立功人员。一份是主战场之外的重要立功人员。曾氏列在第一份上的第一名：赏太子太保衔，封一等侯爵，世袭罔替，赏戴双眼花翎。曾氏的一等侯封赏，在清王朝的功臣封爵体系中究竟占一个什么样的位置，我们可以据《清史稿》中的《诸臣封爵世表》来分析。

按清王朝的封爵等次，在侯爵之上有王爵与公爵两个等级。汉人王爵中有定南王孔有德、靖南王耿仲明、平南王尚可喜、平西王吴三桂、义王孙可望。这些人都是在三藩之乱前封的。三藩之乱平定后，康熙下令，汉人永不封王。果然之后再无汉人封王的记载。汉人公爵有：一等海澄公黄梧、一等公年遐龄、一等公年羹尧、一等谋勇公孙士毅、三等威信公岳锺琪、续顺公沈志祥、海澄公郑克塽、承恩公白文选、三等公陈福。

此中与曾氏有可比性的为三人。一为年羹尧，雍正元年以平西藏封三等公，次年以平青海进一等公。一为孙士毅，乾隆五十三年十二月以平安南封。另一个为岳锺琪，雍正二年三月以平青海封。曾氏平定太平天国，对朝廷而言，论功不下于孙士毅、岳锺琪，曾氏未得到公爵的封赏，应属不公平。

我们再来看一等侯爵的封赠。清王朝封的汉人一等侯为：一等侯马得功，一等靖逆侯张勇，一等延恩侯朱之琏，一等昭勇侯杨遇春，一等毅勇侯曾国藩，一等肃毅侯李鸿章，一等侯袁世凯，一共七人。其中朱之琏为朱明王朝后裔，身份特别。李鸿章是死后追赠，可以不算。袁世凯封在清王朝即将交出政权的前夕，朝廷此举有无奈与笼络之意。因军功受封一等侯的仅马得功、张勇、杨遇春、曾国藩四人。从这点来看，朝廷待曾氏并不算太薄。

我们再来看看朝廷对南京前线总指挥曾国荃的封赏：加太子少保衔，封一等伯爵，戴双眼花翎。若单看这一条，朝廷的赏赐规格也不低。但联系到给主战场之外的封赏来看，问题就来了。朝廷给官文、李鸿章的也是一等伯爵，赏戴双眼花翎。三个多月后，左宗棠肃清全浙，也被封一等伯爵。在朝廷眼里，曾国荃与官文、李鸿章、左宗棠是一个等级的。因为武汉、苏州、杭州、南京都是地方上的都会，政治上的级别是一样的，所以，收复武汉的官文，收复苏州的李鸿章，收复杭州的左宗棠，与收复南京的曾国荃，他们所立的功劳都一样，所得封爵也应该一样。朝廷这种看待，实际上是在有意抹杀南京这十多年来的特殊政治地位，刻意无视它作为敌国首都的既成事实。朝廷这样做，严重地伤害了曾国荃。事实上，曾国荃所付出的辛劳，所立的功绩，远远地大过官、李、左。何况，老九还有收复安徽省会安庆的功劳。从这点上看，朝廷对老九不公。难怪打下南京后，老九的心情就一直在抑郁之中。

修复江南贡院

□曾国藩原文

早饭后清理文件，旋围棋一局。改信稿、批稿数件。见客二次，武祖德谈颇久。辰刻大风雨，巳刻少息。

进城看贡院，规模极为狭小，号舍十存其九，号板全无。明远楼大致粗存，至公堂、衡鉴堂尚好。监临、主考，十八房住处，内提调、内监试、内收掌、誊录所、对读所，皆无存者，而余地甚少。因令于后墙外圈入民地若干，以为十八房、内收掌住处。工程计须四五万金。黄少鹍以为十月内必可落成，余则不敢必也。旋至英王府一看。出城约共行四十里，到营已申刻矣。

中饭后，阅本日文件，写挽幛二分。将李臣典之战功写一清单，即就沅弟之咨删改一过。傍夕与沅弟畅谈。夜再围棋一局，又观沅弟一局。天气骤凉，已成秋矣。三更睡，不甚成寐。（同治三年七月十七日）

□唐浩明评点

打下南京后，曾氏做的最大的事便是修复江南贡院。我们知道，江南贡院是江苏、安徽两省秀才考举人的场所，既合两省人口之数，又是人才荟萃之地，故江南贡院为仅次于顺天贡院的全国第二大考点。咸丰三年春，南京变为天京，太平天国自己开科取士，江南贡院遂名存实亡。咸丰九年，江南两省士子借杭州贡院开万寿特科与咸丰五年乙卯正科，以后的咸丰八年戊午、咸丰十一年辛酉、同治元年壬戌及同治三年甲子四科考试都没有举办，积压一大批渴望通过科考出人头地的读书人。作为由科考出身的农家子弟，曾氏知道修复江南贡院是一件深得民心的大事。进入南京不久，他便亲自查勘江南贡院。

南京在十余年间遭受两次大的战争。一次是咸丰三年二月，太平军夺取南京，一次是同治元年五月至同治三年六月间，湘军吉字营包围南京。打下南京，是太平天国的巨大胜利；收回南京，是湘军的重大成果。这在当时，都是被胜利者大力渲染大加庆贺的了不起的大喜事。

但是，对于人类社会而言，对于文明史而言，这真是大悲哀。两次攻城，死的百姓不下数十万。他们都是无辜的。无论谁来充当南京城的主宰者，他们都得不到什么好处，都得靠自己的劳作来过日子，但他们的生命却因战争而丧失！还有那些前代留下来的珍贵建筑，那些宝贵的书籍与各种艺术品，它们都是唯一的，不可复制的，它们越数百上千年，经受了大自然风霜雨露的摧残而保存下来，却最终毁在人类自己的手中。江南贡院只不过是其中的一处而已。从它的遭遇，我们已经看到战争的破坏性。人类应该永远不要再有战争！

曾老九奉旨开缺回家养病

□曾国藩原文

黎明，接奉廷寄谕旨，沅弟准回籍开缺养病，赏人参六两。

饭后，进城入署。行三十余里，巳初至署，贺客甚多。内人及儿女辈次弟入署。沅弟亦力疾来贺。应酬至申正始毕。

酉刻围棋一局。傍夕小睡片刻。夜改片稿一件，温《诗经》数篇。袁氏婿于五月来金陵，另住公馆一所，本日亦不入署居住，浮荡可叹！（同治三年九月初十日）

□唐浩明评点

同治三年七月二十日，曾氏向朝廷奏报：“曾国荃克城之后困惫殊甚，彻夜不寐，有似怔忡。据称心血过亏，万难再当大任，恐致偾事，意欲奏请回籍，一面调理病躯，一面亲率遣撤之勇，部勒南归，求所谓善聚不如善散、善始不如善终之道。”

八月初，曾国荃收到朝廷的答复：“该抚所见虽合于出处之道，而无忝臣谋国之谊，尚未斟酌尽善。况遣散勇丁，只须分派妥靠之员沿途照料，而现在江宁、安庆等地均需督兵镇守，该抚正宜驻扎江宁，安心调理，一俟就痊，即可帮同曾国藩分任其劳。即着曾国藩传旨存问，无庸遽请开缺回籍。”

为此，曾氏在八月二十七日再次专折请求：“伏查臣弟曾国荃，春夏之变饮食日减，睡不成寐，臣曾陈奏一次。然以一人而统九十里之围师，与群酋悍贼相持，自无安枕熟睡之理，亦系将帅应尝之苦，臣尚不甚介意。迨克城之后，臣至金陵，见其遍体湿疮，仍复彻夜不眠，心窃虑之。近十数日不得家书，询之来皖差弁，知其肝火上炎，病势日增，竟不能握管作字。幸值撤务就绪，军务业经大定，地方又无专责，合无仰恳圣恩，俯如所请，准曾国荃开缺，回籍调理。一俟病体就痊，即令奏请销假入都陛见，跪求圣训。”

九月初十日清早，曾氏接到谕旨：“曾国荃着准其开缺回籍调理，并着赏给人参六两，交该抚祗领，用资保卫。该抚系有功国家之臣，朝廷正资倚畀，尚其加意调治，一俟病体痊愈，即行来京陛见。”

上面所录，就是关于曾国荃开缺回籍的正式文本上的记录。读了这些记录，不禁让人疑惑：怎么前后都是曾氏一人在唱独角戏，不见曾老九本人的奏报？查曾国荃的奏疏，亦不见存有这件事上的文字。曾老九此时官居浙江巡抚，完全有资格单独给朝廷上折，为何这样大的一件事，都要他的大哥来代办呢？应该说，此事的背后绝不会像上面所说的这样简单。笔者曾经为此作过一些设想。

很可能是曾老九对朝廷极为不满，这段时期他不愿意跟朝廷联系。老九的不满，除前面所说的在封爵上有不平外，还有朝廷对他放走洪天贵福、李秀成的指责，以及对吉字营将士打劫南京城里金银财货的谴责。从曾氏兄弟的来往信件中，我们知道老九在打下南京后心情一直郁郁不欢，完全不是人们所想象的那种大功告成、志得意满的心态。

也有可能老九本人根本就不愿意解甲归田，而是曾氏一手做主，替他代办的。曾氏为什么要这样做呢？因为在取得大胜后，曾氏要实行“功成身退”的战略方针。老九留在南京，对这个战略方针的推行有障碍。据不少野史上的记载，出于对朝廷的怨气，吉字营上下弥漫着一股有可能发生“陈桥兵变”的氛围。这是曾氏极为畏惧的事情。他必须得先把吉字营的统领打发走，以后的事情才好办。

当然，这些设想并没有绝对可靠的史实作为支撑，但依情依理，都是极有可能性的。总之，曾老九开缺回籍这件事的背后大有故事在，绝不是如表面文章所说的这等洒脱、纯粹。

赴皖鄂交界处作战事

□曾国藩原文

早饭后清理文件。见客三次，均坐谈甚久。围棋一局。巳刻，刘开生、张啸山、李壬叔来久谈。核科房批稿，阅段《说文》二叶，中饭后又阅四叶。阅本日文件。申正写对联七付，改信稿数件。傍夕至勒少仲房一坐，渠本日新入幕府也。

夜，接奉廷寄，命余带兵至皖、鄂交界剿贼，命李鸿章署江督、吴棠署苏抚、富明阿署漕督。旋又与客围棋一局。二更后，钱子密等来久谈。二更三点睡，竟夕不能成寐。

是日巳刻，将楷书告示写毕，约百余字。（同治三年十月十三日）

□唐浩明评点

十月二十二日，就朝廷命带领所部前赴皖鄂交界督兵一事，曾氏给朝廷上折。其要点如下：一、因为此次作战的主要对象为捻军，请调淮军将领刘铭传、李鹤章统带所部随行。二、曾氏“自揣临阵指挥非其所长，不得不自藏其短，俾诸将得展其才”，故不亲临前敌，驻扎安庆、六安等处。三、派湘军名将刘连捷带勇奔赴前线，由官文指挥。

曾氏的这道奏折透露出一个重要的信息，即经过大规模裁撤之后，湘军实力大减，已经不能独自担当大战的重任；相反，淮军正在崛起。随着后来曾国荃新湘军在捻战中的惨败，以及李鸿章最终平定东捻、西捻，湘军便基本上退出历史舞台，中国的军事领域已进入淮军时代。

曾氏的此种安排，后来没有得以实行，原因是十多天后他收到朝廷的谕旨：皖鄂交界处已经安定，无须曾氏亲自带部前往。

甲子科江南乡试

□曾国藩原文

黎明即入贡院写榜，共正榜二百七十三人、副榜四十八人，余代监临照料一切。闱墨极佳，有书卷，有作意，无一卷为庸手所能者。自辰正填写起，至傍夕将正榜写毕。解元江璧，江都人。戌初写副榜，至亥初三刻写毕。

余随榜出闱。到署后，阅本日文件。三更睡，五更醒。（同治三年十二月十四日）

□唐浩明评点

同治三年十一月初八日，停止考试十三年之久的江南贡院业已修缮完毕，正式开考。这一天，雨雪纷纷，而前来参考人员则多达一万八千人，创有科举考试以来的纪录。这次乡试的首题为《叶公问政三章》，次题为《有余不敢尽》，三题为《汤执中立贤无方》，诗题为《桂树冬荣》，得“风”字。通过头场、二场、三场的考试，以及阅卷官的审读，到了十二月十三日，全部程序都已走完。次日黎明，曾氏来到贡院，为考中者亲题姓名。曾氏以一等侯相之尊，又兼著名书法家，甲子科江南乡试录取者的姓名被他题上金榜，也算是一生之幸事。正榜二百七十三人，副榜四十八人，共计三百二十一个人姓名，曾氏自上午写到半夜。无论是其特殊的背景，抑或是参与之人数，还是主持人之地位，甲子科江南乡试，都是中国千余年来科举史上值得一提的一次考试。

恭亲王革职事

□曾国藩原文

早饭后清理文件。开船赴焦山，舟次围棋一局。已初至焦山，见客多次。方丈大和尚名芥航。常镇道许缘仲道身亦寓此山。周览各院寺楼，各寺皆在山之南。观寺中所藏杨忠愍公所书手卷二件、近代名人题识甚多。又观王梦楼所书寿屏等件。又观纯庙所赐平定安南、平定台湾等印图。午初芥航请吃斋面。午正缘仲请吃中饭。未正饭毕，登焦山绝顶一览。

同游者为彭雪琴侍郎玉麟、李小湖大理联琇、黄昌岐军门翼升、邓守之布衣传密、方元徵大令骏谟、陈小浦广文方坦，皆随余自金陵来者也；李雨亭都转宗羲、莫子偲大令友芝、张芑堂观察富年皆自扬州来者也。在山顶、山北两寺小憩良久，酉刻归。寺僧索题识，于两手卷各题数字以记岁月。又观《瘗鹤铭》及寺中所藏周鼎、阮文达所施置汉定陶鼎，又观所藏邓完白墨迹。傍夕观雪琴、守之作书数幅。灯后，雨亭请吃晚饭。旋归舟。倦甚，小睡。

是日早间阅京报，见三月八日革恭亲王差事谕旨，有“目无君上，诸多挟制，暗使离间，不可细问；每日召见，趾高气扬，言语之间诸多取巧妄陈”等语，读之寒心，惴栗之至，竟日忡忡如不自克。二更三点睡，不甚成寐。（同治四年三月二十八日）

□唐浩明评点

曾氏好不容易有一天休闲旅游的日子，却偏偏又在“竟日忡忡如不自克”中度过。其缘由是他一早阅京报上登载的恭亲王奕䜣革去差事的谕旨。同治四年三月初五，翰林院编修蔡寿祺上疏弹劾恭亲王办事徇情、贪墨、骄盈、揽权、多招物议，应“归政朝廷，退居藩邸，请别择懿亲议政”。初七日，两宫皇太后以同治皇帝名义颁发谕旨：“恭亲王奕䜣议政之初尚属谨慎，迨后妄自尊大，诸多狂傲，倚仗爵高位重，目无君上，视朕冲龄，诸多挟制，往往暗使离间，不可细问。每日召见，趾高气扬，言语之间诸多取巧妄陈。若不及早宣示，朕亲政之时，何以用人行政？凡此重大情形，姑免深究，正是朕宽大之恩。恭亲王着毋庸在军机处议政，革去一切差使，不准干预公事，以示朕曲为保全之至意。”这就是曾氏在京报上看到的上谕。

恭亲王是皇帝的亲叔，又是辛酉政变的关键性人物，对慈禧打败肃顺等八个顾命大臣取得执政地位发挥了至关重要的作用。可是这样一位特殊人物，居然在掌权不到半年时间，便被慈禧驱逐出局。政治斗争的无情与残酷，于此可见一斑。曾氏深谙权谋，对于位高权重易遭不测素来怀有恐惧，得知这等消息，联系到自己的处境，自然会有“读之寒心，惴栗之至”的感觉。

然而，此事过几天以后又有转机。对于恭亲王的被革，朝廷内外议论甚多，大部分对此不满。初九日，王公大臣、大学士、六部、九卿、翰、詹、科、道集议。十四日，王公大臣、大学士复议，多数人主张宜令恭亲王改过自新，再为录用。慈禧知此举不得人心，十六日，以两宫太后的名义颁布懿旨：“恭亲王谊属懿亲，职兼辅弼，在亲王中倚任最隆，恩眷极渥，特因其信任亲戚，不能破除情面，平时于内廷召对多有不检之处，朝廷杜渐防微，若复隐忍含容，恐因小节之不慎，致误军国之重事，所关实非浅鲜；且历观史册所载，往往亲贵重臣，有因遇事优容，不加责备，卒至骄盈矜夸，鲜有克终者，可为前鉴。日前将恭亲王过失严旨宣示，原冀其经此惩儆之后自必痛自敛抑，不至再蹈愆尤。此正小惩大诫，曲为保全之意。如果稍有猜嫌，则惇亲王等折均可留中，又何必交廷臣会议耶？兹览王公、大学士所奏，佥以恭亲王咎虽自取，尚可录用，与朝廷之意正相吻合。现既明白宣示，恭亲王着即加恩仍在内廷行走，并仍管理总理各国事务衙门。”除议政王大臣这个最重要的职务外，其他的职务又还给了奕䜣。奕䜣在慈禧面前痛哭流涕，表示认错悔改。从那以后，奕䜣唯慈禧马首是瞻，谨守臣子本分。

奉命充当捻战统帅

□曾国藩原文

早饭后清理文件。旋见客，坐见者四次，立见者一次。围棋二局。陈舫仙来一坐，将告示稿作毕。旋又见客，坐见者二次。

接奉廷寄，知僧王于二十四日接仗失利，邸帅阵亡，命余赴山东剿贼，李鸿章署江督，刘郇膏护苏抚，为之诧叹忧愦。

中饭后至幕府一谈。旋阅本日文件，李小湖来久谈，篪轩、省三来一坐，核批札各稿，小岑来久谈。夜核各信稿，二更与儿辈看星。三点睡，疲倦极矣。（同治四年五月初三日）

□**唐浩明评点**

在太平天国时期，与太平军结为盟友共同对抗清朝廷的还有一股强大的势力。这股势力名曰捻军。捻军的历史可以追溯到清初康熙年间。那时，淮河两岸穷苦民众，为反清而结成团体。这个团体被称之为捻党或捻子。捻即组合、联结、抱团搭伙的意思。以数十人或数百人为一股，谓之一捻。居则为民，出则为捻，互不统属。

咸丰元年，河南南阳等地捻党揭竿而起。次年初，安徽亳州捻党首领张乐行等在蒙城雉河集聚众起义。从那以后，捻子被称为捻军。咸丰三年，太平军北伐路经安徽、河南，各地捻党纷纷响应。咸丰七年，各地捻军首领聚会雉河集，公推张乐行为盟主，称大汉永王。这年二月，捻军接受太平天国领导，洪秀全封张乐行为征北主将。但张听封而不听调，捻军独立行动。十年，太平天国封张乐行为沃王。同治二年，张乐行战败被杀，捻军势力大为减弱。同治三年，太平天国遵王赖文光与捻军首领张宗禹、任化邦会师，捻军复振。同治四年四月，清廷剿捻统帅、蒙古亲王僧格林沁在山东曹州（今菏泽）遭捻军围歼而被击毙。五月初三日，曾氏奉到上谕："钦差大臣协办大学士两江总督一等毅勇侯曾国藩着即前赴山东一带，督兵剿贼，两江总督着李鸿章暂行护理，江苏巡抚着刘郇膏暂行护理。"初五日、初七日，曾氏连接三道上谕。朝廷急如星火，连连催促曾氏迅速启程。

而此刻的曾氏，心里非常为难。第一为难的是情绪。打了十多年的仗，曾氏本人连同大部分湘军各级将领都有一种厌烦心态。尤其是曾氏，多年征战生涯所遭受的内外苦痛，已让他心力交瘁，况且年届五十五岁，多种疾病缠身。他的人生宗旨已明显地趋向于道家。南京打下后，他写给老九的十一首贺寿诗，贯穿其中的主线便是老子"功成身退"的思想："低头一拜屠羊说，万事浮云过太虚。""已寿斯民复寿身，拂衣归钓五湖春。""与君同讲长生诀，且学婴儿中酒时。"这些诗句与其说是写给老九的，不如说是曾氏自己心曲的坦陈。这时的曾氏，他何尝愿意再来督带兵勇奔赴前线？

第二为难的是能应征的将士缺乏。吉字营在曾老九离开南京后，便大规模地裁撤，五万人马眼下只剩下作为护卫亲兵的三千人。要调则只能调刘松山的宁国一军，还不知道这支部队愿不愿意北上。能打仗的刘铭传的淮勇，人数少，不敷分拨。今后只能派将弁到徐州去另募新勇，但这需要时日。

第三为难的是跟捻军打仗要依靠骑兵，因为捻军的优势在于马队。但无论湘军与淮军，都缺乏这种部队，必须去古北口采买战马，再加训练，同样不是三五个月就可以办好的事情。

第四为难的是要扼住捻军北进，唯一可恃的天险为黄河，故而必须兴办黄河水师。训练出一支能打仗的水师亦不容易。

五月初九日，他给朝廷上折，沥陈万难迅速北上的种种情形，除情绪上的难处不便说外，其他各种为难，他都细细地向朝廷做了报告。同时又上一附片，说自己“精力颓惫，不能再任艰巨”，“近闻贤王郓城殉节之信，弥加焦灼，寸心无故惊怖，更事愈久，心胆愈小”，恳请朝廷另简知兵大员督办北路军务，以宽他的重责，他愿以闲散人员在军营效力。

曾国荃参官文案

□曾国藩原文

早饭后清理文件。祝爽亭来久谈，路渔宾来一谈。围棋一局。又观人一局。

闻放星使绵尚书森、谭侍郎廷襄至河南查办事件。河南无事可查，想系至湖北查案，悬系无已。

雪琴来久谈，中饭后始去。阅本日文件，阅《既夕礼》，申正毕。见客二次，曾恒德自口外买马回营，询问一切。写李少泉信三叶。傍夕小睡。夜又写李信三叶，毕。核批札各稿。

二更三点睡，因食羊肉稍多，太饱，不能成寐。三更后成寐，四更末醒。（同治五年九月二十六日）

□唐浩明评点

日记中说绵森、谭廷襄二人到河南查办事件，河南无事可查，估计可能是到湖北查案，因而“悬系无已”。为什么星使去湖北查案，会令曾氏如此悬系呢？原来，湖北案子的主角之一，便是他的胞弟曾老九。这事得多说几句。

同治三年十月，曾老九从南京回到老家湖南湘乡。次年三月，老九在老家奉到命他进京陛见的上谕，他以病未痊愈辞谢。五月，朝廷又催他进京，老九再辞。七月初，朝廷授他为山西巡抚，老九以病难速痊为由，疏请开缺。朝廷指示：“着毋庸开缺，赏假六个月，在籍安心调理，一俟病体稍愈，即行迅速北上。”

同治五年二月，老九奉到湖北巡抚之命。在此前几天，身为捻战督帅的曾氏在江苏徐州府，先行接到上谕。曾氏心中为朝廷的这个安排甚为高兴。他在正月三十日的日记中写道：“接奉廷寄，沅弟简授湖北巡抚。从此三江两湖联为一气，于办捻较有把握，为之欣慰。”第二天，曾氏即给老九去信，对弟弟说：“朝廷为地择人，亦即为人择地，圣恩优渥，无以复加。而余办捻事，正苦鄂中血脉不能贯通，今得弟抚鄂，则三江两湖均可合为一家，联为一气。论公论私，均属大有裨益。”

的确，于公于私，老九这次都不能推辞，他接受了。曾老九在湖南招募六千湘勇，组成七个军营，由他的老部下彭毓橘、郭松林为大将统率。他将湖北的旧军营裁汰，改鄂省总粮台为军需总局，应支饷需，以盐厘各项归厘金局核收。曾老九重抖昔日威风，准备与捻军大干一场，既再展自己的军事才干，又支援了大哥。不料，老九到湖北没有多久，便与武昌城内另一大员——湖广总督、大学士、一等伯官文闹起内讧。一怒之下，他上疏朝廷，弹劾官文。此疏写于同治五年八月二十六日，离他抵达武昌仅五个多月。

我们先来看看曾老九是怎样弹劾官文的。老九列举官文七条罪状：一为滥支军饷，二为冒保私人，三为公行贿赂，四为添受陋规，五为弥缝要路，六为习尚骄矜，七为嫉忌谠言。为了扳倒官文，老九认定官文系慈禧最恨的肃顺的党羽：“贿通肃顺宠位日固，资望日深，巡抚屡经更易，政柄悉归督署。”为了排除嫌疑，老九向朝廷表明他弹官文决非起于私人怨仇：“臣与官文素无嫌隙，官文待臣颇尚私谊，原可随众沉浮，免招厚怨，观时附会，足保荣华。第念人臣养交之利，非公家之科也。传曰：‘苟利于国，死生从之。’臣受恩深重，何以顾恤其他！”为了表示自己所弹经得考查，决无虚假，老九在折尾郑重请求：“惟有吁恳天恩，特简廉正亲信大臣逐加纠察，傥有虚诬，自甘重坐。”

看来，这的确是一份极具重量的参折，在当时的政坛引发如同八级地震般的震撼。

官文是满人，由头等侍卫出身，从咸丰五年起，便出任湖广总督，同治元年晋升文华殿大学士，同治三年受封一等伯爵，赏戴双眼花翎，还享受抬旗之荣。是朝廷的大亲信、大功臣。而曾老九则是劳苦功高，为朝廷建立天下第一功，现又是被朝廷委以重任的新湘军统帅。同处一个战场，同在武昌城内，一为总督，一为巡抚，两个人闹得如此不可开交，真让朝廷头痛。还有一个为之头痛的人，那便是身在捻战前线的曾国藩。

从现今保留下来的曾氏致老九的信中，可知老九参劾官文的念头，事先已告知乃兄，但曾氏明确表示不支持。然而老九不听大哥之言，一意孤行。曾氏拿他也没办法，只是心中叫苦不迭：老九实在太孟浪！此举既对官文造成伤害，也会给自己带来很大的麻烦，并且对捻战大局极为不利。我们从十一月初七日，曾氏致老九的家信中可以看出：“弟开罪于军机，凡有廷寄，皆不写寄弟处。概由官相转咨，亦殊可诧。”在官曾官司中，军机处明显偏袒官。十二月十二日，又对老九说：“少泉劝我密疏保全顺斋。不知邪火正旺，弟用芒硝大黄且攻之不下，吾岂可更进参茸乎？人心日伪，大乱方长，吾兄弟惟勤劳谦谨以邀神佑，选将练兵以济时艰而已。”

在朝廷，官文可谓奥援甚多。曾老九的一纸参劾，根本不能动摇官文牢不可拔的地位。老九真个是自恃功高，小看对手了。十二月二十七日，老九在给大哥的信中，无奈地传递了这个信息："弟德凉福薄，谬列高位，又不量力而参劾秀相，本系取祸之道。今值此内讧外侮之交，灾生意外，惟有益自儆惕，不敢稍涉怨尤，当求随时训示申儆为叩。"

然则，曾老九为何要来严参官文？难道真的如他自己所说，纯出于公心，没有个人嫌隙吗？事情不是这么简单的。论者以为官曾构怨，远因起自咸丰八年的三河之役。傅耀琳撰《李续宾年谱》卷三："初，公在桐城以军士战疲，又虑贼绕窜潜、太，发书湖北调防军。官文持公书遍示司道曰：'李公用兵如神，今军威大振，何攻不克，岂少我哉？'其下无敢异者。公檄召成大吉军，勇毅公与官文书请自率之进。胡公居丧，得公潜山手书，急走书官文，言公力战太苦，兵太单，后路太薄。曾公国藩亦自建昌以书论之。官文坚持初意。"

不久，李续宾这支湘军中的劲旅在三河全军覆没，李续宾与曾国华均死在这场战争中。官文就这样与整个湘系集团结下了仇恨（曾氏于同治五年八月十二日给老九的信上说："申夫力求请假回籍，弟可设法成其本志。渠平日深服弟之功大，以为李、左苏浙之易，皆由悍贼全在金陵而占便宜。又深悉顺斋之恶，决不至与弟隔阂。"顺斋二字，系曾氏兄弟称呼官文的用语。这段话写在老九参官文之前，从中可以看出，湘系军事集团对官文的厌恶），而官文与曾氏兄弟的怨仇，自然又比别人深过一层。只是老大懂得克制，老九恣意性情罢了！

官、曾之隙的中期原因，则是出于老九对官文与他同封一等伯的不满。在老九看来，官文乃庸劣无能之辈一个，怎么可以与他相提并论！即便收复武汉一事，其功劳也是胡林翼的，与官无涉。官文无非是满人，无非会拉拉扯扯而已！

官、曾之隙的近期原因，是官文对老九来鄂的举措不满，没有支持配合老九的所作所为；再加之有人从中推波助澜，终于引爆。《凌霄一士随笔》第二卷《曾国荃劾罢官文》一文于此说得颇详，特摘录于下："曾国荃之为湖北巡抚，负剿捻之责，总督官文于兵事饷事颇掣其肘，既不快，复愤其庸鄙不职而对己甚倨，因上疏劾之，而助成此举者，盖为湖北盐道丁守存。前此臬司出缺，巡抚欲以丁署理，官文持不可，竟改委他员。丁自负资望当得此，恚甚，且虑官文更谋不利于己也。及见曾，乃搜求官文贪劣诸状，悉以告曾，力劝先发制人，曾意始决。疏稿亦丁所草。"

从徐凌霄、徐一士兄弟的随笔中，可知湖北盐道丁守存是其幕后的得力推手，而此人则纯粹是出于一己之私利。

由于职责分工的不明晰与职级职权的相差不大，清代同城督抚不和的现象经常发生。朝廷通常采取和稀泥的办法，各打五十板之后再调离其中一个。这次督抚不和的两个主角都非寻常人物，比起一般督抚不和来，朝廷显得更为重视，特地委派一个满尚书、一个汉侍郎来调查，但最终采取的办法也还是惯例。因为此时正需要曾老九带兵剿捻，故曾老九留下，将官文调到直隶去做总督，并没有对他作任何处置，留下汉侍郎谭廷襄来接替官文做湖广总督。

这一场闹得沸沸扬扬的曾老九弹劾官文案便这样了结。

奉朝廷严责，心情郁抑

□曾国藩原文

早饭后清理文件。观人围棋二局，见客二次。阅《丧服记》毕。中饭后阅本日文件。因《丧服记》"衽二尺有五寸"句，制度苦思不得，又命纪鸿及吴挚甫代为筹思。改信稿数件。夜将制衽法想出，挚甫亦另思得一法，各为记出。阅《明史》蔡懋德传、赵南星等五人传。

是日接奉寄谕，严旨诘责，郁抑久之。二更三点睡，三更后成寐，四更四点醒。（同治五年十月十九日）

□唐浩明评点

同治四年五月下旬，曾氏离开南京北上，途中接朝廷节制调遣直隶、山东、河南三省旗绿各营及地方文武之命。八月初抵达徐州府。同治五年二月初离开江苏进入山东。六月中旬，由山东进入安徽。八月初，抵达河南。曾氏沿途部署，指挥苏、鲁、皖、豫各省与捻军作战。尽管曾氏殚精竭虑，但收效甚微。捻军行动敏捷，飘忽不定，令各省兵勇防不胜防。

近期，河南捻军又由灵宝、阌乡进入陕西华阴、朝邑一带，朝廷为此严责曾氏。本日日记中所说的就是这道由军机处转来的上谕："曾国藩总统师干，身膺阃寄，各路将士均归调度，从未筹及陕、洛防务。办理一载有余，贼势益形蔓延。现在关中又复被扰，大局糜烂至此，不知该督何颜以对朝廷？若再不速筹援师赴陕，将此股捻匪设法殄灭净尽，则始终贻误，咎将谁归？"

上谕语言严厉，确令功勋卓著的曾氏难堪。曾氏心中的苦楚，朝廷根本不加理会。曾氏之苦，一是剿捻的大计方针，不为人所理解。曾氏认为捻军的最大特点是流动作战，军行快捷，难以捕捉，必须将他们圈定在一个较小的范围内才好全力聚歼。为此，他定下河防之策。河防之策的要点是：自周家口之下扼守沙河，周家口之上扼守贾鲁河，自朱仙镇以北至黄河南岸无水可扼，则掘濠守之。此策因地段太长，扼守不易，大家几乎都不赞成，认为太迂太拙，勉强行之也只是阳奉阴违。苦处之二是随曾氏出征的淮军，表面上听曾氏的，实际上则事事请示远在江苏的李鸿章。曾氏不能得心应手地指挥他们。为此，曾氏专门致函李鸿章，叫他不要遥控。苦处之三是河南巡抚李鹤年并不支持曾氏的河防之策，且所统领的河南军队毫无战斗力。但李鹤年在曾氏家居守丧、受朝廷冷落时，曾仗义执言，呼吁朝廷起用曾氏。李对曾氏有恩在先，曾氏感激他，对他很客气。面对李的消极态度，曾氏也只得听之任之。

种种原因加在一起，终使得曾氏的河防之策成为画饼。同治七年中旬，捻军在朱仙镇附近突围成功，疾趋山东。九月中旬，捻军由山东复返河南。在河南分为两支，一支由张宗禹领导进入陕西，是为西捻。一支由任柱、赖文光领导进入山东，是为东捻。曾氏忧心如焚，却无力应对。十月十三日，他向朝廷上折，声称自己病难速痊，请开协办大学士、两江总督缺，请另简钦差大臣接办军务，自己以散员身份留营效力。又请朝廷注销他的侯爵封赏，以明自贬之义。十月二十五日，曾氏接到朝廷的答复：再赏假一个月，在营调理；钦差大臣关防着李鸿章暂行署理；请注销侯爵一事着毋庸议。李鸿章以钦差大臣身份节制湘淮各军。曾氏终于松了一口气。

重回两江总督本任

□曾国藩原文

早饭后清理文件。见客一次，围棋一局，阅《有司彻》，写少泉信一封。中饭后与幕府一谈。再阅《有司彻》。阅本日文件。

接奉廷寄，令余回江督本任，仍拟恭疏辞之。

写对联八付。傍夕小睡。再与幕友一谈。夜核批札信稿，写零字甚多，写册页二幅，百余字。温《易》《剥》《复》二卦。温《太史公自序》。二更四点睡，四更五点醒。（同治五年十一月初六日）

□唐浩明评点

曾氏自同治四年五月离南京奔赴剿捻战场，到今日接到重返江督本任，历时整整一年半。这一年半的捻战，对曾氏而言，可以说是劳而无功，但他不愿再回去做江督。他在十一天后给朝廷上折，言明原因：一是身体差，不能多用心，不能多说话，不能多见宾客，不能多阅文牍，故不宜再做总督。二是离开军营而回地方，怕别人认为他是“去危而就安，避难而就易”。他请求朝廷开除他的差使，而以散员留营。至于两江总督，短期内可由李鸿章兼署，以后再另简别人。曾氏的这个请求，朝廷没有答应。十二月初三日，曾氏再次上疏朝廷，请求开两江总督、协办大学士之缺。十五日，曾氏奉到上谕：“曾国藩当仰体朝廷之意，为国家分忧，岂可稍涉疑虑，固执己见！着即懔遵前旨，克期回任，俾李鸿章得专意剿贼，迅奏肤功。”

在这样的圣旨面前，曾氏不能再固执己见了，只得再次接受江督关防。公允地说，曾氏这次执意辞去两江总督的职务，除有对捻战无功自觉惭愧的一层意思在内外，更主要的原因，还是出于身体状况的考虑。为曾氏着想，此时他真的是以辞官回籍为最好选择。当然，他若这时真的就开缺，也就没有后来的武英殿大学士了，那么曾氏一生最高的地位只是协办大学士。但是，后来的五年多，他饱受疾病折磨还得应付繁重公务，又还得身不由己地陷于天津教案，蒙受耻辱，以至于六十一岁未满便猝死于岗位上，真令人痛惜。这种遗憾，一个武英殿大学士能弥补吗?

当然，从朝廷来说，不答应曾氏的请求，也有体恤功臣的一层好意在内。曾氏捻战无功，是明摆着的事实。此时若开缺他一切职务，岂不是在惩罚他？何况曾氏才五十五六岁，还不算太老，可以再干几年。好的用心，却不一定收到好的效果。天下事，真是难以逆料。激流之中，应当断然勇退。曾氏之勉就江督，为后人又留下一道覆辙。

施舍水灾难民

□曾国藩原文

早饭后自大阳集起行，至小阳集二十里，小坐。旋又行三十五里，至砀山县住宿，未初到。清理文件。见客，坐见者一次，立见者二次。中饭后围棋二局，与幕友久谈。是日，在舆中阅《古文•辞赋类》。夜，将《大射仪》批点数叶。胸膈间尚作恶，是以本日吃饭较往日略少。砀山去年水灾，居民穷苦异常，饥饿老幼夹道乞食。

有一僧名明亮者，募化施主，养饥民一百一十七名。因每人给钱一百，以答该僧之意，又另发钱十五千，分给各难民，盖杯水车薪耳。

二更三点睡，屡醒，尚能成寐。(同治六年正月十三日)

□唐浩明评点

同治六年正月，曾氏由河南周家口军营启程，前往江南再任两江总督，十三日来到苏豫交界处砀山。此地向以盛产梨著称，但这时却遭遇水灾，老百姓流离失所，沿途讨饭。有一个法号叫明亮的僧人，以化缘来养活一百一十七名饥民。曾氏接受明亮的化缘，同意给每人一百钱，又另外再发钱十五千，分给各难民。这两笔钱加起来共二十六千七百钱。按当时一千三四百文钱折合一两银子计算，这些钱相当于二十两银子。对于一个寻常人来说，二十两银子不算小数，但对于一个两江总督而言，这实在是一笔小钱。

此事涉及曾氏为善的一面。我们来看看曾氏对做善事是怎么样看待的。咸丰八年正月，他在给九弟的信中，明确不赞成泛爱博施、沽名钓誉的为善之举。他认为善事只在三种情况做才适宜：一为济急，二为随缘，三为目击。否则有沽名之嫌。另外，曾氏也反对以公款作为私人善款来救济别人，即便这个善款是为了公事，比如说从军饷中拨一部分钱出来为自己的家乡铺路架桥。他认为这样做也不合适。正是出于这样的理念，曾氏从自己的俸禄中拿出二十两银子来救济亲眼所见的饥民难民。

曾氏是不是小气了？说实在话，曾氏以节俭出名，他的银钱出手，无论是对己、对家人，还是对别人，都不是很大方的。这既有他性格上的不够开张的一面，也有他不是太看重物质的一面。当然，这次施舍，若拿四十两、六十两，甚至一百两，曾氏也应该拿得出，但他只拿出二十两。这就是曾氏，一个可能被人视为小气的曾氏。但笔者能够理解他。一个地方遇到大的灾难，最大最及时的帮助，应该来自政府，而最长久最根本的解决，还得靠自己。此时的曾氏，是以个人身份出现的，并不代表政府。所以，他既不能提供最大的帮助，更不能给予根本的解决。他只是随缘而已！

为李瀚章任湖督、刘崑任湘抚而喜慰

□曾国藩原文

早饭后，清理文件。见客，坐见者一次，立见者一次，围棋二局。巳初，小泉来久谈，因便饭，申刻乃去。阅本日文件。与幕府啰谈。核批札各稿，写祭幛二付。傍夕小睡。夜核信稿。二更后，略教纪鸿及叶甥作文之法。

接奉部文，李小泉授江苏巡抚而暂署楚督、刘韫斋授湖南巡抚、丁雨生授江苏藩司。从此诸事可以顺手，而沅弟亦得安其位，为之喜慰。

二更四点睡，四更二点醒，五更微得假寐。（同治六年正月二十三日）

□唐浩明评点

曾氏不赞成老九参劾官文，除因官文身份特殊外，他还为谁来做继任者一事当心。如果新的湖广总督比官文还不好相处，岂不更糟？朝廷在调走官文后，由派去调查此案的刑部侍郎谭廷襄署理湖督一职。曾氏兄弟都知道，谭的这个任命多半是暂时的。他们都在等待究竟是何人来武昌做总督。现在终于有确讯了：李瀚章（字小泉）来做湖广总督。对于曾氏兄弟来说，这真是最佳的人事安排。

李瀚章是李鸿章的亲兄长，除同为年家子这一特殊情谊外，其个人与曾氏的关系，也不亚于老二。咸丰三年，李瀚章以拔贡身份出任湖南善化知县。此时，曾氏正奉命在湖南大办团练，李自然成了曾氏最为倚重的助手。咸丰四年二月初，曾氏大军练就，高调开拔，出省与太平军宣战。就在这时，他向朝廷举荐李"随同东征差遣"。从那以后，李就成为曾氏后路军需的主要负责人，长期主持湘军粮台，随大军进止。李既对曾氏忠贞不贰，又干练稳重，深受曾氏器重。随着曾氏的不断保举，李亦官运亨通，由知县升道员、按察使、布政使，同治四年升湖南巡抚。现在又让李以江苏巡抚的身份兼任湖广总督。既与曾家有如此深厚的渊源，其弟又接替曾氏做了捻战的统帅，身为剿捻前线地区的湖广总督李瀚章，怎么可能不分全副精神配合老九，为捻战大局尽心尽力呢？

另外，朝廷又让刘崑（字韫斋）接替李瀚章做湖南巡抚。朝廷的这个人事安排，也是很用心思的。刘崑在咸丰初年出任过湖南学政，与在家乡办团练的曾氏有过较好的相处。同治三年，刘出任甲子科江南乡试的正主考，与曾氏共襄南京收复后的第一次大考盛事，与曾氏结下很深的情谊。作为湘军的故乡，湖南省的巡抚一职由谁担任，显然是至关重要的。由刘来做湘抚，既深合曾氏兄弟之意，也得广大湘军将士之心。

我们从这两起人事安排中，可以看出为了对捻作战的胜利，朝廷在尽量笼络曾氏兄弟；当然，也在笼络现在的捻战主力淮军与李鸿章。以慈禧为首的朝廷真可谓用心良苦。曾氏深知这点，所以“为之喜慰”。

兄弟屡遭诘责

□曾国藩原文

早饭后，将《解嘲》读毕，此篇本平日最好者，故尤易于成诵。清理文件。见客，坐见者一次，立见者三次，围棋二局。写纪泽儿信一件。午刻阅《公食大夫礼》。至李眉生署内赴宴，申夫在坐，申刻归。阅本日文件。

阅邸钞，见御史阿凌阿劾余骄妄，虽蒙圣谕鉴原解释，而群疑众谤，殊无自全之道，忧灼曷已！

改片稿一件，约三百余字。凌晓南来一谈。夜又改片稿一件，五百余字。二更后，核批札各稿。三点睡，天气暖热，久不成寐。三更末始成寐，五更即醒。

念沅弟屡被朝旨诘责，而贼复蹂躏鄂省，久不出境，左右又无人赞助，所处殆如坐针毡。霞仙、云仙皆见讥于清议，而余又迭被台谏纠劾，进退两难，展转焦思，深叹高位之不易居耳！（同治六年二月十三日）

□唐浩明评点

这一年多来，因为捻战不力，曾氏兄弟屡遭诘责。黎庶昌《曾国藩年谱》中说：“是岁言路劾公办理不善者，有御史朱镇、卢士杰、朱学笃等疏，皆奉寄谕抄发。御史穆缉香阿奏督师日久无功，请量加谴责一疏，奉上谕：‘年余以来，曾国藩所派将领驰驱东豫楚皖等省，不遗余力，歼贼亦颇不少，虽未能遂蒇全功，亦岂贻误军情者可比？该御史所奏，着毋庸议。’钦此。是后，又有御史阿凌阿劾公骄妄各款，亦奉旨辨斥。

公念权位所在，众责所归，惕然不敢安焉！”这段话，与曾氏这篇日记，说的都是同一个背景。

曾氏本人好在还有朝廷为之保护，而老九的处境就没有这样好。据《曾国藩全集》所收的附录廷寄，便有同治五年十二月初六日、十二月十五日，及同治六年正月十八日三次指责老九“调度无方”“围剿无力”。曾老九与捻军的仗的确没有打好。他的两员大将彭毓橘、郭松林，一个战败为捻军所俘杀，一个屡战屡败狼狈不堪。面对如此战局，老九心里也很焦虑。朝廷责老九严、待曾氏宽，除老九是前线指挥官，责任直接外，也因老九刚愎自用，严参官文，得罪一部人有关。近年来，曾氏的挚友兼儿女亲家郭嵩焘在广东巡抚任上与总督毛鸿宾闹不和，刘蓉在陕西巡抚任上也因与捻军作仗失利，而受到清议的批评。因这场战争而迅速崛起的湘军集团，在打下南京后开始走下坡路了。

“高位”既为万目所瞩，又为众人所嫉，确不易居！

百姓皆面有饥色身无完衣

□曾国藩原文

早饭后开船，风仍不顺，扯下水纤行数里，风雨交作，不复能行，遂在此泊宿，距宿迁仍欠八九里许。辰刻，见客二次。背诵《大雅》三十一篇，旋温《周颂》三十一篇。午刻，围棋二局。中饭后，温《鲁颂》《商颂》，申刻毕。自二十岁后未尝背诵经书，老年将此经背诵一过，亦颇有温故知新之味。

申夫来久谈，论吏治以听断、催科、缉捕三者为要务。傍夕，欧阳健飞来，谈及民间苦况。因念余自北征以来，经行数千里，除兖州略好外，其余目之所见，几无一人面无饥色，无一人身有完衣。忝为数省军民之司命，忧愧实深。又除未破之城外，乡间无一完整之屋，而余家修葺屋宇用费数千金，尤为惭悚。

夜核批札稿甚多。二更后，疲乏殊甚。三点睡，甚能成寐。（同治六年二月二十日）

□唐浩明评点

这又是一篇令人读之心情沉痛的日记。

曾氏这次北上剿捻，所过之处有苏北、皖北、山东、河南等地，行程达数千里。他说除山东兖州府一带略好点外，余则他眼中所看到的，几乎没有一人不是面有饥色、身无完衣，全是一幅缺衣少食的境况。为什么这一大片腹心地区的老百姓贫穷到这等地步？毫无疑问，这是长期战争所带来的后果。中国近代，内忧外患，战乱频繁，数千年文明古国，元气几乎丧尽。战争与动乱，确乎是人类生存的大敌。其破坏性，要胜过自然灾害。就在这样一片残局中，曾氏老家却在花费数千两银子修葺屋宇。这是怎么回事呢？

原来，曾氏在同治四年五月离开南京北上后，欧阳夫人便有回老家住的想法。我们从曾氏这段时期的家书中知道，欧阳夫人不愿意住原来的黄金堂老屋，因为这个屋子八年前曾纪泽的原配贺氏难产死于此，后来屋前的水塘又淹死过人。所以，欧阳夫人想回家后在另一处地方住。但曾氏不同意起新房子。那个时候，湘军将领们在老家买田建房已成风气，曾氏不赞成这样做。这是因为一则曾氏生性俭朴，二则是他的谨慎，既担心招人指责，也怕遭歹徒打劫。最后决定将富圫的一处旧房予以修缮，然后再全家离宁回湘居住，谁知家人没有按照曾氏的意愿办。

在四弟、九弟等人的主持下，花了七千多串钱即六千多两银子重新建了一处新房。这就是今天湖南双峰县荷叶镇的曾氏故居富厚堂。当然，最初建成的富厚堂没有现在所看到的气魄，南北两座高大的藏书楼都是以后建造的，但毕竟远比普通百姓的住宅豪华壮丽，曾氏很长时间都为之心里不安。这种不安的情绪可以从两件事情上予以印证：一是曾氏从没有在这座所谓的故居里住过一天，二是他也从来没有为这座建筑题过名。

晋升体仁阁大学士

□曾国藩原文

早饭后，至甘露庵祷雨。旋至莫子偲处，观渠近年所得书。收藏颇富，内有汲古阁开化纸初印十七史，天地甚长；又有白纸初印《五礼通考》，其朱家相传系秦文恭公手校；又有通志堂另刻之《礼记释文》，又有明刻《千家注杜诗》，均善本也。归后，子偲以杜诗本见饷，嘉靖丙申玉几山人校刻，竟莫知为何人也。见客，坐见者三次，立见者三次。

接奉廷寄，知已晋官大学士。正值军事棘手，大旱成灾，而反晋端揆，适以重余之不德耳。

围棋二局。阅《观象授时》十叶，中饭后阅毕。阅本日文件。至幕府久谈。写对联六付、挂屏百余字，核奏片稿，核批札稿。傍夕小睡。夜又核批札稿，二更毕。倦甚，三点睡。二更后，叶亭将进京，教训一刻许。（同治六年五月十四日）

□唐浩明评点

王定安《曾文正公事略》一书中载：同治六年“五月，诏授公为体仁阁大学士，仍留两江总督之任”。同治元年正月，曾氏晋升协办大学士。五年多之间，曾氏取得对太平军作战的胜利，又与捻军作战一年多，从协办大学士升为大学士，正是理所当然，应无异议，但曾氏本人却感到惭愧。这缘于苏南一带的长期干旱。本来，老天不下雨这件事与曾氏并不相干，但按当时的理论，老天之所以这样做，是对主政者的惩罚。主政者或德性有亏，或办事不当，老天就或以干旱，或以暴雨，或以地震等形式来表示它的震怒。主政者必须要以自己的虔诚来向老天认错，并祈求老天原谅。曾氏这时正是这一地区的最高主政官，老天所要惩罚的正是他。所以，他认为这时他不应该晋升官位。

从四月二十一日起到五月二十日，整整一个月里，曾氏天天祈雨。四月十四日的日记，他还记录别人教他求雨之法："李雨亭言求雨之法：亲笔书南方朱雀之神、风云雷雨之神两牌位，黄纸朱书；又亲笔书祈雨文，迎神于大堂，三跪九叩，旋即迎于净室，屏去从人，亲自读文，两跪六叩。每日早饭两次独自拈香行礼，余仍照常办公。"这天夜里，曾氏亲自写了一篇祭文。这篇文章收在曾氏全集中，我们来抄它几句，看一看这类文章是如何写的："自客岁之仲秋，历冬春而孟夏，阅八月而不雨。嗟群生之凋谢，哀江南之黎庶，困兵燹以十霜，邑何民而不莩，野何土而不荒！"这样的句子共有五十二句，最后结尾的两句为："威神惠之孔时，终倾诚而图报。"

第一次面见同治皇帝与两宫太后

□曾国藩原文

五更起，寅正一刻也。饭后趋朝。卯初二刻入景运门，至内务府朝房一坐。军机大臣李兰生鸿藻、沈经笙桂芬来一谈。旋出迎候文博川祥、宝佩衡鋆，同入一谈。旋出迎候恭亲王。军机会毕，又至东边迎候御前大臣四人及惇王、孚王等。在九卿朝房久坐，会晤卿寺甚多。

巳正叫起，奕公山带领余入养心殿之东间。皇上向西坐，皇太后在后黄幔之内，慈安太后在南，慈禧太后在北。余入门，跪奏称臣曾某恭请圣安，旋免冠叩头，奏称臣曾某叩谢天恩。毕，起行数步，跪于垫上。

太后问："汝在江南事都办完了？"

对："办完了。"

问："勇都撤完了？"

对："都撤完了。"

问："遣撤几多勇？"

对："撤的二万人，留的尚有三万。"

问："何处人多？"

对：“安徽人多。湖南人也有些，不过数千。安徽人极多。”

问：“撤得安静？”

对：“安静。”

问：“你一路来可安静？”

对：“路上很安静。先恐有游勇滋事，却倒平安无事。”

问：“你出京多少年？”

对：“臣出京十七年了。”

问：“你带兵多少年？”

对：“从前总是带兵，这两年蒙皇上恩典，在江南做官。”

问：“你从前在礼部？”

对：“臣前在礼部当差。”

问：“在部几年？”

对：“四年。道光廿九年到礼部侍郎任，咸丰二年出京。”

问：“曾国荃是你胞弟？”

对：“是臣胞弟。”

问：“你兄弟几个？”

对：“臣兄弟五个。有两个在军营死的，曾蒙皇上非常天恩。”碰头。

问：“你从前在京，直隶的事自然知道。”

对：“直隶的事，臣也晓得些。”

问：“直隶甚是空虚，你须好好练兵。”

对：“臣的才力怕办不好。”旋叩头退出。

回寓，见客，坐见者六次。是日赏紫禁城骑马，赏克食。斟酌谢恩折件。中饭后，申初出门拜客。至恭亲王、宝佩衡处久谈，归已更初矣。与仙屏等久谈。二更三点睡。（同治七年十二月十四日）

□唐浩明评点

曾氏咸丰二年六月下旬离京南下，就任壬子科江西乡试正主考。因奔母丧，半途改道返湘。从那以后，十七年间，他再也没有回过住了十二年的北京。这些年里，朝廷的格局有很大的变化。首先是咸丰皇帝去世，继位的是小皇帝同治，当时只有六岁，现在也不过十三岁。其次是掌权者乃女人，即两宫太后。各种史料都说东太后即同治嫡母钮祜禄氏，是一个能力不强对政事兴趣不大的人。所以，掌权的女人实际上是同治生母叶赫那拉氏。按照常理，咸丰二年出京时的曾氏，只有在咸丰元年、二年元旦时远远地见过慈安太后，但不可能有说话的机会。至于慈禧，那时尚未进宫，曾氏自然不可能见到。咸丰元年、二年的慈安，以皇后之尊，显然不可能在百官拜年时留意一个从二品的外官，即使见面也如同没有见过。尽管这样，召见的一方与被召见的一方，彼此之间一定都会有一种希望见面的强烈想法。帝后的心思，我们无从揣摸，至于曾氏，一贯谨慎，他也没有将自己当时的心绪记录在日记中。于是只留下双方之间简短的问与答。然而，我们也已经很感谢了。我们可以从这简短的实录中得知君臣之间的对话，究竟是个什么模样：君主问些什么？臣子答些什么？

估计曾氏为了这次召见，一两个月来准备了许多材料，但如此隆重的难得的第一天陛见，即以十四段一问一答的对话结束。问者内容简单，语言简单，答者同样也是内容简单，语言简单。以笔者猜测，这次召见，君臣面对面的时间大概不会超过十分钟。让我们来较为细致地剖析这次陛见的谈话。

第一问纯属寒暄。第二问、三问、四问、五问、六问，全问的是撤勇的事，可见召见者对勇丁裁撤的重视。第七问、八问、九问、十问，则是无话找话，可有可无的闲聊天。第十一问、十二问，意在表明召见者对曾氏家族的关爱。传递的是一种君恩，故而曾氏以碰头来表示领受。第十三问、十四问，点到了陛见的实质：为何调曾氏为直督，朝廷希望曾氏在直隶主要做什么。

靠着这篇日记，我们还窥视到曾氏进入大内之后，到陛见之前，还经历了哪些礼节或程序。

曾氏进大内是在内务府朝房里休息。然后，军机大臣中地位较低一点的李鸿藻、沈桂芬先来拜见。第二拨来见的资格老一点的文祥与宝鋆，曾氏则出门迎接这两个人。然后再出门迎接军机处领班大臣恭亲王奕䜣。与军机处这几个大臣会见完毕后，又迎接御前大臣及同治皇帝的两个亲叔叔惇亲王奕誴、孚郡王奕譓。再然后在部级官员们的休息室里会见各位等候召见的卿寺。最后，由咸丰皇帝的堂兄镇国将军奕山带领，进入养心殿面见皇帝及两宫太后。

再次被召见

□曾国藩原文

黎明起。早饭后写昨日日记。

辰初三刻趋朝。在朝房晤旧友甚多。巳正叫起，六额附带领入养心殿。余入东间门即叩头，奏称臣曾某叩谢天恩。起行数步，跪于垫上。

皇太后问：“你造了几个轮船？”

对：“造了一个，第二个现在方造，未毕。”

问：“有洋匠否？”

对：“洋匠不过六七个，中国匠人甚多。”

问：“洋匠是那国的？”

对：“法国的，英国也有。”

问：“你的病好了？”

对：“好了些。前年在周家口很病，去年七、八月便好些。”

问：“你吃药不？”

对：“也曾吃药。”

退出。散朝归寓。见客，坐见者六次，中饭后又见二次。出门，至东城拜瑞芝生、沈经笙，不遇。至东城拜黄恕皆、马雨农，一谈。拜倭艮峰相国，久谈。拜文博川，不遇。灯初归。夜与曹镜初、许仙屏等久谈。二更后略清理零事。疲乏殊甚，三点睡，不甚成寐。（同治七年十二月十五日）

□唐浩明评点

第二天一早，曾氏又进宫接受帝后的召见。这次的召见为时更短，所问的话更简单，仅只寥寥五句：两句问病情，三句问洋务。洋务也只涉及轮船及造轮船的外国专家。这里所说的皇太后，毫无疑问指的是慈禧。慈禧为什么只问了这么几句话，便匆匆结束？以笔者揣测，或许慈禧于洋务所知甚少，她想不出要问哪些话；或许她今天召见的重点不在曾氏，而是别人。

今天虽是陛见之日，却因此给曾氏留下很多时间，他于是可以在寓所见了八次来访者，又出门去拜访瑞常、沈桂芬等人。晚上，在寓所又与老朋友曹镜初、许仙屏谈了很久的话，估计曹、许二人在其寓所已等候大半天了。这样高密度的应酬安排，自然使得曾氏“疲乏殊甚”。评点到这里，笔者经不住感叹：大官员们真累真苦！

第三次被召见

□曾国藩原文

黎明起。早饭后，写昨日日记。

辰正趋朝。巳正叫起，僧王之子伯王带领入见。进门即跪垫上。

皇太后问：“你此次来，带将官否？”

对：“带了一个。”

问：“叫甚么名字？”

对：“叫王庆衍。”

问：“他是什么官？”

对：“记名提督，他是鲍超的部将。”

问："你这些年见得好将多否？"

对："好将倒也不少，多隆阿就是极好的，有勇有谋，此人可惜了。鲍超也很好，勇多谋少。塔齐布甚好，死得太早。罗泽南是好的，杨岳斌也好。目下的将材就要算刘铭传、刘松山。"

每说一名，伯王在旁迭说一次。太后问水师的将。

对："水师现在无良将。长江提督黄翼升、江苏提督李朝斌俱尚可用，但是二等人才。"

问："杨岳斌他是水师的将，陆路何如？"

对："杨岳斌长于水师，陆路调度差些。"

问："鲍超的病好了不？他现在那里？"

对："听说病好些。他在四川夔州府住。"

问："鲍超的旧部撤了否？"

对："全撤了。本存八九千人，今年四月撤了五千，八、九月间臣调直隶时，恐怕滋事，又将此四千全行撤了。皇上如要用鲍超，尚可再招得的。"

问："你几时到任？"

对："臣离京多年，拟在京过年，朝贺元旦，正月再行到任。"

问："直隶空虚，地方是要紧的，你须好好练兵。吏治也极废弛，你须认真整顿。"

对："臣也知直隶要紧，天津海口尤为要紧。如今外国虽和好，也是要防备的。臣要去时总是先讲练兵，吏治也该整顿，但是臣的精力现在不好，不能多说话，不能多见属员。这两年在江南见属员太少，臣心甚是抱愧。"属员二字，太后未听清，令伯王再问，余答："见文武官员即是属员。"

太后说："你实心实意去办。"

伯王又帮太后说："直隶现无军务，去办必好。"

太后又说："有好将尽管往这里调。"

余对："遵旨，竭力去办，但恐怕办不好。"

太后说："尽心竭力，没有办不好的。"

又问："你此次走了多少日？"

对："十一月初四起行，走了四十日。"

退出。散朝归寓。中饭前后共见客（坐见者）七次，沈经笙坐最久。未正二刻，出城拜李兰生，归寓已灯初矣。饭后与仙屏诸君一谈。旋写日记。二更三点睡。（同治七年十二月十六日）

□唐浩明评点

今天是第三次被召见，谈话的内容较前两次为多，也更显得具有实质性。我们来看看慈禧究竟对曾氏说些什么重要的话。

首先，慈禧关心的是曾氏手下现在还有无好将领。其次，在慈禧的心目中，曾氏手下的好将官有杨岳斌、鲍超两员，但杨长于水路、鲍则生病。慈禧想了解杨的陆路指挥能力与鲍的身体状况。第三，慈禧想知道鲍的旧部情况。第四，慈禧明确告诉曾氏，直隶有两大问题需要他去办理：一是练军，二是整顿吏治，并勉励曾氏努力去办。

从对话中可以看出，慈禧对曾氏十分优待。这体现在两个方面：一是不限定曾氏到直隶的报到时间，让他自己定；二是对曾氏充分相信与倚重。这一次的召见，问者与答者的话都多了一些，可能是彼此之间见面次数多了，相互都有数了，说话放开些了；也可能是早就安排好的：头两次以问候为主，重要的话放到最后一次去说。

其实，就曾氏陛见的谈话内容来看，一次见面就足够了，何必要分成三次，令曾氏连续三天都在为进宫而忙碌呢？这不是瞎折腾吗？不是的。分成三次召见，有更重要的意义在里面，那就是显示朝廷对曾氏的礼遇与重视。

朝廷与外臣陛见的礼遇与重视的程度如何，是需要用外在的形式来体现的。一般来说，主要有这么几点：一是皇上召见的快与慢，二是召见后的赏赐，三是召见的次数。曾氏进京的第二天即蒙召见。这是快。第一次召见后即赏曾氏紫禁城骑马，赏曾氏以食品。这是赏赐的优厚。需要说明的是，赏紫禁城骑马，是对立功外臣的很高待遇，但这个待遇并非真的就可以在大内骑马（大内是不允许任何人骑马的），只是赏一根马鞭而已。连续三天三次召见，体现的是次数多。朝廷便是用这样一些繁琐的形式，来体现对曾氏格外的皇恩优渥。

礼仪性地去内阁与翰林院上班

□曾国藩原文

黎明早饭后，写纪泽儿信，并添写马穀山等信，交金陵折弁带去。又发澄、沅两弟信。见客七次。

午初出门，至内阁到大学士任。先至诰敕房更衣，在公案一坐，次至满本房公案一坐，次至大堂一坐。横列六案：满，东三案，汉，西三案。余在西之第一案一坐，画稿两件。侍读、中书等数十人来三揖，余答揖。回忆丁未六月在此堂到内阁学士之任，今已廿二年矣。

旋至翰林院到任。先在典簿厅更衣，次至大堂一坐，次至圣庙行礼，次至典簿厅更衣，次至昌黎庙行礼，次至清秘堂一坐。学士、编、检等以次来三揖，余答揖后回寓。

中饭后，未正二刻又出门，拜客四家，皆会。文博川处谈颇久，归已更初矣。与晓岱等一谈。二更三点睡，三更后成寐。（同治七年十二月十八日）

□**唐浩明评点**

同治元年曾氏即晋升协办大学士，同治六年晋升为体仁阁大学士，同治七年又授为武英殿大学士（在大学士的排名位次上前移一步）。但这些对曾氏来说都是加衔，他的实际职务一直是两江总督，他未到内阁大学士位上办过一天公。不过，内阁他是去过的。道光二十七年，三十七岁的曾氏突然间连升四级，一下子做了内阁学士兼礼部侍郎衔。那时，他的办公地点应该就在内阁。二十二年间，他在内阁的地位，由学士升到大学士。今天，趁着来京陛见的机会，到内阁各处坐一坐，又在大堂武英殿大学士的案几边坐一坐，签发两个文件，与下属们见见面，这就可以叫做正式在内阁大学士任上办过公了。

从内阁走出后又来到翰林院。翰林院对于曾氏来说，是再熟悉不过的地方了。曾氏从道光二十年初到达北京，直到道光二十七年，整整七年的时间，曾氏一直是翰林院的官员。作为一个做出一番实事的书生，曾氏此刻的心情应该是欣慰的。他也到翰苑中的各处看一看，坐一坐，到圣庙向孔夫子、到昌黎庙向韩愈行礼致敬，接受翰林院晚辈们的拜见。

翰林院是一个储才养望之地，从这里走出去，日后做封疆大吏，做部院大臣，乃至做大学士，都是常事，唯独自组军队、平叛安邦的事情不常有。曾氏能做成一个这样的人物，除时代的造就外，个人的因素也是很重要的。正是翰林院里长达七年的刻苦修炼，为他日后的大业打下坚实的人格基础。

看望塔齐布之母

□**曾国藩原文**

黎明早饭后清理文件，旋见客三次。出门拜客十余家，会晤者王荫堂、全小汀、崇文山。

又至塔军门家，直延入上房，具酒相待。其母八十岁，相对涕泣。其弟咸丰四年已死，其次弟本年八月十三日死，其两弟妇寡居，并出拜见。三兄弟皆无子，仅塔军门一女，次弟阿陵布四女。亲房无可承继之人，实为可惨。其妹其女并出拜见，泣求提拔其婿等。

未正归。中饭后会客三次。申正再出，拜沈经笙，灯初归。陈仲鸾来久谈。旋与吴挚甫久谈。二更后小睡。三点睡。（同治七年十二月十九日）

□唐浩明评点

曾氏停留在京师的日子里，抽空去看望了不少旧时友人，也去拜访了眼下的一些权要，但都只是在日记中提一下而已，并未有再多的记载，唯独从塔齐布家中回来后，写下较多的观感。这是出自于两方面的原因：一是对塔齐布的追念，一是对其身后萧条的怅抚。

咸丰二年年底，曾氏就任湖南团练大臣，开始筹建一支新的武装力量。这时，塔齐布以绿营升用游击署理中军参将的身份管理辰勇军务。求才心切的曾氏很留心考察各路将弁，他看中了塔齐布。咸丰三年六月，曾氏为塔齐布上保荐折，称塔“忠勇奋发，习劳耐苦，深得兵心”，希望能得到朝廷的“破格超擢”，并以塔齐布今后如“有临阵退缩之事，即将微臣一并治罪”的态度，来表示自己推举的诚恳与坚执。塔因此加副将衔。次年，曾氏又保荐塔为湖南提督。塔因此而成为湘军陆师的统帅。在湘军早期的军事活动中，塔是立下大功的重要将领。但可惜，塔不得永年。咸丰五年因屡攻九江不克而呕血病死，年仅三十九岁。曾氏很伤痛，亲撰挽联：“大勇却慈祥，论古略同曹武惠；至诚相许与，有章曾荐郭汾阳。”将塔比作古之名将曹彬、郭子仪。

塔不仅在军事上是曾氏的得力助手，还在政治上帮了曾氏的大忙。出于严重的种族防患，面对曾氏筹建的这一支纯汉人组成的水陆全备的军队，满族皇室心存顾虑。据王闿运《湘军志》所说，咸丰皇帝拟调满人贵州提督布克慎来掌管湘军水师，再调满人湖广总督台涌来黄州指挥布克慎留下的部队。只是因为台涌抽不出身，布克慎则无法来湖南，咸丰皇帝的方案一时不能兑现。塔齐布身为满人，他以湖南提督的身份掌管湘军陆师，这让朝廷感到放心，于是也就打消了再派满人来管水师的想法。对于曾氏来说，关系极大。

正是带着这份战友情谊，曾氏特为去看望仍健在的塔之老母，却不料塔家眼下竟是如此萧索。塔家的萧索，并不在于银钱上的匮乏，而是人员上的寥落，准确地说是男人的缺乏。从这篇日记中可以看出，塔家子侄辈中已无男丁。在男性主宰一切的中国封建社会，一个家庭，竟然全是寡妇弱女，这是很令人伤痛的事！

看望穆彰阿后人

□曾国藩原文

黎明早饭后见客二次。出门至景运门，是日会奏，议复修约事宜一折，巳正二刻散。至穆帅相旧宅，见其七世兄萨善、九世兄萨廉，不胜盛衰今昔之感。又拜客数家，午正归。中饭后见客二次。未正至陈小舫家赴宴，渠与单地山、贺云湖、彭畏之四人

公请也，酉初散，归。夜与邓良甫一谈。倦甚，小睡。二更三点睡。（同治七年十二月二十八日）

□唐浩明评点

曾氏在北京看望故旧友朋，在日记里多记几笔的，除塔齐布之外，便是穆彰阿。穆彰阿嘉庆十年中进士入翰苑，自那以后，四十多年间，仕途顺利，官运亨通。道光十八年曾氏考中进士那年，穆彰阿以文华殿大学士的身份兼任会试总裁。可以说，穆是曾氏的大恩师。

《清史稿》本传中说穆不仅身居高位，更三典乡试、五典会试，凡复试、殿试朝考、大考翰詹等，无岁不与衡文，“门生故吏遍于中外，知名之士多被援引，一时号为‘穆党’”。曾氏是穆所录取的，从早期的日记可看出，曾氏与穆有往来。不少论者认为，曾氏官运顺畅，与穆的着意提携大有关系，曾是穆党中的重要成员。但是，一旦咸丰上台，穆却倒了大霉。咸丰做皇子时便很厌恶穆的为人，登基不久，便下诏数列其罪。诏书说穆“保位贪权，妨贤病国。小忠小信，阴柔以售其奸；伪学伪才，揣摩以逢主意”，话说得很严苛，本应从严处置，念其为三朝旧臣，“从宽革职，永不叙用”。咸丰六年，穆以七十五岁高龄去世。

穆彰阿风光四十五年，也算是不容易了，但终于没有逃脱宦海波涛的吞噬，又堪称可悲。曾氏是否穆党中的重要成员，暂且不论。他内心里感激穆，在道光二十年至咸丰元年这十来年的时间里，与穆有较多的往来，这无疑是一定的。正因为此，不忘旧情的曾氏，趁这难得的机会前往穆府，看望穆的后人。

穆家的现状如何，日记中虽未记述，但从一句“不胜盛衰今昔之感”，可知这十多年来，穆家已衰落得很厉害了。官场中的人，其命运与官运联系之紧密，可见一斑。好在穆家还是后继有人。就是这个“九世兄”萨廉，在光绪五年中进士点翰林，后来做到礼部侍郎，算是重振了家风。不过，这件事情背后的原因也说不清，不知是萨廉在家道中落后卧薪尝胆发奋图强凭真本事翻身呢，还是后来慈禧等人觉得当年咸丰皇帝对穆处置不公而有意弥补？

向同治皇帝拜年

□曾国藩原文

寅初一刻起，饭后趋朝。卯初一刻至景运门，旋过隆宗门，捧庆贺皇太后表文，进至慈宁门之东阶案上，内监接入。同事者阁学宋晋从内阁捧表，礼侍温葆深、李鸿藻前引也。旋在工部朝房等候。辰初，随同皇上行庆贺皇太后礼。皇上在慈宁门行礼，一、二品大臣在长信门外行礼。礼毕，至太和殿。辰正皇上升殿受贺。余与朱同轩相国在殿门正中阈外展表，太常寺司官宣读表文。皇上退，余与有差诸大臣补行三跪九叩礼。

巳初散朝，归寓。与吴挚甫等一谈，会客二次。中饭，请幕府小宴。下半日倦甚，屡次小睡。夜温《左传·襄公》十二叶。旋又小睡，盖连日辛苦，而昨夕未能成寐，故困甚也。二更三点睡。四更末醒，旋又成寐。在近日极为佳眠矣。

接纪泽禀，知内人目疾日剧，殊以为虑。丸药方至三十四味之多，亦决非良方耳。（同治八年正月初一日）

□唐浩明评点

曾氏的这次陛见正遇上辞旧迎新的时候，他得以再次参加朝廷的拜年活动。这次活动实际上已经从昨天即同治七年的除夕便开始了。昨天一早，曾氏便趋朝感谢皇家的荷包之赏。这些年曾氏带兵在外，也常常会在年底接到朝廷颁发的“福”字“寿”字及荷包的赏赐。不同的是，以往通过驿递，这次是亲领。上午九时，同治小皇帝坐轿由乾清宫到保和殿，在这里宴请诸王与文武大臣。这应该算是皇家对近臣的年关慰劳。

今天凌晨三点多钟曾氏便起床，吃完早饭后进宫。五点多来到景运门，经过隆宗门，手捧向两宫太后贺年的表文，来到慈宁门东阶的几案边，内宫太监接过。内阁学士宋晋从内阁捧庆贺表文出来，由礼部侍郎温葆深、李鸿藻在前面导引。众人都在工部朝房（即接待室）等候。七点钟时，跟随在皇帝的后面向两宫太后行礼。皇帝在慈宁门行礼，一品、二品大臣则在长信门外行礼。皇太后们并未出门，以递进表文及在门外行礼的仪式表示皇上率大臣们向太后拜年了。

拜完太后之后，即在太和殿向皇上拜年。皇帝出席，曾氏与体仁阁大学士朱凤标（字同轩）在太和殿中门外展开贺表，太常寺的一位司官宣读表文。表文读毕，皇帝退席，曾氏带领众大臣行三跪九叩礼。十点钟时，整个向皇家拜年的仪式结束。比起咸丰元年大年初一的拜年来要简单多了，程序也少多了。但回到寓所后，曾氏并没有时间休息，又要跟人谈话，又要会客，中午还要宴请幕僚们。到了下午，曾氏已觉得很累很累了。

大官员们有其风光的一面，也有其辛苦的一面。世人多看到他们风光的一面，忽视他们辛苦的一面。除辛苦之外，他们还有风险的一面。多想想他们的辛苦与风险，对官场的趋鹜之心会减少许多。

陪侍同治皇帝宴请外藩

□曾国藩原文

早饭后，卯正二刻上轿趋朝。皇上定于辰初二刻入座，筵宴外藩。余起行太晏，因由顺成门进西长安门。余步行三里至保和殿，甫到半刻，皇上已升殿矣。

此宴系赐蒙古、高丽各藩，而大学士尚书之入座者，不过陪侍之意，故赐奶茶、赐酒皆仅及外藩王，而大臣不与焉。余于道光廿六年曾以讲官在正大光明殿侍班，与于此宴，分隔廿四年矣。辰正三刻宴毕，散朝。

归，清理文件。作应调人员清单，至申正始毕。至湖广馆赴宴，应张竹汀等六人之招也，灯后散席。归，夜写信与朱修伯商事，核别敬单。二更三点睡。（同治八年正月十五日）

□唐浩明评点

今天是元宵佳节，由皇帝出面宴请蒙古、朝鲜等藩属国，请大学士、尚书陪同。藩属国的代表可以享受皇帝所赐的奶茶及酒，而陪同的大学士、尚书则没有。曾氏想起道光二十六年，他以日讲起居注官的身份在正大光明殿当班时，曾参与过这种盛会。一晃二十多年过去，当年的轩昂青年已被岁月摧折成衰朽残年了。

这顿饭从辰初二刻即上午七点半开始，到辰正三刻即八点四十五分结束，历时一个小时多一点。从我们今天的就餐习惯来看，这是一顿早饭，而且用餐时间短。看来，这顿饭吃的是形式，借吃饭这桩头等大事来传达朝廷对藩属国的礼遇和关心。世上有许多有形式而无内容，或者形式大内容小的事情，也不能说这都是毫无意义的。有的时候，有没有这种形式是大有区别的。就拿宴请外藩来说，一年到头皇帝亲见外藩代表的次数应该是很少的，倘若不借过年的机会设宴见见面，就几无相见的可能了。那么，大清国与藩属国的亲密关系从何体现呢？

日记结尾有一句话："核别敬单。"虽只短短四个字，却是一件实打实的大事。外官尤其是握有实权的总督、巡抚、布政使等官员进京陛见或办公事，与之能套上关系的京官会轮番请他吃饭，以示亲热，其实更主要的目的，是向外官讨银子。这是他们收入中的一大项目。外官也识相，在离开京师时会给他们以银子。这种银子就叫别敬。此种做法，为大家所默许，成为官场的潜规则，任你是何等清廉的官员都不能免俗，故而当时有的手头不阔绰的外官，不是万不得已，是不轻易进京的。

曾氏是一个廉洁而俭朴的人，但他既然进京，便也不能特殊。我们看他这年正月二十二日写给儿子的家信："正月灯节以前惟初三、五无宴席，余皆赴人之召，然每日仅吃一家，有重复者辄辞谢，不似李、马二公日或赴宴四五处。盖在京之日较久，又辈行较老，请者较少也。军机处及弘德殿诸公颇有相敬之意，较去冬初到时似加亲厚，九列中亦无违言。然余生平最怕以势利相接，以机心相贸，决计不作京官，亦不愿久作直督。"我们从这段话里可以窥视出当时官场的风气。不仅京师的官不好做，就连靠近京师的直隶的官也不好做。

那么，曾氏离开京城时，会送多少别敬呢？也就在这封信里，他告诉儿子："余送别敬壹万四千余金，三江两湖五省全送，但亦厚耳。”曾氏准备送壹万四千两银子，所有籍隶三江即江苏、安徽、江西，两湖即湖南、湖北的京官都送，以视同等对待。当然，并不是平均分配，其中亦有厚薄之分。三江是曾氏为官之处，湖南是他的老家。湖北为什么要送？这是因为湖北与湖南历史上长期是一个省，只是到雍正二年才分开，两湖人过去常称大同乡，即源于此。再加之曾氏曾做过七天的湖北巡抚，老九做过近两年的湖北巡抚。这样一来，银子自然不少。

这笔庞大的银子从何处来呢？从两江总督衙门中的小金库里来。小金库里的银子又来自何方呢？来于“缉私”，即来于对不法商人的罚款。罚的款没有入国库，用于主管官员的公关支出。这便是古往今来官场的公开秘密。曾氏是个自爱的人，他没有将小金库的银子挪作私人财产；至于不自爱的官员要把它转化为私产，那自然也就是一句话的事。所以，就会有许多做大官的拥有金山银山，而从法律层面来说，他并没有贪污，他还可以说是清官。

参与朝廷大宴

□曾国藩原文

早饭后清理文件。辰正二刻起行趋朝。是日廷臣宴。午正入乾清门内，由甬道至月台，用布幔帐台之南，即作戏台之出入门。先在阶下东西排立，倭艮峰相国在殿上演礼一回。

午正二刻皇上出，奏乐，升宝座。太监引大臣入左、右门。东边四席，西向。倭相首座，二座文祥，三座宝鋆，四座全庆，五座载龄，六座存诚，七座崇纶，皆满尚书也。西边四席，东向。余列首座，朱相次之，三座单懋谦，四座罗惇衍，五座万青藜，六座董恂，七座谭廷襄，皆汉尚书也。桌高尺许，升垫叩首，旋即盘坐。每桌前有四高装碗，如五供之状，后八碗亦鸡、鸭、鱼、肉、燕菜、海参、方饽、山查糕之类。每人饭一碗，杂烩一碗，内有荷包蛋及粉条等。唱戏三出，皇上及大臣各吃饭菜。旋将前席撤去，皇上前之菜及高装碗，太监八人轮流撤出。大臣前之菜，两人抬出。一桌抬毕，另进一桌。皇上前之碟不计其数。大臣前，每桌果碟五、菜碟十。

重奏乐，倭相起，众皆起立。倭相脱外褂，拿酒送爵于皇上前，退至殿中叩首，众皆叩首。倭相又登御座之右，跪领赐爵，退至殿中跪。太监易爵，另进杯酒，倭相小饮，叩首，众大臣皆叩首。旋各赐酒一杯。又唱戏三出。各赐奶茶一碗，各赐汤元一碗，各赐山茶饮一碗。每赐，皆就垫上叩首，旋将赏物抬于殿外，各起出，至殿外谢宴、谢赏，一跪三叩，依旧排立。东、西阶下。皇上退，奏乐。蒙赏如意一柄、瓷瓶一个、蟒袍一件、鼻烟一瓶、江绸袍褂料二付。各尚书之赏同一例也。

归寓已申刻矣。中饭后，见客二次。写对联十付。剃头一次。坐见之客二次。朱修伯来久坐。二更三点睡。（同治八年正月十六日）

□唐浩明评点

感谢曾氏的详细记录，让我们得以知道一百四十多年前，清朝廷年节宴请大臣的大致情形。

宴请的人为大学士与各部尚书。因为礼仪繁多，宴会开始之前，由倭仁带领各位大员先演习一番。中午十二点半钟，皇帝在音乐声中登座，然后太监将大臣们从左右两前门中引进。参加宴会的大员们分为满汉两列。满人坐东面西，由文华殿大学士倭仁领头。汉人坐西面东，由武英殿大学士曾国藩领头。每人面前摆着一个尺许高的小桌子，人盘坐在垫子上。桌子上摆的东西分前后两排。前排为四个高脚碗，后排为八只碗，内装鸡、鸭、鱼、肉、燕窝、海参、饽饽、山楂糕等物。这些东西，在今人看来属于普通，在当时可能亦非珍稀，只是因为出于皇家而显得珍贵。除这些外，每人前面有一碗饭，一碗杂烩，杂烩里有荷包蛋及粉条，在边看戏的过程中边吃饭。

笔者读到这里，心里有一个想法，以为当时这些大臣们吃东西时，很可能吃的就是这碗饭及这碗杂烩，其他的菜并未动筷子。为什么？因为一则他们不饿，二则前面的八大碗他们见多了，三则他们都很讲礼仪，很拘谨，若吃八大碗里的菜便显得动作过大，不太文雅。制筵者也知道，故而安排一碗饭一碗杂烩，这两碗才是真正让他们吃的。正如笔者在前面宴请外藩一则中所说的，吃的是形式而不是内容。

接下来将先摆出的这些菜全部撤走，每人前面再抬进一个小桌子，上面有五个盛水果的碟子，有十个盛菜的碟子。重新再奏乐，这时倭仁起身，众人也跟着都站起。倭仁脱去外褂，拿着酒爵来到皇帝面前，然后退回至殿中磕头，众人跟着磕头。这个仪式表示的是各位大臣向皇帝敬酒。曾氏的日记中并没有写皇帝是否饮酒，估计可能没有饮，因为皇帝此时才十三岁多，未成年。大家都磕完头后，倭仁再次来到皇帝面前，从太监手中接过酒杯。倭仁小小地喝了一口，又磕头。这时，各位大臣都领到一杯酒，一碗奶茶，一碗汤圆，一碗山茶饮。这个仪式表示的应是皇帝的答谢。宴会进行到这一步，算是结束了。

最后一个节目是领赏。曾氏领到的赏物是如意一柄、瓷瓶一个、蟒袍一件、鼻烟壶一瓶、江苏产的绸料两幅。当着皇帝的面所赏赐的这些东西，无疑是真正的贡品：材质精美，做工精良，哪一件传到今天，都是价值不菲的珍品。曾氏自然会将这些东西上心保管的。可惜，时隔一百多年，再加之世事变化的剧烈，如今的所谓曾氏故居，竟然连这些珍品的影子都见不到，实在令人叹息。

第四次陛见

□曾国藩原文

早饭后，辰初二刻趋朝。是日请训，递封奏一件也。在朝房久坐。午初召见。

皇太后问："尔定于何日起身出京？"

对："定廿日起身出京。"

问："尔到直隶办何事为急？"

对："臣遵旨，以练兵为先，其次整顿吏治。"

问："你打算练二万兵？"

对："臣拟练二万人。"

问："还是兵多些？勇多些？"

对："现尚未定。大约勇多于兵。"

问："刘铭传之勇，现扎何处？"

对："扎在山东境内张秋地方。他那一军有一万一千余人，此外尚须练一万人，或就直隶之六军增练，或另募北勇练之。俟臣到任后察看，再行奏明办理。"

问："直隶地方也不干净，闻尚有些伏莽。"

对："直隶、山东交界，本有枭匪，又加降捻游匪，处处皆有伏莽，总须练兵乃弹压得住。"

问："洋人的事也是要防。"

对："天津、海口是要设防的，此外上海、广东各口都甚要紧，不可不防。"

问："近来外省督抚也说及防海的事否？"

对："近来因长毛、捻子闹了多年，就把洋人的事都看松些。"

问："这是一件大事，总搁下未办。"

对："这是第一件大事，不定那一天他就翻了。兵是必要练的，那怕一百年不开仗，也须练兵防备他。"

问："他多少国连成一气，是一个紧的。"

对："我若与他开衅，他便数十国联成一气。兵虽练得好，却断不可先开衅。讲和也要认真，练兵也要认真。讲和是要件件与他磨。二事不可偏废，都要细心的办。"

问："也就靠你们替我办一办。"

对："臣尽心尽力去办，凡有所知，随时奏明请示。"

问："直隶吏治也疲玩久了，你自然也都晓得。"

对："一路打听到京，又问人，也就晓得些。属员全无畏惮，臣到任后，不能不多参几人。”

问：“百姓也苦得很。”

对：“百姓也甚苦，年岁也不好。”

问：“你要的几个人是跟你久了的？”

对：“也跟随臣多年。”

太后顾带见之惠郡王云：“叫他就跪安。”

余起身走数步，复跪奏云：“臣曾某跪请圣安。”

是日太后所问及余所奏，皆初七公折及本日折中事也。

退朝，拜客数家，沈经笙、黄恕皆处谈颇久，归寓已申初矣。饭后，见客数次。写对联二付。夜与仙屏核别敬单。二更后，张竹汀等来一谈。三点睡。（同治八年正月十七日）

□唐浩明评点

曾氏此番进京，连同这一次，一共陛见四次，数这一次谈话的内容最多，也最具实质性。慈禧与曾氏对话的要点为：一是练兵。练二万人，其中勇居多，以刘铭传的淮勇为主力。二是安定直隶地方秩序，肃清反朝廷的残余势力。三是对付洋人。把兵练好，但不能先挑动战争。四是整顿直隶吏治。曾氏向慈禧汇报，准备严参一批玩忽职守的官员。值得注意的是，慈禧也提到“百姓也苦得很”的话题。看来，最高统治者也并非对民情一无所知。当然，知道是一回事，下决心去改善民生又是一回事。

日记中说：“是日太后所问及余所奏，皆初七日公折及本日折中事也。”曾氏本日所上的奏折，在上午十一点钟开始的召见之前，慈禧便已看过，且一一记住，并样样照准。这一细节，可以向我们传递诸多信息：一、当时朝廷办事效率高；二、慈禧处理政务能力强；三、对曾氏高度重视。慈禧问曾氏的最后一句话是“你要的几个人是跟你久了的”。这“几个人”见之于当日奏折的附单中，分别为：布政使衔分发补用道钱鼎铭，二品衔简用道陈鼐，安徽无为州知州、署和州知州游智开，安徽候补知府李兴锐，浙江补用直隶州赵烈文，五品衔江苏补用知县方宗诚，知府衔江苏前署漂阳县知县金如澜，刑部员外郎陈兰彬。对这八个人，朝廷当天便同意曾氏的请求，并专门下达上谕，按他们现在的品级，分别予以道员、知州、知府等要职。对人员任命这样的大事，办得如此干脆快捷，为历朝历代所不可多见。

拟州县官厅楹联

□曾国藩原文

早饭后，清理文件。辰正见客。补见提镇各武职一起，补见同通州县二起，见实缺教官一起，见佐杂十四起。每起十人，末起八人。前四起坐见，佐杂立见，直至午正方毕，殊以为苦。中饭后，至莲花池射圃各处游览。在藻泳楼与挚甫、廉甫谈甚久，申正方归。阅《槜湖十子诗》。

旋以昨夜所撰之联不惬于心，改作一联，云："念三辅新离水旱兵戈，赖良吏力谋休息；愿群寮共学龚黄召杜，即长官借免愆尤。"沉吟良久，至夜方定。又与挚甫等久谈。向来作联作诗，每每苦吟不辍，盖由才思迟钝之故，亦过于爱好也。睡后仍反复思之，缠绕不休，以致不得酣眠。次早初起，又作一联，云："随时以法言巽语相规，为诸君导迎善气；斯民当火热水深之后，赖良吏默挽天心。"旋又另改矣。（同治八年正月二十九日）

□唐浩明评点

曾氏同治八年正月二十日离京南下赴保定，就任直隶总督之职。沿途视察永定河工，二十七日抵达保定省城。第二天即接见全省州县以上主管官员，分为十一班，一班十人，共一百一十人。从上午八点钟开始，一直到十一点半钟才结束。接下来，前任直督、东南战场上的老同盟者官文又来叙谈。一个上午弄得疲倦至极。下午，又有人来谈话，还剃头一次，又读别人送来的诗集。夜里，又有人来久谈，直到二更才离去。客人走后，又忙着写这一天的流水账日记，清理各种杂件，直到半夜才上床。一天忙到这等地步，曾氏还躺在床上为直隶的州县官大堂想楹联。联云："长吏多从耕田凿井而来，视民事须如家事；吾曹同讲补过尽忠之道，凛心箴即是官箴。"楹联拟好后，又反复吟诵，很久不能入睡。

第二天，也就是写这篇日记的这一天，曾氏又会见州县官、实缺教官、幕僚勤杂人员十七起，一百多人。就在如此辛苦之际，曾氏仍念念不忘昨夜拟的为州县官厅所作的楹联，觉得不甚满意，遂加以修改。又过一天，即正月三十日一大早，曾氏再次修改楹联。一副官厅楹联，翰林出身的曾氏居然一而再、再而三地为之耗费心血，且修改并非只改动个别字，而是重新拟定。其所撰三副都很好，都可单独存在。

曾氏用心如此良苦，可以让我们从中获取两点信息：一是他对悬挂在州县官厅的楹联十分看重，他拟借此传达他对基层官员要关心民谟、与民休息、尽忠尽谏、勤于政事的期盼。这是他面对直隶吏治的腐败，所做出的第一个部署。二是他对制联一事的看重。曾氏一生喜制联，战争年代，即便身处军书傍午、性命攸关之境仍制联不止。来到直隶上任伊始，真可谓千头万绪，且已进入晚年，孱弱多病，还要如此耗费心血来做这种完全可以交给幕僚们去做的事，没有别的原因，乃"亦过于爱好也"。正是因为这份相伴终生的爱好，曾氏一生创作不少佳联。南怀瑾先生曾说过这样的话，清代的联语成就可与唐诗、宋词、元曲比美，其代表人物为曾国藩、左宗棠。南氏这番话若为世所公认的话，曾氏凭这一点亦可成为文学史上的不朽人物。

赴津前为二子写遗嘱

□曾国藩原文

早饭后清理文件。见客一次。出门拜客，藩臬晤谈颇久，方存之来一谈。午刻，黄静轩来，久谈。改信稿一件。中饭后阅本日文件。

将赴天津，恐有不测，拟写数条以示二子。未、申间，写二三百字。剃头一次。小睡颇久。酉刻与叶亭一谈。夜又写四五百字，有似于遗令者。二更四点睡。（同治九年六月初三日）

□唐浩明评点

同治九年二月，曾氏右目失明，四月又得眩晕之病，晨起昏晕欲绝，于是在四月二十一日向朝廷请假一个月，以便养病。五月二十二日，因病未有起色，又续请病假一个月。就在曾氏养病保定之时，天津发生了一场老百姓与洋人之间的大冲突。这便是近代史上有名的天津教案。

因久旱无雨、庄稼不收，天津一带久已民心浮动，加之法国教堂所办的育婴堂病死小孩很多，盛传法人教堂以迷魂药勾引小孩入教堂，然后将小孩剖腹取心，以作药丸。津郡人心恐慌，对法国人仇恨至极。五月二十三日，民众聚集教堂，强烈抗议。法国领事丰大业要求三口通商大臣崇厚派兵镇压。丰大业公然向天津知县刘杰开枪，并击伤刘之随员。民众情绪更为激动，遂将丰大业殴毙，又乘势焚毁法国教堂、育婴堂，领事馆及数所英、美教堂，打死洋人二十名。此事震惊中外，英、美、法等七国联合向清政府提出抗议，并集结军舰以示威。朝廷下诏曾氏，命他前赴天津，处理此事。

近代史上的教案，是最令各级政府头痛的大事，尤其是地方官员，简直视教案为畏途，因为无论怎样处置，结果都是不好。若得罪洋人，洋人凭借坚船利炮会向朝廷施压，朝廷则将这种压力转向地方官员，官员前途堪忧。若得罪百姓，则民心不服，怨恨四起，地方不得安宁，官员的仕途也将坎坷。教案发生在哪一个地方，则是该地主管官员的大不幸。圆滑官员的选择是尽可能回避，不沾边。曾氏虽为直督，但他已在朝廷业已批准的病假之中，他完全可以名正言顺地选择回避，但曾氏却选择了担当。赴天津前夜，考虑到以沉疴之躯肩负如此重担，很可能是有去无回。曾氏给两个儿子预先交代的后事，主要有这么几条。

一为死后，灵柩经运河由江南搬回湖南安葬。东西尽可少带，沿途一概不收礼，只求兵勇护送。

二为所遗留的文字，只给子孙观览，不可发刻送人，因为可以存世者太少。

三为修身之要，在于不忮不求。附所作不忮不求诗两首。

四为谨守勤俭孝友家风。

五为善待诸叔及诸位堂兄弟。

这封嘱托近两千字，曾氏用了两天的时间把它写完。将赴天津，有许多军国大事要处理要交割，况且身体状况不好，曾氏却在这样的时候，花费如此心血来给儿子写嘱托，可见他对此事的重视。这种对家庭的责任感，对儿子成才成器的期盼心，贯注着曾氏生命的始终。它所彰显的，固然是一个父亲的爱心，更重要的是一个儒学信奉者对人类社会理念与信仰的坚守。

力辨外国无挖眼剖心事

□曾国藩原文

早饭后清理文件。凡会客十次，内有山东丁中丞荐来之眼医刘会和，诊脉一次。围棋两局。中饭后阅包封文件。英国领事李蔚海等来见。申刻以后久睡，几及两时之久。盖衰颓疲困，又目疾不能治事，遂尔怠慢若此，自愧亦自伤也。夜间仍睡，不治一事。二更四点睡。

本日办一咨文，力辨外国无挖眼剖心等事。语太偏徇，同人多不谓然，将来必为清议所讥。（同治九年六月十六日）

□唐浩明评点

曾氏因为眼病厉害，精神上有很大的压力，下午三点多钟就睡觉了。大白天里，居然一睡两个时辰，这在过去是从来没有过的。但笔者揣摸，“怠慢若此”，除身体原因之外，情绪上的原因亦不可忽视。曾氏在天津所办的这件事，应是他极不情愿办的事，只是出于职责和对朝廷的忠诚，他不得不勉力为之而已。没有情绪上的支持，身体上的痛苦便可以上升为主导，从而掌管着对行为的控制。曾氏日记中说，他今天办了一个咨文，“力辨”外国人不会做挖眼剖心等事。现今存世的曾氏全集中已找不到这个咨文，但收有六月二十三日给朝廷的奏折。折中对挖眼剖心一事，有如下的调查文字：“至挖眼剖心，则全系谣传，毫无实据。臣国藩初入津郡，百姓拦舆递禀数百余人，亲加推问挖眼剖心有何实据，无一能指实者，询之天津城内外，亦无一遗失幼孩之家控告有案者。”曾氏亲自询问数百个拦轿控告者，没有一个人握有挖眼剖心实据。又询问天津城内城外遗失小孩的人家，也没有这样的控告。应该说，曾氏的调查是广泛而深入的。为此，曾氏做出判断：“此次详查挖眼剖心一条竟无确据，外间纷纷言有眼盈坛亦无其事。”并分析：“盖杀孩坏尸、采生配药，野番凶恶之族尚不肯为，英法各国乃著名大邦，岂肯为此残忍之行？以理决之，必无是事。”

挖眼剖心之说，应是天津教案爆发的直接事因，就单个案件的处理来说，也是此案是非判断的最主要依据。正是基于对挖眼剖心之否定，曾氏定下处理津案的基调。但曾氏已预料到清议必不会容忍，后来果然如他所料。清议究竟是如何议论此案的。当时有一个名叫宋晋的朝廷中级官员所上的奏折，可以视为代表。宋晋说：“和局固宜保全，民心未可稍失。”“传教之法国所在皆传有损折幼童、挖眼挖心等事。此次天津百姓激于义愤，杀毙该国领事，随在天主堂地窖内放出小孩，并于仁慈堂搜出幼孩及坛装幼孩眼睛，大率以此为词，欲惩擅杀之罪，必究起衅之根。请饬该督速行查明曲直，秉公办理，以释民疑等语。”

洋教不为大多数中国人所欢迎，洋人又凭借自己的实力任意欺凌中国人，这应该是中国近代史上教案不断的根本原因。津案只是这些教案中的一个。民心与义愤，这就是清议所持的立场。对此，曾氏心里也应该是明白的。究竟应该如何办？这便是曾氏心中的纠结。晚年的曾氏被置于如此刀尖上，这只能怪他的命不好。

对惩治地方官一事不忍

□曾国藩原文

早饭后清理文件。见客一次。崇帅于辰刻、巳刻、酉刻来谈三次。辰正诊脉一次。围棋二次。小睡一次。中饭后阅本日文件。见客二次。改片稿一件。

是日，因洋人来文，欲将府、县抵命，因奏请将府、县交刑部治罪，忍心害理，愧恨之至。又坐见之客一次。吴彤云来一坐。小睡片刻。夜改照会稿一件，核科房批稿簿。眼蒙日甚。二更四点睡。（同治九年六月二十二日）

□唐浩明评点

处理天津教案这件事，成为曾氏晚年的一大心病。他常说的两句话“外惭清议，内疚神明”，真实地道出他心中的痛苦。从这个痛苦中我们可以看出，他对津案的处置，有许多违心之处。为何会违心？这是他迫于压力。压力固然来自朝廷，但根本的原因是来自洋人。

这就是弱国无外交！最令他惭疚的是，他违心地将天津地方官交刑部治罪。曾氏本不愿意这样做，但洋人在这点上态度强硬，非要天津地方官以命抵偿不可，再加之专与洋人打交道的三口通商大臣崇厚一再劝说曾氏接受洋人的意见。就在昨天的日记中，曾氏还写道：“崇帅来，言洋人将大兴波澜，欷歔久之。”“欷歔久之”这四个字，让我们感受到曾氏心中的痛苦、煎熬与无奈！

诚然，天津道、府、县三级地方官后来所受到的革职流放的处罚，有其委屈之处。他们得到同情甚至赞扬，也都有其充分的道理。但若心平气和地来评述这桩历史旧案，处罚地方官，也并非完全没有道理。地方官最重要的职责，就是维持社会秩序，保护居住在这块地方上的民众的平安与人身安全。好的官员，应该防患于未然。

天津的各级地方官，既未防患于未然，当百姓与教堂之间的冲突早已暴露于世之后，也无任何得力的措施来处置，完全听之任之，终于酿成社会大乱，不可收拾。这一点，当时协助曾氏的丁日昌看得很明白。他对朝廷说："百姓纷纷聚众，地方官不能认真弹压，过误似亦不轻。"应该说，天津地方官辜负了百姓对他们的期望，辜负了朝廷对他们的信任。面对着人上人的待遇，他们是大有亏欠的！从这点上来看，革职对于他们，并不为过；即便是在今天，这等地方官，上级也必须会追究他们的应负责任，给予他们应有的处罚。

因马案重回江宁

□曾国藩原文

早饭后散行千步。清理文件，改信稿三件，约共改四百字。立见之客一次，坐见者一次。诊脉一次。阅《通鉴》卅六卷廿叶。

接奉廷寄，马毅山被刺客戕害，余调两江总督，李少荃调直隶总督。幕府来一谈。毛、丁二帅来久谈，午末去。

中饭后散行千步。阅《通鉴》三十六卷五叶、三十七卷十九叶。添纪鸿儿信一叶，写纪泽儿信三叶。出门拜毛煦初，久谈。傍夕归，小睡。夜将天津教案料理一番，见客一次。二更四点睡。（同治九年八月初四日）

□唐浩明评点

就在曾氏处于风口浪尖、内外遭罪的时候，南方的江宁府又出了大事。因为这桩事，曾氏得以从天津教案中解脱出来，重返江督旧任。这桩大事，就是两江总督马新贻的被刺杀，即有名的晚清四大奇案之一的马案。

同治七年七月下旬，朝廷在任命曾氏为直隶总督的同时，任命马新贻为两江总督。马为山东菏泽人，道光二十七年与李鸿章、郭嵩焘等一同考中进士。李、郭接下来点翰林，马却因朝考未过关而外放知县。马于学问文章上或许不算很优秀，但在处世办事上绝对是个长才。他以七品官起家，凭借着团练在乱世中官运亨通。马并未立有大功，居然在四十六岁那年便做到了闽浙总督，在官位上与曾、李等人平起平坐。

同治九年七月二十六日，马新贻在江督衙门附近的校射场监督武弁课考，散考后在由校场回署途中，被一个名叫张文祥的刺客杀死。这桩刺杀案引起很大的轰动，之所以如此轰动，除被刺者马新贻地位极高外，还有许多的离奇。

其离奇之处主要有这么几点：一、被刺的地方乃刀枪晃晃戒备森严的演兵场；二、刺客与马素不相识；三、事情做完后，刺客并不逃走，束手就擒；四、刺客坚称没有受人指使，但又说“养兵千日，用在一时”；五、刺客身份复杂，既当过太平军，又做过流浪汉，既开过小押店，又与海盗以及马身边的人有交往；六、刺客既声称是为报私仇，又称回民马新贻与回族叛乱者“勾通”，此举乃为朝廷除害。这桩大案真个是扑朔迷离，疑点重重。先前的魁玉、张之万没有审出个水落石出，后来曾氏与朝廷专门指派的刑部尚书郑敦瑾一道，也没有将此案弄个一清二楚。

据当时亲眼观看杀张文祥现场的人回忆，当时张被判的是凌迟处死的极刑，即不是一刀毙命，而是一刀一刀地宰割，让罪犯在极度的痛苦中死去。张在行刑时毫无惧色，至死也没有叫过一声。场中数万名围观者都齐声叫好，称赞他是一位铁打的硬汉子。张死后，这件案子随即被演绎成不同的故事，以多种艺术形式流传于街道巷尾、茶楼酒肆，为人们所津津乐道。其中流传最广的故事，说的是张文祥仗义为朋友报仇：

“咸丰五年，马以革职知县的身份在庐州办团练，一次被捻军俘虏。这支捻军的头目便是张文祥。张有两个结拜兄弟曹二虎、石锦标。三人商量，以释放马为资本，改投朝廷。马欣然赞同，带着这三人及其一伙子兄弟归顺朝廷，组建山字营。马依靠会打仗的山字营屡立战功，步步高升，直到官拜安徽布政使。后来，马看中曹二虎的美妻，为长期霸占，借故杀了曹二虎。张为此愤然不平，遂离开马，隐居山中，勤习武功，借此报仇。后来果然在江宁演兵场上演出这场震惊海内的刺杀案。”

这个故事虽然情节生动，主题鲜明，但不能使人完全相信。世间有为父母报仇、为妻子儿女报仇而情愿身受极刑的人，但为一个结拜兄弟而付出如此代价，似乎总令人难以理解。世上有不少永远无法破解的疑案，马案只不过是其中之一罢了。人类应该以宽容之心对待这些疑案。它让人类的生活更充满着传奇性，也让人性与社会性更具复杂性，更富有魅力。

第五次陛见

□曾国藩原文

早，于寅初三刻即起。寅正二刻自寓起行，大轿至东华门，换坐小轿至景运门。卯初至内务府朝房，与军机沈经笙、李兰生、文博川先后一谈。旋与恭王一面，即退至东路九卿朝房，与黄恕皆等久谈。

巳正叫起，因入乾清门内养心殿之外军机坐处一坐。巳正三刻入养心殿之东间，叩谒皇太后、皇上圣安，旋即叩头恭谢天恩。

西太后问曰：“尔何日自天津起程？”

对：“二十三日自天津起程。”

问：“天津正凶曾已正法否？”

对：“未行刑。旋闻领事之言，俄国公使即将到津，法国罗使将派人来津验看，是以未能遽杀。”

问：“李鸿章拟于何日将伊等行刑？”

对：“臣于二十三日夜接李鸿章来信，拟以二十五日将该犯等行刑。”

问：“天津百姓现尚刁难好事否？”

对：“此时百姓业已安谧，均不好事。”

问：“府、县前逃至顺德等处，是何居心？”

对：“府、县初撤任时，并未拟罪，故渠等放胆出门，厥后遣人谕知，业已革参交部，该员等惶骇，始从顺德、密云次第回津。”云云。

问：“尔右目现尚有光能视？”

对：“右目无一隙之光，竟不能视，左目尚属有光。”

问：“别的病都好了么？”

对：“别的病算好了些。”

问：“我看你起跪等事，精神尚好。”

对：“精神总未复原。”

问：“马新贻这事岂不甚奇！”

对：“这事很奇。”

问：“马新贻办事很好。”

对：“他办事和平、精细。”

旋即退出殿门以外。归寓，见客四次。中饭后又坐见之客三次。旋出门拜恭邸及宝尚书鋆家，灯后始归寓。见客二次。写本日日记簿。二更二点睡。（同治九年九月二十六日）

□唐浩明评点

同治九年十月十一日，是曾氏的六十初度诞辰，朝廷记得这件事。九月中旬，十五岁的同治皇帝为他亲笔书写“勋高柱石”四个大字，又亲书“福”字“寿”字各一方，外加铜寿佛像一尊、紫檀嵌玉如意一柄、蟒袍一件、吉绸十件、线绉十件，由军机处专人送至天津。曾氏在谢恩时请求南下之前陛见。九月二十五日，曾氏来到京师。第二天上午，两宫太后与皇上在养心殿召见他。

且看他们君臣之间说了些什么话。

慈禧太后说："你哪天从天津动的身？"曾氏回答："二十三日从天津动的身。"慈禧说："天津教案中那些杀人的凶手杀了没有？"曾氏应对："还未杀。刚听到法国领事说俄国公使即将来天津，法国公使罗淑亚将派人来天津验看，所以没有立即杀。"慈禧说："李鸿章打算在何时将那些凶手问斩。"曾氏应对："我在二十三日夜间接到李鸿章的来信，打算在二十五日将这批凶手问斩。"慈禧说："天津的老百姓现在尚刁难官府喜欢闹事吗？"曾氏应对："现在老百姓都已安静下来，都不爱闹事了。"慈禧说："天津知府与天津知县先前逃到顺德等地方，他们为什么要这样？"曾氏应对："天津知府与天津知县刚撤职时，并没有给他们定罪，故他们可以放心出门，后来派人告诉他们，现在都已撤职交刑部审核。他们都很害怕，于是从顺德、密云相继回到天津。"慈禧说："你的右眼现在还有光，能看东西吗？"曾氏应对："右眼一线光都没有，完全不能看东西。左眼还有些光。"慈禧说："别的病都好了吗？"曾氏应对："别的病算是好些了。"慈禧说："我看你起立、下跪等表现，精神还算好。"曾氏应对："精神总还是没有复原。"慈禧说："马新贻这件事真的是很奇怪！"曾氏应对："这件事很奇怪。"慈禧说："马新贻办事办得很好。"曾氏应对："他办事办得平和，办得精细。"

前前后后，慈禧太后说了十句话，曾氏也应对了十句话。看来真正陛见的时间也不过就是十多分钟。从对话中可以看出，慈禧关心的是这样几件事：一是凶手杀了没有，二是天津现在安定下来没有，三是天津知府知县为什么要擅自离开天津。曾氏眼下去南京，首要之事便是处置马新贻被刺杀的案子。关于这件事，似乎理应多说几句，但慈禧只说了两句话。不过，细加琢磨，这两句话中也有不少信息。一是慈禧对此事也大感意外。凶手为何要做这件事，她也没有获得确凿的答案。二是慈禧对马新贻的印象是好的。虽然只是寥寥两句话，对于一个长期游身宦海的老官僚来说，曾氏也可以从这两句"天语"中悟出许多，对于他即将要做的事情有重要启迪。

除公事外，慈禧也问及曾氏的身体情况。这既体现出朝廷对老年臣工的关心，也可以看出女性执政者的温情一面；尤其是她能记住曾氏的病目是右眼，女政治家的细心，在这里得到很好的体现。

第六次陛见

□曾国藩原文

早饭后，在寓稍一徘徊。辰初三刻出门入朝，在景运门内九卿朝房听候传宣。巳初三刻后，蒙召入内，在内朝房小坐。巳正三刻进见。

西太后问："尔在直隶练兵若干？"

对："臣练新兵三千，前任督臣官文练旧章之兵四千，共为七千。拟再练三千，合成一万，已与李鸿章商明，照臣奏定章程办理。"

问："南边练兵也是最要紧的，洋人就很可虑，你们好好的办去。"

对："洋人实在可虑，现在海面上尚不能与之交战，惟尚设法防守。臣拟在江中要紧之处，修筑炮台，以防轮船。"

问："能防守便是好的，这教堂就常常多事。"

对："教堂近年到处滋事，教民好欺不吃教的百姓，教士好庇护教民，领事官好庇护教士。明年法国换约，须将传教一节加意整顿。"

问："你几时出京？"

对："万寿在迩，臣随班行礼后，再行跪安请训。"

太后旋与带见之六额驸景寿说话，命余明日无庸递牌。旋退出殿外。

归途，拜单地山先生。到寓后，坐见之客四次。中饭后，坐见之客二次。出门拜客四家，仅黄恕皆得晤，久谈，日晡归。夜围棋二局。将上年别敬簿核对一过，应拜者记出。二更三点睡。（同治九年九月二十七日）

□唐浩明评点

第二天，慈禧太后继续召见曾氏。这次陛见的时间更短。君臣之间一说一对，不过四个回合而已。

慈禧说："你在直隶训练了多少兵？"曾氏应对："我训练新兵三千，前任直督官文按过去的办法训练四千兵，加起来共有七千。我原打算再练三千，合起来共一万人马。这事已经与李鸿章商量了，他会照我的办法去办。"慈禧说："南方练兵这件事也是最要紧的。如何对付，就很值得考虑，你们要好好地去办理。"曾氏应对："对付洋人一事，实在使我们焦虑。现在海面上，我们还没有实力与他们打仗，唯有设法防守。我打算在长江入海口的紧要地方修筑炮台，用以防备洋人的轮船。"慈禧说："能够防守住便是好，洋人的教堂就经常闹事。"曾氏应对："教堂近来到处闹事，滋生是非，教民喜欢欺负不信教的老百姓，传教士们则喜欢包庇教民，而领事官员则又喜欢包庇教士。明年法国来改换条约时，必须对于传教这一方面的内容加以整顿。"慈禧说："你哪一天离开京师？"曾氏应对："太后的万寿诞辰在即，我跟随大家行完礼后，再来请求太后、皇上训示。"

这次对话的要点是对付洋人，着重又在教案上。慈禧与曾氏都讨厌洋人在中国传教，讨厌教会，都为教案而头痛。由此我们知道，教会与中国人的冲突是绝对不可避免的。因为不只是老百姓排斥教会，整个中国，从高层到民间，其实都是排斥教会的。

最后一次陛见

□曾国藩原文

早，卯正三刻起，吃饭，料理等事。于辰初二刻出门，道途泥泞，不敢坐轿，雇车一辆。行六刻，至巳初始抵景运门。余本日具折请训，已早奉传宣召见矣。亟进乾清门，至内奏事处，与六额驸景寿同坐。约三刻许，始进养心殿东间。

慈禧皇太后问："尔几时起程赴江南？"

对："臣明日进内随班行礼，礼毕后三两日即起程前赴江南。"

问："江南的事要紧，望你早些儿去。"

对："即日速去，不敢耽阁。"

问："江南也要练兵。"

对："前任督臣马新贻调兵二千人在省城训练。臣到任，当照常进行训练。"

问："水师也要操练。"

对："水师操练要紧，海上现造有轮船，全未操练。臣去，拟试行操练。长江之中，拟择要隘处试造炮台，外国洋人纵不能遽与之战，也须设法防守。"

问："你从前用过的人，此刻好将尚多么？"

对："好的现在不多。刘松山便是好的，今年糟踏了，可惜！"

问："实在可惜！文职小官也有好的么？"

对："文职小官中，省省都有好的。"

问："水师还有好将么？"

对："好将甚少。若要操练轮船，须先多求船主。"

太后少停，未问。旋告六额驸曰："令他即可跪安。"

余立起退至帘前，复跪请圣安。旋即出乾清门。至东华门外，拜客五家，惟官中堂及宝大司农两处得会。申初至恭王处，未会。归寓已酉初矣。夜围棋二局。将本日公事及各处送礼稍一查阅。二更三点睡。（同治九年十月初九日）

□唐浩明评点

这是曾氏离京南下回江督原任前夕的一次陛见，也是他一生最后的一次陛见。为了这次陛见，曾氏六点多钟即起床，坐车踏过泥泞之路，直到十点来钟才进养心殿。与过去的几次陛见一样，照例是与慈禧太后的对话，谈话不多，时间也不长。

慈禧说："你哪一天启程去江南？"曾氏应对："我明天进内宫随班向太后行礼祝寿，礼毕后两三天即启程去江南。"慈禧说："江南的事很紧迫，希望你能早点去。”曾氏应对：“我很快就赶去，不敢耽搁。”慈禧说：“江南也要训练军队。”曾氏应对：“前任总督马新贻调二千兵在省城训练。我到任后，自当照过去一样继续训练。”慈禧说：“水师也要操练。”曾氏应对：“水师的操练要紧，海面上现在已有我们自己造的轮船，全部都没有操练。我去了后，打算试行操练。长江上，打算选择险要狭窄的地方试着建造炮台，即便不能在短期内与洋人交仗，也必须设法防守。”慈禧说：“你从前用过的人中，好的将领现在还多吗？”曾氏应对：“好的现在不多了。刘松山便是一个好的将领，今年阵亡了，可惜！”慈禧说：“实在是可惜！文职中的小官员们也有好的吗？”曾氏应对：“文职小官员中，每省都有好的。”慈禧说：“水师中还有好的将领吗？”曾氏应对：“好的将领很少。若是要操练轮船，还必须多寻找好的船长。”

慈禧所关心的，仍是练兵的事，因为两江总督还兼南洋通商大臣，所以又特别询及水师的事。

从曾氏日记中所记录的七次陛见中，我们可以看出陛见究竟是怎回事。按当时的规矩，皇帝不召见四品以下的官员，所以中下级官员一辈子都不可能有与皇帝对话的机会。能够得到皇帝的召见，对于四品以上的官员来说，也是很荣幸很难得的事情，故而除那些可以经常见到皇帝的大臣外，其他人尤其是长期在外做官第一次进宫面见的官员，都会感到既神秘兴奋又紧张惶恐。据说左宗棠第一次陛见时，就因为紧张，告辞时将放在一旁的帽子忘记拿了。后来还是靠幕僚出的主意，用一千两银子买通李莲英，悄悄地从养心殿里拿了出来。左宗棠的胆子和气魄够大的了，他都在“天威咫尺”时紧张如此，一般人的心态就可想而知了。

当然，曾氏与一般人不同。他曾经长期在道光皇帝身边工作，咸丰登基之后，曾氏已官居二品，是能经常见到并有与咸丰对话机会的大员。故而，他这七次与两宫太后及未成年的同治皇帝见面时，心情上不会感到太紧张。但曾氏是一个拘谨的人，对于这种场合，他自然是每个细节都会循规蹈矩的。两宫太后与同治皇帝对曾氏的召见，也自然会是按章办事的。至于这个“章”，应是按立功老臣的“章”，与别人有所不同罢了。

所以，我们是可以从这七次见面，来看当时的陛见的。

陛见的情形是：一、都是君问或说，然后臣应对，臣绝不会自己提出什么话题。二、君的问或说简单，臣的应对也简单。比较起来，君的话更简短。三、双方的话都极普通，没有多少实质性的东西。四、陛见时的话不多，时间不长。由此可知，所谓陛见，主要是君臣之间见个面，彼此增加感性认识。其次是君示臣以礼遇。接连的多次见面，也主要是君给臣以更高一点的礼遇，并非有许多的话要说。这样看来陛见时，做臣子的其实用不着紧张，应对是容易的，但做臣子的不能不紧张。这紧张是来源于“礼仪”：等级与氛围所造成的威严。由此也可看出“礼仪”的重要性。

为慈禧太后祝寿

□曾国藩原文

是日慈禧皇太后万寿。寅初起，饭后二刻七分出门。坐轿，泥泞，直至卯初二刻始至景运门，在兵部报房久坐。旋由景运门穿过隆宗门，又在工部朝房一坐，直至辰正始随皇上在慈宁门外行礼。礼毕，在朝房吃点心，江西按察使俊达所备也。

旋出门，至黄恕皆家久坐。午初二刻出，至宝佩珩家。渠请戊戌同年，宾主凡七人。午正三刻登席，申正二刻散。余回寓已灯上矣。写昨日日记。寓中人预祝生日。改信稿一件。将应送别敬之人再加料理一番。二更四点睡。（同治九年十月初十日）

□唐浩明评点

今天是慈禧太后三十六岁初度。作为一个社会人，慈禧是少有的幸运者；但作为一个女人，她其实是悲哀的。她已经做了九年的寡妇。四年之后，她将再次面临沉重的打击：她的独子同治皇帝去世。青年丧夫，中年丧子，慈禧心中的苦痛该有多大！

在人们的印象中，慈禧是一个奢华的、讲排场的人，但从曾氏的日记来看，她三十六岁的生日过得也并不铺张。慈禧生日的活动只有一项，即同治皇帝带着一班大臣在她所居住的慈宁宫门外行一个礼而已，她本人连面也没露，更没有办寿筵。曾氏行礼完毕后，只在朝房内吃点心；而这份点心也不是朝廷的公费，是江西按察使俊达所准备的。曾氏吃完点心后即出宫，并没有在宫内多停留。

整个寿庆简单又俭朴，这是曾氏给我们提供的真实细节，它让我们看到历史的另一面。

有没有同治中兴

□曾国藩原文

早饭后清理文件。坐见之客二次。

是日，梅小岩、孙琴西请游后湖。辰正出署，至太平门城楼小坐。同游者为薛慰农山长、桂芗亭观察。旋出城登舟，行七里许，登岸至老洲湖神庙一看，小坐半时许。午初二刻返棹。清风徐来，一散炎熇之气；荷香扑鼻，不以盛暑为苦。

回至太平门，升舆进城，至妙相庵。未初二刻登席，酒半，大雨。席接荷池，雨盛荷喧，景物清快。席散，又在庙中游览。

出庙，陆行二里许，至通心桥登舟，行八九里许，至大中桥小泊。点灯，余船张灯八十三炷。同行之船，各张五六十灯及十余灯不等。行至下游，遇商民灯船，约三四十号灯，最多者与余船同，喜复略见太平景象矣。至夫子庙登岸。

回署。阅本日文件，核批稿各簿。三更睡。（同治十年六月初八日）

□唐浩明评点

相继平定太平军、捻军之后，官方曾大肆渲染好日子重返人间。史家因此称之为同治中兴。持反对意见的人，则认为这纯属朝廷的自我美化。晚清期间从来没有过所谓的中兴时期。其实，这两种说法并非都对，也并非都错，只是说者的视角、立场不同罢了。在笔者看来，对人类社会为害最大的是天灾与人祸，战争又是人祸之最。一旦战争止息，人类自身求过好日子的强烈愿望，与人类自身能过好日子的强大能力，都会自然而然地将人类社会推往好日子的方向驱使，日子也必然会一天好过一天。立足于这样一个再简单不过的思维之上，笔者相信，与十多年间相互残杀而带来的民生凋敝、元气殆尽相比，只要不遇到大的天灾，安定的秩序是可以让社会逐渐复苏，百姓的日子是可以一天天好起来的。曾氏这天的日记可以为证。

在忙碌的案牍生涯里，曾氏为自己放了一天的假。因为是和平时代，人们能够感受到荷花的香气和四周景物的清新，能够看到商船民船上点灯多达数十号，最多者甚至可以与总督大人的官船相比。须知这一天非年非节，只不过是一个极普通的夏日而已，人们用不着以格外的装饰来点缀太平。曾氏也完全没有必要用虚假的文字来粉饰自己的政绩。我们从秦淮河上民船装灯这一点上，可以感受到结束战争七年之后，这个六朝旧都逐渐恢复的烟水之气。其实，这点不需要执政者有多大的本事，只需为民众提供一个安定的环境便行了。老百姓只要不流离失所、不担惊受怕，他们就会自己打理好各自的日子的。

湖南哥老会系曾国荃旧部

□曾国藩原文

早饭后清理文件。见客三次，衙门期也。旋又见唐协和，谈甚久。渠自京回，述及京中士大夫多言湖南哥老会系沅弟之旧部，沅弟有庇护之说，听之殊堪诧异。沅弟归里，已阅四年，闭门自饬，不与公事，乃有此等谣言相污耶！

旋请人诊脉一次。围棋二局。核科房批稿簿。中饭后阅本日文件。至内室一坐。傍夕小睡。夜，曹镜初来，久谈。改信稿三件。二更五点睡。（同治十年十月二十五日）

□唐浩明评点

曾氏这天的日记中说，从北京回来的唐协和告诉他，京师士大夫较多人说湖南的哥老会是曾国荃的旧部，而老九对他的哥老会旧部庇护。曾氏认为这是谣言，是对老九的污蔑。曾氏的日记虽只是简简单单的一两句，其实透露的却是一个大的消息。那就是湘军中有哥老会，哥老会就在曾国荃的吉字营中，而这又几乎成了众人的共识。

哥老会是明末清初反清复明的天地会中的一个支派，很早便由闽粤一带传入四川，四川的哥老会即袍哥，历来在社会上很有势力。四川奉节人鲍超是湘军中的重要将领，他将哥老会带进湘军。哥老会既然奉反清为宗旨，自然为朝廷所不容，湘军自然也严禁哥老会。但哥老会以义为先，彼此抱团搭伙，互相帮助。这种“义”对江湖中人来说十分需要，何况每天都要面临死伤考验的军营中人。所以尽管严厉禁止，但湘军中的哥老会依旧暗中存在，尤其在湘军成为胜利之师又遭到遣撤的时候，哥老会便成为湘军里的主心骨。

有历史研究者指出，近代中国长江中下游一带会党势力特别大的原因，就是因为哥老会中人滞留在这一带。滞留者多半是湘军中的遣撤人员。这些人不愿意再回老家做一个良顺之民，他们便啸聚在长江中下游两岸。这些人的组织者与领导者，多半是哥老会中人。到了清末，他们成了长江中下游底层社会中的强大势力。这股势力被革命党利用，成为推翻清朝廷的重要力量。

所以，若要追溯大清王朝灭亡的原因，曾氏难辞其咎。他的胜利，不仅造就了数以百计拥兵自重不听中央调遣的湘淮地方文武，也在民间广播数以万计与朝廷离心离德的强悍种子。他们直接或间接与革命党联合，共同推翻了清朝廷。这当然不是曾氏的愿望，但大势如此，他无法阻挡。

关于这一点，他和他身边极亲近的人早已窥测到了。同治六年六月二十日夜里，曾氏与他的心腹幕僚赵烈文有一段非同一般的对话。赵烈文说：“以烈度之，异日之祸，必先根本颠仆，而后方州无主，人自为政，殆不出五十年矣。”曾氏说：“吾日夜望死，忧见宗祏之陨，君辈得毋以为戏论？”赵烈文能预见日后中国会出现“人自为政”的局面，这是因为他已看到湘军将领坐大的苗头。曾氏为什么没有批评赵的狂悖而愿早死，这是因为曾氏心里认同赵的预见，并深知自己在此一后果中所负的责任。尽管智者早已预见，但其势滔滔，个人之力是不可能逆转的。

对于哥老会，曾氏当然是反对的，所以他对于京师纷传曾国荃之事，甚感诧异，并力辨其污。这是他出于为兄弟护短的天性。其实，湘军中尤其是吉字营中的哥老会情况，曾氏心里是清楚的。早在同治五年八月初十日，曾氏在给四弟国潢的信中便说：“哥老会之事，余意不必曲为搜求。”从这句话中，我们可以看到他有意为此事网开一面。因为哥老会成员太多了，只宜宽松对待，不宜逼迫太急。接下来，他说得更明白：“即实缺提镇之最可信为心腹者，如萧孚泗、朱南桂、唐义训、熊登武等，若有意搜求，其家亦未必全无军装，亦难保别人不诬之为哥老会首。”萧、朱、唐、熊等人都是吉字营中的大将，曾老九的死党，他们与哥老会之间的关系，曾氏早已清楚。“诧异”云云，应该不是出于事情的本身，而是为“京中士大夫多言”所发：怎么这件事情，京师中很多官员都会知道？

家　事

古话说“君子之泽五世而斩”，但近代有一个家族至少五世之中人才辈出，其良好家风绵延之久，为中国文化史所少见。这个家族便是曾氏家族。毫无疑问，曾氏本人为曾氏家风的创立贡献最大。曾氏的齐家理念，在他传世的一千多封家书中有较为完备的体现，他的日记也常有家事的琐碎记载。这些记载有助于我们更多地了解公众视野之外的曾氏。

同治六年三月，曾氏次子纪鸿出天花，从十四日出现症状到四月初十日平安度险，二十六天里，曾氏每天的日记都要提到这个儿子。他详细记载儿子的病状、服药、吃东西的情况，在儿子病重之时，他竟然“因心绪怫乱，谢绝诸客”，一个数十年来的工作狂，甚至变成“竟日未甚治事”的怠工者。儿子病好之后，他亲自设宴感激两位医生。而这之后，曾氏生活中另外一个与他有着极为亲密关系的人因病去世，令人诧异的是，从日记中看来，他的反应却甚是不合情理。这个人便是陈氏妾。

咸丰十一年十月，五十一岁的曾氏在安庆两江总督衙门迎娶比他小二十九岁的陈氏妾。同治元年四月二十九日，陈氏妾病逝。此女跟曾氏生活了十九个月。这段时期，欧阳夫人与子女均在湖南老家，曾氏的日常生活皆由陈氏妾照料。按常态，曾氏对陈氏妾应有感情。但日记的记录，却不是这回事。陈氏妾病危时，其母痛哭，曾氏未哭。陈氏妾去世后，其遗体料理，均是她的母亲与兄嫂为之，曾氏未参与。从陈氏妾死的那天到出殡的三天里，曾氏照往常一样地办公、写信、读书、下棋。

是曾氏很厌恶陈氏妾吗？他的日记说，陈氏妾“谨守规矩，不苟言笑”，看来又不是这样。那么，如此的不合常情常理，其背后究竟隐藏着什么原因呢？这是一个颇为值得关注的细节。它似乎不是一个“感情”二字便可以概括得了的。笔者曾经为此在小说《曾国藩》中演绎了一番情节，有兴趣的读者不妨去读一读。

教九弟读书

□曾国藩原文

早起，写郭、胡、砚珊小条三行，饭后写完。走岱云处议事。岱云拟欲送家眷南旋，昨日邀余走伊家商量，余谓此事非他人所能参谋。岱云意犹豫不决，留我吃饭。饭后，余少青在岱云处长谈，又同走郑小山前辈处。因小山夫人言将来我家，故去走邀。

夜归，与九弟言读书事。九弟悔从前读得不好，若再不认真教他，愈不能有成矣。余体虽虚弱，此后自己工夫尚可抛弃，万不可不教弟读书也。（道光二十一年十二月十四日）

□唐浩明评点

道光二十年腊月下旬，曾氏夫人欧阳氏携刚满周岁的儿子纪泽来到北京，同来京师的还有曾氏父亲麟书及九弟国荃。一家人住进刚裱好的棉花六条胡同。进京近一年的曾氏，算是在京城安了家。曾氏父亲在北京住了三个多月，于道光二十一年闰三月中旬离京回湘，老九则留了下来。

老九比大哥小十三岁，此时才十八岁，留在北京的目的，显然是为了有一个好的环境：在大哥指点下把书读好，多认识些层次高的人，在京师多见点世面。在道光二十一年的日记中，我们常看到曾氏“为九弟点生书”“为九弟点书”的记载。看起来是兄在尽职教、弟在认真读，一派兄友弟恭的和睦气象。其实，事情并不如此简单。兹抄录道光二十一年十月十九日曾氏给父母信中的一段话：“九弟体好如常，但不读书。前八月下旬迫切思归，男再四劝慰，询其何故。九弟终不明言，唯不读书，不肯在上房共饭。男因就弟房二人同食，男妇独在上房饭。九月一月皆如此。弟待男恭敬如常，待男妇和易如常，但不解其思归之故。男告弟云：凡兄弟有不是处，必须明言，万不可蓄疑于心。如我有不是，弟当明争婉讽。我若不听，弟当写信禀告堂上。今欲一人独归，浪用途费，错过光阴，道路艰险，尔又年少无知，祖父母、父母闻之，必且食不甘味寝不安枕，我又怎能放心？是万万不可也等语。又写书一封，详言不可归之故，共二千余字。又作诗一首示弟。弟微有悔意，而尚不读书。十月初九，男及弟等恭庆寿辰。十一日男三十初度，弟具酒食肃衣冠，为男祝贺。嗣是复在上房四人共饭，和好无猜。”

从这封信里可以看出来，老九在北京时不好读书，执意要回家，虽有一个月的时间不愿意与嫂子、侄儿在一起吃饭。不想读书、想家，对于一个十八九岁的年轻人来说都好理解；长达一个月里不与嫂子同桌吃饭，这里透露的是另一番信息，即小叔子对嫂子有意见。小叔子长住哥哥家，叔嫂之间本不易相处。老九是个性格倔强的人，欧阳氏要与这种性格的小叔子相处得好，的确很难。曾氏“与九弟言读书事”的日记，就写在这样的背景下。

面对着已有悔意的弟弟，做哥哥的决心不顾身体的虚弱，宁愿抛弃自己的工夫，也要好好教弟弟读书。但老九仍未在京师长期待下去。第二年七月，终于离开北京城回家。三年后，大哥还专门做了四首七律送给九弟，称赞老九“屈指老沅真白眉”，又回忆弟弟当年在京的学习生活：“违离予季今三载，辛苦学诗绝可怜。王粲辞家遘多患，陆云入洛正华年。”不管怎样，一年半的京城生活，对正处在人生观形成之重要时期的未来吉字营统帅来说，一定是一段难忘而有益的岁月。

欧阳夫人家世

□曾国藩原文

早起，心多游思。因算去年共用银数，抛却一早，可惜。读史十叶，与内人围棋一局，连会客三次。晚饭后，静坐，不得力。写信请树堂来寓，畅谈至五更。本日会客时，有一语极失检，由“忿”字伏根甚深，故有触即发耳。树堂至情动人，惜不得使舍弟见之兴感，又惜不得使霞仙见之也。说到家庭，诚有味乎！言之深夜，留树堂下榻。（道光二十三年正月初二日）

□唐浩明评点

今天是大年初二。昨天曾氏出门拜了大半天的年，很疲倦，今天遂在家中未出门。我们且看年初二的曾氏是如何过的。

一早起，算去年的开支，用了整整一个早上。接下来，读十四页史书，与夫人下了一盘围棋，接待前来拜年的三起客人。吃过晚饭后，静坐，但功效不大。写信邀请同乡好友冯卓槐（字树堂）来家，畅谈至五更天，后留冯在家里睡。曾氏感叹，这么一个至情至性的人，可惜老九与刘蓉（字霞仙）没有与他见上面。曾氏又想起与客人谈话时有一语很不检点，实在是自己“忿恨”之心太深的缘故。

这一则短短的文字，可以让我们看到曾氏的性格与为人上的某些方面：一是精细，在银钱事上不马虎；二是喜欢朋友，喜欢与朋友聊天；三是反思自我已成习惯。

日记中说到“与内人围棋一局”。与夫人下棋这样的事，曾氏在之前之后的日记中几乎未再提过。笔者想，曾氏绝对不会只与夫人下过这一局棋，而不过是不在日记中记载罢了。趁着这次难得的提到“内人”，我们就来简单地说说其内人的家世。

曾氏夫人复姓欧阳，衡阳人，其父欧阳凝祉（又名沧溟，字福田）与曾氏父亲曾麟书为好朋友，两家的联姻当源于此。欧阳家是一个很特殊的家庭，其特殊之处在于一门三寡。欧阳凝祉的曾祖壮年去世，后一年其祖又离世。曾祖母与祖母两代寡妇抚养凝祉的父亲惟本。不料凝祉三岁时，父亲又弃世。小小的凝祉，是在三代寡妇的抚育下长大的。三代寡妇以节孝闻名远近，同心合力支撑家业，欧阳家又慢慢兴旺起来。曾祖去世时，家中每年只有二十石谷的收入，到曾祖母晚年，家中竟然每年可收一千石谷。而且，三代寡妇均高寿：曾祖母享寿九十，祖母高龄九十六，母亲也活到八十三。欧阳凝祉在“节孝之门”的家风熏陶下，品行端方，力学成材，一生以教书为业，适馆课徒四十年，主讲莲湖书院十年，直到七十岁时才放下教鞭。

欧阳凝祉二十岁时与邱氏结褵，共育有二子二女。同治六年，两老结婚六十年，时夫妇均为八十岁，远远近近的人都来祝贺这人世间难得的花烛重圆之喜。经历了百年磨难的欧阳家，终于赢来家道的中兴与社会的敬重。

欧阳夫人是家中的老二，上有一个兄长，下有一个弟弟一个妹妹。道光十三年曾氏考中秀才。这年冬天，十八岁的欧阳氏进了门。欧阳夫人初通文墨，能执笔写信，也还能陪丈夫下围棋，这应该归功于欧阳家族耕读家风的影响。欧阳夫人为曾氏生下三子六女，其中长子与五女夭折，活下来的有七个孩子。欧阳氏在同治十三年即丈夫去世两年后病逝，夫妇合葬于今湖南长沙市郊平塘。

治家贵严

□曾国藩原文

读《司马迁传》，阅《朱慎甫文集》。夜温《天人策》。在坐，曲肱枕息片刻。早，刑部直日。入内，旋至刑部，已正归。听儿讲《鉴》三叶：王忠嗣为朔方节度兼河东，与张仁愿并称。会客四次。夜，黄苇卿来谈。

治家贵严，严父常多孝子，不严则子弟之习气日就佚惰，而流弊不可胜言矣。故《易》曰：“威如吉，欲严而有威，必本于庄敬，不苟言，不苟笑。”故曰威如之吉，反身之谓也。（咸丰元年七月二十二日）

□唐浩明评点

中国传统的治家观念，其主流方面是主张严的，故有严父慈母之说。代表主流意识的父亲，通常以严肃、严格的形象出现，慈祥、慈爱的角色则由非主流的母亲去扮演。“棍棒之下出好人”的观念，为多数人所信奉。但也有不少家庭不严，如富贵之家，如独子之家，如老年得子之家。这些家庭的孩子从小在富裕娇惯的环境中长大，上进心缺乏，不能吃苦耐劳，又习惯于以自我为中心，没有敬畏之念，故而难以成器，有的甚至不能成人。

此时的曾氏，已是朝廷二品大员，毫无疑问，他的家庭是富贵之家。曾氏深惧其家人染上京师纨绔子弟的陋习，对从严治家看得很重。

纵观曾氏的治家，尽管他对子弟的学业也要求严格，他也希望子弟能科举顺利，沿着这条正途晋身入仕，这从他为后辈的乳名分别以甲、科、鼎、盛为冠即可看出，但我们还是可以清晰地看到曾氏对子弟的要求，更严格的方面是他们的做人，即良好的道德和品性的灌输与培植。作为富贵之家的家长，曾氏为子弟的成才成器所借助的主要手段便是打掉他们的依恃。

官家子弟最大的本钱就是"依恃"二字，一依恃钱财，二依恃权势。曾氏要求家中保持寒士家风："吾家现虽鼎盛，不可忘寒士家风味，子弟力戒傲惰。戒傲以不大声骂仆从为首，戒惰以不晏起为首。吾则不忘蒋市街卖菜篮情景，弟则不忘竹山坳拖碑车风景。昔日苦况，安知异日不再尝之？自知谨慎矣。"曾氏要求家人"有福不可享尽，有势不可使尽"："余蒙先人余荫忝居高位，与诸弟及子侄谆谆慎守者但有二语，曰'有福不可享尽，有势不可使尽'而已。福不多享，故总以俭字为主，少用仆婢，少花银钱，自然惜福矣；势不多使，则少管闲事，少断是非，无感者亦无怕者，自然悠长矣。"曾氏要求家人不能打他的旗号："船上有大帅字旗，余未在船，不可误挂。经过府县名城，可避者略为避开，不可惊动官长，烦人应酬也。"

去掉依恃，严于德性。这应该是曾氏治家的要诀。

为儿子订婚庚

□曾国藩原文

早，办理文件。饭后与客叙谈。写对联十付。小睡片时。希庵自蕲水来会。唐义渠自张家塝来见。

未刻办订庚事，以第四女许郭云仙之子。男庚，己酉正月初四申时。女庚，丙午九月十八未时。此女曾奉先大夫命，出继与季洪弟为女，故拜帖用两分：一用本生父母名，一用继父名。郭家亦以两帖来也。又为长子纪泽聘刘霞仙之女为室。男庚，己亥十一月初二日寅时。女庚，辛丑正月初九戌时。郭家姻事请李希庵、孙筱石为媒。刘家姻事请彭雪琴、唐义渠为媒。申正，请客二席，四媒人之外，有莲舫、王孝凤、张廉卿、王槐轩、李察庵、曾玉樵诸公在座。傍夕写扁一幅。与希庵谈营中事。（咸丰八年七月初六日）

□唐浩明评点

咸丰八年六月初，正在家乡为父亲守丧的曾氏接到朝廷命他复出办理浙江军务的命令。曾氏接旨后便启行。他取道水路，由长沙到武昌，然后沿长江东下。七月五日，船到湖北南溪。在这里，曾氏为他的两个儿女办理订庚事。订庚，即男女两家互送庚书。庚书上写明出生的年、月、日、时辰，这就意味着订婚了。这次是为四女及长子订婚。

曾氏第四女名纪纯，出生于道光二十六年九月十八日，此时虚岁十三岁，未来的丈夫是郭嵩焘的长子刚基。刚基生于道光二十九年正月初四，此时虚岁十岁。郭嵩焘身为翰林，又是曾氏至交好友，郭刚基聪明好学，这本是一桩好婚姻。可惜，郭刚基短命。结婚后只有四年，郭刚基便因病去世，年仅二十一岁，留下纪纯在忧郁中独自抚养二子，光绪七年去世，也只有三十五岁。

曾纪泽已是再婚了。咸丰六年，纪泽与贺长龄之女结婚，第二年贺氏难产去世。这次订的是刘蓉之女。纪泽虽是二婚，但也只有二十岁。刘氏十八岁。无论家世人品，还是年龄，二人都是相般配的。应该说，纪泽的这次婚姻是幸福的。刘氏先后育有三子二女，其子广銮承袭一等侯爵。

诫九弟及与三女订盟

□曾国藩原文

是日，余四十八生日。早，清理文件。凡贺生者皆辞谢。旋九弟来叙谈。辰刻，至九弟营早饭，同坐为郭氏叔侄、李小泉。巳刻归，看《文选》各小赋。未初，九弟来，共饭。黄大令及总局送满汉席。九弟登舟归去，余送至舟中，营哨送者，爆竹甚多。夜温《臣工之什》《闵予小子之什》。

送九弟时，与之言所贵乎世家者，不在多置良田美宅，亦不在多蓄书籍字画，在乎能自树立子孙，多读书，无骄矜习气；又嘱多习寸以外大字，以便写碑版；又嘱为三女儿订盟。（咸丰八年十月十一日）

□唐浩明评点

曾氏四个弟弟中，对其事业襄助最大的应是老九国荃。道光二十七年，二十四岁的老九考中秀才，后在家乡设馆办学。咸丰二年底，曾氏奉旨办团练，老九跟随大哥来长沙。一年多后又回到家乡。咸丰六年春，原准备以优贡身份进京参加廷试的老九，因大哥在江西危急，便招募两千人，号吉字营，十月份进入江西援助。咸丰七年二月，老九从江西回家守父丧。同年九月再入江西。咸丰八年六月，曾氏复出，驻扎江西建昌。

就在这紧要时期，老九率吉字营攻克江西峡江、吉水、太和、万安等城。朝廷给他一个同知衔归部即选的许诺，并赏戴花翎。老九准备回家去，行前率所部来到建昌与大哥话别。

很可能因攻城略地既得到奖赏又得到不少银钱，老九在与大哥谈话中透露出得意的神态和置办产业的想法。于是曾氏奉劝九弟：世家大族的可贵，不体现在良田美宅上，也不体现在名贵版本的书籍和名家字画上，而在于能有一个可供子孙学习的良好榜样，这需要靠多读书来扩展胸襟，还要去掉骄傲自得之气。

老九的字写得不错，与乃兄相比，笔画结构上更显得秀气端庄。曾氏叮嘱九弟，回家后要多练一寸以上的大字，便于题碑题匾。小字只供日常实用，大字才宜于社会交往，随着名气的扩大与地位的迁升，来求字的人必定不少，作大哥的已为日后将会发达的九弟预先筹划了。

老九回家，曾氏又嘱托他以父辈身份为三女订立婚盟。曾氏的三女儿名纪琛，已十四岁。父母为她说好的丈夫是罗泽南的次子兆升。因罗泽南的缘故，罗兆升被朝廷赐为举人，可以举人身份直接参加会试。看起来，罗兆升是佳婿，但实际上这桩婚姻很不幸。罗兆升是个纨绔子弟，既无实在本事，又脾气暴躁，纪琛在罗家日子过得很压抑。好不容易生了一个儿子，却又于同治四年五月，在送别曾氏离金陵北上的礼炮声中受惊吓而死去。此后纪琛再未生儿子，在罗家的日子更难过。罗兆升因此另娶两妾，彻底冷落了纪琛。不料，罗兆升又在四十三岁时死于官署，留下一个遗腹子罗长焘。从此，三个寡妇守着一个单丁，苦度残生。民国元年，纪琛去世，终年六十八岁。这个侯门之女，虽然一生衣食不缺，但精神上备受苦痛。追根溯源，乃是嫁得不好的缘故。

过去时代的女子，既不能自己择偶，又不能到成年之后再去寻找各方面都已成熟的丈夫，还不能离婚，于是少年（或幼年）订盟就变成了一场赌博。赌得好，是命好，赌得不好也只能自认命苦而已。曾氏四个女儿，除最小的纪芬外，其他三个女儿的婚姻、家庭生活都令人嗟叹。

次子曾纪鸿

□曾国藩原文

是日仍大东北风，在老洲头弯泊一日。饭后清理文件。旋作告示一件，至申刻毕，凡六条，约六百余字。下半日与筱泉、少荃畅谈，夜又久谈，倦甚。酉、戌间小睡，不成寐。夜，早睡。老年心血日亏，凡用心作文一篇，辄觉困甚。本日作文，夜尚成寐，亦可喜也。

是日接家信，澄侯一件、夫人一件、纪泽一件，内附《魏征论》并纪鸿儿诗文。（咸丰十年五月十八日）

□唐浩明评点

咸丰十年四月二十八日，曾氏在安徽宿松军营接湖广总督官文的咨文，告知朝廷任命他以兵部尚书署理两江总督之职，火速带兵援救苏南。五月十五日，曾氏由宿松拔营，坐船由长江东下。十八日，因东北风大，船在老洲头停了一天。这一天，曾氏写了一篇六百余字的告示。这种文字，现在的官员，即便是县长一级的都不会亲自握管了，自有笔杆子代劳。但曾氏用了大半天，直到下午三点多钟才完成。曾氏此时虚岁五十，自我感觉已是“心血日亏”困于作文的老年人，而这篇告示的写作未给他带来困倦，他为之喜悦。这一天，他在途中接到夫人及兄弟儿子的家信，为他的旅途带来欢欣。日记提到“纪鸿诗文”。这是我们在现存的曾氏日记中首次见到“纪鸿”的字眼。借这个机会，我们来说说他。

曾氏的次子纪鸿，生于道光二十八年二月。此时的曾氏夫妇，已经在纪泽之后，一连生了四个女儿，十分盼望再生一个儿子。纪鸿的诞生，的确给他们带来极大的喜悦，况且就在去年，曾氏已升为内阁学士兼礼部侍郎衔，跻身朝廷大员的行列。又升官又生儿，真个是双喜临门。三十八岁的荷叶农家子，迎来一生最为顺遂的时期。

纪鸿满月时，送贺礼的有十多家，曾氏陆续请酒答谢。又专门雇来一个壮健乳母。这些都是过去四个女儿降生时所没有的事。尤其是纪鸿还只有一个多月时，曾氏便为他物色妻子了。曾氏中意的是翰林出身的山西蒲州知府郭沛霖的女儿郭筠。郭氏湖北蕲州人，长纪鸿一岁。后来的事实证明，曾氏的这个选择英明至极。郭筠可以算得上曾氏之后，为曾家做出贡献最大的人。

纪鸿天资聪颖，又好读书，十五岁即考取秀才。十八岁时与郭筠完婚。纪鸿在四书五经之余，酷爱算学，尤对圆周率的推算用功至勤，曾推算到小数点后一百位，在当时处于国际领先地位。但可惜的是纪鸿身体不好，患有肺病。同治七年十二月初二日，曾氏在日记中说：“夜至纪鸿户外，视其气象委靡之至，心实忧之。”那时纪鸿不过二十一岁，可见其体质之弱。光绪七年三月十五日，曾纪鸿在京师病逝，时年三十四岁，留下四子一女，全交给了夫人郭筠。

郭筠生于书香门第，喜读书，诗文俱佳，并有《艺芳馆诗存》一书遗世。丈夫去世后，郭筠担负起抚孤成立的重任。她的四子一女，日后均成为人中精英。长子曾广钧从小便有神童之誉，二十三岁即点翰林，是晚清有名的诗人。次子广铨，曾做过湖北牙厘局总办，湖北施鹤兵备道，署理湖北按察使。三子广铨，三十三岁即为出使韩国大臣，后来又做过云南粮储道、盐运使等官。四子广钟成为曾氏家族第一个基督教徒。女儿广珊嫁绍兴俞明颐，其子女俞大维是民国名人。

曾纪泽在连殇二子之后，将纪鸿的儿子广铨过继，后生第三子广銮，承袭一等侯爵。但广銮无子嗣，长房纪泽的香火到此为止。现今接续曾氏血脉的传人，都是出自二房纪鸿。纪鸿的四个儿子，全是郭筠所生。从这点上看，郭筠的确为曾氏家族建立了无人可取代的大功劳。

大夫第规模壮丽

□曾国藩原文

早饭后清理文件。旋接胡宫保信，内有与陈作梅密信，因作梅已赴江西。余拆阅，中言沅甫乡里之评如此，大非乱世所宜，公可密告涤丈箴规之云云。余因作梅在此数月，并未提及一字，不知所指何事。因问少荃曾闻作梅说及我家事否。

少荃言曾闻作梅说及沅甫乡评不好。余细叩何事，渠言洪家猫面脑葬地，未经说明，洪家甚为不服。洪秋浦有信寄余，其中言语憨直，因隐藏未经寄营。本县绅士亦多见此信稿者，并劝余设法改坟，消患无形等语。又言沅甫起新屋，规模壮丽，有似会馆。所伐人家坟山大木，多有未经说明者。又言家中子弟荡佚，习于吹弹歌唱之风云云。余闻之甚为忧惧。旋写胡宫保信，写凯章信。

中饭后，倦甚，眼蒙不敢作事，仅阅《穀梁传》廿余叶。傍夕亦倦。夜清理文件颇多。眼蒙殊甚。

睡后，细思余德薄能鲜，忝窃高位，又窃虚名，已干造物之忌，而家中老少习于"骄""奢""佚"三字，实深悚惧。（咸丰十年九月二十八日）

□唐浩明评点

老九的为人处世与他的大哥有很大的不同，时人说他是三如将军：杀人如麻，挥金如土，爱才如命。这三如之人，应该是乱世中的产物，而拥有三如性情的人，也一定能在乱世中如鱼得水，大显身手。老九这种人，生在那样的时代，真可谓生逢其时。上次老九回家前夕，大哥谆谆告诫他不可多置良田美宅、字画书籍，希望他树好样子无骄矜之气。老九全然不把大哥的苦口婆心当回事，回到家乡后一概恣意作为。从咸丰八年十月到咸丰十年九月两年间，老九两次回家长住。住家期间，老九为曾氏家族办了两件大事，一是将祖父祖母的坟墓迁移到大界新茔；一是经营叔父的葬礼，同时也为自家办了一件大事：营造新宅。

恣意作为的老九在办这些事上招来了麻烦，这篇日记讲的就是老九的麻烦事。猫面脑葬地一事，估计是仗势欺负了洪秋浦家，将洪家的坟地强行拿过来埋葬他的叔父。此事引起洪家的强烈不满。洪秋浦给曾氏的信类似于今天的公开信，只是没有让曾氏本人看到而已。社会舆论显然站在洪家一边，对曾家颇为不利。老九所建的新宅即有名的大夫第。大夫第规模的壮阔有点骇人听闻。曾氏小女纪芬在《自订年谱》中记道："忠襄公于是年构新居，颇壮丽，前有辕门，后仿公署之制，为门数重，乡人颇有浮议，文正闻而驰书令毁之。"野史记载，彭玉麟曾私访过大夫第。他看后很震惊，甚至想向朝廷去检举揭发老九。为此事，彭还与老九结了怨。

老九在家中的这些作为给胡林翼知道了，胡氏对曾家一向很好。他从爱护的角度出发，写信给陈鼐（字作梅），要陈鼐把这些事密告曾氏，请曾氏规劝老九。为什么胡要陈鼐来转告这些呢？

原来，陈鼐是个很会看风水同时也精于医道的人。曾氏在咸丰十年二月初四日给老四、老九的家信中说："陈作梅极善看地，余请其二月至家。过路堂先茔拨字向时，或请作梅一定来。嘉湾家庙及新大夫第皆求作梅看。作梅有道之士，深于《易经》，医理高精。若叔父病势缠绵，作梅或可为力。"过几天，曾氏得知叔父去世的消息，立即给两位兄弟写信："余请陈作梅赴湘乡看地，请阳牧云陪之。"由此可知，无论是猫面脑葬地，还是大夫第宅地，其选择过程，陈作梅都参与了。就是因为这个原因，胡林翼把荷叶一带乡间对老九的风评告诉陈。

胡所说的这些事应该是真的。多年后，曾氏在与心腹幕僚赵烈文的谈话中也说到老九的任性、霸道，以至于"招邻里之怨"，"大遗口实"。有意思的是，曾氏以及他的其他兄弟当年新建造的房子，现在都还存在，唯独"规模壮丽"的大夫第早已残破得只剩下几道断壁破檐。这样的局面，老九当时可能没有想到。

默念祖父的三不信

□曾国藩原文

早饭后与尚斋围棋一局。旋写沅、季信一件，胡宫保信一件，季高信一件，雪琴信一件。见客二次，树堂来久谈。中饭后围棋一局，与树堂畅谈，阅《淮南子·人间训》，傍夕毕。夜阅《泰族训》，未毕。是日天气阴寒，朱墨皆冻。营中起屋一间，粗毕。夜寒异常，为今年所仅见。邓差官值日，颇能成寐。

默念吾祖父星冈公在时，不信医药，不信僧巫，不信地仙，卓识定志，确乎不可摇夺，实为子孙者所当遵守。近年，家中兄弟子侄于此三者，皆不免相反。余之不信僧巫，不信地仙，颇能谨遵祖训、父训，而不能不信药。自八年秋起，常服鹿茸丸，是亦不能继志之一端也。以后当渐渐戒止，并函诫诸弟，戒信僧巫、地仙等事，以绍家风。（咸丰十年十二月二十日）

□唐浩明评点

祖父星冈公是曾氏所崇敬的人物，尤其在治家这一方面，他要求家人“一切以星冈公为法”。星冈公一生有三不信，即不信僧巫，不信地仙，不信医药。

所谓不信僧巫，即不相信和尚、道士、斋公、巫婆等人装神弄鬼的法术。不信地仙，即不相信阴阳风水师择地求福保佑子孙的本事。不信医药，即不相信医师药物有起死回生的能力，尤其是不相信补药有强身健体的功效。

在那样的一个时代，星冈公以一农民的身份，能有这样的见识，并能坚持实行，的确不同凡俗，怪不得曾氏敬重他。曾氏说自己能做到不相信僧巫、地仙，但没有做到不相信补药，为此心有愧疚。其实，曾氏也没有做到完全不信地仙，他要陈鼐专程去他老家看地，岂不是信地仙吗？当然，对于地仙，他还是有个尺度的，他不迷信。他说墓地只要是山环水抱藏风聚气即好。

听从老九之劝移营

□曾国藩原文

早饭后，写沅、季弟信。沅弟于十九早专二人送信，劝我速移东流、建德，情词恳恻，令人不忍卒读。余复信云：读《出师表》而不动心者，其人必不忠；读《陈情表》而不动心者，其人必不孝；读弟此信而不动心者，其人必不友。遂定于廿四日移营东流，以慰两弟之心。

旋写毓中丞信，甚长。清理文件，围棋一局，中饭又一局。再写一信，交九弟专卒带去。清理文件甚多。改折稿一件，系报二月二十六历口胜仗。习字一纸。小岑自历口归，与之畅谈一切。是日招抚局信，言景德镇之贼实已于十八日退净，为之一慰，以未得左、鲍信，不敢深信。睡颇成寐。黄弁值日。（咸丰十一年三月二十一日）

□唐浩明评点

咸丰十一年六月中旬，曾氏率部从安徽宿松来到祁门，将老营驻扎在这里。朝廷命曾氏火速带兵救援苏南，这与曾氏由西推进、步步为营的战略相左。但他又不能完全不理睬朝廷的命令，于是他将部队向东挪动，做一个东进的样子给朝廷看。老营扎祁门，并不是一天两天，而是要较长时间地扎下去。但祁门这个地方是不宜久住的。薛福成在其所著《庸庵笔记》中记录了时为曾氏幕僚的李鸿章（《笔记》以“傅相”称之）对此的看法：“既而文正进驻祁门。傅相谓祁门地形如在釜底，殆兵家之所谓绝地，不如及早移军，庶几进退裕如。文正不从，傅相复力争之。文正曰：诸君如胆怯，可各散去。”

在李鸿章看来，祁门四面环山，只有一条水路与外界联系，犹如处于锅子底部，若被包围，则无路可逃，所以，兵家将它视为绝地。李鸿章劝曾氏赶早迁移，以免不测。但曾氏不听，反而认为李鸿章等人是怕死，叫他们先走。事实上，老营中的不少人已借各种机会悄悄离开祁门。不久，李鸿章也乘因李元度事惹怒曾氏而离去。

祁门的确不宜驻扎老营，李鸿章的看法是对的。果然，太平军在打下徽州府后，便向祁门进逼，情况危急。黎庶昌编的曾氏年谱是这样叙述的："是时皖南贼党分三大股环绕祁门，欲以困公：一出祁门之西至于景德镇，一出祁门之东陷婺源县，复南窜玉山，一由祁门之北直趋公营。""当其贼氛四逼，羽檄交驰，日不暇给，文报转饷之路几于不通，旬有五日之间危险万状，复值寒风阴雨。自治军以来，以此时最为棘迫之境矣。"幸而靠鲍超、张运兰、左宗棠等人苦战，才使得太平军没有打进祁门。这是咸丰十年十一月间的事。到了咸丰十一年正月里，太平军又兵分两路包围祁门，"公老营单薄，人心震恐，居民惊走"。也多亏诸将苦战，才免于祁门被破曾氏被擒。

屯兵安庆城外的老九，当然深知祁门的困境，他也赞同李鸿章等人"绝地不可久居"的观点，以十分恳切的言辞劝说大哥离开祁门。老九的信打动了曾氏，当然，两次被围的惨痛经历更教训了曾氏。他终于从错误中醒悟过来，三月二十六日，从祁门拔营，四月初一日抵达东流县，遂将老营扎于此。

兄弟谈心

□曾国藩原文

早饭后清理文件，旋批定皖省漕务一案。巳初进城，行二十八里进南门，至沅弟公馆看病，与之畅谈。中饭后又畅谈。见客数次。晏同甫来久谈。

沅弟谈久，稍发抒其郁抑不平之气。余稍阻止劝解，仍令毕其说以畅其怀。沅弟所陈，多切中事理之言，遂相与纵谈至二更。其谏余之短，言处兄弟骨肉之间，不能养其生机而使之畅，遂深为忠告曲尽。

三更二点睡。余因说话稍多，不能成寐。弟则不成寐者已六七日矣。（同治三年九月初八日）

□唐浩明评点

这是打下南京后，曾氏与老九的第二次见面。同治三年六月十八日半夜，曾氏接老九的信，得知南京已于十六日午刻攻破。这一夜，曾氏"思前想后，喜惧悲欢，万端交集，竟夕不复成寐"。

六月二十四日，曾氏乘火轮船离开安庆东下，第二天上午到达南京，与老九在城外军营见面。七月二十日，曾氏离南京回安庆。这第一次见面，是去慰劳老九及吉字营的将士们。九月一日，曾氏再次离安庆前往南京，这次是搬家，将两江总督衙门从安庆搬到它的本应所在地南京。这次坐的普通木船，一路上走了七八天，直到八日中午才进南京城。兄弟俩在这一天里说了很久的话。

老九向大哥发泄了他的“郁抑不平之气”。老九立下天下第一功，受封一等伯爵，是四海共仰的英雄，他为何会“郁抑不平”？原来，荣耀是表面，打下南京后，老九受到不少委屈，他内心里很压抑。首先，是南京城破后，让李秀成保护幼天王逃走了。他没有抓住首犯，却对朝廷说全部斩杀尽净，幼天王积薪自焚。不久，左宗棠向朝廷告发幼天王逃出南京一事，老九因此遭到朝廷指责。他心里尤为不快。还有，南京城破后，吉字营将士纷纷抢夺城内财物，这件事也让人报告了朝廷。赵烈文在《能静居日记》中记载：“见七月十一日廷寄，内称御史贾铎奏，请饬曾国藩等勉益加勉，力图久大之规，并粤逆所掳金银悉运至金陵，请令查明报部备拨等语。曾国藩等以儒臣从戎，历年最久，战功最多，自能慎终如始，永保勋名。惟所部诸将自曾国荃以下，均应由该大臣随时申儆，勿使骤胜而骄，庶可长承恩眷。”朝廷在这里是直接点了老九的名，说他现在是“骤胜而骄”，若不自加警惕，有可能难以“长承恩眷”。一向心高气傲的老九岂能受得了这口气！

老九因此很“郁抑”，并且由于精神上的“郁抑”导致身体上的疾病。八月十四日，曾氏在给老四的家信中提到老九的近况：“沅弟湿毒与肝郁二者总未痊愈。湿毒因太劳之故，肝疾则沅心太高之故。立此大功，成此大名，而心怀郁郁。天下何一乃为快意之事？何年乃是快意之时哉？”

面对劳苦功高的九弟，做大哥的当然要竭力劝慰。但没有几天，老九便解甲归田。其原因已在此中透露消息：如此心怀怨懑的军事统帅，若不迅速离开军营，面对着同样情绪激愤的虎狼之众，难保不出反常事态！

难得的是这次兄弟的交心畅谈，还包括老九对他一向恭敬有加的大哥的谏诤。老九批评大哥什么呢？曰：“处兄弟骨肉之间不能养其生机而使之畅。”这话有点晦涩，说得明白点，即曾氏作为大哥，对诸弟的严厉、管束、要求、限制太多，不能使他们感到温情、体谅与关爱，再说得通透一点，即诸弟在大哥面前心情不舒畅。

老九的这番批评，让我们看到曾氏性格中的缺陷，以及曾氏兄弟相处中的隐性一面。笔者感觉到，曾氏的几个弟弟对大哥是敬而不亲、尊而不洽。其实，这种状况也是普遍的。凡理性过度、持重过度的父兄，都不可能与子弟有亲热融洽的情感。这或许也是一种无奈！

立非常之功而疑谤交集

□曾国藩原文

早饭后清理文件。见客，立见者二次，旋与冯鲁川围棋二局。又见客，坐见者五次，立见者二次。阅张锦堂所为《孝经释疑》。小睡两次。中饭后热甚，不愿治事，又与屠晋卿围棋二局。阅本日文件。

接澄、沅两弟闰五月初五、六日信，知沅弟近日害病，面色黄瘦，悬系之至。立非常之勋绩而疑谤交集，虽贤哲处此，亦不免于抑郁牢骚。然盖世之功业已成矣，寸心究可自慰自怡，悠悠疑忌之口只可付之一笑，但祝劳伤积湿等病渐渐轻减耳。

核改陈国瑞批稿，改至二更四点未毕。睡不甚成寐。（同治四年六月初三日）

□唐浩明评点

老九于同治三年十月初一日离开南京，直到十一月十六日才回到老家，沿途足足消磨了一个半月。同治四年三月，老九接到朝廷要他进京陛见的诏令，他以患病为由拒绝北上。五月份再奉陛见之命，他再次置之不理。从这篇日记来看，老九的确也有病，但可知其身病不是主要的，关键在于心病，心病出于“疑谤交集”。

自古以来，带兵在外打仗立功的将帅，少有不受疑谤的。老九处事任性又不拘小节，他和他的吉字营可疑可谤处甚多，除前面评点中讲到南京合围不严、城破后打劫财物这两点受到朝廷严责外，老九的军营中袍哥势力泛滥，也备遭诟病，有的人甚至怀疑刚受封一等男爵的吉字营大将萧孚泗便是袍哥的头目。这些议论也让老九心情烦闷。离开南京回家前夕，曾氏借祝贺生日之由为老九写了十三首诗，其中有三首都是在为老九解开这个心结的：

左列钟铭右谤书，人间随处有乘除。
低头一拜屠羊说，万事浮云过太虚。
已寿斯民复寿身，拂衣归钓五湖春。
丹诚磨炼堪千劫，不借良金更铸人。

童稚温温无险巇，酒人浩浩少猜疑。
与君同讲长生诀，且学婴儿中酒时。

喜得长孙

□曾国藩原文

早饭后清理文件。见客,坐见者三次,刘仲良自朱仙镇来,谈最久。接沅弟及两儿信,知纪鸿儿于初十日子刻生一子,忧愁煎迫之时得抱孙之喜信,为之一慰。

看人围棋二局。祝爽亭来久坐,与幕友谈三次。中饭,请刘仲良、黄翼升便饭。饭后阅本日文件,围棋二局。见客,立见者四次,坐见者二次。与幕友谈三次。夜核批札各稿,核信稿二件。二更后小睡,三点后睡,三更成寐。醒三次,尚算美睡。(同治五年八月十九日)

□唐浩明评点

同治五年八月初九日,曾氏来到河南周家口,此地应属捻战前线。与捻军作战,对于曾氏来说更不顺利。他每天都在焦虑之中,何况此时他已五十六岁,身体很虚弱,已步入晚境。但这时他得到一个真正的大喜悦:虚岁二十的纪鸿有了长子广钧。据曾纪芬记载:曾广钧出生于湖北巡抚衙门之多桂堂。这年四月,欧阳夫人率全家回湘。此时老九已出任湖北巡抚,路过武昌时,全家在抚署住了下来。八月初十日,广钧降生于此。满月后,全家再一道回湖南。尽管这时纪泽及诸女都已生了孩子,但或是孙女,或是外孙,能延续曾家香火的第三代长丁还是这位未来翰林诗人曾广钧,所以曾氏感到特别的喜悦。

五十多岁后,曾氏说自己已完全进入老年人的心态,唯一的愿望的就是多看到孙辈尤其是孙男的出生。十多天后,他在日记中写道:“夜接沅弟信,知甲五侄于八月初一日辰时生子,科三侄于初四日申时生子。先大夫于十日之内得三曾孙,真家庭之幸也。”甲五即国潢之长子纪梁,所生的儿子广祚即著名化学家曾昭抡的父亲。科三即国潢的第三子纪渠,后出抚给国葆为子。侄儿们生儿子,一样地也令曾氏高兴。

修建富厚堂用钱七千串

□曾国藩原文

早饭后见客,坐见者一次,立见者一次。清理文件。围棋二局。读《长杨赋》一半,毕。阅《聘礼》,毕。阅《公食大夫礼》。中饭后,写少泉信一件,阅本日文件,坐见之客一次。写对联九付。傍夕小睡。夜,申夫来久谈。旋核科房批札各稿。二更三点睡，三更后成寐。

是日，接腊月廿五日家信，知修整富厚堂屋宇用钱共七千串之多，不知何以浩费如此，深为骇叹！余生平以起屋买田为仕宦之恶习，誓不为之。不料奢靡若此，何颜见人！平日所说之话全不践言，可羞孰甚！屋既如此，以后诸事奢侈，不问可知。大官之家子弟，无不骄奢淫逸者，忧灼曷已！（同治六年二月初九日）

□唐浩明评点

关于建富厚堂之事，笔者在前面的评点中已说过。从这篇日记中，我们可确知，以七千串钱的巨资新建住宅一事，曾氏事先确实不知。另外，我们也可以透过日记看到一个大家族中普遍存在的现象，即家人对家长的阳奉阴违。哪怕就是曾氏家庭，老爷子说过的话中，也必定有许多没被子孙们当作一回事的。

纪鸿出天花

□曾国藩原文

早饭后清理文件。见客，立见者一次，坐见者一次，围棋二局。旋又坐见之客两次。写郭云仙信一封，习字半纸，阅《五礼通考》中《投壶礼》。倦甚，小睡。至幕府一谈。中饭后尤倦，不能治事。余向于夏月饭后疲乏不振，盖脾困也。至后园一闲游。阅本日文件。申正核批札、咨、信各稿，酉正粗毕。傍夕小睡。夜又核二稿，阅益阳民蒋于斯一冤狱案，复周缦云信，批定书局章程。二更后，温《古文》识度之属。三点后睡。

念鸿儿痘症用钱太多，恐情过于礼，蹈薄孝厚慈之讥，悚惕无已。（同治六年四月初九日）

□唐浩明评点

据曾氏日记记载，曾纪鸿同治六年三月十四日患病，十五日全身出痘。二十日，纪鸿不能进饮食，到二十一日开始有转机，二十八日化为平安。到四月初九，曾氏写这篇日记时，曾纪鸿正处在调养之中。二十多天的时间里，曾氏每天的日记都要提到纪鸿的病情，有时甚至是“心绪怫乱，谢绝诸客”。曾氏对这个小儿子的疼爱之情，溢于言表。当然，也怪不得他如此念挂，因为纪鸿已是二十岁的成年男人，这时才出天花，危险性较大。然而，在纪鸿痘症稳定下来后，曾氏又自我检讨，对于儿子之病，情感上的关注相对于父母而言，太多太厚了，恐遭受讥评。

人类社会有一个很普遍的现象，那便是怜爱幼小忽视老人。这里面有明显的功利因素：人类族群要靠幼小者日后来传承与发达，而老人不久将离开人世。这里面也有很明显的情感因素：幼小者生机蓬勃形象可爱，而老人活力萎缩外表不美。当然还有许许多多的原因，使得“重小轻老”世代延续。正因为此，人类社会的智者便提出尊老敬老瞻养老者等一系列命题，以求给予这个社会的普遍现象以修补以矫正。中国古老的儒家学说，在这方面给人类文明做出了更多的贡献。

作为中国传统文化的规范执行者，曾氏检讨自己为儿子的操心费力远过于对父母的关爱。从这点上看，曾氏是一个在情感上未脱离世俗的平凡人，但毕竟在理智上，他又高出平凡人。

面谕纪泽戒骄

□曾国藩原文

早饭后清理文件。见客，立见者三次，坐见者二次。习字一纸，核对各折、片。专差发年终密考等折。围棋二局。阅苏诗七律十二叶。午正出门，拜客三家。至竹如处一谈，至春织造处赴宴，申正归。阅本日文件。至幕府一谈。折差自京归，接京信多件。阅十二月邸钞，核批稿各簿。四点睡，三更成寐，四更末醒。

是日阅张清恪之子张懿敬公师载所辑《课子随笔》，皆节抄古人家训名言。大约兴家之道，不外内外勤俭、兄弟和睦、子弟谦谨等事，败家则反是。

夜接周中堂之子文翕谢余致赙仪之信，则别字甚多，字迹恶劣不堪，大抵门客为之，主人全未寓目。闻周少君平日眼孔甚高，口好雌黄，而丧事潦草如此，殊为可叹！

盖达官之子弟，听惯高议论，见惯大排场，往往轻慢师长，讥弹人短，所谓骄也。由骄字而奢，而淫、而佚，以至于无恶不作，皆从骄字生出之弊。而子弟之骄，又多由于父兄为达官者，得运乘时，幸致显宦，遂自忘其本领之低，学识之陋，自骄自满，以致子弟效其骄而不觉。

吾家子侄辈亦多轻慢师长，讥谈人短之恶习。欲求稍有成立，必先力除此习。力戒其骄。欲禁子侄之骄，先戒吾心之自骄自满，愿终身自勉之。

因周少君之荒谬不堪，既以面谕纪泽，又详记之于此。（同治七年正月十七日）

□唐浩明评点

大学士周祖培去世后，曾氏曾致信吊唁，又寄赙仪。周祖培的儿子文翕来信表示谢意，但信中别字很多，字迹又很恶劣，令曾氏不悦。曾氏推测，信是门客代书，主人并未过目。他早就听说，周文翕平日眼界很高，喜欢讥评别人，而自己对待父丧这等大事，态度如此草率。他替贵为人臣之极的周祖培叹惜。

吊唁周祖培的人一定很多，请门客代书回信，原本也是可以的，没有一封封地过目，也情有可原，但周家不能对所有的回信，都取这种态度。不要说曾氏是当时功盖天下的人物，即便从职务来说，也已位居体仁阁大学士。这样特殊的人，周文翕理应亲笔回信，至少应该仔细审读门客的代拟。周没有这样做，足见其不懂事理；而这种不懂事理，源于他的骄矜。曾氏在生气之余，联想多多。

富贵人家的子弟多不成器，其原因主要有两点：一是有所依恃，即依恃权势，依恃钱财，于是胆大妄为无所顾忌，自思即便出事也可以权势钱财来摆平。一是性情骄纵。自小在优厚环境中长大，听惯赞美之辞，自以为了不起；又习惯于别人的百般呵护顺从，亦不知克己自律。胆大妄为、骄纵跋扈者何能成器？曾氏想到周家的这个大少爷犯的正是一个“骄”字。他深恐自家子弟也污染这种通病，于是以此为例，当面教育随侍身旁的儿子。

此篇日记中有“得运乘时幸致显宦”八个字，很值得玩味。世上的达官显宦，绝大多数都是因为时运好的缘故，并非自己的本事就真的比别人高了很多；即便有真本领，得乘时运也是第一位的。故而晚年的曾氏多次说过这样的话：“不信书，信运气，公之言，传万世。”

纪泽长女许与李季荃之子

□曾国藩原文

早饭后清理文件。坐见之客二次，立见者一次。习字一纸。围棋二局。又坐见之客一次，立见者一次。已正核外海水师章程。刘省三、陈虎臣先后来，久坐。中饭后阅本日文件。李眉生、钱子密来，久坐。

申初，黄昌岐、庞省三来。纪泽之长女许字李季荃之子，是日定聘，黄、庞为媒。申正后客退。写挂屏二叶、对联三付。课儿子背诗。傍夕小睡。夜核批稿各簿，改外海水师章程。二更三点睡。（同治七年九月十二日）

□唐浩明评点

曾氏生前为孙辈订的亲事只有一桩，那就是为长房长孙女广璇订婆家。

广璇当时八岁，她的未来丈夫是李鸿年的三弟鹤章年方七岁的儿子经馥。在时人看来，这是一桩天造地设的好婚姻。李鸿章与其兄瀚章都官居总督，鹤章也因军功拥有道员的资格，其三个弟弟也都非同一般。李氏家族已成为排在曾家之后的第二大家族。李家兄弟众多，其发展势头不可限量，大有超过曾家的可能。更令人羡慕的是曾李两家的世交情谊。李家的老太爷李文安与曾氏同年中进士，李鸿章则是曾氏一生中唯一真正意义上的学生。李瀚章以拔贡取朝考一等，其房师即曾氏。曾氏在湖南组建湘军之初，便调善化县令李瀚章办理后勤。至于委托李鸿章办淮军，力荐其做江苏巡抚，为李家众兄弟登上历史舞台搭建阶梯，则更为世人所共知。

到了晚年，曾氏已清醒地看出李家强劲崛起的态势，一再叮嘱对李鸿章心存芥蒂的九弟：湘淮要连成一气，曾李要联成一家。将孙女许嫁李家，正是这种“联成一家”思想的具体落实。

然而，后来的事实说明这个婚姻是不成功的。

首先是经馥不理想。生在豪门的李家少爷自幼身体羸弱且任性，少年时期放荡不羁。其父死后，更无进取之心。曾纪泽出使欧洲，经多次致信他才启行，途经英国，翁婿一道游览伦敦。有一天，经馥想家了，居然不顾岳父劝阻，就自行回国。仗着家资豪富，他多次捐巨款，才得到一个三品衔。四十一岁那年便去世了。

其次是广璇短命。她只活了二十九岁便去世，也没有生育一个儿女。广璇不得永年，原因自然是多方面的，但夫婿不理想，心情肯定抑郁。长期抑郁的人，岂能长寿？广璇既未生育，曾家和李家即无血缘上的联系。她一旦去世，曾李两家这根联结纽带便完全断了。所有这些，都是曾氏当初不可能料到的事。

曾氏有五个女儿，除最小的纪芬外，其他四个女儿的婚姻都不好，其根本的责任当由“娃娃亲”来负。“娃娃亲”选的是家庭，而不是本人，家庭好不见得本人就好。富贵家庭出来的孩子，纨绔者居多，孱弱者居多。不幸的是，广璇姑侄都碰上了。还是儿女长大成人后，自己选择的为好！

唯一的照片

□曾国藩原文

早饭后清理文件。坐见之客一次，立见者一次。出门拜万篪轩、李眉生，均未晤，巳初归。围棋二局。核批稿各簿。见客一次。中饭后阅本日文件。

树堂约吴子登来，以玻璃用药水照出小像，盖西洋人之法也。为余照一像。

纪鸿之次子病，早间甚重，晚来轻减。余目蒙殊甚，虽《阅微草堂笔记》等闲书亦不能看，因在洋床上闭目小坐。傍夕小睡。夜温《古文》气势之属，以眼蒙不能久看，闭目小坐。二更四点睡。眼病如此，便与盲人无异，为之愧叹。（同治十年三月二十六日）

□唐浩明评点

冯树堂、吴子登为历史做了一件有价值的事，让我们今天能看到曾氏的真容。此时的曾氏年已六十，到了明年二月，他便离开人世了。我们从这张照片（见上页图片）上看到晚年曾氏的模样：瘦削的长脸，三角眼，大耳、浓眉，络腮胡须又密又长，鼻梁略显扁，两翼法令深刻，额头宽，有皱纹。仔细端详，此照片的眉眼之间似乎有过加工。从整体来看，这张照片上的曾氏，不是一个慈祥、温婉的文臣，而是一个威严甚至有几分肃杀之气的武将。也可能他当时太拘谨了，也可能他平时就是这样一副神态。总之，若从照片上来看，曾氏是一个不易接近的大人物。一般人在他面前，只能心存怯意、敬而远之。

写　字

曾氏毫无疑问是一个工作狂、事业狂，他是否也有业余爱好、个人兴趣呢？有。以笔者看来，他这方面的兴趣爱好至少有三个：一是读书，二是写字，三是下围棋。曾氏曾说过：“凡人高下视其志趣。”志趣即志向趣味，这方面决定一个人的品位。在一个群体，八小时工作之内，大家做着差不多的事情，八小时之外，各有各人的生活方式，故而看一个人的品位高下，最好的角度便在他业余时的兴趣爱好上。从读书、写字、下围棋中，我们看到一个传统中国士人的高雅情趣。

不过，曾氏是正途甲榜出身，又在翰林院供职长达八九年，除下棋外，读书写字也可视为他的主业。他本人对这两件事也看得很重，并不满足于做一个业余爱好者。他甚至很想在这两个领域里卓然成家，而且要成大家。我们读他下面这些话：“惟古文与诗，二者用功颇深，探索颇苦，而未能介然用之，独辟康庄；古文尤确有依据，若遽先朝露，则寸心所得，遂成广陵之散；作字用功最浅，而近年亦略有入处：三者一无所成，不无耿耿。”“通籍三十余年，官至极品，而学业一无所成，德行一无可许，老大徒伤，不胜悚惶惭赧。”“余往年在京得以学书为意，苦思力索，几于困心横虑。”曾氏对诗、文、字曾经下过的功夫，以及他的自我期许，已在这几段话里昭示明白。正因为这样，曾氏于治学、写字便有很深的研究与体会，这些都可以给今人之启迪。

曾氏的日记中，有不少篇幅提到写字，我们将其中有深意者辑为写字类。

曾氏虽不能称之为第一流的书法家，但若称之为晚清著名书法家，还是名符其实的，况且他的书法鉴赏能力则完全可以称之为第一流。道光二十二年，何绍基的书法还不是很有名的时候，曾氏便断言：“必传千古无疑矣。”时至今时，我们大概不会对这句话表示怀疑。由此足见曾氏的书法鉴赏力。

那么曾氏对书法的鉴赏有秘诀吗？他曾在一封给儿子的家信中说：“凡大家名家之作，必有一种面貌一种神态，与他人迥不相同。譬之书家羲、献、欧、虞、褚、李、颜、柳，一点一画，其面貌既截然不同，其神气亦全无似处。本朝张得天、何义门虽称书家，而未能尽变古人之貌，故必如刘石庵之貌异神异，乃可推为大家。”原来，在曾氏看来，一般书法家与大书法家之间的区别，就在于是否有只属于自己而异于别人的一种神与形。这点确给我们指出书法鉴赏的津渡。

笔者是一个书法爱好者，从曾氏传下来的关于写字的文字中得到不少教益，其中受惠最大的一点是，知道用笔时握管宜高，高则手腕与笔杆都灵活，写出的字则不僵硬。

阅读曾氏日记，有两点让笔者很是感动。

一是曾氏曾经三次在梦中见到刘墉，并且与之长谈，醒来后他还记得谈话的部分内容。曾氏在日记中多次记下梦中人，除他的至亲祖父、父亲外，再无别人。这说明刘墉在他的心目中有着特殊的地位。刘墉之所以能有这样的地位，是因为他是曾氏眼中真正的书法大家名家。溯其根源，还是出于曾氏对书法的爱。这种爱，颇有点接近于依偎、眷恋、痴迷。

二是他酷爱昔贤的法书、字帖，但他不着意收藏，我们从曾氏传下的文字中，找不出曾氏花重金购买名书名帖的记载；尤其难得的，他多次拒收别人赠送的名贵书法作品。

写字须在三十岁前立定规模

□曾国藩原文

早，清理文件。饭后温《高祖纪》毕。见客三次。倦甚，小睡。中饭后，温《秦本纪》，至二更毕。见客，陶仲瑜来，久谈。写字、对联、挂屏，共约四百字。灯后清理来文数十件。习字二纸。

日内颇好写字，而年老手钝，毫无长进，故知此事须于三十岁前写定规模。自三十岁以后只能下一熟字工夫，熟极则巧妙出焉。笔意间架，梓匠之规也。由熟而得妙，则不能与人之巧也。吾于三四十岁时，规矩未定，故不能有所成。人有恒言，曰"妙来无过熟"，又曰"熟能生巧"，又曰"成熟"，故知妙也、巧也、成也，皆从极熟之后得之者也。不特写字为然，凡天下庶事百技，皆先立定规模，后求精熟。即人之所以为圣人，亦系先立规模，后求精熟。即颜渊未达一间，亦只是欠熟耳。故曰：夫仁亦在乎熟之而已矣。（咸丰九年四月初八日）

□唐浩明评点

在中国古代书法史上，曾氏虽然算不上第一流书法家，但他在书法史上无疑是有一席地位的。《中华书法篆刻大辞典》引用清人符铸的话评论曾氏的书法："曾文正平生用力至深，唐宋各家皆所尝习，其书瘦劲挺拔，欧黄为多，而风格端整。"所评大致允当。

曾氏有其自成一体的书法，在笔者看来，曾体有这么几个很突出的特点：刚劲、陡峭、谨饬、轩朗。这几个特点，使得曾氏的书法在群星灿烂的名家中能卓然自立，自成一种神采，一番面貌。

远在西周时期，贵族学校培养子弟便看重六门功课：礼、乐、射、御、书、数，其中的"书"便是写字。因为有这样的传统，中国读书人一向重视写字。中国科举考试的最后一道朝考，也就是进士考翰林的那一道考试，其实考的是书法。曾氏朝考名列一等第二名。可见，曾氏在二十八岁的时候，字已经是写得非比一般的好了。

曾氏一生爱好写字。他对写字下过很深的功夫，有很多的体验与领悟。他的这些体验与领悟，对于今天喜爱书法者仍有启迪。可惜的是，曾氏早年的日记，重在修身，言及习字的文字几乎见不到。从道光二十五年到咸丰八年之间的日记又没有系统保留下来。眼下看到的这一篇，算是他谈写字的日记中较早的一篇。这时的曾氏已有四十九岁了。正是因为年纪较大，曾氏感觉到写字时手钝，从而感叹：写字这桩事，要在三十岁前立定规模。这里说的规模，应该是指大的框架，或者可以说是能出大成就的基础。三十岁之后，主要是一个熟字工夫，熟到极点，则巧妙自然就出来了。

曾氏说，笔意与间架，都属于梓匠规矩一类，也就是说这些都是有形的，可以言传手教，可以摹仿。揣摸曾氏的意思，这些都在规模之列，都是在三十岁之前就应该完成的事。除有形的外，还有无形的，不可言传身教、不可摹仿的，这就是所谓的巧。庄子说，轮扁可语人以规矩，不能喻之以巧。巧要靠什么来得到？靠的是熟练。熟能生巧，天天练，日日写，熟到极处，巧则出矣。曾氏说，不只是写字，天下庶事百技，都只能走这条路，甚至修身希圣这种事，也要先立定规模，然后天天操习，时时不忘，将良好的品德化为自然的习性，也便逐日接近圣贤了。孔子议论颜渊与其他弟子之间的区别："回也，其心三月不违仁，其余则日月至焉而已矣。"颜渊每天都不离开仁，其他人只是偶尔想起仁而已，所以颜回可成为复圣，其他人则不能。

字字一律与始终一律

□曾国藩原文

早，各文武员弁贺朔，至巳正应酬毕。阅《后汉书》《文苑传》《儒林传》。小睡。中饭后，与子序围棋二局。旋写对联、匾额十余件。

余近日常写大字，渐有长进，而不甚贯气，盖缘结体之际不能字字一律。如或上松下紧，或上紧下松，或左大右小，或右大左小。均须始终一律，乃成体段。余字取势，本系左大右小，而不能一律，故恒无所成。推之作古文辞，亦自有体势，须篇篇一律，乃为成章。办事亦自有体势，须事事一律，乃为成材。言语动作亦自有体势，须日日一律，乃为成德。否则，载沉载浮，终无所成矣。

夜阅《梅伯言文集》。眼蒙，不敢注视。洗澡水多，甚惬快。是日酉刻，阅亲兵操演。（咸丰九年六月初一日）

□唐浩明评点

这段时间曾氏写字比较多，从"写对联、匾额十余件"中，可知向他索字者颇多。中国人因为看重字，故向来有求字的习惯。被求者无非是这样几种人：字写得好的，社会地位高的，名气大的。曾氏三者皆备，毫无疑问求字者众多。为人写字自然是一件劳累事，但也有乐趣在其间。首先是有成就感的乐趣。再者，书法本身就是艺术品，足可以供自己赏心悦目。还有，在写的过程中，也会促使自己的书法长进。曾氏就在这种常写的状态里，感受到自己书法的"渐有长进"。但他自己看出了一个缺点：不贯气，即气势不够连贯。贯气，是书法作品里的一个重要内涵。气连贯得好，能使一字之中上下左右搭配和谐，能使一行之中气势相连，流畅绵延，能使一篇之中精神贯注，通篇呼应。所以，善书者莫不注重尺幅间的贯气。

曾氏认为字不够贯气，是因为不能字字一律的缘故：字体结构的或松或紧，笔势上的或张或弛，不能保持一致。这样，便显得没有章法。由书法上的一律，曾氏想到作文、办事以至举止行为上的一律。曾氏很看重这种一律，认为能够做到一律的人，才是能成大气候的人。他一生努力于此，也大致做到如此，即便在军营生涯中也能尽可能做到一律。仅此一点，便让世人佩服不已。他的心腹幕僚赵烈文在《能静居日记》中说："师则又规矩准绳，尺寸不失，日在师旅之间，集大功擒渠首，而始终不脱儒者气象，使末世风气不专注于武悍，其功至不可与擒渠扫穴同日而语，固非目睫之士所能操管而窥握筹而计也。尝窃私议，在师左右久矣，仰见筹谋措置、饷源开节、吏治兴废，虽敻乎不可及，然犹思虑之所能到。唯横逆之来凝然不动，与饮食起居皆有时节，数十年不变，此二者烈辈毕生不可企及。"

赵烈文是个有心人，他观察得既细又久，所以他看出了曾氏的细节。而正是这个"尺寸不失"的一律，乃曾氏异于常人之处，也是曾氏一生用功之处。所以，曾氏听了这番话后说："足下肯用心，故体察入微。"

当然，这个"一律"，是曾氏本人的审美观，不见得就是审美的不二法门；他由此而推衍出的为人处世观，甚至也不见得就是为人处世的不二法门。天下殊途而同归，一致而百虑，条条道路都可以通向高峰，关键在于要坚持一条路，要将这条路走到底，不能多改多易。因为人生只有百年，年限是规定死了的，如果改易太多、折腾太多，则浪费太多、无用功太多，故而难以达到高峰。

颜柳之书被石工凿坏

□曾国藩原文

早，清理文件。饭后出门拜客，至未正归。旋见客五次。申正倦甚，酣睡至灯初起。夜写家信，澄弟一件、夫人一件，与季弟偕谈。是日，接寄谕一道，命派兵越境出剿皖南。

午刻，拜徐柳臣前辈，语及纪泽草字，深蒙许可。且言渠所见之人，未有廿一岁能及此者，余以不能沉雄深入为虑。柳臣言作字如学射，当使活劲，不可使拙劲；颜、柳之书，被石工凿坏，皆蠢而无礼，不可误学。名言也。（咸丰九年七月十三日）

□唐浩明评点

这篇日记里，曾氏谈到他的长子曾纪泽的字。曾纪泽亦是中国近代有名的书法家。他的字灵秀圆润、才华四溢，与其父风格迥异，但同样都是上乘之书法。曾纪泽于写字似乎有天赋。曾氏在道光二十四年十一月二十一日给祖父母的家信中说："曾孙最好写字，散学后则在其母房中多写，至初更犹不肯睡，骂亦不止。目下天寒墨冻，脱手写多不成字，兹命之写禀当帖寄呈，以博堂上大人一欢笑而已。"

此时的曾纪泽不过一刚满五周岁的小儿，竟然对写字一事如此喜欢。天寒墨冻之时，犹愿写信给曾祖父母，足可证明喜好书法乃纪泽之天性。这是成就大书法家的根基。当然，若与钟王颜柳等古人相比，曾纪泽后来的书法名望相差甚远，即便与他的父辈何绍基比，也有较大距离。这之间固然有书法本身成就高下的原因，也有种种"诗外"的原因。一个人在艺术上的成名如何，最后都是各种原因的综合。秦桧的书法很好，但在中国书法史上无地位，因为他是大奸臣，人品这一点上欠缺了，总分不够。

日记中记录一个名叫徐柳臣的话，值得重视。曾氏称徐为前辈。可能徐是一位年岁较大的宿学，也可能是一位比曾氏早中进士的人。徐极力称赞纪泽的草书，不排除有客气的因素在内，但纪泽的书法，的确又以草书擅长，徐应是很有眼光的人。他说颜真卿、柳公权的书法，遭受石工的凿坏，变得呆板了。这话说得极有见地。古代书法家的作品传世，通常情形下，一靠帖，二靠碑。帖是木板印刷。木头雕刻，比石工在石板上凿字要容易些，故而刻出的字，与手迹的接近率比较高。碑上的字，若不是极高明的工匠，便只能凿形而难以凿神。所以帖要胜过碑。我们读颜真卿的祭侄帖，显然比碑能更见颜氏的书风。

守骏莫如跛

□曾国藩原文

早饭后清理文件。旋见客三次，内周瀚、刘兆璜坐颇久。写九弟信一件、胡宫保一件。与尚斋围棋一局，旋将九弟手卷写毕。中饭后，见客四次，内黎世兄坐颇久。酉刻，李申夫来久谈，傍晚散去。夜清理文件，寸心郁闷异常。与尚斋围棋一局，目蒙殊甚。

是日因写手卷，思东坡"守骏莫如跛"五字，凡技皆当知之。若一味骏快奔放，必有颠蹶之时；一向贪图美名，必有大污辱之时。余之以"求阙"名斋，即求自有缺陷不满之处，亦"守骏莫如跛"之意也。（咸丰十年九月二十六日）

□唐浩明评点

曾氏为人办事有两个特别之处值得我们关注，一是求阙，一是拙诚。道光二十四年三月，三十四岁的曾氏在给诸弟写信时说："兄尝观《易》之道，察盈虚消息之理，而知人不可无缺陷也。"既然是人皆有缺陷，所以他满足于缺的状态，将居室名命为求阙斋。这种求阙的思想指导他的一生。我们看他终生俭朴，终生自律，看他审慎地对待权力，甚至不接受黄袍加身的劝进，都可以从中窥视到求阙的身影。与太平军的战争结束之后，他为湘乡昭忠祠写了一篇文章。对湘勇十余年的战事作了一番回顾，最后得出这样的结论："吾乡数君子所以鼓舞群论，历九州而戡大乱，非拙且诚者之效与？""数君子"的首领自然是曾氏本人。他一向遵循"天道忌巧，天道忌贰，天道忌盈"的原则，忌巧忌贰的结果恰恰就是拙诚。

求阙与拙诚，不但指导着他的做人做事，也指导着他的审美。在书法艺术上，他崇尚朴拙之美。

苏轼有一首《和子由论书》，其中有两句为："吾闻古书法，守骏莫如跛。"曾氏很赞同这种观点。这种"跛"，其实就是"阙"与"拙"的另一种表述：华丽奔放难以持久，朴素古拙耐人咀嚼。

退回刘墉翁方纲的摹本

□曾国藩原文

早起，接胡宫保信，内有恩秋舫观察祥八月廿八日专人自京寄至湖北之家信一件。知逆夷在京城德胜门外；圆明园虽被焚毁，京城尚未大伤，和议已成；夷兵退回天津；京城九门，前闭其八，今已全开，买卖将次照常；銮舆渐可还京云云。阅之差为抃慰。

早饭后清理文件。旋写季高信一件、毓右坪信一件。午刻倦甚，小睡。中饭后写雪琴信一件。清理文件颇多。

黎寿民送手卷，系刘石庵、翁覃溪二公乾隆四十八年在顺天闱中所写，各临《兰亭》一本，又书诗跋甚多。余以其物尤可珍贵，璧之。又出其先人樾乔侍御诗稿，请为订定。阅至傍夕，不忍释手。

夜与尚斋围棋一局，阅《五宗世家》等篇。（咸丰十年九月二十七日）

□唐浩明评点

黎寿民给曾氏送来一幅手卷：刘墉、翁方纲两人的《兰亭序》摹本。乾隆四十八年顺天乡试期间，主考官刘墉、翁方纲在闱中空余时，各人都临摹了一遍《兰亭序》。这件东西不知何故竟然转到了黎家。对于书家来说，这是一件极为珍贵的物品。刘、翁二位均是大书法家，临的又是书圣的经典之作，堪称稀世之宝。谁能不喜欢？何况送者又是故人之子。黎寿民之父黎樾乔，湖南湘潭人，官居监察御史，与曾氏交情甚密。道光二十八年，黎樾乔因仕途不顺，辞官回里，曾氏还专门作了六首诗送他，说他们是"十年聚京辇，并头相呴濡"。送礼的目的清晰而正当：请曾氏为其父订定诗稿。

礼品珍贵、送礼者系旧交、目的单纯，这样的礼品可以收下，也应当收下，但曾氏没有收，原因是礼物太珍贵了！这是曾氏的一个原则，他终生持守。我们说一个人的操守，就是说他的行为准则。一个人能够守得住原则，便是有所守，有所守的人必定有所拒。守与拒之间，可以看出一个人志趣的高与下。

世间尤物不敢妄取

□曾国藩原文

早饭后清理文件，与尚斋围棋一局，写左季高信、鲍春霆信。清理公牍甚多，至未初毕。中饭后，核改坚守景德镇及洋塘胜仗折稿，晡时毕。至朱云崖等处小坐，谈添亲兵之事。夜改大赤岭胜仗折稿，至二更毕，倦甚。是日，霖雨竟日，夜间雨弥大，气象殊不佳。接沅、季两弟十八日信，亦以南岸为虑。

是日，休宁瞿令福田送右军帖一本，王梦楼跋断为淳化祖本，且定为唐刻，考核未必确凿，而神采奕奕，如神龙矫变，不可方物，实为希世至宝。余行年五十有一，得见此奇，可为眼福。瞿令又送赵侍制仲穆所画飞白竹，上有施愚山、沈绎堂诸先生题跋，亦可宝也。余以世间尤物不敢妄取，审玩片刻，仍亦璧还。去年，黎令福畴送刘石庵、翁覃溪二公在闱中所书手卷，余亦璧却。此三件可称祁门三宝。（咸丰十一年正月二十二日）

□唐浩明评点

此时的曾氏，正以两江总督的高位，驻节安徽祁门。附近的休宁县令瞿福田送来一本王羲之的字帖。著名书法家王文治（字梦楼）判断此帖乃唐代所刻，为淳化祖本。宋代淳化三年太宗皇帝收秘阁所藏历史法书，命侍书学士王著编次，标明为“法帖”。摹刻在枣木板上拓赐大臣。

当时秘阁所藏的法书，其中大部分后来因时世变迁而下落不明，它的书法艺术靠着这些淳化刻本得以流传下来，因此淳化法帖或称淳化阁帖，在中国书法史上有着极高的地位。前些年，上海博物馆曾以十多万美金的代价，从海外购回数页阁帖，可见其价值。王梦楼断定这部唐朝刻的王羲之字帖就是淳化阁帖所收的本子，这部字帖自然也就极为珍贵了。

这真的是一件宝物。我们看曾氏见到时的那种欢喜至极的心情：“神采奕奕，如神龙矫变，不可方物，实为希世至宝。余行年五十有一，得见此奇，可为眼福。”曾氏日记用这等神往的文字去称赞一件物品，乃绝无仅有。曾氏为何这样喜欢？这是因为它是曾氏眼中真正的宝贝。曾氏出身农家，终生保持俭朴的生活习惯，他既不贪爱金银豪宅，亦不看重古董珍宝。他平生嗜好也很少，爱好书法，是他极少嗜好中的一个。瞿县令给他送来这本唐刻王羲之字帖，应该说是恰如其分地投合了曾氏的爱好。

瞿为什么要这样做，动机如何，我们不得而知。上司喜欢书法，于是送上一件书法中的极品，这是了无痕迹的官场往来：可以说是送礼，也可以说是行贿，但更有理由说是书法爱好者的正常交往。曾氏不去考查瞿的动机。他“审玩片刻，仍亦璧还”，璧还的理由是“世间尤物不敢妄取”。用不着去思考对方送东西的背后缘故，只是因为这件东西太好了，我不敢平白无故地收取。这种思维方式与上篇之璧还黎寿民的手卷是一样的，只是“世间尤物不敢妄取”这八个字说得更为经典。它值得我们每个人尤其是想要得到尤物，或有可能得到尤物的人们思考再思考。

世间尤物很多，财富、权力、地位、名望、珍宝、美女等，是人们普遍喜爱的尤物，许多人终其一生，便是为此而奋斗。但曾氏告诉我们，这种尤物，是不可以妄取的。什么是妄取？妄取就是不用正当的手段、不按规范的程序、不凭真实本领来获取。不要沉迷于得到尤物的短暂喜悦中，要把眼光看得长远些。妄取的尤物，你能守得住吗？当你不能守住时，它给你带来的痛苦，就要远远超过瞬间的欢乐。这没有别的原因，是尤物乃世俗所欲、众生所念的东西，是争夺的目标，是强弱拼杀的结果。你如果不能成为争夺过程中的始终强者，你便要付出弱者的代价。

习字思与学不可偏废

□曾国藩原文

早，朱云岩出队往援历口。饭后围棋一局。旋写左季高信、毓中丞信、李辅堂信，清理文件。中饭时，小岑来，批春霆禀一件。饭后与尚斋围棋一局。天雨不止，与小岑鬯谈甚久。傍夕，又与小岑围棋一局。

夜温《古文简本》。念韩公“周情孔思”四字，非李汉知之极深，焉能道得出！为文者要须窥得此四字，乃为知本，外此皆枝叶耳。

习字一张。余往年在京深以学书为意，苦思力索，几于困心横虑，但胸中有字，手下无字。近岁在军，不甚思索，但每日笔不停挥，除写字及办公事外，尚习字一张，不甚间断。专从间架上用心，而笔意笔力与之俱进，十年前胸中之字，今竟能达之腕下，可见思与学不可偏废。（咸丰十一年二月二十五日）

□唐浩明评点

孔子说“学而不思则罔，思而不学则殆”。只读别人的书而自己不思考，则容易迷惘；只独自思考而不向别人学习，则容易疑惑。孔子的意思是既要学习，又要思考，思学结合才有成效。曾氏在自己的习字过程中也逐渐领悟了这个道理。

曾氏早年在翰林院曾很用功于书法，苦苦思索，但不得要领，字写得很不满意。他说那时是“胸中有字，手下无字”。这话的意思是脑子里知道字应该怎么写，但写出来的字与所想的相去甚远，套用今天的话语即理论与实践相脱离。近些年在军营中，因为时间紧，读帖与思索都不是太多，但公余坚持习字一纸，从不间断，专心致力于字的结构，自己感觉无论是笔意即笔墨的意蕴，还是笔力即笔墨的力度都在天天长进，十年前脑子里所构想的字竟然能够成形于笔端。

曾氏于此再次深悟思与学即苦苦思索与身体力行二者不可偏废。思与学必须同时并举，这是一个真理，对于任何事情都是如此。王阳明提出知行合一的观点，也难说不是受到孔子的这种观点的影响。

含雄奇于淡远之中

□曾国藩原文

早，出外查阅修碉工程。饭后清理文件。定进兵攻徽路径，办一札稿。旋习字一纸，写零字甚多，写凯章信一。中饭后写九弟信、季高信一件。与欧阳小岑围棋一局，又与之鬯谈甚久。清理文件，积牍一清，惟未核各信稿耳。夜又写零字甚多。日内颇好作字，皆寸大字，每日皆写三四百不等。温《古文•传志类》。

思作书之道：寓沉雄于静穆之中，乃有深味。雄字须有长剑快戟、龙拿虎踞之象，锋铓森森，不可逼视者为正宗；不得以剑拔弩张四字相鄙，作一种乡愿字，名为含蓄深厚，举之无举，刺之无刺，终身无入处也。作古文、古诗亦然，作人之道亦然，治军亦然。（咸丰十一年二月三十日）

早饭后改折稿一件，至午初方毕。旋写沅弟信。小睡约二时许。中饭后改片稿一件，清理文件颇多。旋写对联一付，再清理文件。傍夕，温韩诗、苏诗。夜写零字。是日大西风暴。学使马雨农来，久坐。

看刘文清公《清爱堂帖》，略得其冲淡自然之趣，方悟文人技艺佳境有二：曰雄奇，曰淡远。作文然，作诗然，作字亦然。若能含雄奇于淡远之中，尤为可贵。

睡，不甚成寐。瞿弁值日。（咸丰十一年六月十七日）

□唐浩明评点

将这两篇日记并列在一起来评点，是因为这两篇日记中曾氏所提出的“寓沉雄于静穆之中”“含雄奇于淡远之中”属于同一个审美命题。笔者私意，从美学意境来说，“含雄奇于淡远之中”这个提法更好，这是一个非常高的境界，值得我们认真咀嚼。

清代古文大家姚鼐在研究古文的时候，发现了文章有阳刚之美与阴柔之美的区别。他说：“文者天地之精英，而阴阳刚柔之发也……其得于阳与刚之美者，则其文如霆，如电，如长风之出谷，如崇山峻岭，如决大川，如奔骐骥……其得于阴与柔之美者，则其文如初升日，如清风，如云，如霞，如烟，如幽林曲涧，如沦，如漾，如珠玉之辉，如鸿鹄之鸣而入寥廓。”

姚鼐的这种发现，当然不是他个人的突发灵感。前代文学评论家刘勰、皎然、司空图、严羽等人研究诗文风格时，已经注意到诗文风格有雄浑、劲健、豪放、壮丽与冲淡、高远、飘逸、典雅的不同。姚鼐显然汲取他们的成就，并从《易经》中的阴阳刚柔之道的阐述中得到启发，将千姿百态的美文分成两大类，分别以阳刚之美与阴柔之美来命名。即便如此，姚鼐之举，仍然是中国古代美学史上的重大贡献。

曾氏在古文写作上服膺姚鼐，对姚氏的这个理论，他是很赞同的。他所提出的古文四象：太阳、少阳、太阴、少阴，显然是对阳刚阴柔之美的继承，且有自己的发挥创新。曾氏也将这种审美理念运用到书法上。这两篇日记中所提到的沉雄、雄奇，是属于阳刚之美的范畴；所提到的静穆、淡远，则属于阴柔之美的范畴。最为可贵的是，曾氏认为美的最高境界，是将阳刚与阴柔结合起来的美。如何结合，这就是他所说的“寓沉雄于静穆之中”“含雄奇于淡远之中”。

细揣曾氏的文字，他的意思是把阳刚植于阴柔之中，也就是说阳刚为里为骨为神，阴柔为表为肉为形，而不是相反。这一点很能给我们以启发。曾氏认为，这样一种结合，不仅可施之于书法，也可以用之于诗文，同时也可以行之于为人。在曾氏的眼里，艺术之美与为人之美是相通的，这就是广义的人文之美。它必须阴阳结合，刚柔结合，而这种结合又必须阳刚为里、阴柔为表，才可以成为其美，如果相反呢？他未说，想必他不认为那是美。我们从他对李鸿章的评价——“才大心细，劲气内敛”，以及容闳对曾氏本人的评价——“才大而谦，气宏而凝”中都可以看到结合的形式。中国自古以来便有“内方外圆”的说法，使用最多的钱币，也是以内方外圆为构造形式。由此可知曾氏的这种观点，体现的是中国人的审美观。我们也可以从中窥探出中国传统文化的精核。

习字的路径

□曾国藩原文

早饭后，围棋一局。旋写胡中丞信、左京堂信、沅弟信，清理文件。与筱岑畅谈，即在渠船上写零字甚多。中饭后围棋一局。天气阴森，竟日淫雨不止。余遍身疮痒，坐卧不安。写挂屏四幅、对联三付，清理文件。傍夕在船尾亭上与申夫鬯谈。苦雨十日，是夕微有霁色。夜写零字甚多。

近来军事无利，诸务废弛，惟书法略有长进。大约书法不外羲、献父子。余以师羲不可遽几，则先师欧阳信本；师欧阳不可遽几，则先师李北海。师献不可遽几，则先师虞永兴；师虞不可遽几，则先师黄山谷。二路并进，必有合处。杜陵言“书贵硬瘦”，乃千古不刊之论，东坡驳之，非也。

夜，通夕疮痒，不能成寐，手不停爬。（咸丰十一年四月二十七日）

□唐浩明评点

在这篇日记里曾氏谈到自己习字的一些路径。他以王羲之、王献之父子为书法艺术的旗帜。学王羲之一时难以接近，则先学欧阳询；学欧阳询一时难以接近，则先学李邕。学王献之一时难以接近，则先学虞世南；学虞世南一时难以接近，则先学黄庭坚。曾氏认为，先从李邕、黄庭坚开始，两条路齐头并进，总有一天可以接近王羲之与王献之。为什么要这样呢？为什么要将二王父子分开呢？

两年前，曾氏在给儿子纪泽的信中谈到书法的南北两派，指出南派以神韵胜，北派以魄力胜；并告诉儿子，由虞世南往上追溯到王羲之、王献之以及西晋及六朝诸贤，这就是世上所称的南派。由李邕上溯到欧阳询、褚遂良以及魏与北齐诸贤，这就是世上所称的北派。其实，以南北两派来代表神韵与魄力两种书风，严格来讲，也不十分准确。北派亦有神韵，南派亦有魄力。曾氏这段话的主旨，在于指出书法中的两个法派：一以神韵取胜，一以魄力取胜。他将欧阳询、李邕列为北派，应是指他们以魄力取胜，通过练习魄力来接近王羲之。他将虞世南列为南派，应是指他以神韵取胜，意谓通过练习神韵来接近王献之。

正因为南北两派没有严格的壁垒，所以同是二王，他有时又将他们都看成南派，有时又要将他们父子二人区分一下，将父视为更有魄力，而将子视为更有神韵。总之，曾氏追求的是一种将魄力与神韵合为一体的书风，也就是两年前的那封家信中，他认为“赵文敏集古今之大成”，即赵孟頫集南北两派的神韵与魄力于一身。曾氏所说的“二路并进”，其实质便是神韵与魄力二者兼攻。

曾氏赞赏杜甫所说的“书贵瘦硬方通神”的话，这正是曾氏自己的书法风格：刚硬瘦劲。苏东坡不赞赏瘦硬之说，他本人的字也显得较为丰腴。其实，这只是审美取向的差异。字无论瘦也罢，肥也罢，只要有神韵与魄力在其中，就都是好字；反之，即便再瘦再硬，也未必能通神。

点珠画玉体鹰势龙

□曾国藩原文

早饭后写《箴言书院记》，行书，约径寸大。旋因房中盖瓦不能坐，遂至小岑房，与围棋一局。旋又写《书院记》，至未正写毕，专一戈什哈送去。写胡中丞信一，又送祁门野术二两四钱，以渠有书来索取也。旋清理文件，至酉正毕。是日天气亢热，甚不耐烦。写《箴言书院记》甚不称意，本拟于下半日另写一通，因亢热烦躁，汗流不止，遂不复写。

因困横之余而悟作字之道：点如珠，画如玉，体如鹰，势如龙，四者缺一不可。体者，一字之结构也；势者，数字数行之机势也。

夜热甚，意绪少佳，与小岑久谈。睡不成寐。黄弁值日。民间失火，起视二次。（咸丰十一年七月初五日）

□唐浩明评点

近十天来，曾氏冒着酷暑，在军书旁午之际，完成一桩大事：写作《箴言书院记》，并将此文亲自书就，以供书院勒石刻碑。箴言书院，是湖北巡抚胡林翼为家乡建造的一所学校。之所以取名为“箴言”，是因为其父胡达源有一部《弟子箴言》，系胡达源用以教导子侄学生的课本。胡达源乃探花出身，官居詹事府少詹事，是曾氏的前辈。曾氏在京中时，与胡家走动密切。道光二十一年五月，胡达源去世，曾氏前去吊唁并送殡。毫无疑问，曾胡之间日后的亲密战友情谊，是早年京师友情的必然结果。

对于胡林翼的这个义举，曾氏从心中予以钦佩，因为他深知教育的重要性。他在《箴言书院记》中写道：“窃尝究观夫天之生斯人也，上智者不常，下愚者亦不常，扰扰万众，大率皆中材耳。中材者，导之东而东，导之西而西，习于善而善，习于恶而恶。其始瞳焉无所知识，未几而骋耆欲，逐众好，渐长渐贯，而成自然。由一二人以达于通都，渐流渐广，而成风俗。”所以，教育是最重要的，贤者也便负有教育大众的责任。正是出于这种认识，当然，也有出于对胡氏的情谊，曾氏很认真地来做这桩事。除此之外，曾氏强忍亢热来做此事，还有一个很重要的原因，那就是他知道胡林翼业已病重（日记中提到寄祁门野术一事，即是因为胡的病情严重），此事不能拖延。他的这篇书院记要让胡生前看到。果然，一个多月后，胡林翼便病逝于武昌。

这一天，在汗流不止中，曾氏将《箴言书院记》书写一通。但他对书法不满意，因天太热，心情不佳，也便不写了。休息之余仍在思索着书法一事，并有所领悟。他将这些领悟归纳为四句话，十二个字：点如珠，画如玉，体如鹰，势如龙。所谓点如珠，当指点应像珠子一样的圆润；画如玉，当指笔画应像玉一样流畅；体如鹰，当指结构应如鹰隼一样地内蓄张力；势如龙，当指布局应如蛟龙一般气势腾跃。

曾氏喜欢亦擅长归纳，随时将自己的所悟所得，用简洁准确的文字记录下来。当然，这亦得力于他过人的文字功力。

七均师无声，五和常主淡

□曾国藩原文

早饭后围棋二局，写沅弟信一封，见客三次。令李少山等解米粮、子药赴王家套、罗昌河，接济庐江一军。习字一纸，清理文件，写毓中丞信一。中饭后，围棋一局，写单地山信一。清理文件甚多，本日地方新到之件，尚未阅毕。酉刻，写阎丹初挂屏四帧，约四百字。夜温赵广汉、尹翁归、韩延寿传，写沅弟信一。睡后，三、四更不成寐，五更颇成寐。

本日作行书，能摅写胸中跌宕俊伟之气，稍为快意。大抵作字及作诗古文，胸中须有一段奇气盘结于中，而达之笔墨者却须遏抑掩蔽，不令过露，乃为深至。若存丝毫求知见好之心则真气渫泄，无足观矣。不特技艺为然，即道德、事功，亦须将求知见好之心洗涤净尽，乃有合处。故曰七均师无声，五和常主淡也。本日，接奉批谕旨，系八月初二日所发一折一片。（咸丰十一年九月十二日）

□唐浩明评点

今天曾氏写了一道行书，因为能够抒发胸腔中的跌宕俊伟之气，有一种快乐之感。他由此而感悟：作字以及作文吟诗，胸中须得有一股强烈的气势蓄积，但是表达在笔墨之间则宜含蓄蕴藉，不要让它过于显露，若是存在丝毫争强好胜显摆炫耀之心在内，则真元之气泄漏，作品便不足观。不独从艺是这样，为人做事也应如此。胸中存豪迈之志去做，外表则要全部去掉显炫之态，如此方才和宜。所以，前人说宫、商、角、变徵、徵、羽、变宫七种声音以无声为师，甜、酸、苦、辣、咸五种味道以淡味为主。以无为师，以淡为主，这种理念显然出于老庄之学。

老子曰："天下之物生于有，有生于无。"无乃万物生息之本。从这个认识出发，老子认为：大方无隅，大音希声，大象无形。无论何种美声，都比不过无声；无论何种美味，都比不过无味。老庄"无胜有"的思想，粗看起来似乎荒唐无稽，细细咀嚼，可知其思想深刻。

老庄思想产生于人类活动过于频繁过于剧烈的竞争时代，人们普遍相信强力作为可以改变一切实现一切，老庄从人类与自然、个人与社会的关系这个大本大源出发，认为许多的强为实际上是没有用处的，最终是改变不了人类与自然、个人与社会之间的根本态势。在儒家、墨家等强烈用世学说积极推行之际，老庄的出世学说是一种制衡之力，是一剂清醒之药。从这一点来说，它是深刻的、有价值的。当然，老庄的许多主张是褊激的是极端的，这就决定了它难以为普世接受。但善思者却可以透过它的褊激极端，感受到大智慧的光辉。

曾氏从自己的坎坷经历中，最后终于领悟老庄的这种大智慧。他不仅将老庄大智慧用之于做人办事上，也以它点化自己的审美观。“寓沉雄于静穆之中”“含雄奇于淡远之中”等，都让我们想起这种大智慧对他的启迪。

刚健婀娜缺一不可

□曾国藩原文

早饭后围棋一局，见客三次，清理文件。闻雪琴昨夜宿黄石矶，本日将到安庆，余出城迎接，至盐河座船等候，数刻不到。前季弟代余买一婢，在座船之傍，因往一看视，体貌颇重厚，特近痴肥。戈什哈杨龙章回言，雪琴尚须下半日乃可到。余仍进城回公馆，习字一纸。探马报雪琴将至矣，余再出城迎接。至中途，则雪琴已登岸，轻装徒步入城，城外迎候者皆不知也。余回公馆，雪琴已在座久矣，与之鬯谈。旋同中饭，邀鲍春霆、李申夫、隋龙渊等便饭。

饭后，鬯谈片刻，围棋一局。写季弟信一件，清理文件，写挂屏三幅、对联一首。夜与雪琴鬯谈，又观渠画梅兰二幅。二更尽睡，不成寐，因本日说话太多也。疮痒异常。

日内思作字之道，刚健、婀娜二者缺一不可。余既奉欧阳率更、李北海、黄山谷三家，以为刚健之宗，又当参以褚河南、董思白婀娜之致，庶为成体之书。

是夜接六安州牧邹�札禀，言苗沛霖破寿州后，不杀翁中丞，且请翁奏明朝廷，表苗党并非叛逆云云。天下事真愈出愈奇矣。（咸丰十一年十月初十日）

□唐浩明评点

先前的日记中，曾氏谈到气势与神韵，这篇日记里他又说到刚健与婀娜。写字，用笔刚健才会有气势，运墨婀娜才会有神韵。所以，可以将刚健与气势视为同一个语境，而将婀娜与神韵也视为同一个语境。他把欧阳询、李邕、黄庭坚奉为效法刚健的宗师，又以褚遂良、董其昌的婀娜韵致为参本，如此可以将自己的书法技艺提高到一个新的境界。在曾氏的眼里，赵孟頫算是达到这种境界的大师，但我们不能不感到遗憾：曾氏终其一生也未达到赵孟頫的境界。曾氏的书法，以刚健见长，婀娜欠缺。

每日临摹，常有长进

□曾国藩原文

早饭后，曹西垣来久坐。陈虎臣来，吴竹庄来，并有事商谈。清理文件，习字一纸，核改折稿二件。中饭，将左季高援浙折改毕。与弢甫围棋一局，写对联数付。傍夕至少荃处鬯谈。午刻，写雪琴信一件。夜清理文件颇多，至二更二点毕。三点后睡，不甚成寐。而遍身之痒略愈，盖本日服弢甫之方药，皆生地、连翘、防风等苦凉之品，或足以医血热之症也。

是日与虎臣谈修己治人之道，止勤于邦、俭于家、言忠信、行笃敬四语，终身用之，有不能尽，不在多，亦不在深。二更后，与弢甫鬯谈近世贤者，如林文忠、周文忠、邓嶰筠之属，平日学行、襟怀甚悉。

日内作书，常有长进，盖以每日临摹不间断之故。

接季弟信，知沅弟于廿八日自长沙起行归矣。（咸丰十一年十一月初九日）

□唐浩明评点

曾氏此时已五十一岁，写了四十多年的字，有心于书法也有二十多年的历史了，但他一旦每日临摹不间断时，书法艺术仍然能有“常有长进”的感觉。可见书法这门艺术，是要不间断地临摹前人的。曾氏每日临摹哪些人的作品呢？我们从前面日记中可知，主要是欧阳询、柳公权、李邕、董其昌、黄庭坚、赵孟頫、王献之、王羲之等人的碑帖。

节与势

□曾国藩原文

早饭后见客一次，旋清理文件。与筱泉围棋一局，又观筱泉与石洲围棋一局。雪琴来久谈。阅《通典·兵类》十五叶，写沈幼丹信九叶，申刻始毕。清理本日文件，再阅《通典》数叶。奇热异常，汗下如雨。傍夕至幕府久谈。灯后，在庭院小睡，令人摇扇。二更后，清理批札各稿。

读《孙子》“鸷鸟之疾，至于毁折者，节也”句，悟作字之法，亦有所谓节者，无势则节不紧，无节则势不长。（同治元年七月二十三日）

□唐浩明评点

《孙子兵法》中的《势篇》说："激水之疾，至于漂石者，势也；鸷鸟之疾，至于毁折者，节也。"这两句话的意思是说：湍急的流水甚至可以将石头冲动，是因为它凭着高处流下而拥有一股势力；鹰隼的强大有时可以将别的物体摧毁，是因为它能依据当时的情形预先积蓄一股力量。

曾氏这段时期一直热衷于书法艺术的提高。身为对太平军作战的最高统帅，他读《孙子兵法》，没有将它运用到东南战场的军事思考，而是给他的书法艺术带来启迪。他从这两句话中领悟到写字的诀窍：如果没有一股气势，则积蓄也不可能很大；反之，如果不积蓄，则气势也不可能保持得长久。

曾氏毕竟是一个翰林出身的文人，兵书给他的启发，竟然更多的是在读书写字上。

书法的阳德之美与阴德之美

□曾国藩原文

早饭后清理文件。旋将金安清应赔款项至幕府核算，将折稿酌改数次乃定。围棋一局，见客一次，写沅弟信一件。中饭后核改信稿，阅本日文件。傍夕发报一次。夜核批札各稿，改信稿数件。三更睡，五更醒。

偶思作字之法，亦有所谓阳德之美、阴德之美。余所得之意象为"阳德之美"者四端：曰直，曰觩，曰勒，曰努；为"阴德之美"者四端：曰骫，曰偃，曰绵，曰远。兼此八者，庶几其为成体之书。在我者以八德自勖，又于古人中择八家以为法，曰欧、虞、李、黄、邓、刘、郑、王。（同治元年十一月二十七日）

□唐浩明评点

曾氏曾把文章中的阳刚之美概括为四点，即雄、直、怪、俄，并分别以十六字予以展开说明。简单地说，在曾氏的心目中，具有雄伟、畅通、怪诞、高昂等特色的文章，都是阳刚之美的表现。他也以四点概括文章的阴柔之美，即茹、远、法、适，同样也分别以十六字来较详细地说明。这四点我们也可以用较为通俗的词语予以表达，即含蓄、淡远、简洁、恬静。在探讨书法艺术之美时，曾氏也想到八个字，即以直、觩、勒、努来描绘阳刚之美，以骫、偃、绵、远来状摹阴柔之美，惜乎曾氏没有展开。

以笔者之愚见，所谓直，指的气势贯通，与文章中的"直"意思是一样的。觩，弓绷紧时的模样，当指结体的紧严。勒，按永字八法中所说的，是指"横"笔的书写。曾氏在教儿子纪泽写字的家信中说"横"应该有三次换笔，第一次换笔："右向上行，所谓勒也。"努，永字八法中说的"直"笔的书法。曾氏在同一封信里说到"直"笔中两换笔，第二次换笔："上向左行至中腹换而右行，所谓努也。"换笔犹如换气，当指气力的重新集结。曾氏或许是说在"横""直"笔画的书写时，应当有强劲的气力表现出来。这些都是阳刚之美的要点。

至于阴柔之美，他说的骫，当指弯曲处；偃指似有似无的联结处；绵即软，指的是用笔的柔和；远即淡远，指字意蕴的清淡悠远。在曾氏看来，从这八个方面能够分别看出书法艺术的刚劲之美与柔和之美。

曾氏认为古人中欧阳询、虞世南、李邕、黄庭坚、邓石如（两弹元勋邓稼先的六世祖）、刘墉、郑燮、王文治的书法能分别体现直、觩、勒、努、骫、偃、绵、远八种艺术风格。他亦时常临摹揣习，以求提高自己的书法水平。

着力与不着力

□曾国藩原文

早饭后清理文件。旋见客，坐见者三次，立见者二次。习字一纸。阅《公羊传》，因邵阳魏彦将汪刻《公羊》新作校勘记，故阅之也。巳刻，小睡一时许。午刻核批札稿，写对联五付、挂屏一幅。中饭后至李眉生处一坐，阅本日文件甚多。湖北舒副都统保于四月廿一日在德安阵亡，鄂省军事颇为可虑。酉刻再阅《公羊》，围棋一局。傍夕小睡片刻。夜又阅《公羊》，自"隐公"至"文公"皆已阅毕。

写零字甚多。因悟作字之道，二者并进，有着力而取险劲之势，有不着力而得自然之味。着力如昌黎之文，不着力如渊明之诗；着力则右军所称如锥画沙也，不着力则右军所称如印印泥也。二者阙一不可，亦犹文家所谓阳刚之美、阴柔之美矣。

近日治事极少，于"勤"字相反，深以为歉。（同治三年五月初三日）

□唐浩明评点

在写零散字的过程中，曾氏又悟出一个书法艺术上的道理：有的字看起来很着力，在谋取惊险强劲的气势，如同韩愈的文章。有的字似乎不着力，好像得到自然天成的趣味，如同陶潜的诗。王羲之将着力比之为以锥画沙，不着力如印章压在印泥上。二者都呈现出美感，这就是文章中的阳刚之美与阴柔之美。

天地之间的美有多种形式，粗略地区分，可分为两大类：壮美与优美。天与地，则天为壮美，地为优美；山与水，山为壮美，水为优美。日与月，则日为壮美，月为优美；晴与雨，则晴为壮美，雨为优美。男与女，则男为壮美，女为优美。文之阳刚与阴柔，则阳刚为壮美，阴柔为优美。词之豪放与婉约，则豪放为壮美，婉约为优美。论到书法，曾氏在这篇日记中所说的着力为壮美，不着力为优美。他在前面中所说的沉雄、雄奇、刚健等都可归于壮美一类，而静穆、淡远、婀娜等则可归于优美一类。他说的含雄奇于淡远之中，则是将壮美与优美结合起来，以壮为里，以优为表。

欲落不落欲行不行

□曾国藩原文

早饭后清理文件。旋见客，坐见者二次，立见者二次。请医来诊视女儿之病，连诊四次，中惟刘开生、欧阳小岑系余亲陪至内室。又立见之客二次。写彭杏南信一封。小睡片刻。午初核科房批稿，写对联四付，与庞省三一谈。又小睡片刻。

中饭后，阅桐城吴汝纶所为古文，方存之荐来，以为义理、考证、词章三者皆可成就，余观之信然，不独为桐城后起之英也。

阅本日文件。天气酷热，又小睡片刻。酉正核批札、信稿颇多。傍夕至幕府一谈。夜温古文《史记》数首。

因忆余论作书之法，有“欲落不落，欲行不行”二语。古文吞吐断续之际，亦有欲落不落、欲行不行之妙，乃为蕴藉。

是日灯时，发报三折、二片、二清单。（同治三年五月二十七日）

□唐浩明评点

曾氏于书法之道又悟出“欲落不落，欲行不行”八个字。他认为，文章在吞吐断续之际，也有这种机奥在内。他将它视为蕴藉。笔墨之间，看起来像是停止了，却又未停止；看起来像是启行，却又未启行。这与文章中似吞又吐、似吐却吞、似断又续、似续却断的奥妙很相似。这些东西，说起来有点玄虚，其实在自然界、艺术境界中都有，这就是白居易所说的“此时无声胜有声”。最先看到并研究它的当属老子。老子提出的“有”与“无”之间的相辅相成，是人类最早对于此种现象的智慧思考。

观赏宋拓阁帖

□曾国藩原文

早饭后清理文件。旋见客，坐见者三次，立见者三次，衙门期也。围棋二局，潘伊卿来一坐，阅《汉书·五行志》十二叶，核科房批稿。中饭后至城北潘宅吊丧。前任云贵总督潘公铎，字木君，谥忠毅，在云南殉难，本日灵柩到籍也。

申初归，阅本日文件。在李小湖处借得宋拓阁帖，观玩良久。核批札各稿。傍夕

小睡。夜核批稿、信稿，二更后温《诗经》数篇，四点睡。内人病已数日，医治无效。（同治四年三月初十日）

□唐浩明评点

曾氏在江宁城里有一个往来较多的好朋友，此人为钟山书院的山长李小湖。能做钟山书院的山长，一定是个饱学之士。他送曾氏的个人文集，曾氏在日记中也多次提到过，足见其文章也写得好。不过，曾氏与他往来频繁，应该还有一个重要原因，即他是大书法家李春湖的儿子。

曾氏在同治六年十一月初十日的日记中写道："偶思作字之法可为师资者，作二语云：时贤一石两水，古法二祖六宗。一石谓刘石庵，两水谓李春湖、程春海；二祖谓羲、献，六宗谓欧、虞、褚、李、柳、黄也。"曾氏将李春湖与王羲之父子、欧阳询、虞世南等书法大家并列，并表示要以他为师，足见对李春湖的崇仰。曾氏一般不接受别人的赠礼，但在这个月二十三日的日记中有"夜写零字甚多，小湖赠以其父春湖先生所制羊毫，一试之也"的记载，可知他接受了李小湖所送的羊毫笔，并使用了。

除毛笔是小礼品，可以坦然接受外，应当还有对李春湖的一片敬仰之心在内，何况此笔是李自己所制的！今天他在家长久地观赏从李家借来的字帖，似应也有这份心情在内。这份字帖，就是前面提到宋代淳化年间太宗皇帝亲自主持刻印的阁帖，是很珍贵的物品。

内跌宕外拙直

□曾国藩原文

早饭后清理文件。旋见客二次，谈颇久，围棋二局。旋又见客二次，阅《职官考》二十叶。午初小睡。中饭后与幕友久谈。旋阅本日文件，写对联五付、横幅一帧，约二百余字，核批札、信稿。傍夕与幕友久谈。

夜写零字颇多，略有所会。于昔年"体如鹰"四句之外又添四句，曰："点如珠，画如玉；体如鹰，势如龙；内跌宕，外拙直；鹅转颈，屋漏痕。"阅《亭林文集》二十余首。二更三点睡。（同治五年三月十三日）

□唐浩明评点

五年前，曾氏于字的点、画、结体、气势有如珠如玉如鹰如龙的领悟。今天他又在写字的过程中，于书法艺术有新的体会。他以文字表述为：内跌宕，外拙直，鹅转颈，屋漏痕。

以笔者的浅见，内跌宕，当指字的笔画、结构有变化，也就是说有自己的特色。曾氏一向认为，大的书法家应当有自己的一番面貌神态，也就是他对儿子所说的“凡大家名家之作，必有一种面貌一种神态，与他人迥不相同”。外拙直，当指字的形式感应是拙直的。拙直，这是曾氏的审美取向，他视朴拙、挺直为美。我们看曾氏本人的书法，的确显露的是一种拙直的美。鹅转颈，当指转弯处须像鹅扭动颈脖一样，生动自然，不可僵硬。屋漏痕，说的是直画应如漏雨在墙壁上留下的痕迹，蜿蜒下注，不是笔直的一条。

龙戏鹰搏

□曾国藩原文

早饭后清理文件。见客，坐见者二次，围棋二局。

习字一纸，悟古人用笔之法，戏为诗二句云：“龙作欠身戏海水，鹰揩倦眼搏秋旻。”

阅《学校考》二十余叶。午刻小睡，成寐。午正，请子密、挚甫等中饭，饭毕热甚。阅本日文件，又围棋二局，黄军门翼升自金陵来久谈。旋核批札稿，未毕。军门又来，与之同至庙外观新麦登场，灯后便饭。潘琴轩来一谈。

客去，改信稿数件，约三百字。二更三点睡。（同治五年四月三十日）

□唐浩明评点

曾氏本质上是一个文人、诗人。早年在京师，便自认为已得诗文写作的机奥，恨当世无韩愈、王安石一流人与之对话，颇有几分文人的自负与傲气。晚年在军中，每临危险时，他自称死不怕，只是自己多年探索的古文写作之得将如广陵散一样失传，足见他心底深处的追求所在。正是出自这种文人积习，他将先前所悟的体如鹰、势如龙又以诗句的形式来表达：“龙作欠身戏海水，鹰揩倦眼搏秋旻。”当然，这里的“欠”“戏”“倦”“搏”等字形象生趣，比起前面的三字诀来说，自然是内涵丰富得多。

楷取横势行取直势

□曾国藩原文

早饭后清理文件。见客，坐见者一次，立见者三次。围棋一局，又观人一局。阅《封建考》三十余叶，与幕府畅谈。中饭后阅本日文件，写对联六付，见客二次，刘松山谈最久。阅《明史》杨镐、袁应泰、袁崇焕等传。傍夕小睡。

夜写零字甚多。因余作字不专师一家，终无所成，定以后楷书学虞、刘、李、王，取横势，以求自然之致，利在稍肥；行书学欧、张、黄、郑，取直势，以尽睨视之态，利在稍瘦。二者兼营并进，庶有归于一条鞭之时。

二更后诵诗，气弱，在室中散步。三点睡。（同治五年八月二十九日）

□唐浩明评点

曾氏书法转益多师。他自己认为不能专师一家终无所成，乃为自己制定如下原则：楷书今后以虞世南、刘石庵、李春湖、王文治为师，重在横向上，以求得自然而然的兴致，用稍为丰厚点的笔墨来弥补不足；行书学欧阳询、张旭、黄庭坚、郑燮，重在竖向上，尽量发挥睥睨一切的豪气，以稍为消瘦点的笔墨来矫正缺陷。他一口气列举了八位老师，仍未专师一家，只不过缩小范围而已。不过，我们可以于此看出曾氏书法的师承源头。

强弩引满蓄而不发

□曾国藩原文

早饭后清理文件。见客，坐见者一次，立见者一次。

出门拜客，竹如处久谈。小湖处久谈，观渠所藏法帖：一曰褚书《孟法师碑》，笔意似虞永兴而结体绝似欧阳率更，与褚公他书不类；一曰丁道护书《启法寺碑》，隋碑，而字体有类晚唐，矮方而匀整，闻春湖侍郎以千金购之苏州陆恭家；一曰宋拓虞书《庙堂碑》，即春湖侍郎曾经翻刻者也；一曰《善才寺碑》，名为褚河南书，实魏栖梧书，仿褚法耳；又有晋唐小楷共十一种，其中《乐毅论》《东方朔赞》绝佳，乃悟古人用笔之道如强弩引满，蓄而不发。归途作诗二句云：“侧势远从天上落，横波旋向弩端涵。”又拜客八家，均未拜会。

归，坐见之客二次。午刻阅《观象授时》六叶。中饭后至惠甫处久坐。阅本日文件。申刻写对联五付，核批札各稿，酉正三刻毕。傍夕小睡。夜温《古文》识度之属，朗诵十余篇。二更三点睡，梦兆不佳，深以陕中湘军为虑。（同治六年六月初三日）

□唐浩明评点

今天曾氏在钟山书院山长李小湖家观赏李家所珍藏的诸多书法名帖。他为此作了详细的记录。一为褚遂良书写的《孟法师碑》，笔墨意境像虞世南，而字体结构很像欧阳询，与褚氏其他字帖的风格不一样。一为丁道护书写的《启法寺碑》，是隋朝的碑，而字体像晚唐时的结构，偏矮偏方上下左右匀整，据说这本帖子是李春湖用一千两银子从苏州陆恭家购得的。一为宋代所拓的虞世南书写的《庙堂碑》，这就是李春湖曾经翻刻的本子。一为《善才寺碑》，名义上是褚遂良所书，实际上是魏栖梧写的。另外还有晋人唐人的小楷十一种，其中《乐毅论》《东方朔赞》特别好。

在欣赏这些名家碑帖时，曾氏又有新的领悟：古人用笔像强有力的弓箭，把弦拉得满满的，积蓄着全力但不发箭。在回家的路上，他将这个感悟写成两句诗："侧势远从天上落，横波旋向弩端涵。"这两句诗的意思为：侧笔有着如同天上落下来的气势，横笔好像弓弦满开能激发气浪晃动。

这篇日记除让我们再一次感受到曾氏勤于思考善于提炼的特点外，还让我们领略了曾氏深厚的书法功底。这种功底表现为：一是对虞世南、欧阳询、褚遂良的作品有深入的研究，二是对隋与晚唐的书风差异很了解。

欧虞褚李为书家不祧之祖

□曾国藩原文

早饭后清理文件。见客，坐见者一次，立见者二次，围棋二局。陈作梅、倪豹岑来久谈。作梅又丧第二子，相对欷歔，幸有四孙，略足自解。又坐见之客三次。阅《瀛寰志略》，陆续阅二十八叶。中饭后阅本日文件。申正后，与幕客共观后园新作篱笆，辟菜畦，叙话良久。傍夕眼疼，静坐良久。夜核批稿各簿，温《古文》趣味之属。

因写零字，偶有所悟，知欧、虞用笔与褚相通之故。书家之有欧、虞、褚及李北海，犹诗家之有李、杜、韩、苏，实不祧之祖也。

二更三点睡，四更三点醒。（同治六年十月十六日）

□唐浩明评点

曾氏在写零字的过程中，又领悟欧阳询、虞世南与褚遂良三人在用笔上的相通之处。可惜的是，哪些地方相同，他未写明。曾氏视欧、虞、褚、李邕为诗界中的李白、杜甫、韩愈、苏轼，都是后学者永远不会变动的祖师爷。这段日记让我们清晰地得知曾氏书法的师承源头。

品　鉴

曾氏以善相人传名于世，至今书肆仍随处可见以曾氏署名的《冰鉴》——一部教你如何鉴人的相面相骨书。不过，遗憾的是这部书是托名的，是无名氏所撰托曾氏的名畅销了一百多年的相书，笔者在《唐浩明评点曾国藩家书》中已作了详细说明，这里不再赘述，但曾氏喜相人善相人则是真的。我们来看两则权威的记载。

一为黎庶昌所编的《曾文正公年谱》。这部书说，道光二十四年，两个漂流京师的同乡青年郭嵩焘与江忠源去见曾氏："江公素以任侠自喜，不事绳检。公与语市井琐事，酣笑移时。江公出，公目送之，回顾嵩焘曰：'京师求如此人不可得。'既而曰：'是人必立功名于天下，然当以节义死。'时承平日久，闻者或骇之。"

一为容闳著的《西学东渐记》，书中记载同治二年容闳初次谒见曾氏的情景："刺入不及一分钟，阍者立即引予入见。寒暄数语后，总督命予坐其前，含笑不语者约数分钟。予察其笑容，知其心甚忻慰。总督又以锐利之眼光将予自顶及踵仔细估量，似欲察予外貌有异常人否。最后乃双眸炯炯，直射予面，若特别注意于予之二目者。予自信此时虽不至忸怩，然亦颇觉坐立不安。已而总督询予曰：'若居外国几何年矣？'予曰：'以求学故，居彼中八年。'总督复曰：'若意亦乐就军官之职否？'予答曰：'予志固甚愿为此，但未习军旅之事耳。'总督曰：'予观汝貌，决为良好将材。以汝目光威棱，望而知为有胆识之人，必能发号施令，以驾驭军旅。'"

曾氏通过看面相和背相，识江忠源之能干而有气节，通过看容闳之面相尤其是双眼，识容闳为绝好将材。这应该都是曾氏相人识人之权威证明。然这都只是别人的记叙，最具权威性的当是曾氏自己的文字。曾氏的确留下不少此类文字，其中一部分则记录在日记中。笔者把日记中的有关部分抄录出来，并加以适当说明，与各位共享。

贵相与富相

□曾国藩原文

端庄厚重是贵相谦卑含容是贵相

事有归着是富相心存济物是富相

读书二卷卯初至午初

习字一二百午初至未初

料理杂事未初至酉正

诵诗、古文酉正至亥正

作诗文扎记三八日

巧召杀，忮召杀，吝召杀。

孝致祥，勤致祥，恕致祥。

大病初愈，戕树重生，将息培养，勿忘勿助。

朝闻道，夕死可矣。

三月廿二日，作扎记立誓。

四月廿三日，戒棋立誓。

廿六日，窒欲立誓。

矫激近名，扬人之恶；有始无终，怠慢简脱。

平易近人，乐道人善；慎终如始，修饰庄敬。

威仪有定，字态有定，文气有定。（咸丰八年三月至四月）

□唐浩明评点

曾氏的日记，从道光二十五年至咸丰八年六月之间，目前我们所见到的，只是一些零星片断。其原因不外乎两种：一是遗失，二是这些年里他原本就没有逐日记载。在咸丰八年六月初六之前，他记下这一年三月至四月这两个月里的某些重要的思考与安排，此即上面所抄录的文字。于此，我们可以断定，曾氏在道光二十五年至咸丰八年这段长达十四年的时间里，他的日记的确有间断。这很可能是那段时期内，他的恒心还有所欠缺的缘故。

这段文字中，涉及鉴人的有这么四句："端庄厚重是贵相，谦卑含容是贵相。事有归着是富相，心存济物是富相。"

富与贵，为绝大多数人所追求，是他们人生的最高目标。什么样的人具备贵相，什么样的人具备富相？这应是许多人所感兴趣的事情，也是命相学中的重要内容。

在曾氏看来，端庄厚重、谦卑含容，这是可以导至尊贵的相貌。所谓端庄厚重，应是品德端方，形容庄敬，心性厚道，言行持重；所谓谦卑含容，应是待人谦虚自抑，在人前喜怒哀愁不形于色。基于对中国文化的深刻领悟和四十多年的人世积累，曾氏认为具备以上品性的人，在社会上可以获得令人尊敬的地位。尊敬是一种发乎内心的情感，通常是对其人道德上的敬佩。什么样的道德最受人敬佩呢？这就是端庄厚重、谦卑含容，再简单一点的表述，则为庄重、克己。

曾氏认为事有归着、心存济物者有可能获得财富。事有归着，说的是做事情要有归纳，有着落，即曾氏常做的一件事：综核。心存济物，说的是心里有帮助别人、回馈社会、报效家国、无私奉献等念想。曾氏认为办事有归纳有着落、又能帮助别人的人，可以成为拥有财富的人。财富从做事中获取。在曾氏看来，做事情有两点最重要：一是踏实，二是助人。

读者诸君可能会说，曾氏所说的这些，不像是我们平时所说的面相骨相，而是说的人的德行习性。这话说得不错。而这，正是曾氏鉴人的根本之处。曾氏看人，以德为主，以才为辅。端庄厚重、谦卑含容、事有归着、心存济物这些都属于德或德性的范畴。富与贵，要靠德性去获取。而这种种德性，不是先天生就的，而是可以靠后天去培植的。

读者也许会说，这与面相不相干，是属于另一个话题中的内容。这种说法并不全面。其实，一个人的德性与他的表相是相干的，表相是德性的外在体现。孟子说："君子所性，仁义礼智根于心，其生色也睟然，见于面，盎于背，施于四体，四体不言而喻。"这几句话的意思是：君子的本性，仁义礼智植根在他心中，而生发出来的神色纯和温润。它表现在颜面上，反映在肩背上，以至于手足四肢。通过手足四肢的动作，不必言语，别人一目了然。相学中有一句重要的话，道是"相随心转"，说的也是这层意思。故而一个人的心地是否仁厚，道德境界是否高尚，是可以从他的外相来感受的。从这个角度来看，它又与我们通常所说的看面相、骨相的鉴人之术相关联。

当我们的视线转移到这个角度时，可以发现，这段日记中的"巧召杀，忮召杀，吝召杀。孝致祥，勤致祥，恕致祥"，同样也算是曾氏的鉴人之术。

在曾氏看来，使乖弄巧、机心过重、嫉妒眼红、心胸狭隘、吝啬小气、器局逼仄，这些都容易给人招致灾祸；孝敬长辈、友爱兄弟、勤于劳作、不图安逸、厚道待人、宽息包容，这些则可以给人带来吉祥。以上召杀致祥的种种德性，都能够从其人的外在行为表现中来观看。

怎么看？曾氏自有他的一套方法。这套方法散见于他的文字中，日记中亦时有可见。下面，我们就他的相关日记，来探测其鉴人绝招之点滴。

鉴刘松山等四人

□曾国藩原文

十四△何本高，湘阴归义人，兄弟六人，行三。咸丰三年十月入王璞山营。侍一百，壮四百，朴实。

十四△陈青云，五都萧家冲人。先充为字号勇，在金鹅山打仗。四年五月，在湘潭大官殿入璞山营。兄弟四人，居三。眼圆而动，不甚可靠。语次作呕，眼似邹圣堂。

十五〇刘光明，湘潭石潭人。四年三月十一，在岳州城内战船接出，年二十七岁。父年四十六岁。母没，有二弟。明白安详。

十五〇〇刘松山，七都山枣人，曾在季洪处当长夫。四年冬，在铜钱湾入璞山营。其兄在岳州阵亡。母存、父没、嫂嫁，有二侄。据称，东安、郴州之战最苦，吉水潭、四墟之捷最伟。王枚村不言而善战。挺拔明白。

又附记建昌绅士

蔡梦熊，渔溪，万年教官

蔡樟元，豫卿，庚子举人，梦熊之侄

万恩辅，仪唐，甲辰举人

黄士钧，秀峰，丙午举人

崔煊，春圃，崔斌之子

李鸿卓，黄平州知州，庚午举人，己卯进士

李松龄，小梧（咸丰八年九月十五日）

□唐浩明评点

三个多月前，曾氏在为父亲守丧一年零四个月后，奉旨再次出山。朝廷给他的任务是：统率湘军救援浙江。于是，规划大计、筹措粮饷、调遣旧部、签发军书，便成为复出后的曾氏的日常事务。曾氏离开前线一年多了，旧部也多有变化。其中，人员变动是最主要的。会见属下，是曾氏的重要事情。对于初次见面的营哨一级的军官，他会在日记中留下简单记录。他的记录包括以下几个方面：一是年龄，二是籍贯，三是入伍年份，四是军营经历，五为家中情况，六为面谈时的印象。面谈时印象又分为三个部分：一为长相，二为神情，三为曾氏本人的感觉。觉得好的画圆圈，不好的画三角形，拿不准的则不做记号。这面谈之印象即属于品鉴的范畴。

九月十四、十五日两天，曾氏召见老湘营中的四个中级军官：何本高、陈青云、刘光明、刘松山四人。

对于这四个人，曾氏分别作了如下记录：

何本高，湘阴县归义人，有兄弟六人，排行第三。咸丰三年十月进入王鑫的军营。现掌侍从（即亲兵）一百人，壮丁（即正兵）四百人，人朴实。“朴实”，本是曾氏对人的褒奖用语，而曾氏对何本高的评语又仅此一词，按常理，曾氏应该对何有好感，但他却在何的名字上方画上三角符号，也就是说对何印象不佳。这是为什么？笔者猜测，或许是何的朴实过了头，显得呆板。当然，也可能是曾氏对何还有另外的看法，那些看法影响了曾氏对何的好印象，而曾氏并没有点明。

陈青云，湘乡县第五都萧家冲人。起先充当普通团丁在金鹅山打仗。咸丰四年五月在湘潭大官殿投王鑫军营。兄弟四人，排行老三。眼睛圆而好转动，不太可靠。言谈之际令人作呕，眼睛像邹圣堂。从“眼圆而动，不甚可靠”八个字中，可以看出曾氏认为一个人若眼珠子过多转动，有可能不诚实不专注，所以不可靠。既不可靠，又有作呕的言辞，所以曾氏对陈青云印象不好，在他的名字前面画了一个三角形符号。

刘光明，湘潭石潭人，咸丰四年三月十一日，在岳州城内由战船接出城，年纪二十七岁。父亲四十六岁，母亲去世。有两个弟弟。心思明白，神态安详。曾氏在刘光明的名字上方画了一个圆圈，代表他对刘印象好。这好印象的原因是明白安详。安详的对立面是躁动。二十多岁的年轻人，正处在青春躁动的时期，又身在军营这个躁动的环境中，刘光明能保持安详的神态，确实不同寻常，难怪曾氏对他印象好。

刘松山，湘乡县第七都山枣人，曾在曾国葆军营中做长夫。咸丰四年冬天在铜钱湾进入王鑫军营。其兄长在岳州战役中阵亡。母亲健在，父亲去世，嫂嫂改嫁，有两个侄儿。据刘松山说，东安、郴州之战打得最苦，吉水潭、四墟之战的胜利成果最为宏伟。“王枚村不言而善战”，这句话疑有脱字。揣测文理，此话应该是说刘松山不多说话但善于作战。这一点与“挺拔明白”一起，让曾氏对刘松山的印象极佳：在刘的名字前面画了两个圆圈。

曾氏识人有一个很重要之点，即不喜欢多言语尤其是夸夸其谈爱说大话的人，他说过“楚军历来不用大言者”，他批评当时军营中爱说大话的文人：“近来文人爱好大言，动辄攻城若干，杀贼若干，此大言也。”他看重李续宾，其中有一点便是李不多说话，他说李续宾可以在“稠人广坐之间终日不发一言”。当然，仅仅只是不多话语是不行的，还得要会办事，这正是孔子所提倡的“君子讷于言而敏于行”。李续宾不多说话而会打仗，受到曾氏的极大信任。刘松山也是“不言而善战”，故而曾氏也极看好他。

刘松山后来积功升至老湘营统领。在同治五年左宗棠奉命出征西北时，曾氏将老湘营交给左调遣，并在左的面前极力推荐刘松山。关于这件事，左后来在为刘请恤时郑重向朝廷说明，并因此而有对曾氏“知人之明，谋国之忠，自愧不如元辅”的盖棺定论。

同治九年，刘松山在西北金积堡战役中阵亡，年仅三十八岁，无子，留下的老湘营由其侄儿刘锦堂统领。这支由刘松山带出的劲旅，后来在收复新疆的过程中立下大功，刘锦堂也因此成为第一任新疆巡抚。

鉴王华国等四人

□曾国藩原文

△王华国，八都人，易芝生居相近，三年入王营当伙兵。有弟为凯章亲兵。

△陈玉恒，二坊人，南门城外。三年入王营，廿四岁，长而清，可充戈什哈。

辜胜友，三坊人，曾家冲。三年入王营，二十五岁，矮而不精，比赵子麟略瘦。

文兼武，十二都人，三十岁，其兄亦在王营，拙直，长工之才。（咸丰八年九月十七日）

□唐浩明评点

这一天曾氏记下所召见的四个人的情况。

王华国，湘乡县第八都人，家与易芝生所住的地方相近。咸丰三年进入王鑫军营当炊事兵。有弟弟为张运兰（字凯章）的亲兵。名字前面画一三角形符号，表示其人不在曾氏的人才库之中。

陈玉恒，湘乡县第二坊人，家住湘乡县城南门外。咸丰三年进入王鑫军营，二十四岁。个子高，神情清爽，可充当贴身亲兵。此人名字前面也有一三角形符号，意谓他也未进曾氏的人才库。

辜胜友，湘乡县第三坊人，住曾家冲。咸丰三年进入王鑫军营，二十五岁，个子矮，不精明，比赵子麟略微瘦一点。

文兼武，湘乡县第十二都人，三十岁，笨拙直爽，属于长工一类的人。

对于辜与文两人，曾氏均未作记号，从“不精”“长工之才”的评语中，可见曾氏亦未看中二人。

鉴陈品南等六人

□曾国藩原文

○○陈品南，老三营湘旗旗长。挺拔，有静气。二十九岁。铜钱湾住。副将衔。

○喻科癸，平江亲兵百长。年二十四岁。满面堆笑，可爱。矮而精明，略似陈安南。

由硝石分路过渡，走新城县，至新口合路。

硝石十五里，界牌前十五里，八都铺店廿余家，三、五、八日墟场，可扎营。有墟场联局。八里，白石头十二里，十里山村屋百余家，十里，新城县五里，五里亭可扎营，十里，熊家塘五里，荷花庄五里，黄竹源五里，白沙十里，新口。

又附记

十九黎得胜，果营奇胜军营官。五年冬回楚，六年援江，旋归周凤山统。目动言肆。

十九〇〇文恒久，四都高冲人。三年九月入王营，岳州城内救出。辅卿之侄。有静气，有良心。二旗旗官。父没，母今年没。

十九△黎以成，宁乡人。四年，鲁家坝入营。神昏。

二十莫有升，长沙人，年二十九岁。南勇刘培元营内哨官。眼圆人滑。随濬川出投效。有妻无子，无兄弟。（咸丰八年九月十八日）

□唐浩明评点

今天，曾氏在日记中记录了六个人的情况。

陈品南，老三营湘旗旗长。身材挺拔，有安静之气。二十九岁。住铜钱湾。正二品副将衔。在陈品南的名字上方，曾氏画了两个圆形符号，这说明他很看重陈。看重陈的什么？依笔者之见，曾氏看重的是陈的“有静气”。曾氏早期在翰林院修身养性时，为自己制定十三门课程，其中列在第二位的便是“静坐”，并具体注明：“每日不拘何时，静坐一会，体验静极生阳来复之仁心。正位凝命，如鼎之镇。”同时又作《主静箴》来时时警示自己：“斋宿日观，天鸡一鸣。万籁俱息，但闻钟声。后有毒蛇，前有猛虎。神定不慑，谁敢余侮？岂伊避人，日对三军。我虑则一，彼纷不纷。驰骛半生，曾不自主。今其老矣，殆扰扰以终古？”在曾氏看来，“静”是很重要的品性，“有静气”的人可以成大事。二十九岁的陈品南已拥有副将衔，也证明他不一般，故曾氏在他的名字上方画上两个圆圈。

喻科癸，平江营亲兵百长，二十四岁，见人满面堆笑，显得可爱，个子矮，头脑精明，略像陈安南。曾氏在喻科癸的名字上方画上一个圆圈，对此人印象好的原因应出于“可爱”与“精明”。

黎得胜，果字营奇胜军营官。咸丰五年冬回湖南，咸丰六年出援江西，不久归周凤山统带。眼珠子多转动，言语放肆。黎得胜的上方未见标记。“目动言肆”的评语，在曾氏的语境中属不良的。黎应未入曾氏法眼。

文恒久，湘乡县第四都高冲人。咸丰三年九月进入王鑫军营，岳州战役时从城内被救出。文辅卿的侄子。有静气，有良心。现为二旗旗长。父亲去世，母亲也于今年去世。曾氏对文恒久特别看重，在他的名字上方画了两个圆圈，显然看重的是文的“有静气，有良心”。曾氏识人，以德为纲，“静气”与“良心”，都是他推崇的德性。一个厮杀于战场上的军官能同时具有这两种品性，这是曾氏所十分看好的。

黎以成，宁乡人，咸丰四年在鲁家坝入军营。精神昏浊。“神昏”者自然不是做事之人，所以曾氏为他画了一个三角形。

莫有升，长沙人，二十九岁。湘南刘培元军营里的哨官。眼睛圆，人油滑。随同萧濬川出来投军。家中有妻，没有儿子，亦无兄弟。在“巧”与“拙”之间，曾氏宁愿选择拙。在“官气”与“村气”之间，曾氏宁愿选择村气。在为军营挑选官勇时，他宁愿用未打过仗的书生，而不用绿营将领，他中意于世代务农的村夫而摈弃城市里的游民。一个“滑”字，足可以使得曾氏不喜欢莫。

鉴秦华祝等三人

□曾国藩原文

△秦华祝，三十五都洪三殿人，三十五岁。三年，在谢春池营。矮，乡间人。果营帮办。

△何胜必，二都城前人，二十九岁，有妻子。视下，果营百长。

△冯诩翔，湘潭石潭人，二十八岁。左八曾荐至余处，其父兄皆在鲍超营中阵亡。矮，微麻。果营百长。（咸丰八年九月二十一日）

□唐浩明评点

十九日曾氏召见三个果字营的中层军官，次日简单地记录了这三个人的情况。

秦华祝，湘乡县第三十五都洪三殿人，三十五岁。咸丰三年进入谢春池军营。身材矮，乡村人。现为果字营帮办。

曾氏没有看好此人，多半是因为一个“矮”字。在咸丰九年三月初八日的日记中，曾氏谈到人外表的“六美六恶”，将“长”列为六美之首。“长”者，身材高也。在行军、与人拼杀等方面，高个子都有明显优势，相对来说，个子矮较为吃亏。

何胜必，湘乡县第二都城前人，二十九岁，已有妻子。眼睛总往下面看，现为果字营百长。曾氏也未看好此人，估计是因为“视下”的缘故。眼睛总往下看，给人一种不大方不开朗的感觉。

冯诩翔，湘潭县石潭人，二十八岁。左老八曾经向曾氏推荐过此人。他的父亲与兄长都在鲍超军营中阵亡。个子矮，脸上略微有些麻子。现为果字营百长。曾氏亦未看好此人，多半也是因为“矮”的缘故。

鉴卢开甲等四人

□曾国藩原文

卢开甲，号纪年，汉军，驻系城炮厂，己亥举人。四年，部选金溪县。本年丁母忧，父先亡。五年到任，六年七月卸事。目动神很。

杨照藜，号素园。

凡十五两七钱九分，每日一钱七分，浅杯汁，可供三个月零三日。廿三日又称，仅十四两一钱二分。青花瓶盛七两一钱一分。碎瓷瓶盛四两九钱一分。小花瓶盛二两一钱。

○朱绍辉，醴陵人，湘潭界挖煤为生，广西境内入营。四十八岁，父没，母七十一岁。朴实明白。初充侍勇，六年冬下岳州分六旗。

△叶明瑞，湘潭人，易家湾种田为生。道州入王营，初充公长夫。面麻小样，狡诡能战，形模似三花脸。

老湘营旗长薪水九两。夫三名，七两二钱，今加作九两。王加四两，张加二两。廿四两。

正百长薪水九两。夫三名，七两二钱，今加作九两。张加二两。廿两。

副百长薪水六两。夫两名，四两八钱，今加作六两。张加二两。十四两。（咸丰八年九月二十一日）

□唐浩明评点

曾氏记下所召见的四个人的名字，除杨照藜仅记其号素园外，其他三人都有简况记录。

卢开甲，号纪年，汉军旗人，驻于城内炮厂。己亥年（即道光十九年）举人。咸丰四年，由吏部选为江西省金溪县令。本年因母亲去世丁忧，父亲先已去世。咸丰五年到任，咸丰六年七月离职。眼珠多转动，神情上显得厉害。前两天，对果字营的黎得胜，曾氏有“目动言肆”的评语，此次的“目动神很”，应与“目动言肆”属于同一界域，均为印象不佳的用词。

朱绍辉，醴陵人，在湘潭地界挖煤为生，由广西境内进入军营。四十八岁，父亲已去世，母亲七十一岁。为人朴实而心思明白。初为亲兵，咸丰六年冬，下到岳州分六旗。过于朴实的人，往往多笨拙；过于明白的人，往往又多浮华。既朴实又明白，则难能可贵，故而曾氏看好朱绍辉。不过，作为军营的中级头领，四十八岁的年纪，显然偏大。

叶明瑞，湘潭人，住易家湾，以种田为生。在道州加入王鑫军营，初期为长夫。

脸上有麻子，头脸显得小，狡猾诡诈，会打仗，模样有点像戏台上的三花脸。从曾氏的评语中可以看出，叶明瑞这个人，在他的印象中是一个奸诈小人，所以他为之画了一个三角形。

有意思的是，曾氏在日记中记下了当时军营部分层级的薪水状况。旗长每月九两，正百长每月九两，副百长每月六两，长夫即运输兵每月先为二两四钱，现在增加到每月三两。据曾氏家书记载，道光末年，湖南乡下一千文可买一石谷。时隔十来年，物价有可能上涨，若以一千二百文买一石谷计算，按一两银子换一千五百文钱兑换，一个旗长、正百长每月可买十一石谷，大致可以养活三十三个人。家中若有人做旗长或百长，一家人可以活得很滋润。

鉴贺国秀等二人

□曾国藩原文

〇〇贺国秀，五都人，兄弟六人，行二，有一兄一弟在营。四年三月廿五入王营。静而明白。壮勇百长，作田营生。

〇熊常富，卅五都人，去朱存大甚近，三年十月入王营，曾与羊楼岗之役。（咸丰八年九月二十二日）

□唐浩明评点

本日附记两个人简况。

贺国秀，湘乡县第五都人，兄弟六人，排行老二，有一个哥哥一个弟弟在军营。咸丰四年三月二十五日进入王鑫营。神情安静，心思明白。身为壮勇（即上阵打仗的勇丁）百长。家里以种田为生。

曾氏对贺印象极佳，原因在于贺的“静而明白”。

熊常富，湘乡县第三十五都人，老家离朱存大很近，咸丰三年十月进入王鑫军营，曾参与羊楼岗战役。曾氏对熊印象好，但未写出他对熊的评语，估计熊在羊楼岗战役中表现不错。

鉴易开俊等二人

□曾国藩原文

署南丰县潘曜新，广东人，潘祥新之弟。代理县丞陈澐、凤岐三。

代理广昌县孔广晋

石城县令张镕

易开俊，城内人，草席生理。四年冬入王营，三旗百长。视下，多心计。据言：小枪食药六钱零，抬抢食药二两零，劈山炮食药五两。

△陈世隆，四都人，四年冬入副五哨。父母俱没，一兄早没，一弟生子四人，有田三十余亩。作田营生。（咸丰八年九月二十三日）

□唐浩明评点

二十三日，曾氏在日记中附记了七个人，其中四个人只记下名字与职务，代理南丰县令潘曜新有“广东人，潘祥新之弟”的极简记录，对易开俊、陈世隆则略为详细些。

易开俊，湘乡县城里人，以织草席谋生，咸丰四年冬进入王鑫军营，现为三旗百长。眼珠多向下看，好为心计。据易说，小型火枪可以填下炸药六钱，两人抬的火枪可以填下炸药二两，劈山火炮可以填下炸药五两。曾氏未在易的名字上方留下记号，从“视下，多心计”的评语来看，曾氏不可能看好易。

易开俊后来长期为一支军队的统领。同治四年已做到寿春镇总兵，官居正二品，成为湘军中为数不多的实缺高级武官。易能有如此地位，可能正是出于“多心计”的缘故。易这个人可能很能干，但“视下”的人，曾氏从情感上不会喜欢。

陈世隆，湘乡县第四都人，咸丰四年进入副五哨，父母都已过世，一个兄长早去世，一个弟弟生有四个儿子，家里有三十多亩田，以种田谋生。曾氏对陈无评语，但在陈的名字上方画了一个三角形，看来他未看好陈。

鉴杨鸣岐等三人

□曾国藩原文

○○杨鸣岐，湘潭十四都莫家墩人，种田营生。四年正月入一三营。目不妄视。

○章合才，四都人，三年九月入王营，岳州战船接出。有祖母，有母。挺拔诚实，父今年死。言小枪食药一两，抬枪食一两零。

○喻致惟，宁乡二都人。五年正月招副五哨入营。据言，小枪食药六钱零，食子三颗。抬枪食药二两零，食子一大三小。劈山炮食药六两、七两，食子一大、十余小者。明白有情。喻吉三之侄。（咸丰八年九月二十四日）

□唐浩明评点

本日记录杨鸣岐等三人的简况。

杨鸣岐，湘潭县第十四都莫家塅人，以种田为生。咸丰四年正月进入一三营。眼神规矩，不随便乱看。曾氏对杨的印象极好，看来是相中杨的眼神专注。

章合才，湘乡第四都人，咸丰三年九月进入王鑫军营，岳州战役中，由战船从城里接出。家中有祖母，有母亲。身材挺拔，性情诚实。父亲今年去世。章合才说小枪装弹药一两，两人抬的枪装弹药一两多。“挺拔诚实”，让曾氏对章有好印象。

喻致惟，宁乡县第二都人。咸丰五年正月招考副五哨哨长时进入军营。据喻致惟说，小枪装弹药六钱多一点，装铁子三颗。两人抬的枪装弹药二两多，装铁子大的一颗、小的三颗。劈山炮装弹药六两或七两，装铁子大的一颗、小的十多颗。心思明白，有情谊。喻吉三的侄儿。曾氏对喻致惟亦有好印象，因为他“明白有情”。

鉴萧庆高等五人

□曾国藩原文

〇〇萧庆高，三十二岁，三年救江西入李营，同剿湖北、九江、弋阳、广信等处。在景德镇告假，入果营。父、母八十，思归，语次欲泣。四十二都人。

△朱桂秋，浏阳人，三年救江西，在罗营当长夫，至吉安当勇，同打湖北、九江。五年正月告假，又入罗信南营，茶陵入萧营。略油。

王胜友，六都人，初入罗信南营，后入萧营。据称，小枪食药一两零。父母俱在，乡间蛮人。

〇姚美岑，年廿一岁，一都人。六兄弟，行季，四人在营，伯次有妻，侄亦当勇。金溪始充百长。挺拔有情意。

〇〇〇胡中和，年廿四岁。廿五都杉木桥人，去太平寺数里，曾在迪安营当勇。八年六月假归，八月娶妻，漂亮。（咸丰八年九月二十五日）

□唐浩明评点

这一天曾氏又记录萧庆衍军营中五人的简况。

萧庆高，三十二岁。咸丰三年援救江西时进入李（续宾）军营，一同攻打湖北、九江、弋阳、广信等处。在景德镇时请假，后进入果字营。父母均已八十岁，想回家，言谈之际几欲流泪。湘乡县第四十二都人。曾氏为萧画了两个圆圈，可能为萧的孝心感动。萧庆高后来官做到汉中镇总兵，正二品衔，也算是高级武官了。

朱桂秋，浏阳人。咸丰三年，湖南援军出救江西时在罗泽南营当长夫，到吉安时当勇丁，一同攻打湖北、九江。咸丰五年正月请假，后来又进入罗信南军营，在茶陵时进入萧庆衍军营。略为油滑。一个“油”字，给了曾氏不好的印象。

王胜友，湘乡县第六都人。初期进入罗信南军营，后进入萧庆衍军营。据王胜友说，小枪装炸药一两多。父母都还健在，是个乡间的霸蛮人。乡间蛮人，可成为一个勇敢倔强不怕死的好军人，也可能成为一个不听号令性格犟拗的刺头，全在于上司的调教和军营风气的影响，故而曾氏未对王胜友置可否。

姚美岑，二十一岁，湘乡县第一都人，六兄弟，排行第四。有四个兄弟在军营，老大老二有妻，侄儿也在军营充当勇丁，到金溪时才当百长。身材挺拔，为人有情谊。曾氏看中挺拔的人。挺拔显示出生命力的旺盛，紧束而有力量，是军人很重要的素质。曾氏因此为姚画了一个圆圈。

胡中和，二十四岁。湘乡县第二十五都杉木桥人，离太平寺几里，曾经在李续宾军营当勇丁。咸丰八年六月假满归营，八月娶妻，妻子长得漂亮。对胡中和，曾氏未有评语，却在他的名字前面画了三个圆圈，这种情况绝无仅有，足见曾氏很器重胡中和。可惜，我们无从知道曾氏如此厚爱胡的原因。

鉴沈宝成等三人

□曾国藩原文

〇沈宝成，（天头：九年二月廿八见，似文官。）新染铺人。父六十四，母五十六。兄弟四人，二在濠头堡阵亡，三在岭东阵亡，四弟十三岁。年廿九岁，有妻无子。在县入罗营。三年，救江西；四年，湖北、九江；五年，广信，义宁；俱在场。现充前营左哨长。清而有情。

〇〇胡辉堂，四都人，父五十六，母五十六，祖父九十。兄弟二人，兄当护哨。三年六月廿四入罗营，救江西。回长沙告假，入王营。岳州之败，战舟接出。四年八月在紫坊再入罗营，同攻武昌、田镇等处。十二月廿九日接塔公马渡江，赏银十五两。同攻广信、义宁等处，在义宁告假。六年四月派哨长。年二十五岁，短小精明。前营右哨长。

〇成立福，湘潭七都人。父八十，母七十。兄弟七人，二早死，四人在营当勇。年三十七岁。四年，在羊楼峒入营。打义宁后，告假一次。七年六月充前营哨长。初由抬枪班当散勇。朴实壮健，目光渐散。

抬枪班：散勇十二人，什长一人，伙勇一人，长夫三人。又由营官处拨来公长夫一人，共十八人。两棚。

刀矛班：散勇十人，什长一人，伙勇一人，长夫二人，共十四人。两棚。鸟枪班亦然。

哨长一人，护哨四人，伙勇一人，长夫三人，共九人。两棚。

原制哨长每月口粮九两。罗公加作九两六钱。李公因哨长官阶渐大，以次而加：守备充哨长者，加夫一名，都司加夫二名，游击加夫三名，参将加夫四名，副将加夫五名。各哨长于移营时，私雇短夫。扎坐营时则不雇。其银稍资津贴。（咸丰八年十月初六日）

□唐浩明评点

本日曾氏记录了三个人的简况。

沈宝成，湘乡县新染铺人。父亲六十四岁，母亲五十六岁。兄弟四人，老二在濠头堡阵亡，老三在岭东阵亡，四弟十三岁。老大沈宝成二十九岁，有妻，但无儿子。在县城进入罗泽南军营。咸丰三年，参与救援江西战役。咸丰四年参与湖北、九江战役。咸丰五年，广信、义宁等战役都参加了。现任前营左哨长。清秀而有情致。曾氏在沈宝成的名字上方画了一个圆圈。又注明：咸丰九年二月二十八日接见，模样像文官。身为哨官而有清秀之姿，可能是曾氏对沈印象好的原因。

胡辉堂，湘乡县第四都人，父母均五十六岁，祖父九十岁。兄弟两人，兄长现任护哨。咸丰三年六月二十四日进入罗泽南军营，救援江西。回长沙休假时进入王鑫军营。在岳州那场败仗中，由战船从城里接出。咸丰四年八月在紫（纸）坊再次进入罗泽南军营，攻打武昌、田镇等处。同年十二月二十九日接塔齐布的战马渡过长江，为此获十五两赏银。参与攻打广信、义宁等处，在义宁时请假。咸丰六年四月任哨长。二十五岁，矮小精明。现任前营右哨长。胡辉堂精明，又有护送塔齐布战马渡江的业绩，故而曾氏为他画了两个圆圈。

成立福，湘潭县第七都人。父亲八十岁，母亲七十岁。兄弟七人，老二早死，有四个兄弟在军营当勇丁。三十七岁。咸丰四年在羊楼峒入营。攻打义宁之后请假一次。咸丰七年六月充当前营哨长。初投军时在抬枪班当散勇。朴实健壮，但目光有些散漫。“朴实”是曾氏很看重的品德，尽管有目光散的缺陷，曾氏还是为成立福画了一个圆圈。

这篇日记里，曾氏记载了部分编制，为我们提供湘军营制研究的第一手资料。

一个抬枪班的编制为：什长（即班长）一人，打仗的勇丁十二人，伙夫一人，勤杂人员三人，还加上由营官处拨来的勤务员一人。共十八人，住两个帐篷。

一个刀矛班的编制为：什长一人，打仗的勇丁十人，伙夫一人，勤杂人员两人，共计十四人，住两个帐篷。鸟枪班的编制与刀矛班相同。

哨长一人，保护哨长的勇丁为四人，伙夫一人，勤杂人员三人，共九人，住两个帐篷。看来哨长是一人住一个帐篷。

曾氏还记录了湘军中长官们的待遇。

哨长过去每月伙食费九两，罗泽南增加到九两六钱。李续宾鉴于哨长官阶渐大，按照不同情况再作增加：守备衔哨长的，加勤务员一人。都司衔哨长的，加勤务员两人。游击衔的加勤务员三人。参将衔的加勤务员四人。副将衔的加勤务员五人。各哨长在营房迁移时，可自己做主增加临时勤务人员，扎立营房时则不雇临时勤务员，但在津费上可增加一些作为补贴。

鉴王华云等四人

□曾国藩原文

买洋红

查前此阵亡各员恤典

咨江西要军需则例

△王华云，衡阳人，去女子桥甚近。罗山之姨侄。四年在孔垅入营，当长夫。五年，义宁至蒲圻后告假，旋回营。罗山没后，随温甫至瑞州当什长。七年随希庵至九江，告假。八年二月在县城派哨长。老实。据称，该哨只十余人未见过仗。己丑生。（天头：五兄弟。大在家，有妻。三、四已死。二及五皆无妻。）

△刘长春，湘乡城内人。咸丰五年在后营刘峙衡处当亲兵。六年冬在腾鹤处充哨长。八年二月告假回湘，希庵派为哨长。聪明而滑。（天头：面貌俗。有母。二十七岁。）

○王品高，八年三月在九江升哨长。栗山铺人。三年五月入易超九营援江。十一月杨虎臣散营。四年五月入罗营，岳州、武汉、九江、义宁皆在事。随温甫至瑞州。七年随希庵至蕲、黄、麻、黄。目下视，身长，结实。（天头：鼻好，耳好，目低。一兄被掳。父母皆亡。一妻一女。九年三月一日见。三十一岁。）

△胡玉元，永丰下洋潭人。三年十月入罗营，至永兴打油榨圩。四年五月与朱云章解衡州战船至长沙，岳州、武汉、九江皆在事。六年至瑞州，温甫保以蓝翎把总，希庵保守备，迪安保都司。漂亮，微滑。（天头：二十八岁。伯叔在，父母故，弟廿一岁，在靖州生意。）（咸丰八年十月十五日）

□唐浩明评点

十月十五日的日记中，曾氏有“传见强中营四哨长问话”的记载。他将此四人的简况写在当天的“附记”里。

王华云，衡阳人，离女子桥很近，是罗泽南母亲娘家那边的侄儿。咸丰四年在孔垅进入军营，充当随军长夫。咸丰五年，义宁战役后随军至蒲圻后请假回家，不久回营。罗泽南死后，随曾国华到瑞州当什长。咸丰七年随李续宜到九江，后请假。咸丰八年二月在县城委派为哨长。人老实。据他说，他的那个哨只有十几个人没见到打仗。

道光九年出生。曾氏又在天头上注明：五兄弟。老大在家，有妻子。老三、老四已去世。老二及老五皆无妻。

老实，本是曾氏看重的品性，但曾氏却在王华云的名字上画了一个三角号，可能王是老实过头了些。老实一旦过了头，就会变得笨与迂，而笨与迂却是不好的。

刘长春，湘乡县城里人。咸丰五年在后营刘腾鸿（峙衡）那里当亲兵。咸丰六年冬在刘腾鹤那里当哨长。咸丰八年二月请假回湖南，李续宜（希庵）委派为哨长。聪明而油滑。天头上注明："面貌俗气。有母亲。二十七岁。"一个"滑"，一个"俗"，让曾氏为刘画了一个三角形。

王品高，咸丰八年三月在九江升为哨长。栗山铺人。咸丰三年五月进入易超九军营援助江西。同年十一月，杨虎臣解散这个营。咸丰四年进入罗泽南的军营，岳州、武汉、九江、义宁等战事皆参与。随曾国华到瑞州。咸丰七年随李续宜到蕲州、黄梅、麻城、黄安。眼光向下看，个子高，结实。天头上注明"鼻好，耳朵好，目光朝下。一个哥哥被掳，父母均去世。家中有一个妻子一个女儿。九年三月一日见。三十一岁"。这一段话是四个多月后即咸丰九年三月一日那天再次见面后补写的。查曾氏咸丰九年三月一日日记中有"传见强中营哨官二人"的记载，足可为此作证。"目下视""目低"是王品高的缺点，但他的优点很多：身长、结实、鼻好、耳好，所以曾氏为他画了一个圆圈，四个多月后再见面时，王品高已由哨长升为哨官了。

胡玉元，湘乡县永丰下洋潭人。咸丰三年进入罗泽南军营，到永兴去攻打油榨圩。咸丰四年与朱云章带领衡州战船到长沙，岳州之仗、武汉之仗、九江之仗皆参与。咸丰六年到瑞州，曾国华保举他为蓝翎把总，李续宜保举他为守备，李续宾保举他为都司。人长得漂亮，略微油滑。天头上注明：二十八岁。伯父叔父健在，父母去世，弟弟二十一岁，在靖州做生意。因为"微滑"，曾氏对他不够信任。

鉴丁长胜等三人

□曾国藩原文

○丁长胜，前充二旗左哨。本年二月假归。三十五都人。四年招副五哨，入王营。身文而笨，讷于言辞，目不妄动。为可靠。

△龚隆贵，二都人。四年二月初十日围在岳州，城破后十五日逃出。在城内杀穿左右颊。十一月复入王营。据称，在湖南与朱洪英战最很，七年十一月与石达开战最很。身长，视下，有壮气，好说话。父母年六十二三。三年入钟开诚营。

李绳武，湘乡城内人，种田为业。三年入王营，旋至衡州入罗山营，同剿岳州，武汉、田家镇、弋阳、广信，均在事。年四十二岁。充二旗哨长。无英气。无父母，有弟，有二女。尚老成。

问官制军要弓箭，要马上鸟枪。（咸丰八年十月十六日）

□唐浩明评点

咸丰八年十月十六日，曾氏“传见营务百长三人”，在当天的“附记”中记下了这三个人的情况。

丁长胜，先前充当二旗左哨官。湘乡县三十五都人。咸丰四年招募副五哨，进入王鑫军营。身子单薄而笨拙，言辞上木讷，两眼不随便乱动，人可靠。“木讷”与“目不妄动”，使得曾氏认为丁长胜“老实”，故而在他的名字上画了一个圆圈。

龚隆贵，湘乡县二都人。咸丰四年二月初十日被围困在岳州城，城破十五天后逃出。在城里厮杀时，被刀穿透左右两颊。同年十一月再回到王鑫军营。据他说在湖南时与朱洪英作战最凶狠，咸丰七年十一月与石达开作战也最凶狠。个子高，眼睛朝下看，有雄壮气概，喜欢说话。父母年龄六十二三岁。咸丰三年进入钟开诚军营。可能是“视下”“好说话”以及自称“最很”的缘故，龚隆贵没有给曾氏留下好印象，名字上方被画了一个三角形。

李绳武，湘乡县城里人，以种田为业。咸丰三年进入王鑫军营，不久到衡州进入罗泽南军营，一道围剿岳州城，武汉、田家镇、弋阳、广信等战事均参与。年龄四十二岁。充当二旗哨长。没有英武之气。无父母，有弟弟，有两个女儿。还算老成。既“无英气”，又“尚老成”，对于李绳武，曾氏一时还看不准，遂未作任何记号。

鉴萧浮泗、熊登武等三人

□曾国藩原文

○萧浮泗，八都人。三年救援江西，在罗营。口拙讷，神不外散。四、五二年俱在罗营。六年九月至九弟营。初带义营，现带制字营及中军。

○刘湘南，甲午生。八都人。眼黄有神光，鼻梁平沓，口圆，有童心，腰挺拔，面英发，可爱。五年羊楼峒入营，六年罗死后出营。十月入沅营。七年七月升哨官。大父母与父母俱存，无妻。

○○熊登武，廿五岁。八都人，青三之侄。目有精光，三道分明。鼻准勾而梁方，口有神而纹俗，略似礼园。三年入罗营，从救江西。四年从攻武汉、田家镇。六年入沅营，未假。本生父故，母存，过继父母皆亡。（咸丰八年十月二十一日）

□唐浩明评点

曾氏在十月二十一日传见吉中营哨长三人，他们都是曾国荃的部下，且都跟着老九后来成为攻克南京的立功人员，得到朝廷的重赏。且看六年前曾氏初次见到他们时，曾氏对他们的印象如何。

萧浮泗（此人后来通常写为萧孚泗），湘乡县八都人。咸丰三年救援江西时在罗泽南军营。言辞木讷，精神不外扩散。咸丰四年、五年两年都在罗泽南军营。咸丰六年九月到老九的军营。起先管带义字营，现管带制字营及中军。不善于言辞与精神凝聚，都是曾氏很欣赏的品性，他为萧画了一个圆圈。同治三年六月，他以福建陆路提督身份被朝廷封为一等男爵，赏戴双眼花翎。当时封五等爵位的仅六人，萧能挤进去，堪称殊荣。

刘湘南，道光十四年出生。湘乡县第八都人。眼珠子色黄而精光，鼻梁扁平，嘴唇呈圆形，有小孩子的天真心，腰板挺拔，脸上显露出英姿勃发，可爱。咸丰五年在羊楼峒进入军营。咸丰六年罗泽南死后离开军营。同年十月进入老九军营。咸丰七年七月升为哨官。祖父母与父母都健在，没有妻子。曾氏对刘湘南的印象可谓很好，而刘也的确不错。攻打南京战役时，刘已为记名总兵，朝廷循曾氏所请，“着以提督记名简放”。

熊登武，二十五岁。湘乡县第八都人，青三的侄儿。眼睛有精光，三道分明。鼻子勾，鼻梁方正，嘴唇有精神而纹络平俗，有点像礼园。咸丰三年进入罗泽南军营，跟着救援江西。咸丰四年跟随罗营攻打武汉、田家镇。咸丰六年进入老九军营，没有请过假。亲生父亲已去世，母亲还在，过继的父母都已不在了。曾氏为熊画了两个圆圈，足见他对熊的欣赏。打下南京后，在曾氏的保荐下，熊以记名总兵身份交军机处记名，无论提督、总兵缺出，尽先提奏，并赏穿黄马褂，赏给骑都尉世职。

鉴张胜禄等三人

□曾国藩原文

○○张胜禄，六都碓坎井人，与张开辑、凯章同族。二十八岁。兄弟四人，两兄在家，弟在营。四年，衡州入罗营。岳州、武汉、田家镇、广信、弋阳、义宁在事。六年六月在鄂告假，八月入沅营。口大，似王惠三，目有神光，人倜傥。现充义营帮带。

○廖世霖，衡阳人，洪乐庙。四年，田家镇入罗营，为护哨三十五个月。罗山没后，随温甫至瑞州，旋至吉安。张开辑故后，充哨长。鼻梁直，腰身正。在家小贸营生。（天头：头发、眉毛有浊气。）

○李楚盛，湘乡十二都人。义宁州入罗营。六年六月在武昌假，八月入沅营，把总、守备、都司，皆沅所保也。目有精光数道。田业为生，耕作四十担。朴实可用。（天头：面有骨格，大辫子。尚未保都司。）

寄贺丹麓奠分四十。

寄黄南坡之子卷资三十。

寄唐竟文五十。（咸丰八年十月二十二日）

□唐浩明评点

十月二十二日早饭后曾氏传见吉中营的三个哨长，这天的附记中他记录了三人的简况。

张胜禄，湘乡县第六都碓坎井人，与张开辑、张运兰（字凯章）为同族。年龄二十八岁。兄弟四人，两个哥哥在家，弟弟在军营。咸丰四年，在衡州府进入罗泽南军营。岳州、武汉、田家镇、广信、弋阳、义宁等战役都参与。咸丰六年六月在湖北时请假，同年八月进入老九军营。嘴巴大，像王惠三，眼睛有精彩亮光，人洒脱豪爽。现充当义字营帮带。曾氏为张画了两个圆圈，显示出他对张的极好印象。估计这种好印象来自三个方面：一是张经历过不少大仗，属于打出来的人一类；二是“目有神光”，精神气概好；三是为人倜傥。曾氏是一个拘谨的文人，但他却很欣赏性格豪爽不拘细节的人，这大概是出于一种互补的心态。发迹前的江忠源便是一个很“倜傥”的人，故而获得曾氏的格外赏识。张胜禄得到两个圆圈的待遇，其最主要的原因或许就是“倜傥”二字。一年后，张便升为吉中二营的营官。同治三年六月初，张胜禄在南京城外中炮阵亡。

廖世霖，衡阳县洪乐庙人。咸丰四年在田家镇进入罗泽南军营，当了三十五个月的护哨。罗泽南死后随曾国华到瑞州，不久到吉安。张开辑死后充当哨长。鼻梁直，腰身正。在家以小买卖谋生。天头注明：“头发、眉毛中有浑浊之气。”曾氏看人首看眼睛，次看鼻子。廖鼻梁正，给曾氏留下了好印象，但曾氏发现此人毛发中有浊气。估计廖的毛发干枯、稀少，或是头发长得太下、双眉靠得太紧，这些都有可能令人生“浊气”之感。

李楚盛，湘乡县第十二都人。在义宁州投入罗泽南军营。咸丰六年六月在武昌请假，同年八月投入老九军营。把总、守备、都司，都是老九所保举的。眼睛里有几道精亮的光彩。以种田为主业，耕种之田每年可收四十担谷。人朴实，可以办事。天头注明：“脸上骨架子明显，辫子大。还没有保举都司。”笔者猜想，这应该是对前面写的“都司”为“沅所保也”的修正。

鉴周惠堂等六人

□曾国藩原文

△周惠堂，东晚坪人。初入一一营，次入彭三元营，次入蒋左营，次入罗信南营，次入沅营，拨高彦骥水营。高归，充水营营官。颧骨好，方口好，面有昏浊气，色浮。不甚可靠。

△王桂林，（天头：九年二月廿四改桂堂。）年四十一岁。住五里排。五年二月入罗营。蒲圻左足受伤，保千总。六年入沅营，七年改水师。（天头：八年七月廿一受大子伤，左腹入，右腹出。说话尚稳实。）鼻梁正，目青明，左有眚，鼻尖勾，面似小柳。

△黄正大，清泉耒河人。荫亭带至南康，充前营哨官，六年冬丁艰归。七年入沅营，八月入水营。鬓贱，身长，无直气，目清而动。（天头：九年二月二十四日见。）

〇李祖祥，年卅二岁。洪乐庙人，驾船为生。在广西，南至百色，北至柳州，东至澳门。劳给八品，文格给六品把总，沅保千总、守备。目定鼻定，坚实可恃。

傅裕昆，年卅九岁，谷水人。初入厚庵副右营，四年七月入罗营，十二月小池口告假。五年在家练团，六年正月入罗营，二月受伤，九月入沅营。鼻歪，不可恃，色亦不正。微麻。

〇周玉堂，三年春，长沙入罗营，救江西。四年在岳州、武汉。五年在广信、义宁。六年五月受大子伤，迪安用去百余金，十二月归。七年入沅营。目光三道清明。（咸丰八年十月二十四日）

□唐浩明评点

二十四日接见的六人都做过老九手下的中级军官。

周惠堂，湘乡县东晚坪人。起先投入十一营，后投入彭三元营，后投入蒋左营，后投入罗信南营，后投入曾国荃营，系从水师高彦骥营中选拔出来的。高彦骥回营后，充任水师营官。此人颧骨好，嘴巴是方的，好，脸上有“昏浊”之气，气色飘浮，不太可靠。曾氏为之画了一个三角符号。“昏浊”“浮”都不是好气色，除这些外，周惠堂跳槽过多，大概也令曾氏不太喜欢。

王桂林，曾氏天头上注明：“此人在咸丰九年二月二十四日改名桂堂。”年纪四十一岁，家住五里排。咸丰五年二月投入罗泽南军营。蒲圻战役中左脚受伤，保举为千总。咸丰六年进入曾国荃军营，咸丰七年改投水师。曾氏在这一句上又作了一番加注：“咸丰八年七月二十一日受大炮子伤，炮子从左腹进入，从右腹出。说话尚且稳重平实。”接下来，曾氏写道：“鼻梁正，眼珠子黑而明亮，左眼有白斑，鼻子尖部勾，脸像小的柳叶。”应该说王桂林的长相和表现均令曾氏满意，之所以画上三角符号，多半可能是“左有眚”的缘故。作为一个中级军官，眼睛有毛病是一大缺点。

黄正大，清泉县耒河人，凌荫亭带着到南康，充当前营哨官。咸丰六年冬天回家奔丧。咸丰七年进入老九军营，同年八月进入水师军营。两鬓毛发难看，个子高，无挺直之气，眼珠子清亮但好动。天头上注明：“咸丰九年二月二十四日又见了一次。”

曾氏看黄正大两鬓的毛发，用了一个“贱”字来表述，可见他很不喜欢黄，这也可能是黄身体不直、眼睛好动的毛病加重了他对黄的不好感。

李祖祥，年龄三十二岁，衡阳县洪乐庙人，以驾船为生。在广西时，南到过百色，北到过柳州，东到过澳门。劳崇光给过他八品衔，文格给过他六品衔把总，老九保过他千总、守备。目光安定，鼻梁硬挺，为人坚实，可为依恃。因为眼睛与鼻子的“定”，李给曾氏以“坚实可恃”的良好印象，故而在他的名字上方画了一个圆圈。

傅裕昆，年龄三十九岁。谷水人。起初参加杨载福（字厚庵）的副右营，咸丰四年七月进入罗泽南军营，同年十二月在小池口请假。咸丰五年在家乡组练团勇。咸丰六年正月进入罗泽南军营，同年二月受伤，九月进入老九军营。鼻梁歪斜，不可作为依恃。脸色亦不正常，略微有点麻子。“鼻歪”，最为曾氏所不喜欢。在他认为“鼻歪”“嘴歪”的人，属心术不正者，所以“不可恃”。曾氏未给傅画符号，但看来他不可能重用傅裕昆。

周玉堂，咸丰三年春，在长沙投入罗泽南军营救援江西。咸丰四年参与岳州及武汉战事。咸丰五年参与广信与义宁战事。咸丰六年五月被大炮子打伤。李续宾（字迪庵或写作迪安）为此花费百多两银子，同年十二月回家。咸丰七年投入老九军营。眼神光亮清明。眼睛如何，在曾氏鉴人术中占最重要的位置。周玉堂目光好，故曾氏为之画了一个圆圈。

鉴胡松江等五人

□曾国藩原文

△胡松江，年二十九岁。目清明，无雄气。四年入秦国禄中营。十二月十二日陷入内湖，五年六月归。六年入沅营。花石人。父母没。中营哨长。七年六月丧母回家，仅住一夕。兄一，俱作生意。

△黄东南，年廿二岁，大邑塅人。三年十月入王营，岳州城内战船接出。五年二月入罗营。七年，入李营。六年告假，九月入沅营。父母没。目光三道，面麻，声不雄。

△钟辅朝，二年在劳仪卿处。四年春入武庠，秋随李扩夫下武汉、田镇。五年入

次青营。六年在抚州，七年贵溪告假。目清而不定，明白，滑。

△吴兰蕙，五年春入次青营。癸未生。苏官渡升棚头，七年升哨官。面偏神动，目有精光，跳皮。

〇彭琼英，三十三岁，平江北乡，与彭大寿同族。四年在凌煌寿麾下，五年冬入苏官渡。七年充哨长，八年在衢州充哨官。鼻正，眼不敢仰视，面有正色。（天头：父故，母存，有妻，无子。弟二十六岁，有子。耳好。）（咸丰八年十月二十六日）

☐唐浩明评点

胡松江，年龄二十九岁，目光清明，没有雄豪之气。咸丰四年投秦国禄中营。同年十二月十二日陷入鄱阳湖，咸丰五年六月回家。咸丰六年投老九军营。湘潭县花石人。父母已去世。现为吉中营哨长。咸丰七年六月母亲去世时回过家，只住了一个晚上。有一个哥哥，兄弟俩都做过生意。曾氏为胡画了一个三角符号，表示对胡的印象不太好。推其原因，“无雄气”是主要的。此外，母丧回家，“仅住一夕”，可能也令曾氏不怿。曾氏是一个看重伦理的人。胡完全可以为母亲多守丧一些时间，为什么只住一个晚上？在曾氏的眼中，胡或许是一个薄于亲情的人。

黄东南，年龄二十二岁，大邑塅人。咸丰三年十月投王鑫军营。岳州战役中困于城内，由战船接出。咸丰五年二月投罗泽南军营。咸丰七年投李续宾军营。日记中“六年”疑是“六月”的笔误，即黄东南在咸丰七年六月请假回家，九月投老九军营。父母已不在。目光三道，脸上有麻子，声音不雄壮。曾氏亦未看好黄，可能是因为他的“声不雄”。

钟辅朝，咸丰二年在劳仪卿那里。咸丰四年进武术学校，同年秋天随李扩夫参与武汉、田家镇战事。咸丰五年投李元度（字次青）军营。咸丰六年参与抚州战事。咸丰七年在贵溪请假。目光清明但不安定，心思明白，油滑。曾氏不喜欢不安定和油滑的人，因此，钟不入此老法眼。

吴兰蕙，咸丰五年春投李元度军营。道光三年出生，三十六岁。苏官渡战役时升的棚头，咸丰七年升任哨官。脸偏斜神情不安稳，眼睛有精亮的光彩，性情不稳重不安分。虽然“目有精光”，但曾氏并未看好吴，很可能是吴的“面偏”和过于好动的缘故。

彭琼英，三十三岁。平江县北乡人，与彭大寿为同族。咸丰四年为凌煌寿的部属，咸丰五年冬天到的苏官渡。咸丰七年充当哨长，咸丰八年升任哨官。鼻梁正，眼睛不敢向上看，而脸上有堂堂正正的气色。天头上注明：“父亲已死，母亲健在，有妻，没有儿子。弟弟二十六岁，有儿子。耳朵好。”因为鼻梁正、耳朵好，面有正色，彭琼英成了所接见的五个人中唯一给曾氏留下好印象的人。

鉴王春发等三人

□曾国藩原文

〇王春发，口方鼻正，眼有清光，色丰美，有些出息。初当散勇，在吴稳正处打大旗。五年冬当百长，八年三月帮办。年二十三岁。父四十六，母四十。

△毛全升，鼻梁正，中有断纹。目小，睛无神光。口小，不可恃。住平江五里亭。四年随李扩夫，六年十二月在贵溪充哨长，现充哨官。（天头：父亡母存。弟二十四，在本哨当勇。四年至今未假。衢州充哨官。）

△唐顺利，三十八岁，常宁人。目小有精光，眉粗，笨人。二年在长沙入苏营，至南京。五年在李卿云麾下当奋勇。贵溪升哨长。本年三月升哨官。（天头：三年至江西罗玉麾下。兄弟四人，三兄皆在家。发粗。）（咸丰八年十月二十八日）

□唐浩明评点

王春发，嘴巴厚实鼻梁端正，眼睛里有清亮的光彩，面容饱满漂亮，看起来有些出息。起先当散勇，后在吴稳正那里举大旗。咸丰五年冬当百长，咸丰八年三月升为帮办。年龄二十三岁。父亲四十六岁，母亲四十岁。从曾氏的记载来看，王春发可算得上一个靓仔。尤其是口方鼻正，在曾氏的眼里，属于老实正派人的长相。此人二十岁即当百长，可见也有能力。曾氏为之画了一个圆圈。

毛全升，鼻梁正，但鼻梁中部有断裂的纹路。眼睛小，眼珠子没有神采。嘴巴小。不可依恃。家住平江五里亭。咸丰四年跟随李扩夫，咸丰六年十二月在贵溪县充当哨长，现当哨官。天头上注明：“父亲已死，母亲健在。弟弟二十四岁，在他的哨里当勇丁。投军四年未请过假，在衢州时升的哨官。”毛全升的长相上有不少缺点：眼小嘴小，眼睛又无神，而最大的缺点或许是鼻梁有断纹，所以，即便身为哨官，曾氏也没有看好他。

唐顺利，三十八岁，常宁人。眼睛小，有精亮的光彩，眉毛粗，是个笨拙的人。咸丰二年在长沙投苏营到过南京。咸丰五年在李卿云帐下当奋勇。在贵溪时升的哨长。咸丰八年三月升的哨官。天头上注明：“咸丰三年到江西投罗玉帐下。有兄弟四人，三个哥哥都在家。头发粗。”唐顺利给曾氏的印象是个粗笨之人。此人若做勇丁，可能是个能冲锋、不怕死的好勇，但作为哨官，粗笨者难以负重任。所以，曾氏在他的名字上画了一个三角符号。

鉴张光明

□曾国藩原文

张光明，碓坎井人，凯章之族侄孙，年二十六岁，癸巳生。初在扑山营，四年在罗山营，从攻武汉、九江等处。六年二月，受伤回里。至沅甫处当哨官。八年春，代理营官四个月。目秀，颇聪明。母没父存。（咸丰九年二月二十一日）

□唐浩明评点

二月二十一日，曾氏“传见吉字哨官张光明、胡松江二人”，胡松江在三个多月前已见过，张光明则是初次见面，故曾氏只记下张的简况。

张光明，湘乡碓坎井人，张运兰（字凯章）的同族侄孙，年龄二十六岁，道光十三年出生。起初在王錱（字璞山，也写作扑山）军营。咸丰四年在罗泽南军营，跟随罗攻打武汉、九江等地方。咸丰六年二月受伤回老家，伤好后到老九军营当哨官。咸丰八年春代理营官四个月。眼睛清秀，比较聪明。母亲去世，父亲健在。曾氏未给张光明画任何符号，但从评语中可以看出对张颇有好感。张光明后来作为营官率部攻进南京，受到朝廷封赏。

鉴贺湘洲

□曾国藩原文

贺湘洲，湘潭江车人，年三十八岁，在湘潭开丝线店。咸丰四年被兵，出至罗山营当勇，后开前营当护哨，今在朱处当哨官。鼻梁太削，鼻右有小子，目有清光。

周溯贤，葭浦，桂平人，丙午举人，办团保知县，选安徽英山县，奉改东乡县。人尚朴实。（咸丰九年二月二十三日）

□唐浩明评点

二月二十三日下午，曾氏“传见吉营哨官二人”，但只在日记中记下贺湘洲的简况。

贺湘洲，湘潭县江车人，年龄三十八岁，在湘潭城里开丝线店。咸丰四年湘潭城遭受兵灾，出城到罗泽南军营当勇丁，后到开前营当护哨，现在朱姓营官处当哨官。鼻梁太干瘦，鼻梁右边有小瘤子，眼睛有清亮光泽。贺湘洲的缺点是鼻梁太削，优点是目有清光。曾氏未给贺留记号，估计一时还拿不准。

这一天，曾氏还记下一个名叫周溯贤的简况。

周溯贤，字葭浦，广西桂平县人，道光二十六年的举人，选派安徽英山县令，后奉旨改派东乡县令。人还朴实。此人显然不是湘军中的人，而是当天所见的客人中的一个。看来曾氏对周县令的印象尚可。

再鉴张光明等四人

□曾国藩原文

张光明，中前哨。凯章之侄孙，曾代营官。明白。

胡松江，花石人，中左哨。

黄东南，大邑墩人，麻子。中右哨。似文童之笨者。

熊登武，中右哨。沅之妻侄。睛黄，明白。（咸丰九年二月二十五日）

□唐浩明评点

二月二十五日早饭后，曾氏“传见吉中营哨官熊登武、黄东南”二人。此二人先前已见过，也在日记中记过他的简况，这次又添加新的印象。对于黄东南，曾氏感觉他好像是文童中的愚笨人。对于熊登武，也对原先的简况增添加几句话：老九妻子熊氏的娘家侄儿。眼珠子呈黄色，心思明白。

张光明、胡松江两人，也是先前见过，今天并未再见。曾氏可能因传见黄、熊两人而又想起他们来，并为张光明补上“心里明白”的印象。

鉴李升平，再鉴周玉堂、刘湘南

□曾国藩原文

周玉堂，大子打下唇。制营哨长。

刘湘南，甲武生，居近莲花桥。制营哨长。可爱。祖母在，母在。

李升平，溆浦人，沅州协守兵。四年，随杨昌泗出。五年，至平江营充先锋，鹰潭案保把总，贵溪案千总，玉山案守备。年二十八，无父母兄弟。眼有黄光，貌平平。（咸丰九年二月二十五日）

□唐浩明评点

周玉堂、刘湘南二人，曾氏先前均已见过，本日为周添补上大炮子伤的是下嘴唇、为刘湘南补上祖母还健在的信息。

李升平为初次见面，因而记载较细点：溆浦人，原为绿营沅州协的守兵。咸丰四年随杨昌泗出来。咸丰五年到平江营充当先锋，在鹰潭战事中保举把总，在贵溪战事中保举千总，在玉山战事中保举守备。年龄二十八岁，没有父母兄弟。眼睛中有黄光，长相一般。湘军中营哨一级的军官，绝大多数都是直接从家乡走出投奔各个军营的，像李升平这样的由绿营士兵转过来的并不多。曾氏不信任绿营。绿营中的中高级将领，湘军一般不接收。绿营中的逃兵散兵，湘军一般也不接受。“眼有黄光”，在曾氏看来较好；“貌平平”，说明曾氏对李整体印象不太好。

鉴黄万清，再鉴沈宝成

□曾国藩原文

黄万清，宁乡七都灰汤人。二年在张石卿处充壮勇，三年随岷樵救江西，曾打广济土匪。四年正月在郴州入迪营。父母没。四十岁。一弟一侄，无妻子。

沈宝成，新染铺人，去黄泽远四十里。抱子。兄弟四，渠一，其二死濠头堡，三死岭东。“清而有情”，去年之考语也。（咸丰九年二月二十七日）

□唐浩明评点

曾氏在咸丰八年十月初六日记中有沈宝成简况的记载，并有“清而有情”的评语。上次说他“有妻无子”，这次加“抱子”二字，当是指沈抱养了一个儿子。

黄万清为初次接见，记载内容稍多些。黄为宁乡县第七都灰汤人。咸丰二年在张亮基（字石卿）那里充当壮勇，咸丰三年随江忠源（字岷樵）救援江西，曾打过广济的土匪。咸丰四年正月在郴州投李续宾军营。父母都已去世。有一个弟弟一个侄儿，无妻无儿子。对于黄，曾氏未记下他的长相及神态，也无考语。

鉴陶日升、胡晖堂

□曾国藩原文

陶日升，宁乡人，去白箬铺二十里。二十四岁。四年在田家镇入彭三元营。六年四月入朱品隆营。父母没。兄弟四人，长在家种田，次在前营当勇，前哨，三六年在黄州阵亡，日升第四。鼻小，腰挺，伶俐有情，亦虑其滑。

胡晖堂，廿五岁，聪明伶俐。（咸丰九年二月二十八日）

□唐浩明评点

陶日升，宁乡人，离白箬铺二十里。二十四岁。咸丰四年在田家镇投彭三元军营。咸丰六年八月投朱品隆军营。父母不在世。有兄弟四人，老大在家种田，老二在前营前哨当勇丁，老三咸丰六年在黄州阵亡，陶日升为老四。鼻子小，腰板挺，为人机灵有情感，但也担心可能圆滑。曾氏未在陶日升名字前作记号，揣其词义，似对陶有较好印象。

胡晖堂此人，笔者怀疑即咸丰八年十月初六日记中的“胡辉堂”。对于胡辉堂，曾氏有“年二十五岁，短小精明”的记载，与这次所记的“二十五岁，聪明伶俐”很接近。

鉴吴水梅、萧赏谦

□曾国藩原文

○吴水梅，平江龙门厂十五里。广信入营。由散勇、亲兵升先锋，带一队，八年十二月，吴兰蕙告假，代中哨哨官。年二十五。母存父没。兄二人。身长，目小而有情，满面堆笑。

○○萧赏谦，平江长寿司。苏官渡入营，贵溪升什长，衢州升哨长。父母皆存，蓝翎把总。兄一读书，弟一耕田。耕作为业。武人而有儒雅气，身段稳称，鼻正眉疏，似有用之才。中哨哨长。（咸丰九年三月初三日）

□唐浩明评点

吴水梅，平江县龙门厂十五里人。在江西广信府投的军营。由散勇、亲兵升为先锋，管带一队人马。咸丰八年十二月吴兰蕙请假时，代理中哨哨官。年龄二十五岁。母亲健在，父亲去世。兄弟二人。个子高，眼睛小但有情致，满脸都是笑容。曾氏为吴画了一个圆圈，因为吴个子高，又对人友好。

萧赏谦，平江县长寿司人。在苏官渡投的军营。在贵溪升的什长，在衢州升的哨长。父母都在世。现为蓝翎把总。有一个哥哥在读书，有一个弟弟在种田。家中以种田为业。身为武人但有儒雅之气，身段稳当匀称，鼻梁端正眉毛疏朗，像是个有用的人才。现居中哨哨长之职。萧作为军人而有文人之气，又身材稳称，鼻正眉疏，很受曾氏赏识，为之画了两个圆圈。

鉴黄菊亮，再鉴彭琼英

□曾国藩原文

△黄菊亮，平江西乡，去县二十里。父母亡，兄弟四人，行二。兄在家，弟当前哨护哨，三来投效。五年春入营，在胡盖南部下。六年九月十三，在崇仁充哨长。鼻削，目小，面不大。前哨哨长。

○彭琼英，上年十二月十六见一次。前哨哨官。（咸丰九年三月初四日）

□唐浩明评点

黄菊亮，平江县西乡人，离县城二十里。父母都已过世，兄弟四人，他本人排行老二。哥哥在家，四弟当前哨护哨，三弟也前来投效。咸丰五年春投的军营，为胡盖南的部下。咸丰六年九月十三日在崇仁充当哨长。鼻子瘦削，眼睛小，脸不大。现为前哨哨长。黄小头小脸又鼻削，曾氏不喜欢这种长相的人，故在黄的名字前画了一个三角符号。

至于彭琼英，曾氏说咸丰八年十二月十六日见过一次，但从日记上来看，曾氏见彭是在咸丰八年十月二十六日。或许是笔误，也或许是十二月十六日又见了彭一次，而这次是第三次见面。不管是第二次，还是第三次，总之，曾氏对彭的印象是好的。

鉴戴丰福，再鉴毛全升

□曾国藩原文

戴丰福，平江北乡，去县城三十里。三年随林源恩，四年随蒋益澧，在九江随余至江西省。平江立军，即在左哨。初充抬枪勇，在贵溪屈营官手拔哨长。父五十七，母五十六，弟四人俱在家，力田营生。五敦子身材，面带哭。左哨长。

毛全升，左哨官，十月廿六日见。（咸丰九年三月初五日）

□唐浩明评点

曾氏三月初五日“传见哨官两次”。

戴丰福，平江县北乡人，离县城三十里。咸丰三年跟随林源恩，咸丰四年跟随蒋益澧，在九江时随曾氏到南昌。湘军在平江初建军营时即在左哨。起先充当放抬枪的勇丁，在贵溪时由屈营官亲手提拔为哨长。父亲年龄五十七，母亲年龄五十六，有弟弟四个都在家，耕田谋生。五短身材，面带哭相。现为左哨长。曾氏未给戴下评语，但“面带哭”三字，说明印象可能不是很好。

传见的另一个人为毛全升。毛全升在咸丰八年十月二十七日被曾氏传见过一次，并将简况写在二十八日的日记中。这里说“十月二十六日见”，应当是曾氏记错了一天。

鉴李佑厚、潘光前

□曾国藩原文

○李佑厚，平江东乡，去龙门厂五十里。五年二月入营，六年三月在抚州升哨长，八年三月在衢州升哨官。五短身材，目黄明，身称，眉浊。父六十五，母五十五。兄弟三人，兄在本哨先锋，弟在本哨散勇。初在左营义哨，吴葸臣所带。耳长。后哨官。至今未告假。

△潘光前，平江西乡，去县二十里。五年苏官渡入营，八年在衢州升哨长。一弟跟官。父母皆五十余。五短。种田营生。平沓面。（咸丰九年三月初六日）

□唐浩明评点

初六日曾氏又“见哨官二次”。一为李佑厚，一为潘光前。

李佑厚，平江县东乡人，离龙门厂五十里。咸丰五年二月投的军营，咸丰六年三月在抚州升为哨长，咸丰八年三月在衢州升为哨官。五短身材，眼珠黄色，眼光明亮，身材匀称，眉毛浑浊。父亲六十五岁，母亲五十五岁。有兄弟三个。兄长在他的哨里当先锋，弟弟也在他的哨里做散勇。起初在左营义哨，营官为吴葸臣。耳朵长。现为后哨官。投军四年多没有请过假。

李佑厚投军一年后即升为哨长，再过两年又升为哨官，可见李能干。除“眉浊”外，李的长相各方面都不错。曾氏喜欢黄眼珠的人，认为这种人有胆量有决断。李的眼睛既黄又明亮，故而曾氏看好他，为他画了一个圆圈。李后来做到记兵提督，跻身湘军高级将领之列。

潘光前，平江县西乡人，离县城二十里。咸丰五年在苏官渡投军营，咸丰八年在衢州升为哨长。有一个弟弟，在官府里做事。父母都有五十来岁。以种田谋生。脸扁平，鼻梁沓。在曾氏看来，潘光前是一个长相极为普通的人，故而为他画了一个三角形。

鉴张恒彩等五人

□曾国藩原文

张恒彩，平江东乡人，年三十三岁。四年随胡润翁。五年春随余入江西。旋在次青中营当小蓝旗。七年贵溪升先锋。八年衢州升哨长。母五十五，酒保营生。兄弟四人，次在建武营当棚头，三、四在家小贸。目精光而动，小有聪明，不甚可靠。右哨长。

唐顺利，右哨官。

哈必发，塔军门之亲兵。五年八月调至南康，发苏官渡之前营。旋派至青山，调入完字营，后至平江老中营，现带新田勇四十名、潮勇二十九名。鼻削，目有清光，似吃洋烟。滑。九两。

李廷銮，新田人。五年三月入新字营，十一月随周凤山至樟树。六年冬，革李新华，将新字营交峙衡。七年三月，渠赴贵溪投杨得春麾下，八十人。七月归屈蟠，八年至衡州。九年告假在家十日，二月十四自新田启行来。三十一岁，未取妻。父母故。目动面歪，心术不正，打仗或可。六两。

刘烈，潮州人，有老母，年三十一岁。咸丰七年，来江西投效，现带潮勇廿八人。目深，天廷高，面有正色。（咸丰九年三月初七日）

□唐浩明评点

三月初七日，曾氏在早饭后两次接见哨官，并记下他们的履历。

张恒彩，平江县东乡人，年龄三十三岁。咸丰四年跟随胡林翼，咸丰五年春跟随曾氏进入江西，不久在李元度中营扛小蓝旗。咸丰七年在贵溪升为先锋。咸丰八年在衢州升为哨长。母亲五十五岁，家里以开酒店为生。有兄弟四人，老二在建武营当什长，老三老四在家做小买卖。眼珠子明亮但好动，有小聪明，不很可靠。现为右哨长。看来曾氏对张的印象不太好。

曾氏在四个多月前传见过唐顺利，所以这次只为他记下“右哨官”三个字。

哈必发，塔齐布的亲兵。咸丰五年八月调到南康，分发驻防在苏官渡的前营，不久委派到青山，调进完字营，后到平江老中营，现管带新田勇四十名、潮州勇二十九名。鼻翼干瘦，眼光清淡，好像吃过鸦片烟。油滑。哈必发这种人，在曾氏手下必定不发达。

李廷銮，新田县人。咸丰五年三月投新字营，同年十一月随周凤山到樟树镇。咸丰六年冬，李新华遭革除，新字营交给刘峙衡。咸丰七年三月，李到贵溪投杨得春帐下，杨那时有八十人。同年七月归屈蟠管带。咸丰八年到衡州府。咸丰九年请假，在家住了十天，同年二月十四日从新田动身来。三十一岁，没有娶妻。父母亡故。眼珠子游动，脸是歪的，心术不正当。打仗或许可以。曾氏显然不喜欢李，但可以用他。

刘烈，广东潮州人，年龄三十一岁，家中有老母亲。咸丰七年来江西投军，现在管带潮勇二十八人。两眼凹陷，额头高，脸上有堂堂正正的气色。曾氏给刘烈的评语是正面的。

相人十二字

□曾国藩原文

早，清理文件。饭后见客二次。至后楼看戈什哈射箭，赏二人。旋见哨官三次。午正，接奉朱批谕旨，系三月十五在大路游所发之二折一片。温弟之子纪寿奉旨于及岁时带领引见。未初，写家信，叔父一件、三弟一件，专人送恩旨回家。申刻起行，限十六到家。见客四次。写胡润翁信一件，习字二纸，温《韩信传》。夜思相人之法，定十二字，六美六恶，美者曰长、黄、昂、紧、稳、称，恶者曰村、昏、屯、动、忿、遁。（咸丰九年三月初八日）

□唐浩明评点

这天夜里，曾氏为相人想了十二个字。其中美相六字，分别为长、黄、昂、紧、稳、称。恶相六个字，分别为村、昏、屯、动、忿、遁。笔者试图解释一下这十二个字。

长：个子高大。曾氏这些日子一直在召见军官，他脑子里的人才，主要应是军事方面的。带兵打仗，与人拼杀在沙场上，自然是身材高大者为好。

黄：这里应当指的是眼珠子的颜色，曾氏认为黄色的眼珠子比较好。他看好哨官李佑厚，李的长相有一项是“目黄明”。

昂：器宇昂扬挺拔。曾氏在所传见的营哨官中，凡记下“挺”“板”这样字眼的，均是好印象。

紧：指人的精神处在紧致、紧张等状态。它应是“敬”的外在表现形式，是松垮、懒散、拖拉等的反面词。军人是要随时应对危险的，他的精神要“紧”而不要“松”。

稳：指人的举止行为稳重、稳当、稳妥，这是办大事所需要的素质。

称：指身材匀称。

以上六个方面所体现的是人的美相美德。

村：鄙陋、庸俗、粗野。

昏：糊涂、昏聩、不明事理。

屯：困苦艰难之意，出现在人的表象上，则为俗语所谓苦难相，也就是不开朗，不乐观，不阳光。

动：躁动，浮躁，不安静。

忿：容易生怒，沉不住气，脾气不好。

遁：逃避，躲藏。不敢任事，无迎难而上之志。

以上六个方面，所体现的是人的恶相恶性。

鉴李祥和

□曾国藩原文

李祥和，常汉人，芷秋对门，二十八岁。兄弟八人。张开辑死后，曾充帮带官。母七十。眼有光而浮，心尚明白，亦虑其滑。（咸丰九年三月初十日）

□唐浩明评点

初九、初十两天，曾氏先后传平江营的六个先锋官，李祥和应是这六人之一。李为常汉人，家在芷秋对门，二十八岁。有兄弟八人。张开辑死后曾经充当过帮带官。母亲七十岁。眼睛光亮但浮泛，心思尚且明白，也担心此人油滑。曾氏由李的眼光“浮”而有其心“滑”之虑。在打南京的战役中，李立有大功，曾氏后来保举他为安徽寿春镇总兵。

贵相贤才相

□曾国藩原文

早出，巡视营墙。饭后清理文件。派唐义训、何应祺等至城内外察看地势。见客三次。写李筱泉信一件。小睡片时。中饭后见客二次。云三、愚一来营，皆房族表弟。愚一则冕四舅氏之子也。读《史记·郑世家》毕。夜，温《孔子世家》。日内襟次不甚开拓，夜不成寐。本夜睡味较美。

细参相人之法：神完气足，眉耸鼻正，足重腰长，处处相称。此四语者，贵相也，贤才相也。若四句相反则不足取矣。（咸丰九年十一月初八日）

□唐浩明评点

曾氏提出贵相、贤才相的四种表现：

一为神完气足，指的是精气神充足。

二为眉耸鼻正，指眉骨高耸、鼻梁端正。

三为足重腰长，指走路稳重、腰部较长。

四为处处相称，谓五官、身材匀称，即美相中的“称”也。

相人口诀八句

□曾国藩原文

早饭后清理文件，旋围棋二局。阅汪龙庄先生辉祖所为《佐治药言》《学治臆说》《梦痕录》等书，直至二更。其《庸训》则教子孙之言也，语语切实，可为师法。吾近月诸事废弛，每日除下棋看书之外一味懒散，于公事多所延搁，读汪公书，不觉悚然！

酉刻，幼泉来谈。阅本日文件。夜阅批札各稿。二更后温《古文•气势之属》。四点睡。

因将分内职事定一常课，作口诀曰：“午前治己事，午后治公文。有客随时见，查阅勤出门。二更诵诗书，高吟动鬼神。”

因忆余昔年求观人之法，作一口诀曰：“邪正看眼鼻，真假看嘴唇；功名看气概，富贵看精神；主意看指爪，风波看脚筋；若要看条理，全在语言中。”

二诀相近，聊附记之。（同治四年十一月十三日）

□唐浩明评点

曾氏将自己过去的鉴人之术，总结为八句话。这是很有意思的相人口诀。

邪正看眼鼻。邪正指人的心术：是奸邪小人，还是正派君子。人的心术，很大程度取决于天性，即与生俱来的善良、宽容以及凶残、苛刻等。眼、鼻，尤其是鼻的情况如何，与生俱来的状况占主要部分。但邪正也关乎人的学问与阅历。学问与阅历可以促使一个人由邪转正，而这种学问与阅历是可以从眼睛中表现出来的。常言说眼睛是心灵的窗户。人们可以通过眼睛来窥测出某人的心灵。当然，所看到的心灵，或许是其天性，也或许是其经过修正了的；即便是修正后的，只要是善良的、宽容的，也是一样的好。细看前面所抄录的曾氏传见营哨官的简要记载，可知在他看来：鼻梁端正、丰润、高挺者为好，鼻梁干削、歪斜、有断纹者为不好；眼神精亮、眼珠为黄色者好；眼神清浮、眼珠好动者不好。

真假看嘴唇。真假指人的品性与表现。一个人不可能在他的一辈子中对每个人、每件事都真诚，也不可能都虚假。在大节、大事或者大体上是真诚的，这个人便可以视为真，反之则为假。真人在对某个人或某件事上也会表现出假来，同样的，假人也可能在对某个人或某件事上是真诚的。如何识别真与假，曾氏认为看的是嘴唇。如何看，可惜曾氏没有展开来说，从他的鉴人记载中可以看出他对嘴唇圆方的人印象较好。如刘湘南“口圆”、王春发“口方”，这两个人的名字前面，曾氏都画了圆圈。

功名看气概，富贵看精神。功名富贵，是许多人活在世上的真正追求，或者更恰当地说是首要追求。能否功名富贵，看的是什么？是气概与精神。气概与精神，有先天的缘故，但更多的是后天的因素，故而功名富贵可以依靠后天的努力来获得。这与孔子所说的“富贵在天”略有些不同。曾氏所说相人之法六美六恶中的十二个字，除长、黄、称三个字外，其他的昂、紧、稳、村、昏、屯、动、忿、遁九个字，全说的是一个人的气概与精神。

主意看指爪。主意，指人遇事是否有主见以及主见的坚定与否。曾氏认为，这要看他的手掌与指甲。曾氏在他的另一份札记中留下过这样的话：“指甲坚者心计定，指长者聪明。”意谓指甲坚硬者主意坚定，手指长者主意多。

风波看脚筋。风波，指的是风浪、风险、波折等坎坷不顺甚至危难的境况，能否在这些境况中站得稳，要看脚后筋。什么样的脚筋好呢？曾氏没有说，估计可能是粗壮、有力量的脚筋。

若要看条理，全在语言中。一个人的思维是否有条理，得从他的说话来看。曾氏看重说话，但又不喜欢那些太会说话、太爱说话的人。曾氏对“语言”的要求是什么呢？他曾经说过，说话的要点在两个方面：一为中事理，即话要说在道理上；一为担斤两，即话要有分量。

梦 境

睡觉中做梦，这是再平常不过的事了，今人一般不会太在意梦境，也不会把梦中的情景郑重其事地写在日记里。但古人受时代的限制，对人为什么会做梦弄不明白，故而把梦看得很重，曾氏应是其中之一，所以他会把一些他认为重要的梦记下来。人们常说“日有所思，夜有所梦”，我们可以通过梦境能更多地了解曾氏。这里所选的曾氏关于梦境记载的十一篇日记，分别为：梦得利，梦江忠源，三次梦到祖父、父亲、叔父，梦孙铭恩，梦乘舟登山，梦父柩发引遇阻，三次梦见刘墉，梦竹木环绕之处。这十一篇中，梦到至亲者有四篇。曾氏无疑是一个政治人物，但在他的心中，自己的血亲还是最重要的。梦到刘墉的有两篇，可见在书法上，他是发自内心地尊崇刘墉的。

曾氏平生所做的梦，当然不止这些，许多的梦境他没有记载，但他在日记中说了一句很重要的话：“余数十年来，常夜梦于小河浅水中行舟，动辄胶浅；间或于陆地村径中行舟，每自知为涉世艰难之兆。”原来，获得人生大成功，受无数人顶礼膜拜的曾氏，他的一生常在痛苦中度过。

梦人得利

□曾国藩原文

早，读《明夷卦》，无所得。饭后，办公礼送海秋家，烦琐。出门，谢寿数处，至海秋家赴饮。渠女子是日纳采。

座间，闻人得别敬，心为之动。昨夜，梦人得利，甚觉艳羡，醒后痛自惩责，谓好利之心至形诸梦寐，何以卑鄙若此！方欲痛自湔洗，而本日闻言尚怦然欲动，真可谓下流矣！

与人言语不由中，讲到学问，总有自文浅陋之意。席散后闲谈，皆游言。见人围棋，跃跃欲试，不仅如见猎之喜，口说自新，心中实全不真切。

归，查数。久不写账，遂茫不清晰，每查一次，劳神旷功。凡事之须逐日检点者，一日姑待后来补救，则难矣！况进德修业之事乎？

是日席间，海秋言人处德我者不足观心术，处相怨者而能平情，必君子也。此余所不能也。

记本日事。（道光二十二年十月初十日）

□唐浩明评点

这是一篇很有趣的日记。

首先，我们可以看到一个翰林的俗务：翰林院同事汤鹏的女儿订婚，大家凑钱买礼物祝贺，曾氏出头来办这个事，又送礼到汤家，吃喜酒。明天是曾氏三十二岁生日，有几个朋友送来寿礼。曾氏一家家地前去感谢。闲谈、观人围棋之后回到家里，又忙于记账，弄得他劳神旷功。这是曾氏日常生活中的普通一天。他这一天的内容，跟芸芸众生一个样，没有半点翰林的书卷气。

再者，我们也看到了一个翰林的心思：酒席间聊天，曾氏听到一个人得到别敬时，心为之所动。

清代官场有很多陋习，地方官向京官送钱乃其中一大项。夏天送钱谓之冰敬，冬天送钱谓之炭敬，陛见后离别京师时送的钱，则谓之别敬。关于别敬，笔者在本书《陪侍同治皇帝宴请外藩》一节中已有介绍，此处不再赘述。

地方官送钱给京官，一方面是他们主动要与京官联络感情，以求得办事的方便，另一方面也是因为京官的俸禄不高，京官也渴望能得到地方大员的帮助。尤其像曾氏这样的京官，既身处清水衙门翰林院，又位卑资历浅，日子过得紧巴巴的，自然是很想得到敬银的，怪不得他心动。

有意思的是曾氏将这种闻利心动，与昨夜的梦境联系起来，对自己进行了一番严厉的批判。曾氏昨夜梦见别人得到好处，心里面很是羡慕。醒后，他对梦中的这个心态痛加指责，批评自己的好利之心居然在梦里都表现出来，何以卑鄙到如此地步！本想对此心彻底予以洗涤，不料白天又旧病复发，真个是下流！

对于今人来说，曾氏的这些思想简直不可思议。因为今人既认为闻利心动合乎常情，更不把梦境当作一回事。然而正是这两点上，体现出曾氏与我们在境界上的很大区别。

这段时期，曾氏正在严格地自我修身。他要求自己所思所想所作所为，都要按照圣贤所教去做。孔子说："君子喻于义，小人喻于利。"自己老想着"利"之事，可见仍是小人而非君子。孔子还说："君子忧道不忧贫。"日子虽清贫，不值得忧虑；对"道"的领悟若不够，则应忧虑。自己不去忧道而对物资上的清贫老是记挂，可见境界亦不高。因为这样，曾氏对自己的闻利心动不能容忍，予以狠狠地批判；尤其是屡犯不改，更可恨。

对于做梦一事，中国古代的读书人看得很重。孔老夫子一句"甚矣吾衰也，久矣吾不复梦见周公"的感叹，他的弟子们郑重其事地记在《论语》里。于是乎，两千年来，在儒家信徒的文字语境中，做梦也就变得郑重其事，不可掉以轻心。曾氏对梦境这样看重，其源盖出于此。

从今天的眼光来看，曾氏对于利与梦境的这种认识的确有点迂阔，但从迂阔之中可以看出曾氏修身的真诚与勇气。对内心的活动与梦境里的心思如此当作一回事，以至于用"卑鄙""下流"这样的字眼来咒骂自己，这说明曾氏对涤旧生新的修身之事的真心实意。曾氏的日记既要在朋友圈中传阅，又要定期交老师唐鉴先生审读，能在日记中揭短亮丑，需要勇气。曾氏在这里所体现的是儒家学说的慎独。《大学》《中庸》三次提到"君子慎其独"，慎独是修身的最高标准。一个能做到慎独的人，才是真诚的人，而真诚的人才具有自我批判的勇气。曾氏曾经写过一篇《君子慎独论》，向世人表达他"独知之地，慎之又慎"的决心。

这篇看似迂阔的日记，彰显的是曾氏慎独的可爱。

夜梦江忠源

□曾国藩原文

是日，冬至节。四更起，望阙行礼。建昌府县两学及武营游击、守备皆随同行礼，本营文武随班者四人。礼毕，各员弁来贺。五更末复小睡。饭后至厂看操，赏花红银者十人，罚薪水者二人。中饭后会客三次，抄播绅吉安府，江西抄毕。金溪绅民来，具禀留余久驻建昌，慰劳之。与子序久谈。接澄侯弟十一月初五信，始知三河败挫之信，系接陈伯符信中所言，犹意迪庵老营必无恙也。夜温《大诰》。

梦江岷樵如平生欢。多年未入梦，兹忽梦之，不胜伤感！但不知温弟果生存否？温与岷亦至交也。（咸丰八年十一月十八日）

□唐浩明评点

曾氏在为父亲守丧一年零四个月后，于咸丰八年六月再次出山。朝廷为何再次令曾氏出山呢？原来，曾氏驻扎多年的江西省，近几个月来的军情大有变化。四月上旬，在水陆合攻之下，九江府城被湘军拿下。接下来，萧启江、刘坤一等部克复抚州府城。四天后，张运兰、王开化部又收复建昌府城。江西的太平军转而进入浙江。浙江告急。朝廷原任命总兵周天受督办浙江军务，因援兵乃湘军，朝廷担心周资望浅不足以服众，改调江宁将军和春为统帅，但和春患病不能奉旨，于是朝廷再次启用曾国藩。

再次出山的曾氏依旧未摆脱困境。十月中旬，李续宾部六千余人在安徽三河镇全军覆没，曾氏六弟国华亦在其中。十多天后，曾氏在建昌府城，从彭玉麟的信中深得三河兵败的消息，但彭玉麟并不知详情，说李续宾、曾国华都已安全突围。不久，曾氏又接到李续宾的部属赵克彰的来信，言不知李续宾、曾国华等人的下落。曾氏“心慌乱”，感觉到事情不妙。进入到十一月后，曾氏几乎天天为此事忧惧，几至寝食不安。十八日又接四弟来信，信中自然主要谈三河之事。

就在这天夜里，曾氏梦见江忠源，见江忠源依旧如过去一样的心情欢畅。江忠源已死去四年多了，一直没有梦见过他。这次之所以入梦，显然是因为思念曾国华的原因。虽未接到确信，但曾氏心里已认定老六阵亡了。于是，在梦中，出现了同为阵亡的江忠源。

值得注意的是梦中的江忠源“如平生欢”，可见江忠源是以欢快阳光的印象深刻地留在曾氏的脑中。黎庶昌的曾氏年谱中说江忠源是个“不事绳检”之人，但“绳检”的曾氏与江说起市井琐事来，可以酣畅大笑地谈一两个小时。这里透露两个信息：一、江是一个很具表达力、感染力富有生活情趣的人。二、从骨子里来说，曾氏与江很投缘，很相通，由此可知曾氏绝不是一个迂腐的冬烘先生。细节可以帮助我们窥见人的本性。“如平生欢”这个细节，让我们能更深刻地认识曾国藩与江忠源。

夜梦父亲

□曾国藩原文

早出，巡视营墙。饭后清理文件，见客五次，写胡中丞信。中饭后阅《后汉书·

安帝纪》，顺帝、冲帝、质帝纪。目光甚蒙。夜接九弟信，言及修昭忠祠并东皋书院事。旋温《九辩》，又默诵《书经·吕刑》篇，似有所会。

夜梦见父亲大人，久不入梦，偶一得见，亦少慰也。（咸丰十年二月二十二日）

□唐浩明评点

在父亲去世三年后，曾氏于梦中再次见到这位曾家老太爷。

曾老太爷功名不顺，才具也远不及他的父亲，但他的确是一个很有福气的人。他有一个强悍的父亲，有一个能干的内助，有五个不甘庸常的儿子、四个嫁在近处易于照顾娘家的女儿。他活到六十八岁。寿虽不算太高，但在当时，也称得上中等偏上了。尤其是他有一个了不起的长子。此子点翰林时，他还不到五十岁。儿子以后的官位节节攀升，做到二品大员时，老子还不到六十岁。父以子贵。曾老太爷确确实实享了儿子二十年的风光。

比起他的儿子们来说，曾老太爷的一生，只能以平庸二字概括。但老爷子经历虽平庸，脑子却明白。儿子升侍郎后，他去信告诫儿子拒绝私情："做官宜公而忘私。"儿子直接批评皇帝，他提醒儿子"卿贰之职，不以直言显，以善辅君德为要"。儿子组建湘军初战不利，跳河自杀，他大不以为然，教训儿子，如再这样"吾不尔哭"。从这些信中的话语来看，这位做了一辈子乡村教书先生的老爷子，在国与家、公与私这些大道理上，他的认识毕竟比一般山野村夫要高明得多。作为一个孝顺的儿子，曾氏尊敬爱戴父亲，即便是偶尔在梦中一见，他也感到欣慰。

梦见祖父与父亲

□曾国藩原文

早出，巡视营墙。饭后清理文件。巳正与尚斋围棋一局。旋与少荃清理保举单，至未正止，尚未完毕。中饭后阅宣秉、张湛、王丹、王良、杜林、郭丹、吴良、承宫、郑君、赵典传，桓谭、冯衍传。傍夕，又阅申屠刚、鲍永、郅恽，至一更四点毕。是日，见客四次。困倦殊甚。夜蒸高丽参三钱服之。

睡尚甜适，梦见祖父大人、父亲大人。（咸丰十年三月二十一日）

□唐浩明评点

近代的曾氏家族，无论从政治上、军事上，还是从文化上来看，都在历史上占有一席地位。这样一个显赫的家族，要说它的真正创始者，与其说是曾国藩，不如说是日记中所提到的"祖父大人"星冈公曾玉屏。

据曾氏《台州墓表》一文中所说，曾氏家族世代务农，只是到了星冈公手里，才“大以不学为耻”。正因为有这样的认识，才有曾氏父辈的读书人出现，才有耕读之家的出现。曾氏本人，正是依赖着科举，才有他的功名事业。星冈公作为奠基者，功莫大焉！

其次，曾氏家族能大有作为，其家风好是主要的原因。曾国藩多次说过，曾氏家风的创建者乃祖父。他本人反反复复地表示，他对家人所说的，实际上都不过是在传承祖父的训诫而已。他希望家人都要遵循星冈公所制定的家法。

再次，兴旺的曾氏后裔，其中不少优秀者乃曾氏诸弟子孙。从血脉上来说，其源头是曾氏的父亲麟书。但在长期三代同堂的大家庭里，权威家长却是星冈公。道光二十九年，星冈公去世，曾氏最小的弟弟国葆都已二十二岁。五兄弟个个不安本分、勇于任事，显然都是强悍的祖父多年来耳提面命的结果。

两百多年前生活在偏僻山乡的这位一生事业平凡的农民，其实，他的个体生命是极不平凡的。曾氏应该经常会记起他的祖父，梦中出现祖父与父亲的形象，当属正常。

梦见叔父

□曾国藩原文

早出，巡视营墙。饭后清理文件，与尚斋围棋一局。折差自京归，接云仙及仙屏诸信，阅京报数十本。午刻，又与黄开元围棋一局。倦甚，不能治事。复胡中丞信一件。中饭后阅《尔雅》《小尔雅》《广雅》《风俗通》，写对联八付。傍夕在外散步，若萧瑟无所倚者。夜清理文件。复筱泉信、希庵信。

睡尚熟，梦见叔父大人，与余言甚久。（咸丰十年三月二十三日）

□唐浩明评点

曾氏的叔父骥云两个月前去世。曾氏得知后，给弟弟们写信说：“自八年十一月闻温弟之耗，叔父即说话不圆。”可知，抚子国华的战败被杀，实为曾骥云早逝的最主要原因。死于战事，无论是否曾氏本人调派，作为最高统帅的这个大哥，都负有不可推卸的责任，故而对于叔父的去世，曾氏心中一定也存有愧疚。夜梦叔父，并与之言谈甚久，难保不与这种愧疚之心无关。

曾氏全集中收有致叔父信七封。现存的曾氏家族的档案中收有其叔给大侄子的信件两封。第一封写于咸丰元年六月初五日，是对曾氏批评咸丰皇帝一事的回应：“所付回奏稿，再三细阅，未免戆直太过，幸圣恩嘉纳，真有唐虞君臣之风矣。嗣后靖共尔位，为国忘家，尽忠图报，不必念及家事。”第二封写于次年正月初十，信不长，只对侄儿说了一件事，即买了一块很中意的阴宅地。

有意思的是这两封信的开头称呼，一为“愚叔骥云字付涤生贤侄左右”，一为“愚叔骥云恭贺涤生侄贤中外新禧”。如此行文，虽有读书人惯常的自谦一层的意思在内，但还有一层内容则更为突出，那就是一个无功名、无财富甚至也无儿子的乡下农民，面对着只比自己小四岁的朝廷大臣侄儿时，那种出自于骨髓里的自卑心态。今人读来，唯有一叹！

夜梦孙铭恩

□曾国藩原文

早饭后，围棋一局。旋清理文件，写官中堂信、胡宫保信、九弟信。因疮痒闷甚，昼睡甚久。中饭后，围棋一局，习字一纸，写竹庄信一件。在船顶亭子上久坐。夜写九弟信、希庵信一、雪琴信一。睡不甚成寐。二更末，大风起，巨浪撼船，声如雷霆。

梦孙兰检病重垂危、家人惶恐之状。

是日，亲兵营各哨官周良才、曹仁美诉其营官陈玉恒办事不公，又哨官段清和、何映文亦来陈诉。傍夕接九弟公牍，洋船送米盐接济安庆城贼。费尽移山气力，围困安庆城贼，始令粮尽援绝，今忽有洋船代为接济，九仞功亏，前劳尽弃，可叹可恨！天意茫茫，殊不可知，扼腕久之。（咸丰十一年四月二十一日）

□唐浩明评点

昨夜，曾氏梦见孙铭恩（字兰检）。说起来，孙铭恩是个可怜的人。

孙是江苏通州人。道光十五年中进士入翰林院。咸丰二年典试广东，回京时他取道九江。这时太平军已冲出广西，两湖一带战火弥漫。孙在九江给朝廷上了一道关于江防十二事的奏疏，受到朝廷的赏识。咸丰三年，他接连获得内阁学士、兵部侍郎的迁升，又被放到安徽任学政。安徽各省的学政向来住太平府。这个时候的安徽也已成了战场。咸丰四年，孙因父病请假回家省亲，恰好这时，朝廷命他与在籍的前南河总督潘锡恩一道防守徽州、宁国一带。孙在递请假折时，并不知道朝廷有这样的安排。咸丰皇帝看到孙的这道折子后心中很不高兴，怀疑孙是借故规避，于是以很严厉的语气指责他，虽然批准他回籍省亲，但以假满后则降职为四品京堂作为处罚。孙看到这道圣旨后大为委屈，不敢回籍。不久，太平军攻破太平府，人们劝孙离城避难。孙不肯，说：“城亡与亡，以明吾心。”他将衣冠穿戴整齐，坐在大堂上等待太平军到来。

太平军将他抓捕，押到南京。孙绝食不降，终被杀。消息传到北京，朝廷谥孙为“文节”，借以褒奖他的忠诚。曾氏是在咸丰九年十一月份进驻安徽的，离孙铭恩在安徽的被囚已有五年之久。他们并没有一起在安徽共过事，却突然在孙被杀七年之后梦见孙，看起来似乎有点突兀。

其实，曾氏与孙是很熟悉的。他们一道在翰林院共事多年。道光二十八年，孙父六十大寿。孙在翰苑为其父祝寿，同事们纷纷献诗为贺。孙将这些诗汇编成册，请曾氏作序。可见，曾与孙二人交情颇厚。

曾氏来到安徽之后，自然会听到有关孙当年在太平府中的事。对于孙，他可能是敬重与怜悯的心情都有。“敬重”不说，为什么会“怜悯”呢？因为孙只是学政，虽有防守徽、宁之命，但他并未到任，与有守土之责的巡抚是不同的。作为学政，当太平军攻城时，他离开城躲避一下也不是不可以的。孙之所以不肯走，多半是因为咸丰皇帝怀疑他怕死，他是有意以死来证明他不怕死的。倘若他不上请假折，倘若咸丰皇帝不处罚他，他也可能就不会死。从这一点来看，孙是被咸丰皇帝逼死的，所以值得怜悯。

再者，曾氏现在也身在安徽战场上。成败生死，时刻都在他的考虑之中，他的处境与七年前的同事是一样的。于是，因为某一个原因的触发，曾氏在梦中再现苦难中的老朋友。借此，我们也可以窥视到曾氏那颗战时环境里的不安宁之心。

同治四年四月初四、初五，曾氏在这两天的日记里又提到孙铭恩。一是为孙作挽联：“以文来，以节归，毅魄长留两江上下；因孝黜，因忠死，苦心可质万世鬼神。”曾氏真是一个制联高手，以“文”“节”“孝”“忠”四字精确地概括了孙的一生。二是送孙的灵柩回老家安葬。孙死在那种时候，居然十一年后还能找到遗体，也算是难得。

这天的日记还透露了一个重要的信息，即洋人帮助危难中的太平军。过去的史书上常说的是洋人帮助清朝廷，很少见到洋人帮助太平军的。这则日记以事实证明洋人的确也帮助过太平军。在笔者看来，洋人的这种做法完全可以理解。洋人在中国的作为之目的，首在谋利。只要有钱赚，管你是朝廷方还是反朝廷方，他都给你办事。我们若从这个角度来看当时的中外关系，或许可以看得更加明了些。

梦乘舟登山

□曾国藩原文

早饭后清理文件。围棋一局，又观人一局。见客，坐见者二次。阅《乡饮酒礼》，至申初止。请金世兄便饭。饭后阅本日文件。申刻写对联九付。傍夕又与幕府久谈。夜核批札、信稿甚多，二更后温小杜七律，又选苏、陆二家诗之可为对联句者。三点睡，三更后成寐，五更醒。

余数十年来，常夜梦于小河浅水中行舟，动辄胶浅；间或于陆地村径中行舟，每

自知为涉世艰难之兆。本夜则梦乘舟登山，其艰难又有甚于前此者，殊以为虑。（同治五年十二月二十四日）

□唐浩明评点

曾氏本日夜九点四十五分（二更三点）上床睡觉，十一点（三更）入睡，四五点（五更）时醒过来。能够熟睡五个多小时，这对曾氏来说已算是美事了。然则这天夜里，他做了一个怪梦：乘舟登山。他想起几十年来，常做在小河里在浅水中行舟的梦，有时也做在陆地上在小路上行舟的梦。他知道，这样的怪梦，都是在提示他：涉世艰难。

曾氏做的这种陆地行舟甚至于高山行舟的离奇之梦，想必许多人都不曾做过。当然，如曾氏这般涉世艰难的人很少，但尝到涉世艰难的人却千千万万，别人不这么梦他却偏偏这么梦，这说明什么？这说明曾氏内心里的苦楚很深，也说明他不是一个放得下的人。自然，也说明曾氏是一个诗人气质颇重的人：乘舟登山，这是想象力丰富的人才可能出现的梦境。

梦父亲灵柩发引为桌凳所阻

□曾国藩原文

早饭后清理文件。见客，坐见者三次。阅《通鉴》《明穆宗》《神宗》二十七叶。中饭后阅本日文件。李雨亭来一坐。写朱久香复信一件。申正围棋二局。核批札各簿。傍夕至幕府久谈。夜，疲乏殊甚，阅欧阳公、王介甫所为墓铭，至二更三点睡。四更三点醒，旋又成寐。

梦先大夫之灵柩将发引，而为数百红桌凳所拦阻，不得出门，又未将大杠早为修整，仓卒恐不成礼，忧恐而醒。（同治六年八月十八日）

□唐浩明评点

曾氏之父麟书咸丰七年二月病逝于老家，十年后曾氏梦见其父的灵柩将要离家下葬时，却被几百条红漆桌子、凳子所拦阻，出不了门；又担心抬棺材的大杠没有预先修整，有可能会在半路上断裂。就在这种惊恐忧虑之中，曾氏醒过来了。

曾氏为何会夜梦父亲出葬？这多半是睡前读了欧阳修、王安石所写的墓志铭的缘故，但梦境中的父亲出葬既与当时的事实不符，又是毫无来由的困难重重，这又是为何呢？

这还得从曾氏的心情上来寻找原因。

此时，曾氏从捻战前线回到南京江督任上已经四个月，尽管离开了战场，尽管前几天朝廷晋升他为大学士，但曾氏始终处在郁闷之中。这郁闷是捻战的失利带给他的，成为他晚年挥之不去的苦涩。实事求是地说，曾氏指挥的捻战，实际上是失败的，而且这种失败表现在多方面。

首先是军事上的失败。曾氏于同治四年五月奉命接替僧格林沁出任捻战前线统帅。这年十月，在徐州定下河防之策。关于河防之策，同治五年六月，曾氏在给朝廷的奏折中说得很清楚："中原平旷，四通八达，此剿彼窜，不能大加惩创。拟自周家口以下扼守沙河，周家口以上扼守贾鲁河，自朱仙镇以北至南河南岸无水可扼，拟掘濠守之。"简要地说，即通过河道将捻军围困在沙河、贾鲁河与新开的濠沟之间，然后集中兵力骤而歼之。曾氏为此战略部署的实现而全力以赴，殚精竭虑。不料，七月中旬捻军冲破朱仙镇防线，转向山东。河防之策宣告失败。捻战失利使本来身体不好的曾氏旧病复发。他连续两次向朝廷请假，并请求开去协办大学生、两江总督之缺，另简钦差大臣接办军务。朝廷答应他离开军营的请求，另派李鸿章为钦差大臣，但没有撤销他的协办大学士与两江总督之职。

捻战的失败，看起来是军事部署上的失败，实际上是曾氏的影响力和指挥力的失败。由他统率的淮军，名义上听他的，实际上却要请示远在南京的李鸿章。应归他节制调遣的直隶、山东、河南的军政大员，并不完全听命于他。朱仙镇防线的崩溃，就出在河南巡抚李鹤年的不负责任与淮军的阳奉阴违上。这对曾氏是一个很大的挫伤。

捻战的失败，还伤及他的弟弟曾国荃及其统领的新湘军。曾国荃与他的吉字营，在打下南京后声威震天下。为了帮助大哥，在老家休养一年半的曾国荃出任湖北巡抚，并在湖南招募六千人，组成新湘军北上。不料，曾国荃一到武昌，便与湖广总督官文闹翻，给自己制造许多麻烦。接下来，军事上节节失败。他的两个助手，一个（郭松林）被打断腿，一个（彭毓橘）被打死。同治六年五月，曾国荃向朝廷请假养病。一个月假满之后，又请求续假。并请开湖北巡抚之缺。这年十月，朝廷终于免去曾国荃的鄂抚之职，让他继续回老家休养。不可一世的曾老九，经捻战之打击，弄得灰头土脸，从那以后，便一直在老家湘乡窝居七八年。

同治六年八月十八日曾氏写这篇日记时，捻战前线战事尚不明朗，曾老九正在一败涂地之后的病休。曾氏的心情依旧被郁闷笼罩着。

曾氏之所以做这种梦，还与当年守父丧时的心情大有关系。守父丧的那一年多里，是曾氏人生的最低谷。曾氏于咸丰四年十月底进入江西，到咸丰七年二月初回家奔丧，历时两年三个月。这一段时期，曾氏可谓陷于一个大泥坑里，日子过得很是艰难。在战场上他屡战屡败，水师又遭肢解。他的两个助手塔齐布、罗泽南相继死去。在人事关系上，他与江西官场势如水火。他弹劾巡抚、按察使，与江西文武结怨，人为地将自己处于不利的局面。接到父死之讯后，他不待朝廷批准便擅自离岗回家，招来朝廷以及湘、赣两省的指责。曾氏说当时他已是“通国不容”的人。这个心结，曾氏一辈子都未曾解开。夜梦发引受阻，显然是这个疙瘩在作怪。

三梦刘墉

□曾国藩原文

早，各员弁贺朔，见客六七次，至巳初毕。旋写信与沅弟，言方望溪从祀事。复姚秋浦信。小睡时许。午刻清理文件。中饭后清理文件甚多，至戌初毕。夜阅《望溪文集》二卷。二更四点睡。潘弁值日。

梦刘石庵先生，与之畅叙数日。四更因疮痒手不停爬，五更复成寐。又梦刘石庵，仿佛若同在行役者，说话颇多，但未及作字之法。

是日天气新转东北风，已有凉意。（咸丰十一年七月初一日）

早饭后清理文件。坐见之客二次。习字一纸。围棋二局。夏子松正詹来久谈。又坐见之客一次。午刻，钱子密来一谈，莫子偲来一谈。中饭后阅本日文件。倦甚，小睡片刻。

申初写对联五付，写横披一帧。自纂格言六条，书之为纪渠侄座右之箴。吴挚甫来一谈。酉初课儿甥辈背书。旋核批稿簿，未毕。傍夕至后园与纪泽一谈。夜将批稿核毕，改折稿一件。二更后，作《湘军陆师昭忠祠碑记》，百余字。

二更三点睡，梦刘文清公，与之周旋良久，说话甚多，都不记忆，惟记问其作字果用纯羊毫乎？抑用纯紫毫乎？文清答以某年到某处道员之任，曾好写某店水笔。梦中记其店名甚确，醒后亦忘之矣。（同治七年八月初四日）

□唐浩明评点

咸丰十一年七月初一这天夜里，曾氏一连两次梦见刘石庵。七年后他又在梦中见到刘文清公。刘石庵、刘文清公是同一人，即乾隆朝的宰相刘墉。近年来，因电视剧的缘故，他有一个更为市井百姓所熟知的大名：刘罗锅。

曾氏酷爱书法艺术，他本人也是晚清的一位书法名家。从传世的家书和日记中，可知他曾经下过大气力临帖摹帖，对古今书法涉猎甚广，钻研颇深。他早年能写一笔端秀的楷书，中年之后的行书，笔势刚硬陡峭，结体凝重谨饬，自成一家。而刘墉，则是他心目中与别人“貌异神异”的书法大家。不仅是写字，曾氏还从刘墉“含雄奇于淡远之中”的艺术风格中领悟到作文作诗乃至做人的道理。

出于对这位书法大家的特别敬重，曾氏一连三次梦见刘墉。他对梦境的回忆也很有趣味。第一次梦见刘墉，二人居然畅谈好几天。可惜，畅谈些什么，日记里没有只字记录，可能是醒后全部忘记了。再次梦见刘墉是在长途旅行途中，二人在一起说了很多话，但就是没有涉及“作字之法”这个关键的话题。曾氏醒来后颇觉遗憾。这个遗憾看来是深藏于曾氏的心中，以至于第三次梦见刘墉时，着意要来补救。他细问刘平日写字到底是用纯羊毫，还是纯紫毫，甚至说到哪家店里的笔好，只可惜忘记了店名。揣摩曾氏的心情，若未忘记，好像他会去寻找这家笔店似的。

曾氏对刘墉发自内心的崇敬，在这三次梦境中得到活灵活现的显示。

梦竹木环绕之处

□曾国藩原文

早饭后清理文件，核批稿各簿。坐见之客一次。倦甚，小睡。旋将武营应补缺各员开一清单，审量一番。未正，请魁将军及李、薛两山长小宴，酉初毕。阅本日文件。傍夕小睡。夜，阅《吴文节公集》，观其批属员之禀甚为严明，对之有愧。吾今日之为督抚，真尸位耳。

三更睡，梦一处竹木环绕，甚有清气，在近日为梦境之最佳者。（同治十年正月二十三日）

□唐浩明评点

曾氏夜读座师吴文镕的文集，拿吴对属员的严明来对照自己，他有尸位素餐之感慨。睡下后他做了一个梦。梦见一处所四面为树木竹枝环绕，很有一股清新之气，为近一段时期里的梦境最佳者。

喜欢大自然的山水草木、向往较为悠闲自如的生活状态，这是人的本性。长期居住闹市中、生活节奏忙碌的人，此种心情会更加强烈。曾氏就是这样的人。我们试读他在京师时所作的《题苍筤谷图》：“我家湘上高嵋山，茅屋修竹一万竿。春雨晨锄劚玉版，秋风夜馆鸣琅玕。自来京华昵车马，满腔俗恶不可删。洞庭天地一大物，一从北度遂不还。苦忆故乡好林壑，梦想此君无由攀。嗟君与我同里社，误脱野服充朝班。一别苍筤谢猿鹤，十年台省翔鹓鸾。鱼须文笏岂不好，却思乡井长三叹。钱塘画师天所纵，手割湘云落此间。风枝雨叶战寒碧，明窗大几生虚澜。簿书尘埃不称意，得此亦足镌疏顽。还君此画与君约，一月更借十回看。”

身为京官的曾氏，对湘云林壑，对茅屋修竹是多么的眷恋与渴望！不能返回它的怀抱，他甚至要一月借十回地以一幅竹画来聊以安慰。

打下南京后，他借祝九弟贺生的机会，赋诗言志：“低头一拜屠羊说，万事浮云过太虚。”“已寿斯民复寿身，拂衣归钓五湖春。”封侯拜相尽管风光，但不是他最高的追求，淡漠功名富贵的屠羊说，惯看秋月春风的钓鱼者，在他的心目中，始终有着美好的印象。

他多次对守家的四弟说：做官是一时的，居家过日子才是长久的。要晓得下塘，也要晓得上岸。他甚至还说过，如果能够平平安安地退休，回到老家，与兄弟们谈农事收成，那是他一生的福气。

将以上的诗句言谈与竹木环绕的最佳梦境联系起来，我们可以窥见曾氏的内心世界和他的价值观念。